D1691017

Die Fahrzeuge von Scania

Einbandgestaltung: Johann Walentek

Titel der Originalausgabe
SCANIA FORDONSHISTORIA 1891–1991
First published in Sweden in 1992 by:
Streiffert & Co Bokförlag HB
Box 5334, S-102 46 Stockholm, Sweden
© 1992 Björn-Eric Lindh
© 1992 deutsche Übersetzung Streiffert & Co

Gestaltung und Redaktion: Streiffert & Co
Bildresearch: Björn-Eric Lindh
Deutsche Übersetzung: Gerda Billig

ISBN 3-613-01491-2

1. Auflage 1992
Copyright © bei Motorbuch Verlag, Postfach 103743,
7000 Stuttgart 10
Ein Unternehmen der Paul-Pietsch-Verlage GmbH & Co.
Sämtliche Rechte der Speicherung, Vervielfältigung und
Verbreitung in deutscher Sprache sind vorbehalten

Druck und Bindung: Ljungföretagen, Schweden, 1992
Printed in Sweden

Björn-Eric Lindh

Die Fahrzeuge von Scania

1891–1911

Inhalt

Vorwort	5
Vagnfabriks-Aktiebolaget i Södertelge	6
Maskinfabriksaktiebolaget Scania	15
Gustaf Erikson und seine Experimente	19
Vabis vor 1911	35
Scania vor 1911	48
Scania-Vabis, 1911–1920	71
Scania-Vabis, 1921–1929	94
Scania-Vabis, 1930–1939	109
Scania-Vabis, 1940–1949	124
Scania-Vabis, 1950–1959	140
Scania-Vabis wird Scania 1960–1969	160
Scania, 1970–1979	182
Scania, 1980–1989	202
Scania, Die 90er Jahre	224
Statistik	236
Register	239

Tabellen

Personenwagen

Vabis Personenwagen 1903–10	45
Scania Personenwagen 1901–10	56
Scania-Vabis Personenwagen 1911–29	91

Lastwagen

Vabis Lastwagen 1902–10	45
Scania Lastwagen 1902–10	65
Scania-Vabis Lastwagen (hergestellt in Malmö) 1911–27	85
Scania-Vabis Lastwagen (hergestellt in Södertälje) 1925–44	118
Lastwagen 1944–49	135
Lastwagen 1950–63	145
Lastwagen 1960–75	169
Lastwagen 1969–81 (SBA/SBAT–90)	191
Lastwagen Serie 2 1980–88	206
Lastwagen Serie 3 1988–90	213

Omnibusse

Scania-Vabis Omnibusse (hergestellt in Södertälje), 1922–44	112
Omnibusse 1945–51	136
Ganzgebaute Omnibusse 1953–62	156
Frontmotorfahrgestelle Omnibusse 1950–58	156
Frontmotorfahrgestelle Omnibusse 1959–81	172
Ganzgebaute Omnibusse 1959–73	175
Heckmotorfahrgestelle Omnibusse 1968–82	194
Ganzgebaute Omnibusse 1971–83	197
Frontmotorfahrgestelle Omnibusse 1980–90	215
Heckmotorfahrgestelle Omnibusse 1982–90	217
Ganzgebaute Omnibusse 1984–90	223

Motoren

Motortypen, 1902–10 von Vabis und 1911–19 von Scania-Vabis benutzt	41
Von Scania 1901–10 und von Scania-Vabis ab 1911 benutzte Motortypen	66
In Scania-Vabis-Wagen benutzte Motortypen 1914–29	89
Von Scania-Vabis benutzte Vergasermotoren, 1924–44	98
Von Scania-Vabis angewandte Hesselmanmotoren 1931–38	110
Vergasermotoren, in Gebrauch während der 40er Jahre	130
Vorkammerdieselmotoren, in Gebrauch 1936–51	130
Dieselmotoren mit Direkteinspritzung 1950–59	144
Dieselmotoren 1958–84	179
Motorserien D9, D11 und D14	228

Vorwort

SCANIA IST AUFGRUND SEINER WURZELN in Scania und Vabis einer der ältesten Lastwagen- und Omnibushersteller der Welt. Eine Rückblick auf alle die während fast 100 Jahren hergestellten Fahrzeuge wird notgedrungen umfangreich, insbesondere wenn das zur Verfügung stehende Bildmaterial so reichhaltig ist.

Ich habe gewählt, die Entwicklung chronologisch zu schildern. Entwicklungslinien zu folgen hätte zu unlogischen zeitlichen Sprüngen geführt und damit den Bericht unübersichtlicher gemacht. Bis 1950 werden die Fahrzeugtypen gemeinsam beschrieben, danach haben Lastwagen und Omnibusse jeweils ihre eigenen Kapitel erhalten, die an Ende immer einen Kommentar über den Export enthalten.

Der anläßlich des 50-jährigen Jubiläums von Scania-Vabis 1941 herausgegebene Rückblick diente zum großen Teil als Unterlage für die früheren Jahre. Der Verfasser, Richard Axling, war seit 1905 bei Vabis und später bei Scania-Vabis angestellt. Mit Scania in Malmö hatte er nur wenig Kontakt. Aus diesem Grunde habe ich mich besonders darum bemüht, in der Geschichte von Scania bis zur Fusion 1911 zu forschen. Hierbei war mir das Zeichnungsarchiv von großer Hilfe, das, seit man es Ende der 20er Jahre verpackte, erst jetzt einer näheren Durchsicht unterzogen wurde.

Jedes Kapitel hätte leicht auf sein Vielfaches anschwellen können. Es war z.B. unmöglich, alle Fahrzeugvarianten der letzten Jahrzehnte zu schildern, denn dank Scanias erfolgreicher Komponentenphilosophie konnte man fast unendliche Varianten je nach Wunsch des Käufers bauen.

Bis zum Kriegsende 1945 sind viele Personen, die für die Entwicklung von Bedeutung waren, bei Namen genannt. Nach 1945 habe ich mit einer Ausnahme Personennamen vermieden. Der technische Direktor Sverker Sjöström steht als Vertreter aller der fachkundigen Techniker und Vertreiber, die das 100-jährige Scania zu einem der erfolgreichsten und einträglichsten Unternehmen im Transportsektor gemacht haben.

DANKSAGUNG
Ein Buch über 100 Jahre Fahrzeuggeschichte läßt sich nicht schreiben ohne die Hilfe von vielen Personen.

Es besteht keine Möglichkeit, hier allen denen zu danken, die auf verschiedene Art zu dessen Entstehung beigetragen haben, aber einige der Wichtigsten möchte ich nennen.

Bei Scania haben Kaj Sandell und Maj Bäckström, Anita Bohlin und Uno Mårtensson alles getan, was sich ein Verfasser nur wünschen könnte – manchmal mehr. Zwei meiner wichtigsten Quellen waren Albert Olhager (Lastwagen) und Nils Nyström (Omnibusse). Beide haben das Manuskript gelesen und mit wertvollen Kommentaren beigetragen.

Mit typischer Scania-Effizienz und Freundlichkeit haben Sture Backlin (historisches Archiv), Palle Björkman und seine Mitarbeiter (Scania-Museum), Ingemar Eriksson (Reklamfoto), Per Fagerholm (Werbedrucksacken), K-G Larsson (mit einem benei-denswerten Gedächtnis), Sven Nylin (wertvolle Kommentare zum Manuskript), Rune Ohlsson (Zeichnungsarchiv) und Inger Toyler (Bildarchiv) viel Hilfe geleistet.

Außerhalb von Scania gebührt mein größter Dank Lars Ericson, Kalender- und Omnibusenthusiast, der nicht seinesgleichen hat. Ohne seine Statistik und seine Tabellen über die Herstellung des Unternehmens wäre meine Arbeit bedeutend schwieriger gewesen und das Tabellenmaterial bedeutend dürftiger. Weiter Personen, denen ich zu besonderem Dank verpflichtet bin, sind Folke Blomberg (Fachgutachten über Gustaf Eriksons Konstruktionen), Gert Ekström (ältere Geschichte und Fotos), Anne und Willy Ekström (Gustaf Eriksons Automobile und Scania-Vabis in Dänemark und Norwegen), Gören Gelotte (Die Geschichte von Södertälje), Eric Giertz (dessen Buch *Menschen bei Scania während 100 Jahren* parallel mit dem vorliegenden geschrieben wurde, und der im Hinblick auf die Unternehmensgeschichte von großer Hilfe war), Eric Granryd (Fachgutachten über Gustaf Eriksons Konstruktionen), Carl M A Hermelin (Omnibusse der 20er Jahre und Faktenprüfung), Sven Härnström (Lesen des Manuskripts), Hans Turnebäck (Flugzeugmotoren) und Lennart Welander (Eisenbahnepoche).

Der größte Teil der Illustrationen stammt aus Scanias verschiedenen Archiven, einige aus dem eigenen Archiv des Verfassers und einige aus Schwedens Technischem Museum und Malmös Technischem Museum. Antonio Batle Manresa auf Mallorca hat mir alle seine Sammlungen älterer Literatur über französische Autos zur Verfügung gestellt und mit Bildern beigetragen. Freundliche Hilfe habe ich auch von Graf H-C Seherr-Toss, Deutschland, Museum für Verkehr und Technik, Berlin, sowie Musée Henri Malartre, Lyon, erhalten.

Mein Verleger Bo Streiffert hat immer wieder die Grenze für die vereinbarte Anzahl Illustrationen gedehnt und war ein außerordentlich ermunternder Partner bei dem vorliegenden Projekt. Magnus Sollenberg, der Produzent des Buches, hat sein Äußerstes getan, um für all den Text und all die Bilder, die ich gerne einbeziehen wollte, Platz zu finden. Dafür gebührt ihm eine extra Danksagung. Der ursprüngliche Übersetzer Ulrich Ledwon verstarb nach kurzer, schwerer Krankheit, als er erst einige wenige Kapitel hatte übersetzen können. Seine Arbeit wurde von Gerda Billig fortgeführt. Beiden möchte ich danken für ihre engagierte Arbeit.

Sicher habe ich den einen und anderen, dem ich zu besonderem Dank verpflichtet wäre, vergessen. Diese möchte ich um Verzeihung bitten und versichern, daß es sich nur um ein unglückliches Übersehen handelt – die Dankbarkeit ist dieselbe.

Bei Abschluß dieser Arbeit waren soeben die vorläufigen Zahlen für 1991 veröffentlicht worden. Die exakte Anzahl für die verschiedenen Typen war jedoch noch nicht verfügbar, weshalb die Tabellen über die Fahrzeuge der 90er Jahre mit dem Kalenderjahr 1990 aufhören.

Stockholm im Januar 1992
Björn-Eric Lindh

Vagnfabriks-Aktiebolaget i Södertelge

Die Vorgeschichte von Vabis, 1891 bis 1911

DER INDUSTRIALISMUS erlangte verhältnismäßig spät seinen Durchbruch in Schweden. Lange Zeit hatte das Land ausschließlich von Ackerbau und Viehzucht gelebt, und erst in der zweiten Hälfte des 19. Jahrhunderts änderten sich die Verhältnisse. Die neuen Transportmittel, vor allem die Eisenbahnen, brachten den schwedischen Holz- und Eisenverarbeitungsunternehmen bessere Absatz- und Exportmöglichkeiten. Es sollte aber noch bis zu den 90er Jahren dauern, bis handwerkliche Fertigung und Selbstversorgung in größerem Ausmaß durch industrielle Produktion ersetzt wurden.

Viele der kleinen Eisenhütten in Mittelschweden begannen im 19. Jahrhundert selbst mit der Veredelung der Rohstoffe und nahmen dann auch die Produktion verschiedener Gebrauchsgegenstände auf. Eines dieser Hüttenwerke lag in Surahammar, ca. 40 km nördlich der Stadt Västerås. Bereits im 16. Jahrhundert hatte man dort ein staatliches Hammerwerk in Sura gebaut. Das Erz holte man u.a. von Bergwerken in Spännarhyttan und Svanå. Nach und nach entwickelte sich das Werk zu einem bedeutenden Lieferanten von Schmiede- und Gußteilen. Zu einem großen Aufschwung kam es 1860, als der neue Strömsholms Kanal den Transport der Produkte wesentlich erleichterte.

Der Ausbau des schwedischen Eisenbahnnetzes führte dazu, daß das Hüttenwerk 1866 mit der Herstellung von Eisenbahnrädern begann, und 1872 wurde die Surahammars Bruks AB mit einem Grundkapital von 900.000 Kronen gegründet. Zu Beginn der 90er Jahre war Surahammars Bruk Schwedens größter Hersteller von Komponenten für Eisenbahnwaggons, z.B. Achsen, Räder, Puffer, Kupplungen, Bremsblöcke und Verkleidungsbleche für Waggons und Lokomotiven. Die Transporte auf dem Strömsholms Kanal waren allerdings ein großes Problem. Erst nach einem Transport mit Schleppkähnen nach Västerås konnten die Produkte auf größere Schiffe oder auf die Eisenbahn umgeschlagen werden. Für die Weiterentwicklung des Hüttenwerkes waren daher Produktionsstätten in der Nähe eines Hafens oder einer größeren Eisenbahnlinie unerläßlich.

Geschäftsführer der Surahammars Bruks AB war ab 1883 der dynamische, tatkräftige und patriarchalische Disponent Peter Petersson (1840–1908). Er hatte 1863 ein Examen an der höheren Artillerielehranstalt in Marieberg (bei Stockholm) abgelegt, wurde 1879 zum Hauptmann und fünfzehn Jahre später zum Major bei den Pioniertruppen befördert (im Werk nannte man ihn daher oft ganz einfach „Major"). Von 1863 bis 1870 war Petersson am staatlichen Eisenbahn-Bauamt beschäftigt, das für den Ausbau des schwedischen Eisenbahnnetzes verantwortlich war. Von 1873 bis 1875 hatte er eine leitende Stellung bei der Eisenbahnlinie Lund–Trelleborg, und anschließend fuhr er nach Argentinien, wo er eine Position als Oberingenieur beim Bau der Eisenbahn zwischen Cordoba und Tucumán (in der Nähe des heutigen brasilianischen Lkw-Werkes von Scania) übernahm. Als er nach Schweden zurückkehrte, übertrug man ihm die Leitung des Steinkohlebergwerkes Bjuf, und 1883 zog er nach Surahammar um. Er spielte auch eine bedeutungsvolle Rolle im politischen Leben und war u.a. von 1897 bis 1901 Abgeordneter in der Ersten Kammer des schwedischen Reichstages.

Petersson erkannte, daß das Unternehmen mit der Produktion von kompletten Eisenbahnwaggons mehr Geld verdienen könnte als mit der Herstellung von Teilen. Er hatte bereits Pläne für den Bau von neuen Fertigungsanlagen in Västerås in der Schublade, und auf einer Sitzung des Aufsichtsrates am 14. Oktober 1891 sollte die Frage der Waggonherstellung behandelt werden. Man verschob diesen Punkt auf der Tagesordnung jedoch auf eine Sondersitzung. Zum ersten Mal wurden auf dieser Sitzung auch die Pläne für eine Verlegung der Aktivitäten nach Södertälje erörtert.

Södertälje war in der Mitte des vorigen Jahrhunderts eine Handels- und Handwerksstadt mit nur ca. 1500 Einwohnern. In der Stadt dominierten eine

Die Geschichte des Hüttenwerkes Surahammars Bruk reicht bis in das 16. Jahrhundert zurück. Zur Veredelung der großen Erzvorkommen in der Landschaft Bergslagen hatte man damals ein staatliches Hammerwerk gebaut.

DIE VORGESCHICHTE VON VABIS

Handvoll Kaufleute und rund hundert Handwerker mit eigenen Betrieben. Nach der Einweihung des Södertälje Kanals 1819 war die Stadt aufgeblüht, und der nächste Aufschwung kam 1849, als eine Wasserkuranstalt die Stadt zu einem beliebten Kurort machte.

Den ersten eigentlichen Industriebetrieb der Stadt gründete der Schmied und Stellmacher David Joakim Ekenberg, der 1825 von Nyköping nach Södertälje umgezogen war. Im Jahre 1845 eröffnete er eine Stellmacherei, und 1850 hatte er schon über 50 Mitarbeiter, die in der Hauptsache Pferdedroschken herstellten. Nachdem der schwedische Reichstag den Bau des neuen Hauptbahnnetzes beschlossen hatte, erweiterte Ekenberg seinen Betrieb, um auch Eisenbahnwaggons und Eisenbahnmaterial produzieren zu können. Die Firma war wirtschaftlich sehr erfolgreich, und das Nachfolgerunternehmen D.J. Ekenbergs Söner zog 1865 in neue Anlagen um.

Einer der wichtigsten Konkurrenten von Ekenberg stellte ab 1873 in Stockholm Eisenbahnmaterial her. Dieses Unternehmen – AB Atlas Verkstäder – expandierte in kurzer Zeit zum Marktführer, und zwar nicht zuletzt, weil es von der Stockholms Enskilda Bank unter der Leitung von A.O. Wallenberg finanziert wurde. Schon nach kurzer Zeit kaufte Atlas die Fabrik von Ekenberg in Södertälje auf.

Die Person, die das Hüttenwerk Surahammars Bruk mit Södertälje verknüpfen sollte, war ein gewisser Philip Wersén (1854–1940), ein aktiver Mann mit starkem Willen, wenn auch recht skrupellos. Er machte 1873 sein Examen an der Technischen Lehranstalt in Örebro und wurde wenig später als technischer Zeichner in der von Atlas erworbenen Wagenfabrik in Södertälje eingestellt. Da er ein

Der Aufsichtsrat von Surahammars Bruk hält hier eine Sitzung vor der Villa von Disponent Petersson in Surahammar ab (1892).

Philip Wersén war bis zum Ersten Weltkrieg der bedeutendste Industrielle von Södertälje. Zu Beginn leitete er die Vagnfabriks-Aktiebolaget und danach das Konkurrenzunternehmen Södertelge Verkstäder.

geschickter Techniker war, übertrug man ihm schon bald die Leitung der Wagenherstellung. Seine Bedeutung und sein Einfluß nahmen beträchtlich zu, als er 1884 Antonia Ekenberg heiratete, die der führenden Familie in der Stadt angehörte.

Als Atlas 1888 seine Waggonfertigung nach Stockholm verlegte, folgte Wersén als Chef mit in die schwedische Hauptstadt. Das Unternehmen wurde 1891 in Nya Atlas umgebildet, und Wersén reichte daraufhin seine Kündigung ein. Er war überzeugt davon, daß er als selbständiger Unternehmer wesentlich mehr Geld verdienen könnte.

Sofort machte er sich an die Pläne für eine Fabrik, die u.a. Eisenbahnwaggons herstellen sollte. Er kannte sich in Södertälje gut aus und hatte dank seiner Heirat hervorragende Beziehungen in der Stadt. Am nördlichen Ende des Saltskog-Fjordes fand er ein ausgezeichnetes Grundstück, nicht weit von der Stelle, an der heute das Hauptbüro von Scania liegt. In der Nähe des Grundstückes verlief die Hauptbahnlinie nach Stockholm sowie eine geplante Linie der Eisenbahngesellschaft Norra Södermanlands Jernvegs AB (NrSlJ). Am 15. Oktober 1891 beantragte Wersén bei der städtischen Finanzverwaltung die Pacht und den späteren Kauf des Grundstückes.

Er hatte den Kapitalbedarf genau kalkuliert und rechnete damit, daß 110.000 Kronen für Grundstück, Gebäude und Maschinen sowie weitere 40.000 Kronen als Betriebskapital erforderlich waren. Hierfür mußte er sich nach Finanziers umsehen.

Eine der Personen, mit denen Wersén bei seiner Arbeit in Kontakt gekommen war, war Carl Alexandersson, geschäftsführender Direktor der schon erwähnten Norra Södermanlands Jernvegs AB. Diese Eisenbahngesellschaft sah Wersén als einen sehr interessanten potentiellen Kunden an, der schon bald eine große Anzahl Personen- und Güterwaggons benötigen würde. Außerdem war Alexandersson Mitglied des Aufsichtsrates der Surahammars Bruks AB.

Auf einer Aufsichtsratsitzung in Surahammar am 16. Oktober teilte Petersson mit, daß Wersén Surahammars Bruk den gemeinsamen Bau einer Fabrik für die Herstellung von Eisenbahnwaggons und die eventuelle Gründung eines Unternehmens für diesen Zweck vorgeschlagen hatte. Wersén war bereit, 30.000 Kronen des erforderlichen Kapitals in Höhe von 150.000 Kronen zu investieren, und zwar entweder durch Zeichen von Aktien des neuen Unternehmens oder durch Kauf von vier neu ausgegebenen Aktien von Surahammars Bruk für 7.500 Kronen pro Stück. Seine Bedingungen: fünf Jahre Leiter der Fabrik und ein Monatsgehalt in Höhe von 400 Kronen sowie 10 Prozent Beteiligung am Reingewinn.

Der Aufsichtsrat beschloß einstimmig den Bau einer Waggonfabrik, aber im Hinblick auf die Lokalisierung und die etwaige Beteiligung von Wersén herrschten geteilte Meinungen. In seiner Eigenschaft als Geschäftsführer der NrSlJ machte Alexandersson jedoch Zusagen, die den Ausschlag gaben. Seinem Vorschlag zufolge sollte die geplante Fabrik auch als Waggon- und Reparaturwerkstatt für die Eisenbahn ausgenutzt werden. Alexandersson stellte auch einen Auftrag über 86 Güterwaggons zu einem Gesamtwert von 145.000 Kronen in Aussicht. Außerdem würde seine Eisenbahngesellschaft der Wagenfabrik auch einige Frachtvergünstigungen einräumen.

Disponent Petersson war nicht bereit, Wersén einen größeren Aktienposten zu überlassen, und er wollte ihm auch keinen Sitz im Aufsichtsrat gewähren. Für Petersson war es am wichtigsten, daß Wersén dem Disponenten von Surahammars Bruk, also ihm selbst, unterstellt war. Zum Schluß beschloß der Aufsichtsrat die Einberufung einer außerordentlichen Hauptversammlung, die über die Gründung einer neuen Gesellschaft mit einem Grundkapital von 150.000 Kronen entscheiden sollte. Die Anzahl Aktien von Surahammars Bruk sollte von 200 auf 204 Stück durch eine gezielte Neuemission an Wersén erhöht werden.

Auf der Hauptversammlung am 5. November 1891 wurde der Aufsichtsrat zur Gründung einer Gesellschaft in Übereinstimmung mit dem Vorschlag und zur Einstellung von Wersén zu dessen Bedingungen ermächtigt. Die Neuemission wurde lange diskutiert, aber zum Schluß mit dem Zusatzvermerk „wenn der Aufsichtsrat dies für unvermeidlich halten sollte" angenommen. Zu einer Neuemission kam es aber gar nicht, da zwei Aktionäre den Verkauf eigener Aktien an Wersén anboten.

Zum Verdruß von Wersén war der vorgeschlagene Vertrag nicht so günstig ausgefallen, wie er es gehofft hatte. Er gab ihm nicht die geforderte selbständige Position und enthielt folgenden Passus: „Ingenieur Wersén verpflichtet sich hiermit, solange er die obige Position bekleidet, seiner Arbeit mit Dienstbeflissenheit und Gewissenhaftigkeit nachzugehen und auf jegliche Art die Interessen der Gesellschaft wahrzunehmen sowie während dieser Zeit nicht ohne Zustimmung des Aufsichtsrates andere Aufträge oder Positionen zu übernehmen. Ferner erklärt sich Ingenieur Wersén damit einverstanden, alle Vorschriften, die ihm vom Aufsichtsrat der Gesellschaft oder ihrem geschäftsführenden Direktor (Disponent) erteilt werden, sorgfältig und vollständig zu befolgen und auch ansonsten allen Anordnungen Folge zu leisten."

Wersén sah natürlich ein, daß ihm dieser Vorschlag wesentlich schlechtere Verdienstmöglichkeiten einbringen würde. In seiner doppelten Rolle als Disponent von Surahammars Bruk und als angehender Geschäftsführer der Wagenfabrik würde Petersson die Preise für Lieferungen vom Hüttenwerk an die Fabrik diktieren können. Dadurch würde sich ein Anteil von Wersén am Reingewinn praktisch in Null auflösen. Aus diesem Grunde weigerte sich Wersén, den Vertrag zu unterzeichnen. Nachdem man aber einige Nachträge hinzugefügt hatte – u.a. sollten die Preise für Lieferungen von Surahammars Bruk den marktüblichen Konditionen entsprechen –, schloß man am 19. November 1891 einen fünfjährigen Vertrag mit Wersén ab.

Danach konnte die Vagnfabriks-Aktiebolaget i Södertelge gegründet werden. Häufig nannte man das Unternehmen aber nur kurz und bündig die Wagenfabrik. Von den 1500 Aktien erhielten die Mitglieder des Aufsichtsrates von Surahammars Bruk, Wersén und der Bruder seines Schwiegervaters, Fabrikant Otto Ekenberg, je eine. Die übrigen Aktien zeichnete das Hüttenwerk. Die Gesellschaftssatzung wurde am 11. Dezember 1891 (offizielles „Geburtsdatum" der Vagnfabriks-Aktiebolaget) angenommen und am 22. Januar 1892 von der staatlichen Handelskammer gebilligt. Die Gründungsversammlung fand am 4. März 1892 statt. Der Aufsichtsrat setzte sich aus den gleichen Personen wie bei Surahammars Bruk zusammen, und Petersson wurde zum geschäftsführenden Direktor ernannt.

Daß der Aufsichtsrat einen Vertrag mit Wersén abschloß, lag natürlich mit daran, daß dieser das hervorragende Fabrikgrundstück gepachtet hatte.

Sobald die Gesellschaftsgründung unter Dach und Fach war, begann man mit den Bauarbeiten. Bereits 1891 wurde ein Wald auf dem Gelände abgeholzt, und anschließend nahmen die Ausschachtungsarbeiten ihren Anfang. Im Februar 1892 zogen die Maurer das erste Fabrikgebäude hoch.

Im Dezember 1891 wurde ein technischer Zeichner (mit einem Anfangsgehalt von 40 Kronen im Monat) eingestellt und im Mai 1892 ein Werkmeister (mit einem Monatsgehalt von 125 Kronen). Anfang Herbst kamen noch ein weiterer Werkmeister sowie ein Vorarbeiter hinzu.

Im Spätherbst 1892 konnte die Fertigung in begrenztem Umfang anlaufen, und nun wurden auch die ersten Arbeiter eingestellt – bis zum Jahresende waren es schon 75. Bereits im ersten Jahr konnte das Unternehmen einen kleinen Gewinn in Höhe von 1.321 Kronen ausweisen. Daß man so

Die Wagenfabrik lag am Nordufer des Saltskog-Fjords. Einige Jahre später ließen sich die Södertelge Verkstäder am Ostufer nieder. Die Lage war sehr günstig – direkt am Schienenstrang der Schwedischen Staatsbahnen und der Norra Södermanlands Jernvegs AB.

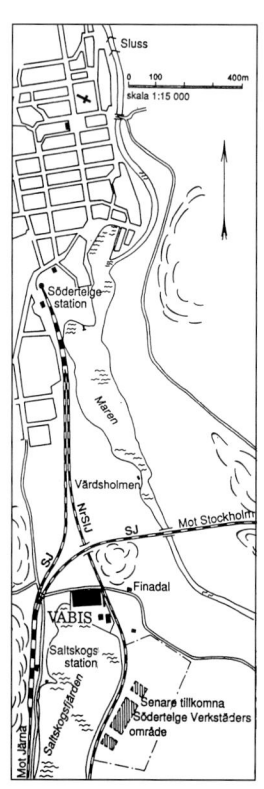

schnell mit der Lieferung von Eisenbahnwaggons in Gang kam, ist eigentlich verwunderlich, aber aufgrund späterer Ereignisse kann man vermuten, daß Wersén von Atlas nicht nur seine Kenntnisse und Fertigkeiten, sondern auch konkretes Material, beispielsweise technische Zeichnungen, mitgenommen hatte.

Der Erfolg der Wagenfabrik lag daran, daß sie genau zu dem Zeitpunkt ihren Betrieb aufnahm, an dem die Nachfrage nach Eisenbahnwaggons drastisch anstieg. Im Zeitraum 1893–1902 war die Fabrik äußerst rentabel, und der jährliche Reingewinn (nach Abschreibungen, Tantiemen u.a.m.) schwankte zwischen 32.000 und 114.000 Kronen.

Die Wagenfabrik stellte anfangs hauptsächlich offene Güterwaggons und Wagen für Pferdestraßenbahnen her. Nach einem Ausbau 1893 begann man aber auch mit dem Bau von Personenwaggons mit und ohne Drehgestell. Die Nachfrage nach Eisenbahnwaggons überstieg die schwedische Fertigungskapazität bei weitem, und die Hersteller konnten daher die Preise nach eigenem Gutdünken diktieren. Vom Ende der 90er Jahre bis zum Anfang dieses Jahrhunderts gab es außerdem ein Kartell mit der Bezeichnung „Wagenring". Diesem Kartell waren zehn Hersteller von Eisenbahnwaggons angeschlossen, und die eingehenden Aufträge wurden nach bestimmten Richtlinien verteilt. Mit der Zeit stabilisierte sich aber die Nachfrage, und das Kartell bekam Risse. Der Wettbewerb wurde immer härter, und die Gewinnspannen schrumpften. 1903 war für die Wagenfabrik das erste Verlustjahr.

In der Praxis führte Wersén allein die Fabrik. Er war ein geschickter Techniker, ein energischer Geschäftsführer und ein hervorragender Unterhändler mit sehr guten Kontakten.

Die Beziehungen zwischen Wersén und Petersson waren jedoch verhältnismäßig eisig. Hinter einer polierten und höflichen Fassade verbargen sich starke Gegensätze und ein Machtkampf. Petersson war ein Hüttenbesitzer von klassischem Zuschnitt,

Der Briefkopf zeigt die Nordansicht der Fabrik. Im Vordergrund sieht man die Schienen der Schwedischen Staatsbahnen. Die Fabrik ist viel zu groß abgebildet – das war aber damals allgemein üblich. Die Darstellung von imposanten Fabrikansichten war zu dieser Zeit eine hochentwickelte Kunst, und zwar insbesondere in Deutschland.

der keine Widersprüche duldete, und er war auch für seine Wutausbrüche bekannt. Wersén konnte sich nicht damit abfinden, daß er sich Petersson unterordnen mußte, und er wollte auch nicht die Tatsache akzeptieren, daß die Geschäftsleitung und der Aufsichtsrat von Surahammar die Wagenfabrik beherrschten.

Wersén hatte damit gerechnet, daß seine Geschicklichkeit zu einer freieren Stellung, größerem Einfluß und höheren Einnahmen führen würde. Aber man hielt ihn auch weiterhin an der kurzen Leine, und er durfte noch nicht einmal als Zuhörer an den Sitzungen des Aufsichtsrates teilnehmen. Sicherlich war Wersén der Ansicht, daß Petersson und Surahammar die Früchte seiner Arbeit ernteten, obwohl sie nicht nennenswert zur Entwicklung beitrugen.

Der ursprüngliche Vertrag mit Wersén hatte eine Laufzeit bis 1896, und am 7. Februar beauftragte der Aufsichtsrat Petersson mit der Ausarbeitung eines neuen. Im Prinzip wurden die bisherigen Bedingungen nur verlängert, auch wenn Petersson das Monatsgehalt erhöhte.

Der Aufsichtsrat war erstaunt – und irritiert –, als sich Wersén weigerte, den Vertrag zu unterschreiben. Statt dessen reichte Wersén seine Kündigung per 1. Oktober ein. Er betonte, daß er eine selbständigere Position haben wolle, aber er erklärte sich zum Bleiben bereit, wenn ihm Surahammars Bruk 1200 Aktien (von insgesamt 2000) der Vagnfabriks-Aktiebolaget zu einem Stückpreis von 100 Kronen überließe. Um seiner Forderung Nachdruck zu verleihen, teilte er mit, daß er zusammen mit Angehörigen den Bau einer Fabrik in Södertälje für die Herstellung von Eisenbahnwaggons, Rädern und Schmiedeteilen plane.

Petersson hatte bereits im voraus eine Kopie der Kündigung und einen Brief von Wersén erhalten, in dem es u.a. hieß: „Mein Vorschlag bezüglich des Aktienkaufes ist nur eine Wiederholung meines vor fünf Jahren bei der Gründung des Unternehmens vorgebrachten Antrags und dürfte daher nicht als allzu anmaßend aufgefaßt werden, wenn man berücksichtigt, daß der Erfolg des Unternehmens zu einem nicht geringen Teil meiner Erfahrung in der Branche, in der ich so viele Jahre verbracht habe, zu verdanken sein dürfte.

Wie auch die Antwort des Aufsichtsrates ausfallen wird, so möchte ich Dir meinen ehrerbietigen und verbindlichen Dank für die Zeit aussprechen, die ich unter Deiner Führung arbeiten durfte, und ich hoffe, daß ich auch weiterhin zu Deinen Freunden zählen werde.

Mit ausgezeichneter Hochachtung und in aller Freundschaft –Philip Wersén."

Wersén spielte Poker mit hohem Einsatz. In den Jahren 1891–95 hatte er insgesamt 51.331 Kronen (einschl. Gewinnbeteiligung) erhalten, für damalige Verhältnisse ein Vermögen (ein Arbeiter verdiente pro Jahr rund 700 Kronen). Wahrscheinlich rechnete er damit, daß der Aufsichtsrat nachgeben und seine Bedingungen akzeptieren würde. Seine Rechnung ging aber nicht auf: Der Aufsichtsrat lehnte den Vorschlag von Wersén ab und beschloß seine fristlose Kündigung.

Wersén hatte allerdings noch einige Trümpfe auf der Hand. Schon vor seinem Schreiben an den Aufsichtsrat hatte er eine Reihe von Maßnahmen ergriffen, um schnell eine eigene Fabrik starten zu können. Als der Aufsichtsrat eine Inventur bei der Wagenfabrik durchführen ließ, stellte man fest, daß etliche Unterlagen fehlten. Schon bald fand man heraus, daß Wersén im Frühjahr Blaupausen von einer großen Anzahl Zeichnungen hatte anfertigen lassen. Außerdem waren Originalzeichnungen, Kalkulationen, Entwurfverzeichnisse, Abschriften von Bauverträgen und ein Buch mit Briefkopien verschwunden. Und nicht genug damit: Eine Karte, die der Leiter des städtischen Bauamtes (im Auftrag von Wersén) über ein neues Grundstück der Wagenfabrik angefertigt hatte, war ebenfalls nicht mehr auffindbar.

Am 3. Juni verlangte der Aufsichtsrat Auskunft über die vermißten Unterlagen (u.a. 100 wichtige Zeichnungen für Eisenbahnwaggons und Straßenbahnen) und schloß mit den Worten: „...möchten wir Sie höflichst bitten, uns mitzuteilen, was Ihnen möglicherweise in diesen Fragen bekannt ist." Wersén antwortete erst am 16. Juni: „Da ich verreist war, kann ich erst heute den Empfang Ihres Schreibens bestätigen, wofür ich um Ihr Verständnis bitte. Irgendwelche Angaben aus Anlaß Ihres Schreibens kann ich nicht machen."

Der Aufsichtsrat wurde am 20. Juni beim Bürgermeister von Södertälje vorstellig, um Wersén noch am selben Abend zu einer Vernehmung vorladen zu lassen. Zusammen mit einem Konstabler suchte der Bürgermeister Wersén auf, der aber in aller Ruhe verkündete, er könne wegen der zu späten Vorladung nicht kommen und außerdem habe er nichts zu sagen.

Mehrere Angestellte berichteten dem Aufsichtsrat, daß Wersén in der letzten Zeit noch nach Feierabend in der Fabrik geblieben sei und Rollen mit

Aus naheliegenden Gründen war die Norra Södermanlands Jernvegs AB ein großer Kunde der Wagenfabrik und kaufte insgesamt 180 Waggons, u.a. diesen schmucken Personenwaggon mit Drehgestell.

Die Pferdebahn für zwei Pferde gehörte zu einer Serie von insgesamt 12 Straßenbahnen, die 1897 an die Stockholms Nya Spårvägsaktiebolag geliefert wurden.

Von 1892 bis 1911 stellte die Wagenfabrik insgesamt 3 172 Waggons her (304 Personen-, Post- und Gepäckwaggons, 2 788 Güterwaggons sowie 80 Spezialwaggons).

Zeichnungen mit nach Hause genommen habe. Sie meinten ferner, daß sich Wersén nicht mehr so stark für die Wagenfabrik interessiert habe, wodurch es zu Lieferverzögerungen gekommen sei. Außerdem habe Wersén unter dem Vorwand, die Geschwindigkeit der Maschinen erhöhen zu wollen, die Antriebswellen und Riemenscheiben vermessen und Zeichnungen anfertigen lassen.

Auf einer Sitzung des Aufsichtsrates am 22. Juni 1896 wollte die Mehrheit Wersén vor Gericht bringen, aber Disponent Petersson winkte ab: „Unrecht Gut gedeihet nicht, und es lohnt sich nicht, für Schweinehunde und loses Gesindel Schießpulver zu verschwenden." Statt dessen beantragte der Aufsichtsrat beim Stadtrat in Södertälje, den Verkauf des Grundstückes neben der Wagenfabrik an Wersén zu verhindern. Man hatte nämlich inzwischen herausgefunden, daß Wersén nicht nur die Karte verschwinden ließ, sondern daß er durch einen Strohmann auch an das eigentliche Grundstück herankommen wollte. Der Stadtrat beschloß jedoch, Wersén das Grundstück zu überlassen.

Nach einer Aufforderung von Alexandersson versuchte Wersén im Juni und Juli, den Zwist mit der Wagenfabrik beizulegen. In einem Brief an Petersson schrieb er: „Wenn es – wie ich von Herzen hoffe – Dein Wunsch ist, daß die Sache geregelt wird, dann bin ich der Meinung, daß meine Wiedereinstellung die beste Möglichkeit ist. Eine neue Fabrik wäre dann ja hinfällig, und alles könnte beim alten bleiben. Ich selbst würde mich freuen, wieder für das Unternehmen arbeiten zu dürfen, das mir so am Herzen lag... Bitte teile mir Deine Ansichten über meinen Vorschlag mit. Nichts wäre mir in meinem jetzigen traurigen Zustand lieber als Deine Zustimmung. Mit vorzüglicher Hochachtung und in aller Freundschaft – Philip Wersén."

Der Aufsichtsrat war jedoch nicht interessiert, und Wersén gründete die Södertelge Verkstäder (später Svenska Maskinverken), die 1897 mit der Herstellung von Eisenbahnwaggons begann. Das Geschäft entwickelte sich sehr gut, und schon ein paar Jahre nach der Gründung war das Unternehmen doppelt so groß wie die Wagenfabrik.

Wersén ließ große und stattliche Fabrikgebäude am Ostufer des Saltskog-Fjordes errichten. Die Geschäftsleitung der Wagenfabrik dürfte sich kaum darüber gefreut haben, daß der Konkurrent nur wenige hundert Meter entfernt an der Straße von Södertälje „seine Zelte" aufgeschlagen hatte, ganz abgesehen davon, daß der Weg dorthin praktisch über den eigenen Vorhof verlief.

Bis zum Ersten Weltkrieg waren die Södertelge Verkstäder ein erfolgreiches Unternehmen. Mit der Zeit häufte Wersén ein ansehnliches Vermögen an, aber die Depression nach dem Weltkrieg und seine katastrophalen Aktienspekulationen führten zu seinem Fall. Die Maschinenwerke wurden 1941 von Scania-Vabis erworben und nach einem verheerenden Brand größtenteils abgerissen.

Die Nachfolge von Wersén als Werkleiter übernahm Ingenieur Carl Gustaf Carlqvist im August 1896. Nach seinem Staatsexamen im Jahre 1878 hatte er u.a. als technischer Zeichner, Konstrukteur und Konstruktionsleiter bei der Pennsylvania Railroad Co. und beim Unternehmen Rhode Island Locomotive Works in den USA sowie bei der Dampflokomotivenfabrik Krauss & C:o in München gearbeitet. Wahrscheinlich wurde er von der Wagenfabrik wegen seiner Kenntnisse über die Herstellung von Dampflokomotiven eingestellt, aber er blieb nicht lange beim Unternehmen. Bereits am 1. Juni 1898 verließ Carlqvist die Wagenfabrik und kehrte zu Krauss & C:o zurück. Zu seinem Nachfolger wurde Ingenieur Vincent Ahlberg ernannt, der bis 1908 die Fabrik leitete.

Mittlerweile hatte Disponent Petersson etwas Neues „auf dem Kieker". Vermutlich hatte ihn der kräftige Aderlaß des Unternehmens beunruhigt, den der Weggang von Wersén verursacht hatte, und er war wohl auch über die Konkurrenz durch die neue Fabrik in seiner unmittelbaren Nachbarschaft irritiert. Keinem Transportexperten konnte entgangen sein, daß die neue Automobilindustrie auf dem Vormarsch war, auch wenn man in Schweden bislang noch nicht viele Produkte dieses Industriezweiges gesehen hatte. Kleine Verbrennungsmotoren für stationäre Zwecke hatte es aber schon seit Anfang der 90er Jahre in Schweden gegeben, und die Produktion von Motoren für ortsfesten Einbau, für Schienenfahrzeuge und für Automobile war zweifelsohne eine interessante Geschäftsmöglichkeit.

Am 27. November 1896 erhielt Petersson vom Aufsichtsrat den Auftrag, die Voraussetzungen für die Konstruktion und Herstellung von Automobilen zu untersuchen. Wie immer handelte Petersson rasch und effektiv, und schon nach ein paar Wochen hatte er die Person gefunden, die Motoren und Automobile für die Wagenfabrik entwickeln sollte – Ingenieur Gustaf Erikson von der Eisenhütte Domnarfvets Bruk.

Gustaf Erikson (1859–1922) stammte aus einer Bauernfamilie in Lindesberg und war eines von sieben Geschwistern. Nach drei Jahren an der Technischen Lehranstalt in Örebro legte er 1878 ein Examen als Maschinenbauingenieur ab. Danach arbeitete er zuerst als Buchhalter und dann als Werkmeister in einer kleinen Fabrik in Sävsjöström. Im Jahre 1887 wurde er als Maschinenbauingenieur beim Sägewerk Skutskär eingestellt, wo er Holzverarbeitungsmaschinen konstruierte und patentieren ließ. 1893 kam er zur Eisenhütte Domnarfvet und befaßte sich dort als Konstruktionsleiter mit immer qualifizierteren Produktionsanlagen.

Die Eisenbahngesellschaft Oxelösund-Flen-Westmanlands Jernveg kaufte 1900 von der Wagenfabrik 50 dreiachsige Erzwaggons.

Die erste Draisine mit Motorantrieb machte im August 1902 ihre Probefahrt. Sie wurde angetrieben von einem Einzylinder-Motor vom Typ D1 mit 3–3,5 PS. Bis 1906 wurde sie für Vorführzwecke eingesetzt und dann an die Schwedischen Staatsbahnen verkauft. Vabis verkaufte von 1902–1914 insgesamt 42 Motordraisinen. Zwei wurden exportiert – eine nach Dänemark und die andere nach Rußland.

Auch in seiner Freizeit beschäftigte sich Erikson mit technischer Entwicklung. Angeblich verbrachte er mehrere Jahre damit, Verbrennungsmotoren zu konstruieren.

Als Petersson nun Gustaf Erikson die Möglichkeit gab, aus seiner Freizeitbeschäftigung einen „Ganztagsjob" zu machen, war das Angebot natürlich sehr verlockend. Bereits am 19. Dezember 1896 wurde ein Anstellungsvertrag zwischen der Vagnfabriks-Aktiebolaget und Erikson unterzeichnet. Er erhielt ein Monatsgehalt von 350 Kronen (Carlqvist hatte 500 Kronen) und eine Gewinnbeteiligung wie alle höheren Angestellten. Im Vertrag stand u.a. folgender Passus: „Spätestens am 1. März 1897 fange ich, Erikson, als Konstrukteur und Werkmeister bei der Wagenfabrik in Södertelge an, und meine Hauptaufgabe besteht darin, exklusiv für die Vagnfabriks-Aktiebolaget geeignete Automobilfahrzeuge und zugehörige Motoren zu konstruieren und herzustellen...".

Sowohl Erikson als auch Petersson hatten offensichtlich geglaubt, daß man schon in verhältnismäßig kurzer Zeit mit der Serienfertigung von Automobilen beginnen könnte. Aber man hatte die Schwierigkeiten unterschätzt, eine ausgereifte Konstruktion zur Serienreife zu bringen, ohne – wie die meisten Mitbewerber – ausländische Produkte nachzubauen oder in Lizenz herzustellen.

Daß sich die Entwicklungsarbeiten von Erikson in die Länge zogen, gab Anlaß zu Unzufriedenheit, und die Beziehungen zwischen Petersson und Erikson waren zeitweise sehr gespannt.

Erst 1902 gelang Erikson mit 1- und 2-Zylinder-

Auf der ersten Automobilausstellung in Stockholm im Mai 1903 stellte Vabis seinen ersten Lastwagen vor (links). Daneben steht ein Scania Personenwagen vom Typ Ad. Das Bild wurde vor der Eröffnung der Ausstellung aufgenommen, und die Fahrzeuge sind noch nicht auf ihren richtigen Ständen aufgestellt.

Motoren ein Durchbruch in der Entwicklung. Verglichen mit der Herstellung von rollendem Eisenbahnmaterial spielte die Produktion von Motorfahrzeugen aber nur eine untergeordnete Rolle.

Im Jahre 1900 waren bei der Wagenfabrik 202 Arbeiter beschäftigt (mit einem Durchschnittslohn von ca. 930 Kronen pro Jahr), aber der Umsatz ging nun bis 1903 von ca. einer Million Kronen auf 250.000 Kronen zurück, während gleichzeitig die Belegschaft auf 92 Mann schrumpfte und der mittlere Jahreslohn auf ca. 900 Kronen sank. Ein Problem war die große Personalfluktuation – von 111 Arbeitern, die 1901 neu eingestellt wurde, hörten 109 noch im selben Jahr wieder auf! Dazu trugen sicherlich die schlechten Arbeitsverhältnisse bei (die allerdings bei anderen Maschinenbauunternehmen auch nicht besser waren). Die Arbeiter mußten abwechselnd Hitze und Kälte in verrauchten Fabrikhallen erdulden, ohne Schutz vor riemengetriebenen Maschinen, Sägeblättern, fliegenden Eisenspänen und schweren Maschinenteilen, die über ihren Köpfen transportiert wurden. Die sanitären Verhältnisse waren nach heutigen Maßstäben ausgesprochen miserabel, und immer wieder kam es zu Arbeitsunfällen, die aber meistens ohne schwere Folgen blieben.

Nach einem fünf Monate andauernden Konflikt auf dem schwedischen Arbeitsmarkt wurde 1905 der erste zentrale Manteltarifvertrag abgeschlossen, und die Arbeitgeber erkannten die Gewerkschaften als rechtmäßige Vertragspartner an. In der Wagenfabrik wurde die wöchentliche Arbeitszeit für die Arbeiter von 60 auf 57 Stunden gesenkt.

DIE VORGESCHICHTE VON VABIS

Der Arbeitstag erstreckte sich von 07.00 Uhr bis 18.30 Uhr werktags und 14.15 Uhr samstags. Im Jahre 1906 bekamen die Arbeiter zum ersten Mal frei, um den 1. Mai zu feiern.

Erst 1907 entschied sich der Aufsichtsrat für eine offensive Motor- und Automobilfertigung. Man baute zu diesem Zweck ein neues Fabrikgebäude mit einem Kostenaufwand von 125.000 Kronen, und man beschloß den Übergang auf eine auf Serien ausgerichtete Produktion. Diese Entscheidung wurde getroffen, bevor Petersson das Unternehmen verließ. Im April 1908 trat er in den Ruhestand, und einige Monate später verstarb er. Sein Nachfolger wurde Disponent Karl Erik Öhman.

Als die neue Motor- und Automobilanlage 1908 fertig war, stellte man rund 40 Arbeiter ein und begann mit dem Verkauf der Fahrzeuge unter dem Namen Vabis.

Schon Anfang 1908 hatte man festgestellt, daß die Wagenfabrik ein zu geringes Betriebskapital hatte, und Surahammars Bruk mußte häufig mit Darlehen oder Krediten einspringen, damit die Lieferanten bezahlt werden konnten.

Eine Untersuchung ergab, daß die Zukunft für Eisenbahnmaterial nicht gerade rosig aussah. Auf der anderen Seite hatten Motoren und Automobile größere Erfolgsaussichten. Der Untersuchungsausschuß empfahl auch die Herstellung von Kolben- und Kreiselpumpen, aber dieser Vorschlag wurde nicht verwirklicht.

In den Jahren 1908 und 1909 ging die ganze Wagenfabrik mit Verlust. Die Produktion von Eisenbahnwaggons dominierte immer noch, aber die Nachfrage ging zurück, und die Fertigung wurde allmählich unrentabel. 110 Arbeiter stellten Eisenbahnwaggons her, während im Motoren- und Automobilbereich nur 40 Arbeiter beschäftigt waren. Ein großer Streik im August und September 1909 komplizierte die Situation noch mehr.

Auch wenn die Vabis-Automobile einige Erfolge auf dem Markt errungen hatten – u.a. als Taxis in Stockholm –, so ließen die finanziellen Gewinne

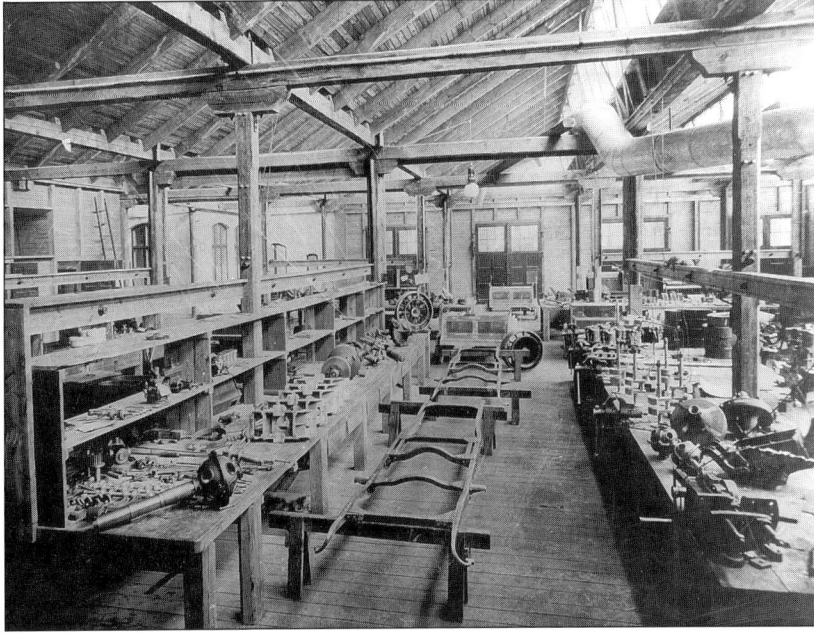

1908 wurde das erste Gebäude für die Motoren- und Automobilherstellung neben dem ursprünglichen Verwaltungsgebäude (das auch heute noch erhalten ist) in Betrieb genommen. Das für damalige Verhältnisse typische Sägezahndach (für bestmögliche Innenbeleuchtung) ist auch auf der Innenansicht der Fabrik zu sehen. Man erkennt hier mehrere Pkw-Fahrgestelle im Bau sowie einige Draisinen im Hintergrund. Die Fotografie wurde wahrscheinlich 1909 aufgenommen.

auf sich warten. Eine Umsatzerhöhung im Jahre 1909 führte nur zu weiteren Verlusten und zu einer noch größeren Kapitalbindung.

Als Folge davon mußte die Leitung der Motorfabrik im Herbst 1910 ihren Hut nehmen. Dem experimentierfreudigen Erikson traute man keine Führungseigenschaften mehr zu. Das eigentliche Problem war jedoch der Rückgang im Eisenbahngeschäft. Die früher so guten wirtschaftlichen Ergebnisse waren mittlerweile ausgeblieben. Das von den Herstellern gegründete Kartell, der sog. Wagenring, war geplatzt, und erfolgreichere Mitbewerber wie z.B. Södertelge Verkstäder unter der tatkräftigen Führung von Wersén eroberten Marktanteile, indem sie die Preise senkten.

Der Aufsichtsrat von Surahammars Bruk war beunruhigt und nicht bereit, noch mehr Kapital für den Eisenbahnbereich aufzuwenden, denn man befürchtete weitere Rückschläge. Die Motor- und Automobilherstellung, von der man sich viel erhofft hatte, schien ebenfalls für die absehbare Zukunft keine größeren Erfolgsaussichten zu haben.

Karl Erik Öhman, der neue Geschäftsführer von Surahammars Bruk, interessierte sich mehr für die Hauptaktivitäten des Hüttenwerkes, und er empfand die kapitalverschlingende Wagenfabrik als „Klotz am Bein". Im Jahre 1909 hatte sich die Nya AB Atlas in Stockholm an die Wagenfabrik und die Södertelge Verkstäder mit dem Vorschlag gewandt, die beiden Konkurrenten aufzukaufen. Viel zu viele Unternehmen stellten Eisenbahnwaggons her, und Atlas wollte einen neuen „Wagenring" mit weniger Teilnehmern ins Leben rufen (früher hatten sich bis zu 13 Firmen diesem Kartell angeschlossen). Die Motorfertigung sollte entweder eingestellt oder in ein anderes Unternehmen eingebracht werden. Wersén lehnte allerdings den Verkauf seines Unternehmens ab, und der Vorschlag fiel ins Wasser.

Im April 1910 erhielten die Aktionäre von Surahammars Bruk ein „Merkblatt über die Wagenfabrik in Södertelge". Daraus ging hervor, daß sich das Anlagevermögen zum Jahreswechsel 1909–10 auf 711.240 Kronen belief und daß das Unternehmen einen Reingewinn von insgesamt 643.834 Kronen erzielt hatte (1903–05 und 1908–09 waren Verlustjahre gewesen). An Dividenden hatte Surahammars Bruk 367.549 Kronen erhalten, was 10,25 % des Grundkapitals entsprach. Von Surahammar hatte die Wagenfabrik Rohstoffe sowie Fertig- und Halbfabrikate für 2.636.672 Kronen gekauft.

Schon vor der Fertigstellung der neuen Fabrik 1908 hatte man 124.871 Kronen für Patente, Zeichnungen und Versuche im Motoren- und Automobilbereich aufgewendet. Die neue Fabrik hatte einschließlich Maschinen 221.000 Kronen gekostet. Abgesehen von den Zinskosten für das investierte Kapital hatte das Unternehmen bis Ende 1908 im Motorenbereich 30.053 Kronen verloren. Hinzu kam noch ein Verlust in Höhe von 11.437 Kronen im Jahre 1909 (bei einem Umsatz von 132.562 Kronen). In Vorräten und Halbfabrikaten waren schätzungsweise gut 160.000 Kronen gebunden.

Die Wagenfabrik arbeitete mit mehreren Werften zusammen, u.a. mit Rubens Motorbootswerft in Torsvik in der Nähe von Stockholm. Das erste Boot wurde am 16. Juni 1905 an Ingenieur P. Mortenson in Stockholm geliefert. Die Fotografie stammt aus dem Jahre 1908.

Vabis-Kühler für einen Personenwagen mit F4-Motor (20–24 PS), Baujahr 1909.

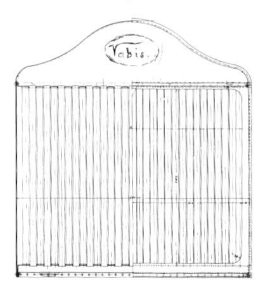

Im August 1910 teilte Öhman dem Aufsichtsrat mit, daß man mit mehreren denkbaren Käufern Verhandlungen über eine Veräußerung der Fabrik eingeleitet habe, daß bislang aber noch keine Ergebnisse erreicht seien. Auf Initiative von Scania in Malmö nahm man jedoch schon bald Gespräche über die Fusion beider Unternehmen auf. Damit war der „Anfang vom Ende" abzusehen.

Im November 1910 erklärte der Aufsichtsrat „den Verkauf einiger Unternehmenssparten an eine neue Aktiebolaget Scania-Vabis für wünschenswert", und am 30. November 1910 unterzeichnete man einen Vertrag, der die Gründung des neuen Unternehmens regelte.

Diesem Vertrag zufolge stellten die Vagnfabriks-Aktiebolaget und die Maskinfabriksaktiebolaget Scania jegliche Motoren- und Automobilfertigung ein und übertrugen diese Aktivitäten einem neuen Unternehmen, der AB Scania-Vabis. Der Vertrag war für Surahammar und die Wagenfabrik nicht besonders günstig und wurde erst nach etlichen Diskussionen gebilligt. Da die Automobilfertigung auch 1910 beträchtliche Verluste eingefahren hatte (und weitere Verluste waren zu erwarten), hatte man aber praktisch keine andere Wahl.

Der Verkauf der Motoren- und Automobilfertigung bedeutete im Prinzip das Ende der Wagenfabrik, zumal auch die Produktion von Eisenbahnwaggons nach einiger Zeit stillgelegt wurde. Auf der Hauptversammlung von Surahammars Bruk erhielt der Aufsichtsrat freie Hand zum Verkauf der festen Aktivposten in Södertälje, die nicht vom Vertrag betroffen waren, „zu annehmbaren Beträgen und Bedingungen". Die Wohnhäuser des Unternehmens wurden schnell verkauft, und die AB Scania-Vabis erwarb den größten Teil der Fabrikgebäude in den Jahren 1912–13, als das Unternehmen sein Werkgelände vergrößern wollte. Surahammars Bruk verkaufte seine Scania-Vabis-Aktien an private Aktionäre und Aufsichtsratsmitglieder, die dadurch große Minderheitsposten erhielten. Das Engagement von Surahammars Bruk in Södertälje war damit beendet.

Maskinaktiebolaget Scania

Die Vorgeschichte von Scania bis 1911

Viele europäische Unternehmen stellten bis zur Mitte des 19. Jahrhunderts Fahrräder her, und etliche gingen einige Jahrzehnte später noch einen logischen Schritt weiter – damit der Fahrer nicht mehr zu treten brauchte, montierte man ganz einfach einen Motor am Gefährt. So entstanden Motorräder oder Automobile (zu Beginn war eine Übergangslösung mit drei Rädern häufig auf den Straßen zu sehen).

In Nottingham in England produzierte Thomas Humber zu Beginn der 70er Jahre Kopien von französischen Treträdern. Zwei Jahre später nahm er weitere Fabriken in Coventry und Wolverhampton in Betrieb. Dort baute er ab 1887 die neuen „safety bicycles" (d.h. Fahrräder mit gleich großen Rädern und Kettenantrieb mit unterschiedlich großen Kettenrädern vorn und hinten).

Viele ausländische Hersteller sahen auf dem expansiven schwedischen Markt eine Chance, darunter auch Humber. Er hatte schon Anfang der 90er Jahre einen Generalvertreter in der südschwedischen Landschaft Skåne (= Schonen, lateinisch = Scania) gefunden, nämlich das Unternehmen Fredrik Petersen & Co in Malmö. Offensichtlich verkauften sich die Fahrräder so gut, daß die Geschäftsführung im Stammwerk eine Fertigung in Malmö in Erwägung zog. Humber & Co besaß bereits eine Fabrik in Paris sowie Tochtergesellschaften in den USA, Rußland und Portugal. Ungefähr gleichzeitig mit der schwedischen Etablierung wurde außerdem noch ein Humber-Unternehmen in Kopenhagen gegründet.

Der in Dänemark geborene Kaufmann Fredrik Petersen und einige ihm nahestehende Personen in Südschweden ergriffen daher die Initiative zur Gründung einer schwedischen Gesellschaft für die Lizenzherstellung von Humber-Fahrrädern. Der Name des Unternehmens lautete Svenska aktiebolaget Humber & Co, und das erste Sitzungsprotokoll des Aufsichtsrates trägt das Datum 15. August 1896. Petersen (der später seinen Namen in Nyrop änderte) wurde geschäftsführender Direktor, und die Verantwortung für die Produktion übernahm ein Ingenieur namens Lars From.

Die Gesellschaftssatzung wurde am 10. August 1896 verabschiedet, und das Grundkapital belief sich auf beachtliche 400.000 Kronen, verteilt auf Aktien mit einem Nennwert von je 500 Kronen. Am 24. Mai 1897 wurde das Unternehmen in das Aktiengesellschaftsregister eingetragen.

Die Svenska Humber errichtete ihre Fabrik in einem neuen Industriegebiet am Stadtrand von Malmö, wo es nur wenige Wohnhäuser, dafür aber Möglichkeiten für eine weitere Expansion gab.

Auf der großen Landwirtschafts- und Industrieausstellung in Malmö im Sommer 1897 war Svenska Humber nicht vertreten, aber die Fabrik beschäftigte schon damals zwischen 200 und 300 Personen, die zeitweise in zwei Schichten arbeiteten, um mit der Nachfrage Schritt zu halten. 1897 und 1898 wurden jährlich rund 10.000 Fahrräder produziert. Svenska Humber baute im Gegensatz zu vielen anderen keine billigen Fahrräder, sondern hob in seinen Anzeigen die hohe Qualität und die Tatsache hervor, daß die Fahrräder in Schweden hergestellt wurden.

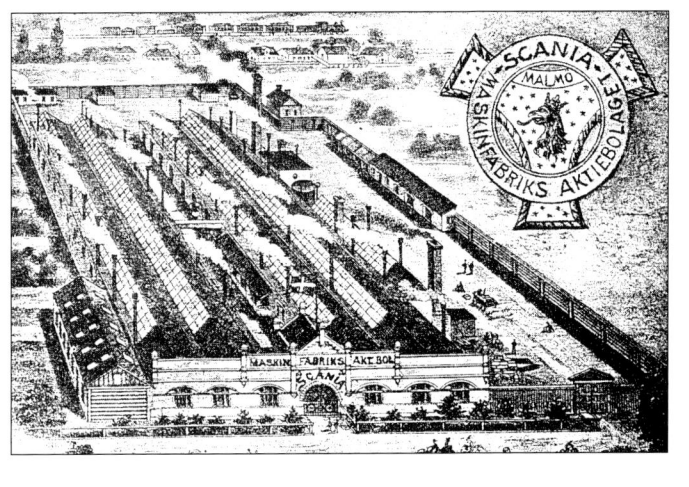

Eine frühe Darstellung der Scania Fabrik am Stadtrand von Malmö. Auch hier ist die Größe stark übertrieben. Später wurde die Fabrik an beiden Seiten ausgebaut.

Im Frühjahr 1898 sah man schon verhältnismäßig viele Fahrrad-Anzeigen in den südschwedischen Zeitungen, und ein Jahr später brach ein wahrer Annoncenkrieg aus. Der schwedische Markt wurde von billigen Importrädern überschwemmt, denn es waren schon im voraus neue Zollsätze für Fahrräder und Fahrradteile bekannt geworden. Wegen der neuen Zölle kam die schwedische Fahrradproduktion nahezu ganz zum Erliegen.

Am 2. Januar 1900 erhielt Svenska Humber einen neuen Geschäftsführer namens Ernst Houmann, und gleichzeitig fanden mehrere Änderungen im Aufsichtsrat statt. Petersen verließ die Firma und übernahm die Leitung eines neuen Unternehmens – Maskinfabriksaktiebolaget Scania.

Der Fahrradmarkt war nun vorübergehend gesättigt, und Svenska Humber sah sich offensichtlich gezwungen, die Produktion stillzulegen. Am

20. Dezember 1900 reichte man beim Aktiengesellschaftsregister den Antrag auf Liquidation ein. Bereits vor der Geschäftsauflösung hatte der Aufsichtsrat die Fabrik mit dem gesamten Inventar an das neue Unternehmen Scania verkauft.

Den Notizen eines Werkmeisters namens T. Persson aus dem Jahre 1926 kann man entnehmen, daß die Svenska aktiebolaget Humber & Co ein außergewöhnlich angenehmer Arbeitsplatz war. Direktor Petersen lag ein gutes Verhältnis zwischen Arbeitgeber und Arbeitnehmern sehr am Herzen. Außerdem war er sportlich interessiert und ließ auf dem Fabrikgelände einen eingezäunten Fußballplatz anlegen, der fleißig genutzt wurde. Das Personal mit besonders gesundheitsschädlichen Aufgaben, z.B. Schleifen und Polieren, erhielt täglich eine zusätzliche Viertelstunde frei, um an die frische Luft kommen zu können. Außerdem stellte Peterson Sportausrüstung zur Verfügung.

In den Jahren 1897 und 1898 wurden direkt nach der Inventur im August große Fabrikfeste für die Arbeiter und deren Familien auf dem Sportplatz von Malmö veranstaltet. Dazu eingeladen waren auch die Mitglieder des Aufsichtsrates, die Mitarbeiter im Außendienst und einige Lieferanten. Schon mittags machte man Feierabend, und das Fest begann um 14 Uhr mit einer Ansprache von Petersen. Anschließend wurde eine leckere Mahlzeit serviert, gefolgt von Kaffee und Kuchen – „und ein steifer Grogg fehlte ebenfalls nicht". Danach gab es ein buntes Unterhaltungsprogramm mit Tänzen und Spielen, Fahrradwettbewerben, Fußball und Hindernisläufen für die Damen, „die bei dieser Gelegenheit nicht zu zimperlich sein durften – auch auf die Gefahr hin, daß sie etwas zeigten, was normalerweise als unschicklich galt. Wer sich an den Wettbewerben beteiligte, erhielt wertvolle und nützliche Preise".

Die Maskinfabriksaktiebolaget Scania war 1900 gegründet worden, um „Velozipede und Maschinen herzustellen und zu verkaufen". Wenig später wurde schon für „Scania Fahrräder mit umfassender Sicherheitsgarantie" geworben. Am 3. Mai 1901 konnte man zum ersten Mal das (am 16. April eingetragene) Warenzeichen von Scania in einer Anzeige zusammen mit dem Text „Scania Fahrräder werden in Schweden aus schwedischem Stahl und von schwedischen Arbeitern hergestellt" sehen.

Neben Fahrrädern produzierte Scania in seiner für damalige Verhältnisse gut ausgerüsteten Fabrik Gesenkschmiedeteile, Zahnräder in verschiedenen Ausführungen, Schneckenräder, Kettenräder, Maschinen für die Schuh- und Gummiindustrie (u.a. Stahlwalzen für die Herstellung von Galoschen), große stationäre Staubsaugmaschinen und später auch noch Eisenbahnweichen. Außerdem besaß die Fabrik eine galvanische Anstalt zum Vernickeln, Verkupfern, Vermessingen, Versilbern, Vergolden und für Oxidationsbeschichtungen unterschiedlicher Art. Zur Fabrik gehörten ferner eigene Lackier- und Tischlereiabteilungen.

Im Jahre 1901 erhielt das Unternehmen mit Hilding Hessler (1857–1904) einen neuen Geschäftsführer, der in Zusammenarbeit mit Fabrikleiter Anton Svensson die Produktion von Auto-

Fahrräder waren mehrere Jahre lang das wichtigste Produkt von Scania. Sie wurden u.a. unter den Namen Scania und Skandia verkauft.

Das erste Scania Automobil vom Typ A, fotografiert vor dem imposanten Fabriktor. Wahrscheinlich stammt die Aufnahme aus dem Jahre 1901.

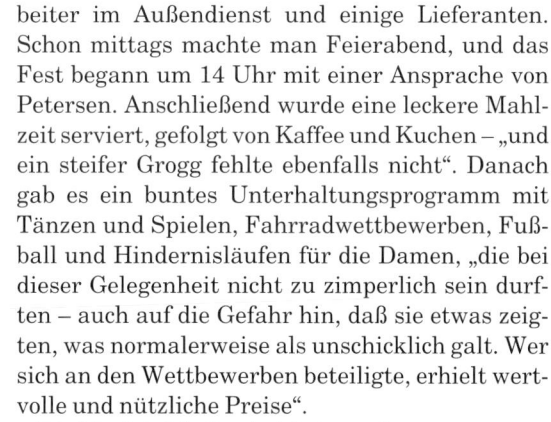

Die Geschäftsführung von Scania kümmerte sich um das Wohl der Mitarbeiter und ließ u.a. mehrere Schrebergärten direkt neben der Fabrik anlegen.

mobilen und Motorrädern vorbereitete.

Anfang 1901 baute man einige Versuchsfahrzeuge nach ausländischem Vorbild. Svensson und der Konstrukteur Reinhold Thorssin sollen unterschiedlicher Meinung im Hinblick auf die Konstruktion der Fahrzeuge gewesen sein. Angeblich verließ Thorssin das Unternnehmen nach einiger Zeit, da sich die Geschäftsführung der Auffassung von Svensson Anschloß, daß der Motor vorn montiert werden müsse. Unter der Leitung von Svensson lief 1902 die Seriefertigung von Automobilen in kleinem Maßstab an.

Ende 1902 konnte Scania seine ersten Serienfahrzeuge liefern, und schon bald bot die Fabrik verschiedene Modelle mit Ein- und Zweizylinder-

Das Bild zeigt Fahrzeuge aus der Ad-Serie vom Herbst 1902. Hinter den Männern auf der rechten Seite sieht man ein Motorrad.

Automobilausstellung in Stockholm 1903. Scania stellte drei Fahrzeuge aus. Links der Stand der Wagenfabrik mit Draisine und in Lizenz hergestellten deutschen Fahrzeugen. Hedlund präsentierte einen Daimler-Lastwagen.

Motoren anderer Hersteller an – zuerst mit geneigter Motorhaube und Kühler zwischen den Rahmenträgern, später mit gerader Motorhaube und flachem Kühler. Bis 1904 kamen mehrere Motortypen zur Anwendung, die meisten mit vier Zylindern.

Hilding Hessler starb 1904, und zum Nachfolger wurde Diplomingenieur Per Alfred Nordeman (1866–1931) ausersehen, der seine außerordentliche Geschicklichkeit schon bei den Jonsered-Fabriken in der Nähe von Göteborg unter Beweis gestellt hatte. Unter der Leitung von Nordeman entwickelte sich die Automobilfertigung bei Scania erfolgreich, auch wenn bis zur Fusion mit der Vagnfabriks-Aktiebolaget i Södertelge nicht besonders viele Fahrzeuge hergestellt wurden.

Von den in Serie produzierten Personen- und Lastwagen von Scania ist leider kein Fahrzeug mehr erhalten (abgesehen von einem Modell aus der ersten Serie 1902–03). Fest steht jedoch, daß die Qualität auf einem außerordentlich hohen Niveau lag. In technischer Hinsicht waren die Fahrzeuge sehr fortschrittlich und durchaus mit angesehen ausländischen Fabrikaten vergleichbar. Die Personenwagen-Karosserien entsprachen hohem internationalem Standard. Leider waren die Fahrzeuge aber für den kleinen schwedischen Markt zu teuer und zu exklusiv, und die Exportmöglichkeiten waren stark begrenzt. Die meisten Länder, nicht zuletzt Deutschland, schützten ihre Automobilindustrie mit hohen Importzöllen.

Eine Stärke von Scania war die Diversifikation des Unternehmens. Die Automobilfertigung machte nur einen Teil der umfangreichen Produktion aus, und die Fabrik expandierte auch in anderen

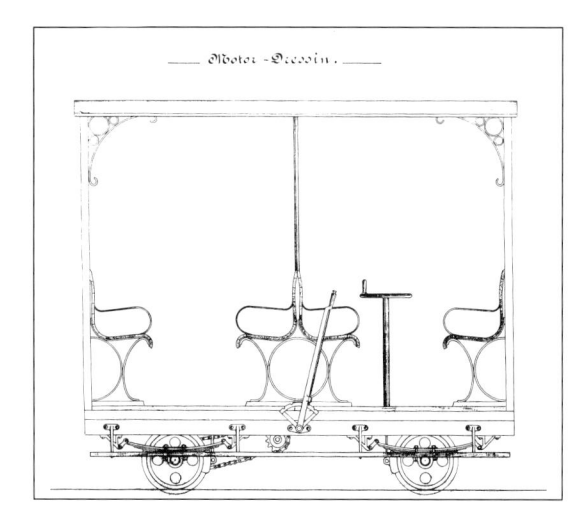

Auch bei Scania hatte man sich Gedanken über Schienenfahrzeuge gemacht. Diese Zeichnung von 1907 zeigt eine große Draisine mit Mittelmotor und Kettenantrieb. Wahrscheinlich kam es aber nie zu einer Produktion.

Bereichen. Das Fabrikgelände hatte eine Gesamtfläche von 15.000 m², und die Fabrik verfügte über 160 Arbeitsmaschinen, die von drei Gasmaschinen angetrieben wurden.

Seit 1905 hatte die Firma in Ingenieur Erik Hedlund einen energischen Repräsentanten in Stockholm. Er arbeitete mit Gusten Lind in Norrköping zusammen, und beide hatten seit 1899 auch die Agentur für Daimler-Lastwagen.

Bedauerlicherweise wurden praktisch alle Unterlagen über die Geschichte von Scania bis 1911 beim Umzug nach Södertälje in den 20er Jahren zerstört (abgesehen von dem 1989 wiedergefundenen Zeichnungsarchiv). Es läßt sich also nicht genau sagen, welchen Erfolg das Unternehmen hatte. Alles deutet jedoch darauf hin, daß Scania nicht mit finanziellen Problemen zu kämpfen hatte und daß man durch die Fusion mit der Wagenfabrik 1911 in erster Linie die Kapazität erhöhen wollte. (Möglicherweise versuchte man dadurch auch, einen lästigen Mitbewerber auszuschalten, der mit besseren Konstruktionen gefährlich werden konnte.)

Die einzigen noch vorhandenen Ziffern für die Automobilsparte von Scania stammen aus dem Jahre 1909. Der Jahresumsatz (ohne Verkaufsprovisionen) betrug 528.506 Kronen und der Reingewinn (vor Zinsen und Dividende) 74.944 Kronen. Im selben Jahr lieferte die Wagenfabrik Automobile und Motoren für 132.562 Kronen aus und machte dabei einen Verlust in Höhe von 11.437 Kronen.

Nordeman und der Stockholmer Repräsentant Erik Hedlund verhandelten (wahrscheinlich auf Betreiben von Hedlund hin) 1910 mit Surahammars Bruk und der Vagnfabriks-Aktiebolaget über die Fusion, die im Jahre 1911 zur Gründung von Scania-Vabis führen sollte.

Die Fabrikgebäude von Scania in Malmö wurden im Mai 1927 geräumt und im folgenden Jahr an eine Strumpffabrik verkauft. In den 40er Jahren veränderte sich das Aussehen der ehemaligen Scania Anlage durch mehrere Um- und Neubauten.

Montage von Lastwagen mit Wentzel-Motor in der Scania Fabrik im Sommer 1908. Die beiden Männer mit Schirmmützen sind Ingenieur Anton Svensson (am Fahrzeug) und Geschäftsführer Per Nordeman.

Gustaf Erikson und seine Experimente

1897–1902

VERBRENNUNGSMOTOREN FÜR AUTOMOBILE gab es erst Mitte der 80er Jahre des 19. Jahrhunderts, als Carl Benz und Gottlieb Daimler 1885 und 1886 je für sich fahrtaugliche Kraftwagen vorstellten. Der nächste Entwicklungsschritt ließ nicht lange auf sich warten: 1888 präsentierte Daimler (oder, eher gesagt, Wilhelm Maybach, der geschickte Konstrukteur hinter Daimler) einen gut funktionierenden V2-Motortyp (patentiert 1889), von dem eine große Anzahl hergestellt wurde. Im Rahmen einer umfangreichen Lizenzfertigung in Frankreich trug dieser Motor zur Gründung von mehreren Automobilunternehmen bei, u.a. Panhard & Levassor und Peugeot, beide 1890.

Daimler brachte 1890 den ersten Vierzylinder-Reihenmotor heraus; mit diesem Motortyp wurden jedoch erst später in Serie hergestellte Fahrzeuge ausgerüstet. Der Zweizylinder-Phönix-Reihenmotor von Daimler mit den beiden Zylindern im selben Block wurde 1894 präsentiert, und 1896 konstruierte Carl Benz den ersten Boxermotor der Welt (den Kontra-Motor mit zwei Zylindern). Von größter Bedeutung für die Automobiltechnik war auch der 1893 von Wilhelm Maybach patentierte Düsenvergaser mit Schwimmer, der frühere Vergaserausführungen ersetzte, bei denen die Luft mit verdampftem Kraftstoff gesättigt wurde.

Die Geburtsstätte des Automobils war, wenn man so will, Deutschland, aber das Kinderzimmer lag in Frankreich. Dort wurde das Automobil im letzten Jahrzehnt des vorigen Jahrhunderts zu einem praktisch nutzbaren Fahrzeug mit wesentlich moderneren Zügen als die deutschen Vorbilder entwickelt.

Frankreich und Deutschland spielten von der Jahrhundertwende bis zum Ersten Weltkrieg die wichtigsten Rollen in der Geschichte des europäischen Automobils. In den USA war die Entwicklung sehr langsam verlaufen, und eine Serienfertigung kam erst 1901 in Gang; in diesem Jahr wurden 425 Exemplare vom Oldsmobile mit Einzylinder-Motor hergestellt. In England behinderte vor allem eine veraltete Straßengesetzgebung den Durchbruch des Automobils.

Mit der Massenfertigung von Automobilen begann man in Frankreich. Hier als Beispiel die Produktionsziffern von Peugeot: 1892–29 Fahrzeuge, 1894–40, 1896–92 und 1898–156 (in diesem Jahr

Gustaf Erikson (1859–1922) wurde 1896 von der Wagenfabrik in Södertälje eingestellt, um „geeignete Automobilfahrzeuge und zugehörige Motoren zu konstruieren und herzustellen..."

verkauften Panhard & Levassor 336 Fahrzeuge). In Deutschland stellte Benz 69 Fahrzeuge bis 1893 her, 67 St. 1894, 181 St. 1896 und 435 St. 1898. Die entsprechenden Daimler-Ziffern: 9 St. bis 1893, 1 St. 1894, 24 St. 1896 und 57 St. 1898. Erst um die Jahrhundertwende kletterten die Produktionsziffern in die Höhe. Der französische Hersteller de Dion Bouton baute von 1897 bis 1901 rund 1.200 nahezu identische Viersitzer mit vier Rädern. Der hochtourige Einzylinder-Motor dieser Firma verhalf übrigens der Automobilproduktion in Europa zum Durchbruch (er wurde von über hundert Herstellern, u.a. Renault, nachgebaut; insgesamt wurden rund 30.000 Exemplare produziert).

Das „moderne" Automobil erblickte in Frankreich das Licht der Welt, als Panhard & Levassor 1891 ihre Konstruktion mit Frontmotor, Kupplung und Schubradgetriebe unter dem Fahrzeug und Hinterradantrieb (allerdings mit Ketten) präsentierten. Diese Grundkonstruktion war in der Automobiltechnik etliche Jahrzehnte vorherrschend. Erst ab den 60er Jahren dieses Jahrhunderts wurden Fahrzeuge mit Frontantrieb in nennenswerten Stückzahlen hergestellt.

In Skandinavien kam die Automobilproduktion verhältnismäßig spät in Gang, abgesehen von einigen Versuchsfahrzeugen. Dazu gehören z.B. der „Hammelvognen" in Kopenhagen (der wahrscheinlich 1889 gebaut wurde) und die Straßenlokomotive mit Verbrennungsmotor, die Hans Torgersen Vestby nachweisbar im Oktober 1895 von Strömmen nach Kristiania (Oslo), eine Strecke von ca. 30 km, fuhr. Die Gebrüder Cederholm stellten in Südschweden zwei Fahrzeuge mit Dampfantrieb her, das erste 1892 und das zweite wahrscheinlich 1896. Diese beiden Dampfwagen waren die ersten in Schweden hergestellten Automobile (die aber keineswegs als Beginn einer Automobilproduktion gedacht waren).

Merkwürdigerweise kam eines der ältesten Automobile der Welt nach Schweden. Das allererste der Vierrad-Fahrzeuge, die Peugeot 1890 herstellte, wurde nämlich auf der Industrieausstellung in Göteborg im August 1891 vorgestellt. Man hat lange behauptet, daß es sich dabei um einen Panhard & Levassor handelte, aber neue Erkenntnisse (im Zusammenhang mit der Forschung für dieses Buch) haben ergeben, daß sich eben dieser Peugeot mit französischem Chauffeur auf den Weg nach Schweden gemacht hatte. Nach der Ausstellung brachte man das Fahrzeug zur AB Mekaniska Verkstaden Vulcan in Norrköping; diese Firma hatte ab 1890 Motoren (nach Daimler-Patent) für stationäre Zwecke verkauft. Man machte mit dem Peugeot mehrere Probefahrten, aber wegen unzureichender Zuverlässigkeit gab man die Pläne für eine Herstellung in Lizenz auf. Der alte Peugeot wurde 1899 nach Stockholm überführt, aber was dann aus ihm geworden ist, läßt sich nicht mehr feststellen.

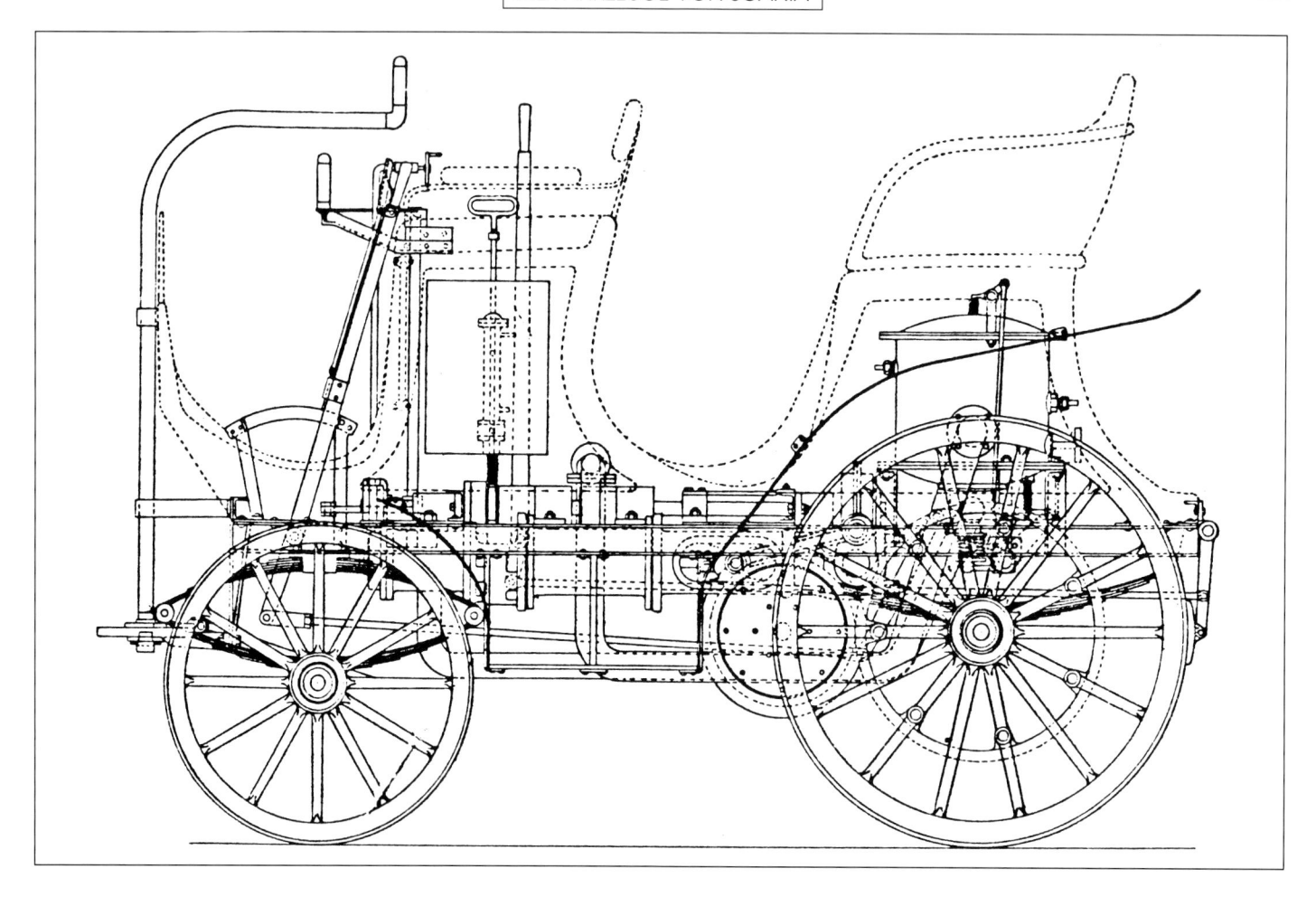

Die einzigen „Fahrzeuge", die damals in Schweden allgemein bekannt waren, wurden von der Firma Munktells in Eskilstuna hergestellt. Es handelte sich dabei um sogenannte „Lokomobile" für den Antrieb von Dreschmaschinen und anderen Geräten in der Landwirtschaft. Bis 1896 hatte Munktells insgesamt 1.422 Lokomobile verkauft.

Als Gustaf Erikson am 19. Dezember 1896 den Vertrag mit der Vagnfabriks-Aktiebolaget i Södertelge unterschrieb, bestand seine einzige Aufgabe in der Konstruktion von Automobilen und Motoren. Bereits am 1. Februar 1897 trat er seinen Dienst in Södertälje an, nachdem er eine passende Unterkunft für seine Familie gefunden hatte.

Obwohl Erikson seit nahezu 20 Jahren berufstätig gewesen war, hatte er sich wahrscheinlich noch nicht mit Verbrennungsmotoren befaßt. Möglicherweise war er mit einer der damaligen großen stationären Gasmaschinen in Kontakt gekommen. Es ist kaum anzunehmen, daß ihn seine früheren

Die erste Automobilkonstruktion von Erikson, das sogenannte „Reißbrett-Auto", wurde niemals gebaut. Es hatte einen großen Brennraum über der Hinterachse und zwei doppeltwirkende Zylinderpaare, die der Länge nach zwischen den Längsträgern angeordnet waren.

Arbeitgeber für Studienzwecke ins Ausland geschickt hatten, weshalb er wohl nur theoretische Kenntnisse von Automobilen besaß.

Mitunter ist behauptet worden, daß die Abschaffung des englischen „Rote-Flagge-Gesetzes" 1896 und der darauf folgende *Emancipation Run* am 14. November desselben Jahres Disponent Petersson veranlaßten, die Herstellung von Automobilen mit dem Aufsichtsrat zu diskutieren. Da aber der „Befreiungslauf" nur wenige Tage vor der Aufsichtsratssitzung stattfand, kann man dieser Behauptung wohl kaum Glauben schenken.

Es kann allerdings zwei bislang unbeachtete Ursachen für das plötzlich erwachte Automobil-Interesse Peterssons geben. Auf der großen Stockholmer Ausstellung im Jahre 1897 war u.a. ein französisches Dreirad vom Fabrikat Leon-Bollée zu sehen, das ein paar Personen gehörte, die bei der Ausstellung mitwirkten. Einigen Angaben zufolge kam dieses Fahrzeug bereits 1896 nach Schweden.

Eine wahrscheinlichere Ursache sind die konkreten Pläne der Söderbloms Gjuteri & Mekaniska Verkstad in Eskilstuna zum Bau eines Automobils für die Ausstellung in Stockholm. Es sollte aber noch bis Anfang des nächsten Jahrhunderts dauern, bis Söderbloms ein funktionierendes Fahrzeug vorstellen konnte. Dessen ungeachtet dürfte Petersson auch erfahren haben, daß Vulcan eine Automobilherstellung mit dem alten Peugeot als Vorlage ins Auge gefaßt hatte.

Erikson hatte niemanden, mit dem er seine Pläne diskutieren konnte, und wahrscheinlich hatte er anfangs noch nicht einmal Zugang zu Fachzeitschriften. 1894 erschien die erste französische Automobilzeitschrift *(La Locomotion Automobile)*, im Januar 1898 wurde in Deutschland zum ersten Mal *Der Motorwagen* herausgegeben, und im November 1895 hatte die *The Autocar* in England Premiere. Die nächste englische Fachzeitschrift *(The Automotor Journal)* erschien im Oktober 1896, und Erikson gehörte nachweislich zu ihren Lesern.

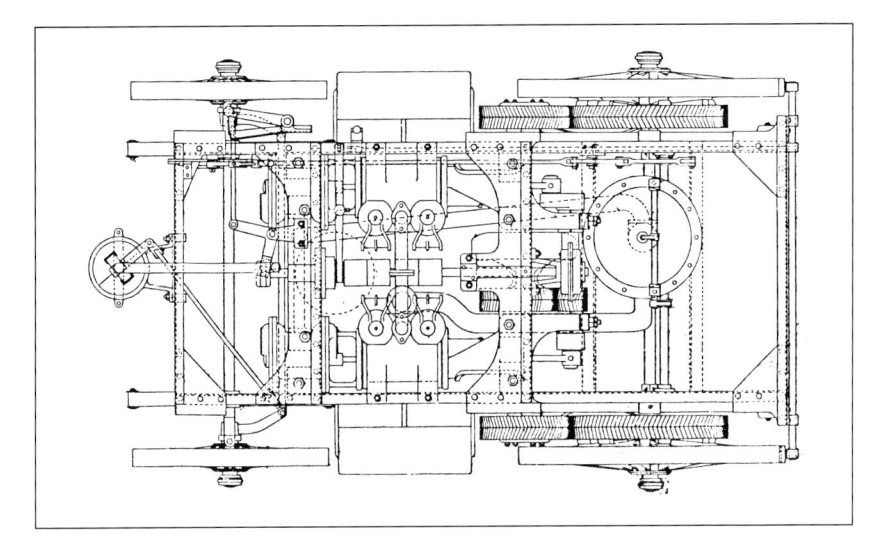

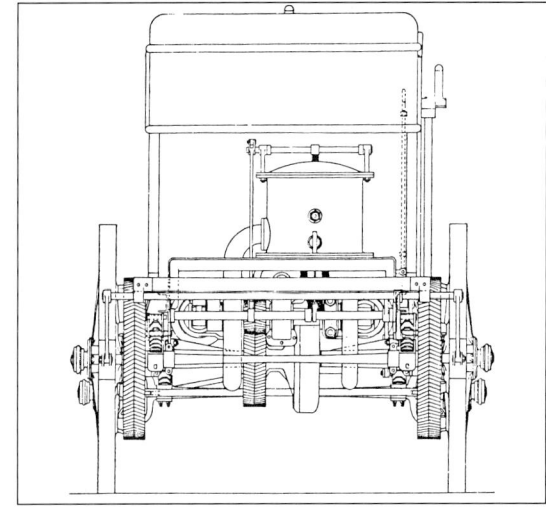

Die Literatur über Verbrennungsmotoren (abgesehen von mehreren Werken über stationäre Gasmotoren) war ebenfalls begrenzt und hauptsächlich von Deutschen und Franzosen geschrieben. Eines der Standardwerke war *Die Petroleum- und Benzinmotoren* von Georg Lieckfeld (München 1894, 1901). Im November 1898 kaufte das staatliche Patent- & Registeramt in Stockholm das ins Englische übersetzte französische Buch *Petroleum Motorcars* von Louis Lockert (London 1898). Wir wissen nichts über die Sprachkenntnisse von Erikson, aber da die technische Literatur um die Jahrhundertwende größtenteils auf Deutsch abgefaßt war, dürfte er diese Sprache ziemlich gut beherrscht haben.

Die Konstruktionen, mit denen sich Erikson bis 1901 befaßte, waren ausschließlich für die Wagenfabrik bestimmt und nicht für Surahammars Bruk, wie häufig behauptet wurde. Allerdings war Erikson oft und mitunter auch sehr lange in Surahammar, und viele Zeichnungen sind in Surahammar datiert worden. Außerdem schrieb Erikson etliche Briefe auf dem Briefpapier von Surahammars Bruk, was ebenfalls zu Mißverständnissen geführt haben kann.

Wieviel Erikson an seiner ersten Automobilkonstruktion gearbeitet hatte, bevor er bei der Wagenfabrik anfing, ist nicht bekannt. Wahrscheinlich hatte er aber zumindest schon Teile davon zu Papier gebracht. Da die damalige Industriewelt in Schweden recht klein war und praktisch jeder jeden kannte, hat Petersson wahrscheinlich gewußt, daß sich Erikson schon an die Konstruktion eines Automobils herangewagt hatte.

Das erste Automobil Eriksons – selbst sprach er

Das „Reißbrett-Auto" von oben und von hinten. Man sieht deutlich die großen Zylinder zwischen den Längsträgern. Die großen, langen Rohre, die die warmen Verbrennungsgase unter Druck zu und von den Zylinder führen sollten, hätten schwierige Probleme wegen der Abkühlung der Gase verursacht. Man erkennt auch die kräftigen Zahnräder für die Kraftübertragung sowie die zentral angeordnete Lenkung.

von Motorwagen oder Kraftwagen – kam nicht weiter als bis zum Reißbrett, und ein Motor wurde auch nicht hergestellt. Erhalten sind nur noch rund 20 Zeichnungen, die Erikson in Södertälje anfertigte. Die Arbeiten an diesem Automobil gingen noch bis zum Sommer 1897 weiter.

Das „Reißbrett-Auto" sollte auf einem Rahmen aus U-Profilen aus Stahl mit kräftigen Querversteifungen aufgebaut werden, die auch als Aufhängung der Maschinenkomponenten vorgesehen waren.

Die Lenkung erfolgte mit einem kräftigen Hebel in der Mitte, der mit einem Lenkarm mit dem linken Vorderrad und einer Spurstange mit dem rechten Vorderrad verbunden war. Die Vorderachse war mit vollelliptischen und die Hinterachse mit halbelliptischen Blattfedern versehen. Die angetriebenen Hinterräder waren größer als die Vorderräder (Vorder- und Hinterräder liefen in einer Spur), und sämtliche Räder hatten Speichen und Radkränze aus Holz, die mit Flacheisen umreift waren.

Eine Bremse in Form von zwei Holzklötzen an einer Querachse gab es nur für die Hinterräder. Die Betätigung erfolgte mit einem Hebel rechts vom Fahrerplatz. Zuerst wurde das eine Rad gebremst und dann beide. Man konnte den Hebel bei gebremsten Rädern auch sperren und hatte damit eine Feststellbremse.

Die einfache Karosserie mit einem Sitz vorn und einer zweisitzigen Rückbank für die Passagiere im Fond erinnerte an eine Pferdedroschke. Offensichtlich sollte der Fahrer allein vorn sitzen.

Die eigentümliche Maschinenkonstruktion bestand aus zwei mitten unter dem Fahrzeug (an der Innenseite der Rahmenlängsträger) liegenden Zylinderpaaren mit je einem Arbeits- und einem Verdichtungszylinder, beide mit doppeltwirkenden Kolben. Durch kräftige Rohre standen sie in Verbindung mit einem gemeinsamen Brennraum unter der Rückbank.

Unter dem Fahrerplatz befand sich ein Kraftstofftank, in dem der Druck vor dem Start mit einem Griff rechts neben dem Fahrer aufgebaut werden mußte. Während der Fahrt wurde der Druck von einer Pumpe aufrechterhalten, die von einer

Kurbelkröpfung an einer Welle angetrieben wurde. Diese Welle verlief entlang der Mittellinie des Fahrzeugs und hatte auch noch andere Funktionen. Die Pumpe förderte den Kraftstoff zu einem speziellen Druckregler. Der Brenner mit mehreren Düsen, der im Brennraum montiert war, benötigte nämlich unabhängig von der Belastung der Maschine einen konstanten Kraftstoffdruck. Außerdem gab es noch eine Rückleitung zum Tank.

Im oberen Teil des Brennraums (der die Form einer Tonne hatte und aus dickem Stahlblech mit einem aufgeschraubten Deckel bestand) gab es eine Art Leerlaufventil. Der Druck, der sich bei der kontinuierlichen Verbrennung bildete, wenn das Fahrzeug stillstand, wurde durch ein Ventil abgelassen. Zum Öffnen des Ventils gab es einen Gelenkarm von der Steuerwelle des Gasreglers. Diese Welle lag quer unter dem Brennraum und beeinflußte auch den Brenner sowie die Kraftstoffzufuhr zu den Arbeitszylindern. Ein Deckel an der Außenseite des Brennraums konnte zur Zündung des Brenners geöffnet werden.

Die unter Druck stehenden Verbrennungsgase wurden in einem großen Rohr zu den beiden Arbeitszylindern geführt. Ihre Pleuelstangen waren nach hinten gerichtet und an Kröpfungen an jedem Ende der querliegenden Kurbelwelle gelagert. Der Winkel zwischen diesen Kröpfungen betrug 90 Grad, denn die Maschine sollte von sich aus ohne Kurbel starten. Die Ventile der Zylinder wurden von einer Welle in der Mitte gesteuert. Beide Seiten des Kolbens leisteten die gleiche Arbeit, d.h. alle vier Arbeitsräume wurden vom Brennraum gespeist. Die Verdichtung fand in den Zylindern statt, die vor den Arbeitszylindern lagen. Brennraum, Arbeitszylinder und Kompressionszylinder sollten also zusammenwirken.

Die Kraft von der Kurbelwelle wurde durch Zahnräder an die querliegende Antriebswelle und durch ein Differential weiter an jedes Hinterrad übertragen.

Von der Antriebswelle wurde die Kraft auf die Räder übertragen durch Zahnräder, die ihrerseits in Zahnräder auf der Innenseite der Radspeichen eingriffen. Der Abstand zwischen der Hinterachse war selten konstant mit der Antriebswelle (die aufgrund der schwachen Aufhängung auch nicht immer parallel mit dieser verlief). Dieses Problem löste Erikson auf eine Weise, die in er dem heute verlorengegangenen Patentantrag beschrieb. Er hatte das Patent *Anordnung bei Zahnradübersetzung für Antriebsräder bei Motorwagen* genannt. Dem Antrag wurde nicht stattgegeben, aber das Prinzip benutzt er für sein nächstes Automobil.

Das Fahrzeug konnte vorwärts- und rückwärtsfahren. Die Bewegungsrichtung der Maschine wurde mit Hilfe der in der Mitte zwischen den Zylindern verlaufenden Welle geändert, die man mit einem Hebel mit zwei Positionen rechts vom Fahrer betätigte. Der Hebel beeinflußte einen Mechanismus, der die Welle in Längsrichtung des Fahrzeugs verschob. An der Welle (die am hinteren Ende von einem Zahnrad an der Kurbelwelle angetrieben wurde) gab es auch die Kammern, die die Ventile der Zylinder regelten.

Das Fahrzeug wurde mit dem Gasregler gestartet, mit dem man auch die Geschwindigkeit ändern konnte. Der Regler bestand aus einem Hebel, der vor- und zurückgeführt und mit einem Drehgriff gesperrt werden konnte.

Erikson verwendete Petroleum als Kraftstoff; dafür kann es mehrere Ursachen gegeben haben. Damals war Benzin oft gleichbedeutend mit chemisch reinem Benzin, das man in der Apotheke bekam, während Benzin für Automobile erst in den letzten Jahren des Jahrhunderts verkauft wurde – in Schweden wohl erst 1904. Der Unterschied zwischen Benzin und Petroleum ist heutzutage sehr groß, aber das von Erikson verwendete Petroleum ähnelte kaum dem heutigen Petroleum. Ein Zwischending zwischen Petroleum und Benzin war das Gasöl; diese Petroleumfraktion war weniger flüchtig als Benzin, aber flüchtiger als Petroleum. Es wurde für Beleuchtungszwecke verwendet, war aber wegen seiner Feuergefährlichkeit für diesen Zweck eigentlich ungeeignet. Die Dichte, die Flammpunkte und andere Eigenschaften der damaligen Brennstoffe variierten wahrscheinlich sehr stark. Die Vulcan-Fabrik in Norrköping hatte wegen ihrer Bootsmotoren Probleme mit den Versicherungsgesellschaften, da diese ungern etwas versichern wollten, was mit Benzin zu tun hatte. Vulcan taufte seine Motoren in Petroleummotoren um, aber auch das half nichts. Möglicherweise ist Erikson dadurch bei der Wahl seines Kraftstoffs beeinflußt worden. Außerdem war Benzin rund zehnmal teurer als Petroleum.

Im Prinzip handelte es sich bei der Konstruktion von Erikson um eine Warmluftmaschine und einen „Verwandten" der Kalorikmaschinen, mit denen sich u.a. der Schwede John Erikson schon früher befaßt hatte. Die fortlaufende Verbrennung fand

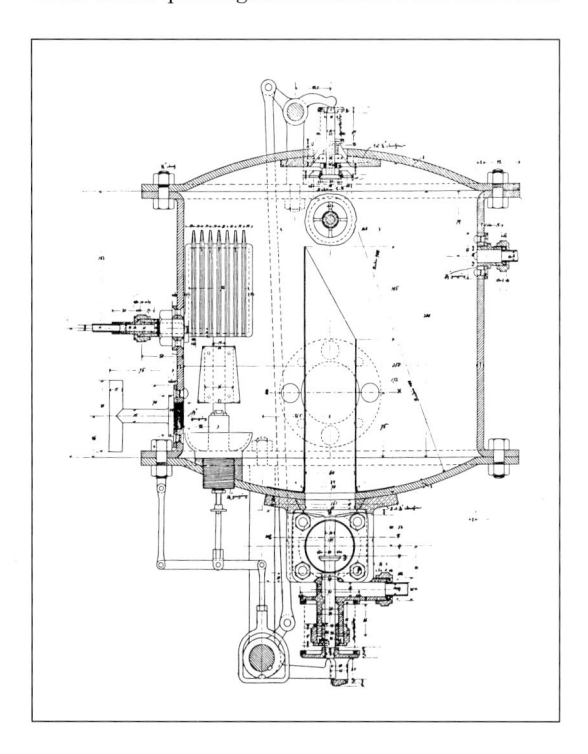

Der große Brennraum war hinten angeordnet. Der Brenner saß links und war aus dickem Stahlblech hergestellt. An der Oberseite befand sich ein Ventil, durch das man Überdruck ablassen konnte. Zum Zünden des Brenners gab es eine Öffnung in der Seite des Gefäßes unter dem Brenner (mit einem T-förmigen Griff auf dem Deckel).

GUSTAF ERIKSONS UND SEINE EXPERIMENTE

nicht im eigentlichen Motor statt, sondern in einem äußeren Behälter. Die erste Automobilmaschine von Gustaf Erikson basiert auf dem gleichen Prinzip wie seine nächste, deren Funktion er in einem Patentantrag in schwerverständlicher Weise beschrieben hat.

Wenn diese Konstruktion gebaut worden wäre, hätte sie höchstwahrscheinlich nicht funktioniert, denn die Abkühlung der Gase in den langen Rohren und in den Zylindern hätte den Wirkungsgrad so verringert, daß sich das „Reißbrett-Auto" niemals in Bewegung gesetzt hätte.

Der Aufsichtsrat schickte Erikson und seinen Chef, Fabrikleiter Carlqvist, im Vorsommer 1897 auf eine Studienreise nach England, Belgien, Frankreich und Deutschland.

Die englische Automobilindustrie steckte 1897 noch in den Kinderschuhen. Nur Daimler, Humber und Wolseley bereiteten eine Produktion vor, und auch wenn die Gebrüder Lanchester mit sehr fortschrittlichen Konstruktionen experimentierten, so wurden diese erst wesentlich später hergestellt. Erikson soll aber eine Ausstellung in Crystal Palace besucht haben, um einige Petroleummotoren „unter die Lupe" zu nehmen. Angeblich hatte die englische Zeitschrift *The Engineer* einen Preis von 1.000 Pfund in Aussicht gestellt, wenn es einem Konstrukteur gelänge, ein funktionstaugliches Automobil mit Petroleummotor vorzuführen.

Belgien war zwar schon ein entwickeltes Industrieland, aber belgische Automobilhersteller gab es kaum. Einem Artikel des Journalisten John Nerén zufolge, interessierten sich die beiden Schweden in Belgien vor allem für die Herstellung von Teilen.

In Frankreich soll Erikson die Firmen Panhard & Levassor, Peugeot, de Dion Bouton und Mors besucht haben und in Deutschland Benz und

Gustaf Erikson besuchte England mindestens zweimal (1897 und 1899), um sich Automobilkonstruktionen anzusehen. Das Bild zeigt eine Automobilausstellung, die vom Royal Automobile Club 1898 in London veranstaltet wurde. Im Vordergrund ein Motorrad, einige Dreiräder und Automobile mit vier Rädern.

Daimler. Möglicherweise fungierte Carlqvist während der Reise als Dolmetscher, da er schon früher sowohl in den USA als auch in Deutschland gearbeitet hatte und sicherlich mehr Fremdsprachenkenntnisse besaß als Erikson.

Nach seiner Rückkehr abonnierte Erikson die englische Zeitschrift *The Automotor & Horseless Vehicle Journal* (mit dem Untertitel *A Record & Review of Applied Automatic Locomotion*). Kurz darauf machte sich Erikson auch an die Konstruktion seines zweiten Automobils, das zwar häufig als „Modell 1897" bezeichnet wird, aber erst 1898 fertig war.

Da die Bezeichnungen auf den technischen Unterlagen für dieses Fahrzeug mit dem Buchstaben A begannen, nennen wir es im weiteren Verlauf das A-Modell. In seinen Hauptzügen ähnelte es dem „Reißbrett-Auto", aber Erikson hatte die Maschine schon weiterentwickelt. Sie war in einem Kasten hinter dem Rücksitz angeordnet – eine Konstruktionsweise, die man im Ausland schon weitgehend „zu den Akten" gelegt hatte, aber Benz, Peugeot und einige andere Hersteller hielten noch an diesem Konzept fest.

Offensichtlich arbeitete Erikson im Sommer und Herbst 1897 fleißig an der neuen Konstruktion. Beim Stockholmer Patentamt bestellte er im Juli die deutsche Patentschrift *Kraftmaschine, von Verbrennungsproducten und anderen Gasen betrieben*. Dieses Patent für Warmluft- und Gasmaschinen war bereits 1877 dem Engländer Matthew Boulton bewilligt worden. Erikson reichte gewissen Angaben zufolge im Sommer 1897 einen Patentantrag (leider nicht mehr erhalten) ein, erhielt aber einen abschlägigen Bescheid.

Ende des Sommers wurde aber der Patentantrag von Erikson (im Namen der Wagenfabrik) für *Eine Anordnung bei Motoren für flüssige oder gasförmige*

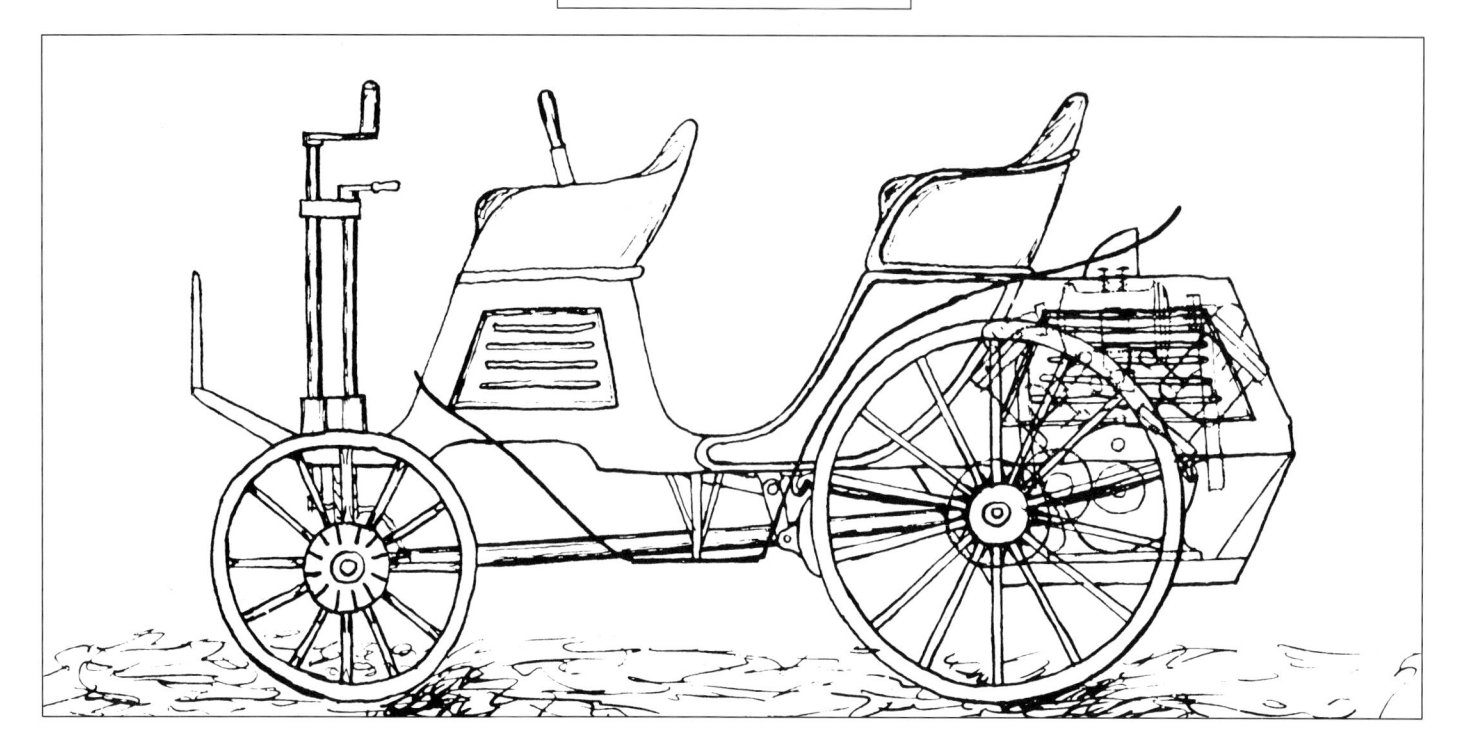

Brennstoffe bewilligt (schwedisches Patent 9473, 4. August 1897). Erikson beschreibt darin das Prinzip seiner Maschine (hier in verkürzter und überarbeiteter Form wiedergegeben): „Die Verbrennung erfolgt mittels verdichteter Luft in einem Raum, der vom Verdichtungsraum und vom Arbeitsraum abgetrennt ist. Derartige Motoren haben die gleiche Wirkungsweise wie Dampfmaschinen, weshalb sie eine variable Expansion des Antriebsfluidums und eine Umkehr der Bewegungsrichtung ermöglichen... Indem man den Brennstoff entweder fortlaufend oder zeitweise verbrennt, ergeben sich zwei Arbeitsweisen für den Motor: Verbrennung bei konstantem oder nahezu konstantem Druck sowie Verbrennung bei konstantem oder nahezu konstantem Volumen. Im ersten Fall sind die Drücke in den Verdichtungs- und Arbeitszylindern nahezu gleich, und die Umwandlung der Wärme in mechanische Energie erfolgt durch eine Volumenvergrößerung, da der aufnehmende Arbeitszylinder größer ist als der abgebende Verdichtungszylinder. Im letzteren Fall findet die Verbrennung in einem Zeitraum statt, in dem die Gase ihr Volumen nicht ändern können, und die Umwandlung der Wärme in mechanische Energie geschieht durch eine Drucksteigerung. Bei einem einfachwirkenden Motor mit einem Zylinder, dessen eine Kammer als Verdichtungsraum und dessen andere Kammer als Arbeitsraum dient, findet dieser Vorgang während des nicht wirksamen Hubes statt. Der Arbeitsraum und der Verdichtungsraum stehen dabei mit der Außenluft in Verbindung (für den Auslaß bzw. Einlaß), so daß der Brennraum ganz geschlossen ist; die Verbrennung findet also ausschließlich darin statt. Bei einem doppeltwirkenden Motor mit besonderen Verdichtungs- und Arbeitszylindern, deren Kolben einander folgen, findet der gleiche Vorgang beim Wechsel des Hubes statt. Da sich die Kolben in dieser Zeit nicht nennenswert bewegen,

Dieser Entwurf aus dem Jahre 1897 zeigt, wie sich Gustaf Erikson das A-Modell vorgestellt hatte. Hinten befindet sich die Maschine mit den vier doppeltwirkenden Zylindern in V-Form, und dazwischen liegt der gemeinsame Brennraum. Das Fahrzeug wurde vom Herbst 1897 bis zum Frühjahr 1898 hergestellt.

erfolgt auch in diesem Fall die Verbrennung bei nahezu konstantem Volumen.

Die große Brenneröffnung ist mit einer Ventilspindel versehen, die bei kurzzeitiger Verbrennung den Kraftstoff-Einlaß öffnet und schließt; die hierfür erforderliche Vorwärts- und Rückwärtsbewegung liefert ein Nocken oder eine Exzenterscheibe am Motor. Durch Regelung dieser Ventilspindel kann man bei beiden Arbeitsweisen die Kraft und die Geschwindigkeit des Motor variieren. Beide Arten haben jeweils ihre Vorteile: die erste ist einfacher, die zweite sorgt für eine höhere Leistung."

Erikson entschied sich für eine Verbrennung mit konstantem Druck, aber die Leistung reichte nicht aus, wie es sich noch zeigen sollte. Eine kurzzeitige Verbrennung bei konstantem Volumen hätte eine höhere Leistung gebracht, wäre aber zum damaligen Zeitpunkt aus fertigungstechnischen Gründen kaum möglich gewesen. Außerdem hätte der gemeinsame Brennraum wesentlich aufwendiger konstruiert werden müssen.

Das Patent wurde bis zum 23. September 1899 aufrechterhalten. In der Zwischenzeit wurde noch ein weiterer Patentantrag bewilligt, nämlich über *Die Druckregelung von flüssigen oder gasförmigen Kraftstoffen* (deutsches Patent 13. August 1897, schwedisches Patent 30. Oktober 1897). Der in diesem Patent beschriebene Apparat förderte Kraftstoff zum Brenner im Brennraum mit einem Druck, der stets ebenso viel höher war als der im Brennraum herrschende Druck und der überschüssigen Kraftstoff zurück zum Tank führte. Beim Start konnte man mit einem Handgriff so viel Kraftstoff einspritzen, daß die Verbrennung beginnen konnte.

Im Herbst 1897 wurden immer mehr Teile für das A-Modell von Erikson fertig. Bis zum 1. Dezember 1897 wurden die Zeichnungen in Södertälje angefertigt, danach in Surahammar. Daß Erikson seinen Arbeitsplatz dorthin verlegt hatte, lag sicher daran, daß er direkt beim Hüttenwerk leichte Guß- und Schmiedeteile anfertigen lassen konnte. Außerdem war ja zu befürchten, daß Wersén die ganze Zeit mit eigenen – und fremden – Augen verfolgte, was an seinem alten Arbeitsplatz passierte. Daß sich Wersén für die Herstellung von Automobilen interessierte, dürfte schon Ende des Jahrhunderts kein Geheimnis mehr gewesen sein, denn 1901 brachte er sein erstes Fahrzeug heraus. Wersén hatte sich jedoch für die einfachere und schnellere Herstellung (oder Montage) von ausländischen Konstruktionen in Lizenz entschieden.

Ende August 1897 war eine Zeichnung der Karosserie fertig und nur einige Tage später auch die Zeichnung für die Lenksäule mit Lenker, Gasregelung und Nockenwellensteuerung. Die Karosserie und die Räder wurden bei der Firma C.A. Carlson & Söner in Stockholm bestellt, während die Radnaben schon früher in Surahammar gegossen worden waren.

Erikson hatte am 4. September 1897 die Kosten in allen Einzelheiten genau berechnet. Das erste Fahrzeug sollte 2.370 Kronen kosten (1.400 Kronen für den Motor und 970 Kronen für den Wagen), und für die weiteren wurden jeweils 700 Kronen (Motor) bzw. 725 Kronen (Wagen), also insgesamt 1.425 Kronen, veranschlagt. Daß die Kosten für den Motor so genau bekannt waren, deutet darauf hin, daß er zu diesem Zeitpunkt nahezu fertig konstruiert war.

Im November 1897 machte sich Erikson an die Konstruktion eines neuen Brenners, und am 15. Dezember übergab er Disponent Petersson eine ausführliche „Kalkulation für eine Anlage zur Herstellung von Kraftfahrzeugen, berechnet für 10 Arbeiter, 1 Ingenieur und 1 Werkmeister sowie 12 Wagen pro Jahr". Erikson hatte vermutlich eingesehen, daß er mangels konkreter Ergebnisse seinem Arbeitgeber zumindest eine Kostenaufstellung schuldig war. Aus dem Begleitschreiben ging hervor, daß eine Probefahrt bislang noch nicht stattgefunden hatte.

Seinen Berechnungen zufolge würde man 12 Wagen pro Jahr zu einem Stückpreis von 2.000 Kronen (einschl. aller Kosten) herstellen und bei einem Verkaufspreis von 3.000 Kronen also 12.000 Kronen verdienen können. Würde man noch eine weitere Drehmaschine anschaffen und zehn Arbeiter mehr einstellen, ließe sich die Produktion auf 24 Wagen pro Jahr und der Gewinn auf 30.000 Kronen erhöhen. Zum Vergleich: Die Kosten der gesamten Anlage beliefen sich auf 17.000 Kronen. Erikson zufolge war der Preis niedriger als für entsprechende französische Automobile, die angeblich 6.000 Franc kosteten. Für einen Viersitzer rechnete er mit folgenden Betriebskosten pro 10 km: 7,5 Öre für Petroleum, 1,0 Öre für Schmieröl und 3 Öre für Reparaturen – insgesamt 11,5 Öre. Die Betriebskosten ausländischer Fahrzeuge schätzte er auf 15–20 Öre pro 10 km. Der Kostenunterschied beruhte wahrscheinlich auf dem Kraftstoff, denn Erikson verwendete Petroleum anstatt Benzin.

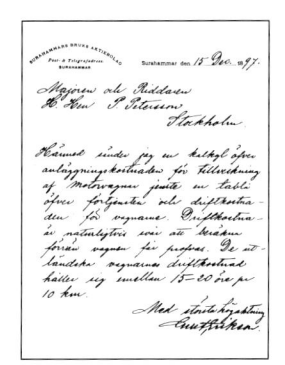

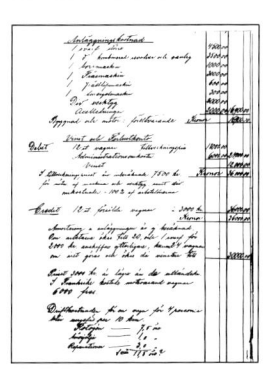

Brief und Kostenberechnung von Gustaf Erikson vom Dezember 1897.

Aus der Kalkulation geht ferner hervor, daß man die Zahnräder für den Motor und die Kraftübertragung in Berlin einkaufen wollte. Kurz vor der Auslandsreise im Frühjahr hatte Carlqvist von Friedrich Stoltzenberger & Co in Berlin einen Katalog über Zahnräder für Kraftübertragungen bestellt. Diese maschinell gefrästen Zahnräder sollten als Gußmodelle für die weitere Herstellung dienen. Spätere Berechnungen von Erikson enthalten andere Ziffern, vermutlich das Ergebnis einer Reise nach Berlin Ende Dezember 1897.

Der Rahmen des A-Modells war wie beim „Reißbrett-Auto" aus Stahlträgern mit U-Profil ausgeführt, und die viersitzige Karosserie wies große Ähnlichkeit mit einer Pferdedroschke auf. Das Fahrzeug hatte Rechtslenkung, und die meisten Bedienungsorgane waren an einer Lenksäule vor dem Fahrer angeordnet.

Die Lenkung bestand aus einem halbmondförmigen Lenker mit zwei senkrechten Griffen. Die Speichen und der Kranz der Räder bestanden aus Holz, während die Radnaben und die Umreifung aus Stahl hergestellt waren. Die angetriebenen Hinterräder hatten asymmetrisch angeordnete Speichen, um den Belastungen besser widerstehen zu können. Anstelle der vollelliptischen Vorderfedern des „Reißbrett-Autos" gab es eine kräftige querliegende Blattfeder.

Die Kraftübertragung bestand aus einem eigenartigen Zahnradsystem, das sich Erikson vergeblich patentieren lassen wollte. Da der Wagen keine Schubstreben und die Hinterachse nur eine schwache Befestigung hatte, konnte das Spiel zwischen den Zahnrädern an der querliegenden Antriebswelle und den an den Hinterrädern befestigten Zahnrädern mehrere Millimeter (vielleicht sogar Zentimeter) groß werden, wenn die Hinterachse in ihren Befestigungspunkten federte oder gedreht wurde. Nur in wenigen Ebenen waren die Zahnräder der Hinterachse ganz parallel mit den Zahnrädern der Antriebswelle, was Erikson mit verschiedenen Gelenken auszugleichen versuchte. Die Räder waren an den Steckachsen montiert, die im seitlich verschobenen Differential begannen. Die Kraft vom rotierenden Differentialgehäuse wurde

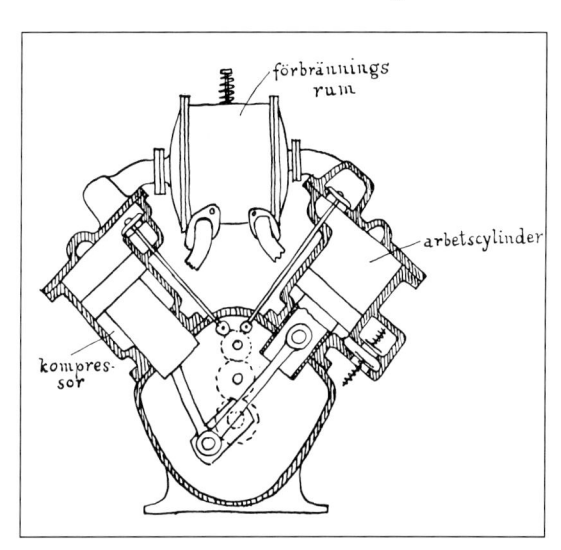

Darstellung der Maschinenkonstruktion mit dem gemeinsamen Brennraum und den doppeltwirkenden Zylindern.

über die Welle der Differentialräder an die Steckachsen übertragen.

Die Maschine war anders konstruiert als beim „Reißbrett-Auto": Vier doppeltwirkende Zylinder bildeten eine kompakte Einheit in V-Form mit 90° zwischen den Zylinderreihen. Die Kurbelwelle war zweifach gelagert, und die Maschine hatte zwei Pleuelstangen pro Kurbelkröpfung. Wie früher war der Brennraum mit dauerhafter Verbrennung separat angeordnet, und zwar im Winkel zwischen den Zylinderreihen. Diese Ausführung war wesentlich aufwendiger als bei früheren Konstruktionen. Der Behälter hatte doppelte Wände, an denen die verdichtete Luft auf dem Wege zum eigentlichen Brennraum vorbeigeführt wurde. Dadurch sollten die warmen Gase im Behälter vor Abkühlung geschützt werden. Trotz der Hitze im inneren Raum sollte die Temperatur des Behältergehäuses einigermaßen niedrig gehalten werden. Der Kraftstoff wurde vorgewärmt und in einem großen Brenner verbrannt, der eine kleine „Leerlaufflamme" hatte.

Jeder der vier Zylinder war in der Mitte durch einen doppeltwirkenden Kolben in einen Kompressor- und einen Arbeitsraum unterteilt. Da der Motor im Prinzip wie eine Dampfmaschine funktionieren sollte (obwohl es sich auch in diesem Fall noch um eine Art Warmluftmaschine handelte), waren eine Kupplung und ein Getriebe nicht erforderlich. Die Maschine war umkehrbar und sollte in einem breiten Drehzahlbereich arbeiten können.

Leider sind keine Zeichnungen mehr erhalten, aber Erikson hat die Arbeitsweise genau beschrieben: „Dieser Motor ist ein Petroleummotor, der auf eine ganz andere Art funktioniert als die bisher gebräuchlichen Maschinen. In diesen erfolgt die Verbrennung durch Explosion im Zylinder, während die Verbrennung bei meiner Konstruktion in einem besonderen Raum stattfindet, wonach die Gase in den Zylinder geführt werden.

Im Zylinder befindet sich ein Kolben mit einer daran befestigten Pleuelstange, die auf eine Kurbelwelle wirkt. Der Raum auf der einen Seite des Kolbens ist der Arbeitsraum, während der Raum auf der anderen Seite als Luftkompressor dient. An der Kompressorseite ist der Kolben mit einer dikken Kolbenstange angeordnet, die durch eine Büchse verläuft, so daß die wirksame Kolbenfläche dort kleiner ist als an der Arbeitsseite.

Der Luftkompressor saugt Luft von außen an, verdichtet sie und drückt sie in den Brennraum. Hier strömt sie durch einen Brenner für Petroleum und wird erwärmt. Durch die Erwärmung vergrößert sich das Volumen, da die Arbeitsseite, zu der die Luft dann strömt, größer ist als die Kompressorseite. Da die Arbeits- und die Kompressorseiten miteinander in Verbindung stehen, muß der Druck pro Oberflächeneinheit in beiden gleich werden. Weil aber die Kolbenfläche an der Arbeitsseite größer ist, muß der Gesamtdruck dort ebenfalls größer sein, und als Folge davon wird der Kolben weggedrückt, wobei er Arbeit leistet.

Der Motor hat vier Zylinder, von denen zwei und zwei auf dieselbe Kurbelwelle wirken, und die in

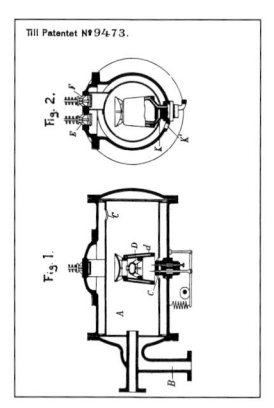

Patent von Gustaf Erikson, datiert August 1897, über die „Vorrichtung an Motoren für flüssige oder gasförmige Brennstoffe".

einem Winkel von 90° im Verhältnis zueinander sitzen. Dadurch springt der Motor immer an, sobald Druck im Brennraum ist, und erhält einen gleichmäßigen Gang.

Die Konstruktion dieses Vierzylinder-Motors soll weitgehend die Vorteile schon vorhandener Motoren in sich vereinigen, ohne aber mit deren Nachteilen behaftet zu sein.

Der Motor soll folgende Eigenschaften haben:

1. Automatischer Start. Bei der Erwärmung der Luft im Brennraum steigt der Druck, so daß der Motor lt. obiger Beschreibung sofort anspringt.

2. Beliebige Regelung der Geschwindigkeit und der Kraft. Durch Steuerung der Petroleumzufuhr zum Brenner wird die Luft mehr oder weniger stark erwärmt, und als Folge davon schwankt der Druck. Dadurch wird die Geschwindigkeit oder die Kraft variabel.

3. Kein störender Geruch. Die Verbrennung wird so vollständig wie möglich, da sie mit einem Luftüberschuß erfolgt.

4. Keine nennenswerten Vibrationen. Die Arbeitsweise des Motors ist nämlich die gleiche wie die einer Dampfmaschine, weshalb die Vibrationen nicht größer werden als bei dieser.

5. Niedrige Betriebskosten. Dafür sprechen zwei Gründe: Die Verbrennung erfolgt praktisch vollständig, und wegen des Luftüberschusses bleibt die Temperatur so niedrig, daß die Zylinder ohne Wasserkühlung auskommen, wodurch keine Kühlungsverluste (bei Explosionsmotoren ca. 50%) anfallen.

Der Motor soll bei einem Gewicht von 205 Kilogramm 6 Pferdestärken entwickeln. Der Wagen mit Platz für vier Personen wiegt mit Motor und 20 Liter Petroleumvorrat 705 Kilogramm."

Für Teile dieses Maschinentyps wurden im August 1897 Patente beantragt. Da das Prinzip aber nicht neu war, handelten die Patente ausschließlich vom Brennraum und seinem Druckregler.

Während der Zeit in Surahammar wohnte Erikson im ersten Stock in einem Gebäude, das für Drehen von Eisenbahnrädern benutzt wurde, in einem Raum, der „das Eulennest" genannt wurde. Zur Hilfe bei seiner Arbeit mit den Kraftwagen und Motoren hatte er die Dreher Carl Nordström, die Brüder Leonhard und Axel Mellberg, C. J. Nylén, Ivar Nilsson und August Welander.

Ein gewisser Robert Bergström schrieb 1928 in einem Artikel, daß Erikson im Herbst 1897 in Anwesenheit mehrerer jüngerer Mitarbeiter des Hüttenwerkes Surahammars Bruk einen Probelauf mit einem Vierzylinder-Petroleummotor durchführte. Vorher hatte man bei der Vermieterin von Erikson ein Souper bestellt, und gegen 22 Uhr konnte der Motor „mit einem fürchterlichen Knall" gestartet werden. Er blieb jedoch kurz darauf stehen, und obwohl man mit vereinten Kräften „Wiederbelebungsversuche" unternahm, wollte er nicht mehr anspringen. Gegen 1 Uhr in der Nacht brach man die Arbeit ab, ohne den Erfolg mit einem Souper feiern zu können.

Bergström zufolge „verlor Erikson jedoch nicht

den Mut, sondern konstruierte einen neuen liegenden Zweizylinder-Motor". Einigen Quellen kann man entnehmen, daß man später auf einer Probefahrt mit einem Fahrzeug, in dem dieser Motor eingebaut war, auf eine Mühlenwand auffuhr.

Diese und viele andere Histörchen über Erikson und seine Automobile sind allerdings mit Vorsicht zu genießen. Durch häufige Wiederholungen entfernten sich diese Geschichten und Anekdoten immer mehr von der ursprünglichen Wahrheit. Falsche Angaben wurden auch dadurch verbreitet, daß die Skribenten voneinander abschrieben.

Das gilt z.B. auch für das oft vorkommende Zitat „Gustav Erikson, genannt Wasa". Der Hintergrund hierfür war ganz einfach der, daß sich unter den sehr aktiven Mitgliedern in KAK (Königl. Automobilclub) noch ein Gustav Ericsson (der Sohn von L-M Ericsson, bekannt u.a. durch seine Telefone) befand. Um die beiden zu unterscheiden, nannte man den älteren und bärtigen Gustaf Erikson manchmal „Gustaf Wasa" oder „Gustaf den Alten". Daß Erikson selbst den Wasa-Namen benutzt hätte, ist undenkbar, und ebenso undenkbar ist, daß Untergeordnete ihn zu benutzen gewagt hätten.

Die Maschine kann nicht besonders laut „geknallt" haben, da sie mit fortlaufender Verbrennung in einem geschlossenen Behälter und nicht in den einzelnen Zylindern arbeitete.

Das A-Modell. Disponent Petersson am Lenker und Gustaf Erikson neben ihm auf dem Vordersitz. Es fehlen wichtige Teile der Bremsanlage. Wahrscheinlich ist dies eine PR-Aufnahme, damit man zumindest etwas Konkretes zeigen konnte, nachdem die Probefahrten mißlungen waren.

Die Zeichnung für den Unterbau der neuen Maschine wurde Anfang Januar unterschrieben, was darauf hindeutet, daß sie erst zu diesem Zeitpunkt am Rahmen montiert werden konnte. Es ist daher nicht ausgeschlossen, daß das Fahrzeug im Frühjahr 1898 fertig war. Erikson dürfte schnell entdeckt haben, daß seine Theorien nicht mit der Praxis übereinstimmten, daß die Leistung zu niedrig war und daß die Maschine es nicht schaffte, sich selbst und das Fahrzeug in Gang zu setzen. Es war mit Sicherheit eine Auskupplungsvorrichtung zur Überwindung des Initialwiderstandes erforderlich.

Im Frühjahr 1898 modifizierte Erikson den Brennraum fünfmal. Im März konstruierte er eine Kupplung mit einer kräftigen Schraubenfeder, die mit ihrem freien Ende schleifen konnte, bis sie mit Hilfe von Zapfen gesperrt wurde. Sie dämpfte Erschütterungen in der Kraftübertragung, konnte aber nicht auf abschüssigen Straßen ausgekuppelt werden. Die nächste Variante war moderner und konnte in allen Lagen ausgekuppelt werden.

Mit größter Wahrscheinlichkeit fand Erikson im Frühjahr 1898 heraus, daß die Maschine für den schweren Wagen viel zu schwach war, zumal dessen schmale, eisenumreifte Räder leicht in den Untergrund einsanken. Es ist jedoch nicht ganz undenkbar, daß man mit dem Fahrzeug eine kurze Probefahrt auf einer abschüssigen Straße hätte machen können, wenn man eine Anfahrhilfe zur Verfügung gehabt hätte.

Auf der einzigen bekannten Fotografie des A-Modells sind vier Personen zu sehen, aber es fehlen Angaben über den Zeitpunkt. Man hat früher behauptet, daß Erikson selbst am Lenker saß, aber in Wirklichkeit hat er neben dem Fahrer Platz genommen, der mit Sicherheit Disponent Petersson gewesen sein dürfte. Der Bremshebel und die quer verlaufende Bremswelle fehlen (allerdings sind die Lagerhalterungen für die Welle vorhanden). Es klingt recht unglaubhaft, daß Erikson es gewagt haben soll, den Wagen ohne Bremsen zu fahren, auch wenn die Probefahrt so früh stattgefunden hat, daß das Modell nur mit einer festen Verbindung zwischen Maschine und Antriebsrädern versehen war und deshalb nicht freigekuppelt werden konnte. Mit den neuen Kupplungen, die im März und im Mai konstruiert wurden, waren Bremsen unerläßlich.

Wahrscheinlich handelt es sich hier um eine reine PR-Aufnahme mit Disponent Petersson am Steuer. Mangels erfolgreicher Probefahrten konnte man zumindest ein Bild des Fahrzeugs vorzeigen, das man ja tatsächlich gebaut hatte. Auf jeden Fall wurde die Fotografie ein oder zwei Jahre vor der Jahrhundertwende aufgenommen.

In seinem Buch *Automobilens Historia* (Geschichte des Automobils, Stockholm 1937) läßt der schwedische Automobilhistoriker John Nerén den Motorkonstrukteur Edvard Hubendick, Professor in Verbrennungstechnik an der Technischen Hochschule in Stockholm, zu Worte kommen. Er schrieb über den A-Motor: „Die Techniker von heute braucht man kaum darauf hinzuweisen, daß sich diese Maschine unmöglich realisieren ließ. Man baute zwar einen Probemotor, aber der Erfolg ließ natürlich auf sich warten."

Während der Vorbereitungen zu diesem Buch wurden Folke Blomberg, Professor emeritus für Maschinenkonstruktion, und Eric Granryd, Professor für mechanische Wärmetheorie und Kühltechnik, um eine Stellungnahme gebeten. Sie sind wie Hubendick überzeugt davon, daß der A-Motor wohl kaum ein Fahrzeug antreiben konnte. Wenn die Maschine nach der im Patentantrag beschriebenen alternativen Wirkungsweise mit kurzzeitiger Verbrennung bei konstantem Volumen ausgeführt gewesen wäre, hätte sie rein theoretisch funktionieren können, aber auch nur dann, wenn der gemeinsame Brennraum und die Schmieranlage besser durchdacht gewesen wären und wenn Erikson Maschinen und Werkzeuge mit hoher Präzision zu seiner Verfügung gehabt hätte. Erikson entschied sich jedoch für eine fortlaufende Verbrennung bei konstantem Druck, und das Ergebnis entsprach sicherlich nicht seinen Erwartungen.

Eine der am meisten verbreiteten Geschichten veröffentlichte Robert Bergström 1928 über eine Probefahrt mit einem Zweizylindermotor, der hinter dem Rücksitz montiert und mit einer Magnetzündung mit niedriger Spannung versehen war. „Eines Tages im Frühjahr 1898 sollte eine Probe-

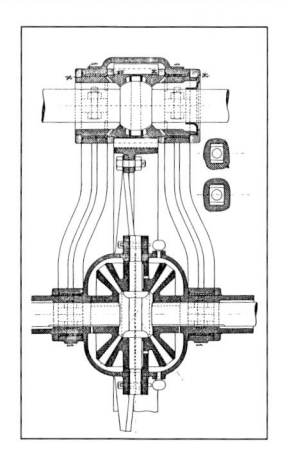

Zeichnung des Differentialgehäuses für das A-Modell.

fahrt stattfinden, und Ingenieur Erikson lud drei wagemutige Kollegen dazu ein – Ingenieur Carl Ceverin, Buchhalter John Bock und meine Wenigkeit. Die Dreher Leonard und Axel Mellberg gingen hinter dem Wagen und schoben ihn an, bis er zum Schluß mit einem fürchterlichen Geknatter, das das Hüttenwerk erbeben ließ, in Gang kam. Als Erikson aber die Geschwindigkeit mit den Hebeln regeln wollte, blieb er stehen.

Unsere zuverlässigen Anschieber waren jedoch zur Stelle, und wir kamen ein weiteres Stück voran, bis der Wagen in der Nähe einer Mühle wieder stehenblieb, dann aber völlig unverhofft einen Satz nach vorn machte. Nun stand aber die Mühle im Wege, und wir stießen mit ihrer Steinwand zusammen. So endete unsere erste Automobilfahrt, zum Glück ohne Verletzungen."

Nachweislich gab es im Frühjahr 1898 noch keinen Zweizylindermotor (er wurde erst im Herbst 1898 konstruiert). Da die V4-Maschine nach Meinung mehrerer Experten auf diese Art kein Fahrzeug, das mit Passagieren rund 1 Tonne wog, ins Rollen bringen konnte, muß sich Bergström in der Jahreszahl geirrt haben.

Bergström schreibt weiter: „Nach dieser Probefahrt wurde der Wagen repariert, und Ingenieur Erikson konstruierte einen neuen liegenden Zweizylinder-Petroleummotor. Für die Zündung verwendete er Zündrohre aus feuerfestem Ziegel, die mit einem Lötbrenner unter dem Fahrzeug erwärmt wurden." Auch hier irrt Bergström, denn die Glührohrzündung gab es vor der elektrischen Zündung.

Eine weitere Geschichte über Erikson, die man sich oft erzählte, behauptet, daß dieser Disponent Petersson aufsuchte, um die Erlaubnis zu erbitten, einen neuen Kraftwagentyp zu konstruieren. Petersson soll da geantwortet haben „Sehen Sie doch erst einmal zu, daß der erste Wagen geht, bevor Sie mit der Konstruktion eines neuen anfangen!" Man kann vermuten, daß Nerén den Wortwechsel dramatisiert hat, nachdem sich herausstellte, daß das A-Modell nicht fahrbar war.

Eine andere Geschichte über eine spätere Probefahrt mit Disponent Petersson ist auch oft erzählt worden, aber eine ältere Quelle als das Buch *Automobilens historia* von Nerén ist nicht auffindbar. Wahrscheinlich hat Erikson sie selbst Nerén erzählt, der sie dann „verbessert" hat. Nerén gab sehr oft seine Quellen an (er nennt z.B. Bergström bei dem Probestart des Motors und dem Unfall), aber in dieser Geschichte fehlen jegliche Quellenangaben, und die kontrollierbaren Fakten, z.B. über die Anstellung und die Auslandsreise von Erikson, haben sich im großen und ganzen als falsch erwiesen.

Nerén zufolge soll Erikson Disponent Petersson zu einer Probefahrt vom Hüttenwerk Surahammars Bruk zum Hof Ålsätra eingeladen haben, eine Strecke von ca. 20 km. Der Disponent war offensichtlich nicht vom Erfolg der Sache überzeugt und hatte daher seinen Kutscher Welander gebeten, mit Pferd und Wagen hinterherzufahren. Obwohl die Geschwindigkeit an den Steigungen nachließ, verlief die Reise ohne Zwischenfälle, auch wenn der Motor die ganze Zeit Wolken von übelriechendem weißem Rauch ausstieß.

Erikson soll nach der Fahrt den Major gefragt haben, ob er nun zufrieden sei, da es sich ja gezeigt habe, daß der Wagen starten, stehenbleiben und erneut starten konnte und auch die Steigungen geschafft hatte. Petersson, der seit seiner Zeit in Südamerika ein eingefleischter Raucher war, nahm die Zigarette aus dem Mund und sagte: „Ob der Wagen gute Eigenschaften hat, kann ich nun wirklich nicht beurteilen, aber gequalmt hat er wie ein Schlot".

Die erste Version dieser Geschichte, veröffentlicht in einem Artikel von Nerén (20 Jahre vor der bekannteren Variante von 1937) schilderte die Sache aber anders. Darin hatte Generallotsendirektor Fredrik Ruuth, einer der Aufsichtsratsmitglieder von Surahammars Bruk, geäußert: „Der dampft und qualmt ja wie ein altes Panzerschiff". Wahrscheinlich hat Nerén mit der Zeit Ruuth durch den bekannteren Petersson ersetzt.

John Nerén zog in seinem Buch *Automobilens historia* aufgrund von unvollständigem Quellenmaterial eine Reihe falscher Schlußsätze über Erikson und seinen Motorwagen. (Er wußte z.B. nichts über die Motoren zwischen dem A- und dem C-Motor). In seinem Artikel über Erikson in der Zeitschrift *Motor* (geschrieben 1915/16) behauptete Nerén, das A-Modell wäre im Frühjahr 1898 gefahren worden und ein neues Modell mit einem anderen Motor wäre bereits Ende desselben Jahres fertig gewesen. Die noch bewahrten Zeichnungen beweisen, daß dies nicht stimmt.

In seinem letzten Artikel über Erikson (1947) bezog sich Nerén auf neue Gespräche mit dem Sohn von Petersson. Dieser behauptete, daß der V4-Motor niemals im Wagen installiert war und daß Erikson auf einer Probefahrt den Wagen rechtzeitig zum Stehen brachte, bevor er mit der Wand einer Mühle kollidierte. Von dieser Episode gibt es also viele Versionen!

Welcher Motortyp eine ausreichende Leistung für eine nahezu 20 Kilometer lange Fahrt hatte, läßt sich nur schwer beantworten. Frühestens kann eine solche Fahrt im Herbst 1899 stattgefunden haben.

Außerhalb Schwedens war die Entwicklung des Automobils schnell vorangeschritten. Bereits im Juli 1894 hatte eine Zeitung eine Wettfahrt von Paris nach Rouen veranstaltet. Im Juni 1895 fand ein Wettbewerb auf der Strecke Paris-Bordeaux-

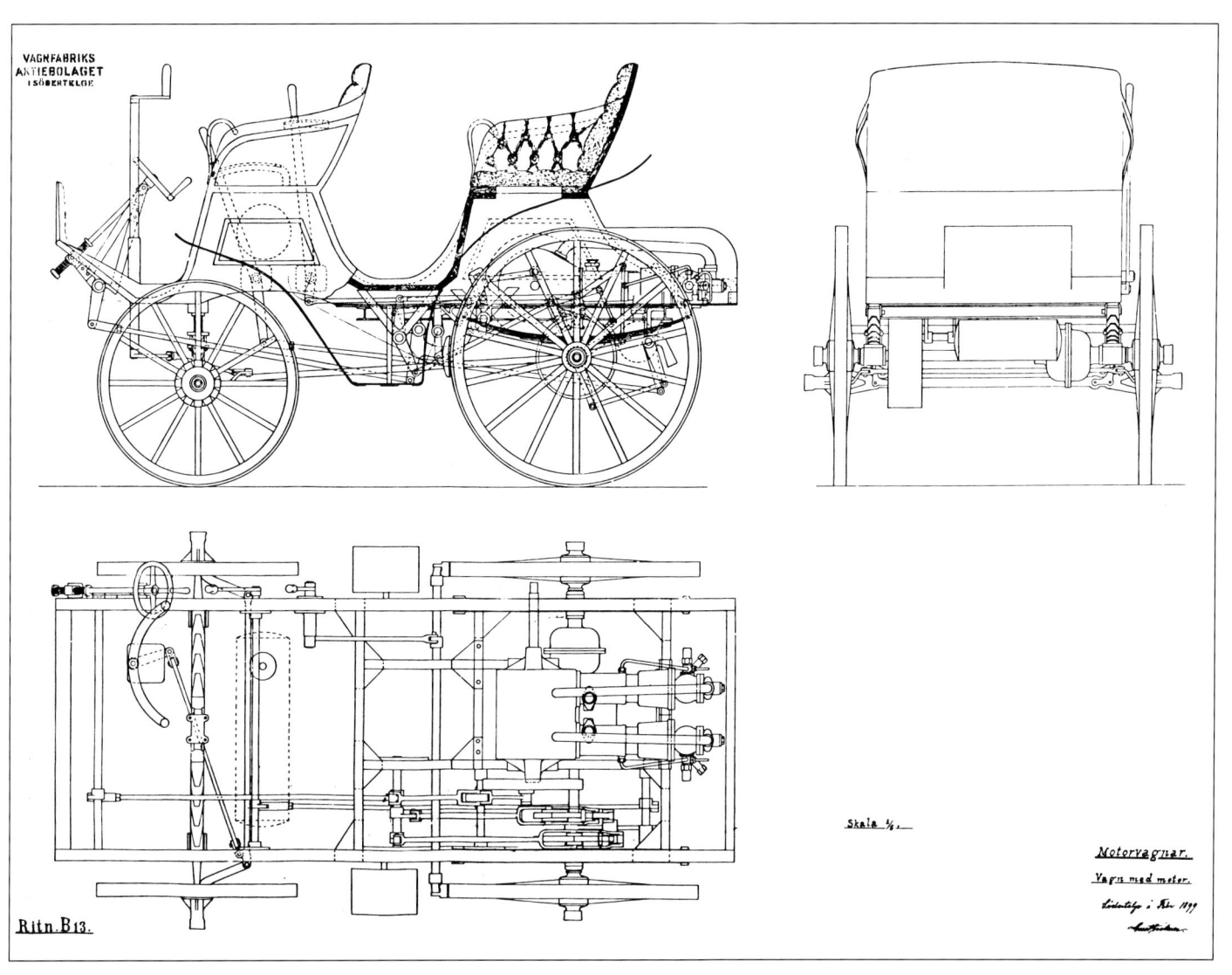

Das B-Modell auf einer Zeichnung vom Februar 1899. Das Fahrzeug hatte einen Zweizylindermotor mit parallelen Zylindern in der Heckpartie. Die Kraftübertragung bestand aus einer merkwürdigen Vorrichtung an der linken Seite des Fahrzeugs. Sie erinnerte im Prinzip an die Konstruktion der Svea-Velozipede.

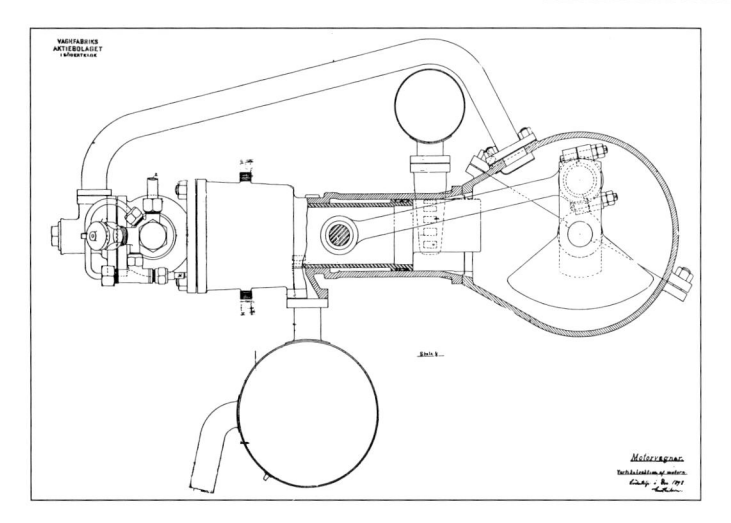

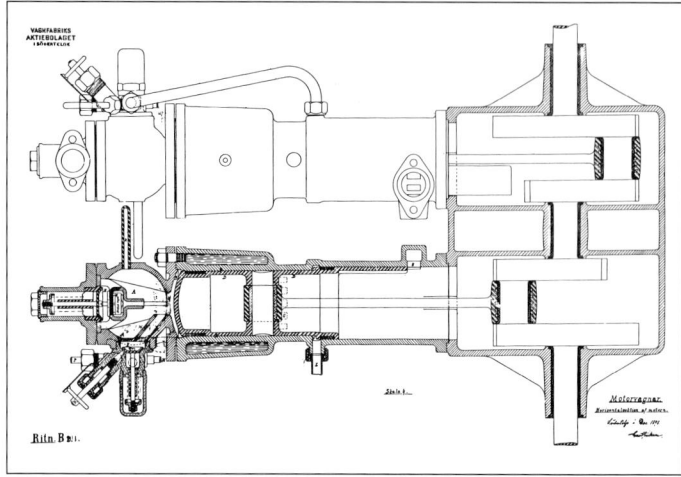

Paris (1200 km, Durchschnittsgeschwindigkeit des schnellsten Fahrzeugs 24 km/h), und 1898 ein Rennen zwischen Paris und Amsterdam hin und zurück statt (1431 km). Vom 15. Juni bis 3. Juli 1898 hatte die erste große Automobilausstellung in den Jardins des Tuileries in Paris Premiere – der Anfang einer langjährigen Tradition. Die erste bedeutungsvolle deutsche Automobilausstellung mit 13 Fahrzeugen wurde im Mai 1898 in Berlin eröffnet, und im September 1899 gaben sich auf der nächsten Ausstellung in der deutschen Hauptstadt 120 Aussteller und über 100.000 Besucher die Ehre.

Gustaf Erikson hatte im Sommer 1898 sicherlich eingesehen, daß eine Maschine in der von ihm gewählten Ausführung keine ausreichend hohe Leistung abgeben würde, und er ging daher auf Motoren über, bei denen die Verbrennung im Zylinder stattfand. Im Herbst 1898 machte er sich an die Konstruktion seines neuen B-Motors, der seinen eigenen Angaben zufolge im Juli 1899 für einen Probelauf bereitstand.

Einige Teile des in der Zwischenzeit abgestellten A-Modells wurden im Sommer 1899 für den Nachfolger, das sogenannte B-Modell, ausgenutzt. Man versetzte die Vorderachse um ca. 100 mm nach hinten, verstärkte die Frontpartie mit einigen Blechen und änderte die Spritzwand. Außerdem wurde der Rahmen teilweise ausgetauscht und die Position der Hinterachse modifiziert. Die Räder behielt man bei, aber man verkürzte die Achsen und die Karosserie.

Diese Änderungen lagen zu einem großen Teil daran, daß der gedachte Motor (der unter der vorstehenden, abgerundeten Heckpartie angeordnet werden sollte) eine andere Bauweise hatte und die Kurbelwelle daher vor und über der Hinterachse zu liegen kam.

Bei Eriksons B-Motor handelte es sich um einen liegenden Zweizylinder-Zweitaktmotor mit Ventilen nach dem gleichen Prinzip wie bei den späteren Zweitakt-Dieselmotoren von General Motors und nach hinten gerichteten parallelen Zylindern. Im Grunde genommen handelte es sich dabei um zwei Einzylindermotoren. Die Kurbelwelle war dreifach gelagert – teils an jedem Ende und teils in der Mitte, wo eine Wand die beiden Kurbelgehäuse

Erikson zeichnete zwischen 1898 und 1899 eine große Anzahl Motorvarianten, die er oft mehrere Male pro Woche modifizierte. Der linke Motor ist ein Vorgänger des Zweizylindermotors für das B-Modell, und das rechte Bild zeigt den Motor ungefähr in der Ausführung, die später in das Fahrzeug eingebaut wurde.

Zeichnung für eine elektrische Zündung in einem Rohr am Brennraum.

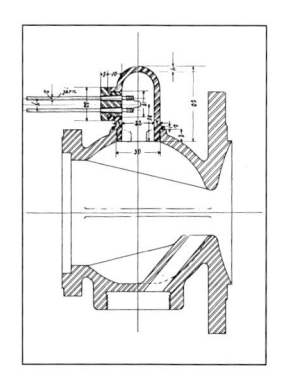

voneinander trennte. Die Kurbelkröpfungen waren um 180° verschoben. Jeder Zylinder hatte einen eigenen Brenn- und Arbeitsraum. Aufgrund einer zusätzlichen Kompressorfunktion wurden die Zylinder sehr lang ausgeführt. Um den Arbeitsraum gab es zur Kühlung einen Wassermantel, und der Motor wurde mit einer Kurbel gestartet.

Wegen des sehr langen Kolbens mit Dichtungen an der Ober- und Unterseite sowie einer „Taille" in der Mitte wurde die Luft bei der Aufwärtsbewegung des Kolbens an der Seite komprimiert. Sie konnte dann durch eine in bestimmten Lagen freigelegte Öffnung und durch ein Rohr nach oben geführt und als Kompressionsluft für die Verbrennung ausgenutzt werden. Durch ein federbelastetes Ventil kam die komprimierte Luft von der Seite in den Brennraum (eine Art Vorkammer) und wurde dabei mit Petroleum vermischt, das unter Druck durch eine Düse gepreßt wurde. An der entgegengesetzten Seite des Brennraums gab es ein Zündrohr für die Glühzündung (von außen durch eine Flamme erwärmt). Im Kurbelgehäuse wurde die Luft komprimiert und dann in einem Rohr nach oben geführt, wo sie durch ein weiteres federbelastetes Ventil in den oberen Teil des Brennraums eingelassen wurde. Dort half sie mit, die verbrannten Gase durch Löcher in der Zylinderwand nach außen zu pressen, die kurz vor dem unteren Totpunkt des Kolbens freigelegt wurden.

Der im Brennraum erzeugte Druck wurde in den Arbeitsraum übertragen, wo er den Kolben nach unten drückte, wobei die komprimierte Luft vom Kurbelgehäuse mithalf, die Gase zu entfernen. Die beiden Zylinder arbeiteten abwechselnd. Aus Zeichnungen ging hervor, daß Erikson im Frühjahr mit einer eigenhändig konstruierten elektrischen Zündvorrichtung einen Probelauf mit dem Motor gemacht hatte.

Für den Aufsichtsrat verfaßte Erikson im August 1899 eine „Beschreibung der Experimente mit Motorwagen bis zum heutigen Datum bei der Wagenfabrik in Södertelje sowie Notizen von einer Reise nach England aus Anlaß eines Wettbewerbs für Kraftwagen".

Zu Beginn ging es um einen neuen Motor: „Da die Laufeigenschaften des vorigen Motors unbefriedigend waren, wurde ich mit der Konstruktion eines neuen Motors beauftragt, der sich durch eine einfache Bauweise auszeichnen soll." Er wies darauf hin, daß er mehrere Monate auf bestellte Teile hatte warten müssen und daß der Motor eben gerade fertig geworden und nur kurz erprobt worden war, „weshalb sich noch keine endgültigen Aussagen machen lassen".

Bei seinem Besuch in London hatte sich Erikson davon überzeugen können, daß die Automobile mit Benzinantrieb inzwischen nahezu perfekt funktionierten, und zwar insbesondere wenn sie mit einer Zündung mit niedriger Spannung versehen waren. Auf der anderen Seite hielt er die Getriebe für zu kompliziert und zu laut. Er schlug vor, „so schnell wie möglich einen Motor von einer der Firmen mit den besten Produkten einzukaufen – Daimler in Deutschland oder England, Benz in Deutschland oder Lanchester in England". Ein Zweizylindermotor mit 4–5 PS sollte mit Zoll und Fracht rund 2.300 Kronen kosten. Außerdem wollte Erikson aus England eine elektrische Zündvorrichtung für 175 Kronen bestellen.

Anschließend beschrieb er den neuen Motortyp mit einem konischen Laderaum und einem Zusatz am Kolben.

Die Kraftübertragung, die vermutlich in 2–3 Wochen würde ausprobiert werden können (auch wenn die Zeichnungen schon seit Februar fertig waren), arbeitete ohne Zahnräder, Ketten oder Riemen und wies viele Gemeinsamkeiten mit dem sogenannten Svea-Veloziped der Gebrüder Ljungström auf. Mit Hilfe eines ausgeklügelten Systems von Kulissen, rotierenden Scheiben und Blockiervorrichtungen konnte man die Geschwindigkeit des Fahrzeugs vom Fahrerplatz aus regeln. In diesem System war auch die Auskupplungsvorrichtung enthalten. Wenn man rückwärts fahren wollte, mußte man einen besonderen Hebel betätigen. Ein Drehzahlregler sollte für eine konstante Motordrehzahl sorgen. Außerdem hatte Erikson einen „Ruckkompensator" für die Hinterachse konstruiert. Patentieren ließen sich nur bestimmte Teile der Konstruktion.

Offenbar hatte Erikson eine Vorahnung, daß er bei der Sitzung des Aufsichtsrats kritisiert werden würde, denn er schloß seinen Bericht mit folgenden Worten: „Wenn die Firma gleich zu Anfang der Experimente einen der befindlichen Wagen gekauft und die Fertigung eingeleitet hätte, hätte dies zu keinerlei Verdienst geführt, denn die Motorwagen haben in diesen zwei Jahren eine solche Entwicklung erfahren, daß die damaligen Wagen nicht verkauft werden könnten."

In einer Anlage nannte Erikson (vermutlich nach einer Aufforderung) die Geldbeträge, die seine Experimente bislang das Unternehmen gekostet hatte. Die Gesamtsumme betrug 18.432 Kronen, davon in runden Ziffern 8.800 im Jahre 1897, 4.200 im Jahre 1898 und 5.000 im ersten Halbjahr 1899. Die Fertigungskosten für seinen neuen Motor veranschlagte er auf knapp 700 Kronen. Sollte aber ein Motor von einer gekauften, komplizierteren Konstruktion ausgehen, würde der Preis 900 Kronen betragen. Die Herstellungskosten des gesamten Fahrzeugs gab er mit 2.000 Kronen an, und den Verkaufspreis mit 4.500 Kronen.

Eine Fabrik in Södertälje für die Herstellung von 50 Fahrzeugen pro Jahr würde insgesamt 115.000 Kronen (für Arbeit, Gebäude, Maschinen und Honorare) kosten. Nach dem Verkauf von 25 Fahrzeugen hätte sich diese Investition schon ausgezahlt. Auch der Gewinn würde sich sehen lassen können: über 41.000 Kronen.

Der Aufsichtsrat nahm den Vorschlag von Erikson offensichtlich skeptisch auf, aber er beauftragte Disponent Petersson mit dem Einkauf eines Daimler oder eines anderen Motors oder Kraftwagens als Modellvorlage. Wahrscheinlich wurde nichts aus diesem Kauf, denn es gibt keine Spuren

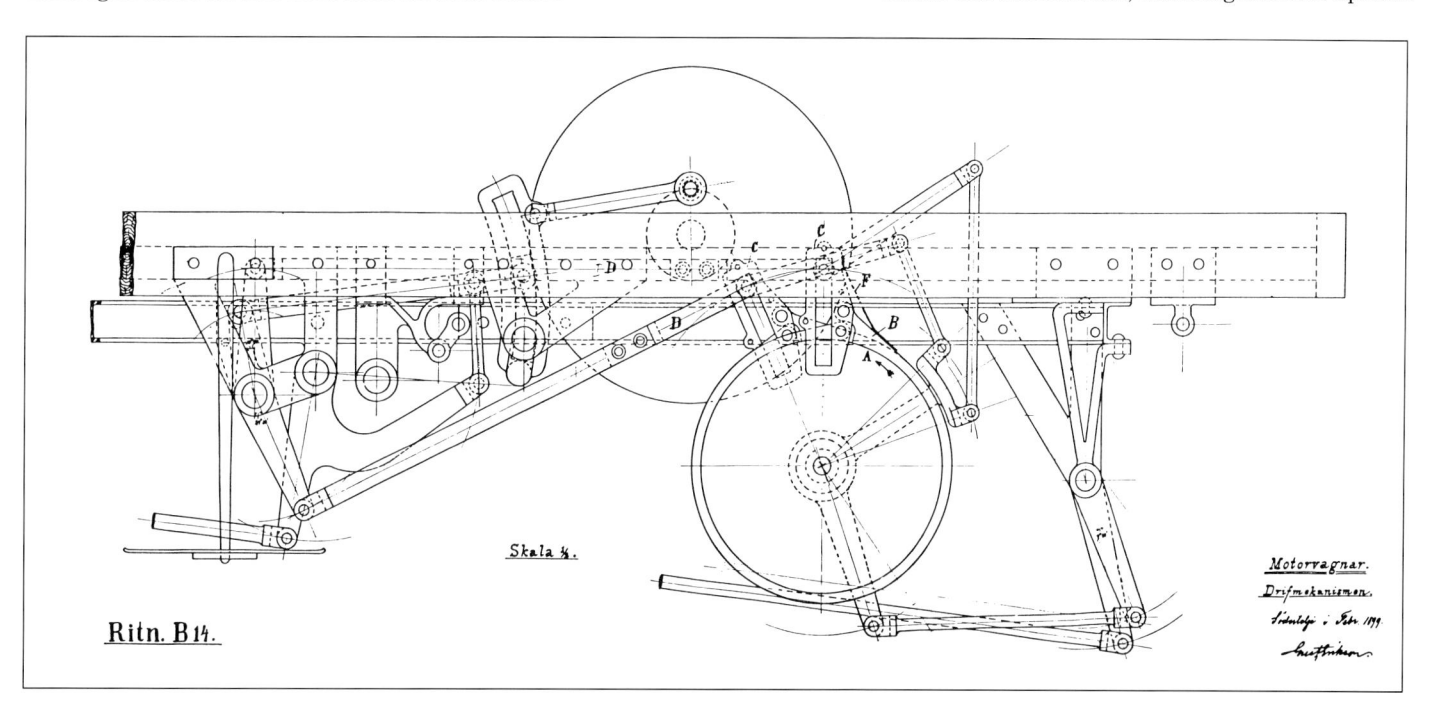

Die Kraftübertragung des B-Modells war recht unkonventionell. Sie sollte die Nachteile beseitigen, mit denen die damaligen schwergängigen Getriebe behaftet waren. Mehrere Hebel, Schieber und Bandbremsen ermöglichten eine unendliche Anzahl Übersetzungen. Die Trommel wurde von Bändern gesperrt, die die Vor- und Rückwärtsbewegung der Stangen in eine Drehbewegung umwandelten.

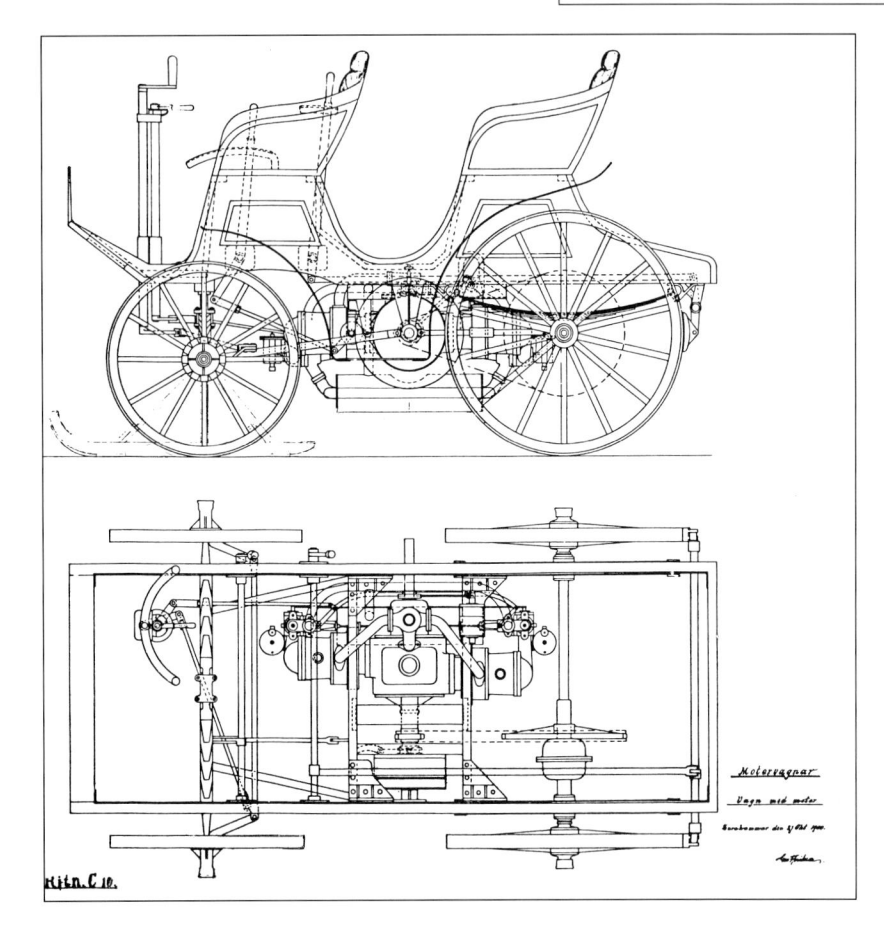

eines derartigen Fahrzeugs oder Motors. Erikson hat sich wohl eher von Automobilen inspirieren lassen, die er in England gesehen hatte, und von den Fachzeitschriften, die ausführliche Artikel über neue Konstruktionen veröffentlichten.

Im Herbst 1899 machte Erikson eine Probefahrt mit dem Zweizylinder-Zweitaktmotor in dem umgebauten Fahrzeug mit der eigentümlichen Kraftübertragung. Auch dieses Mal blieb der Erfolg aus, und Erikson dürfte anschließend sein Auge auf ausländische Viertaktmotoren geworfen haben, was ihn zu dem Motortyp mit einander gegenüberliegenden Zylindern führte, der später im modifizierten Fahrzeug installiert wurde. Vorbilder waren wahrscheinlich der englische Lanchester-Motor und der deutsche Benz-Kontra-Motor, zwei Konstruktionen, auf die er in seinem Schreiben an den Aufsichtsrat im August 1899 hingewiesen hatte.

Es besteht kein Zweifel daran, daß der Aufsichtsrat im Herbst 1899 allmählich die Geduld verlor. Eine Automobilfertigung war 1898 nicht in Gang gekommen, und selbst für das Jahr 1900 waren die Aussichten minimal.

Ein Jahr vor der Jahrhundertwende war die J.A. Svenssons Automobilfabrik in der Nähe von Stockholm gegründet worden. Auch wenn die Fabrik keine Automobile herstellte, sondern die bekannten Avance-Motoren, dürfte diese Neugründung etliche Irritationen verursacht haben. Und noch schlimmer: Dem Aufsichtsrat war sicherlich zu Ohren gekommen, daß Wersén drauf und dran war, mit der Montage von ausländischen Automobilkonstruktionen zu beginnen. Daß sein Unternehmen Södertelge Verkstäder inzwischen größer war als die Wagenfabrik, gab sicherlich auch Anlaß zu Unruhe.

Im Ausland veröffentlichte die Zeitschrift *Scientific American* im Dezember 1899 Angaben über den Automobilbestand in mehreren Ländern: in den USA gab es 688 Fahrzeuge, in Frankreich 6.546, in Großbritannien 412, in Belgien 478, in Deutschland 434 und in Österreich 403. In Schweden war es der Wagenfabrik in drei Jahren noch nicht einmal gelungen, einen anwendbaren Prototyp „auf die Räder" zu stellen.

Für sein nächstes Fahrzeug (das C/D-Modell) verwendete Erikson erneut Karosserie, Achsen und Räder und den modifizierten Rahmen des früheren B-Modells. Während seiner Lebenszeit hatte das neue Modell zwei verschiedene Motoren und zwei – ziemlich ähnliche – Getriebe. Die Vorder- und Hinterachsen waren mit Schubstreben verstärkt – eine Notwendigkeit im Hinblick auf den Kettenantrieb.

Wahrscheinlich begannen die Konstruktionsarbeiten am C-Motor erst Ende August 1900. Die ersten Zeichnungen wurden in Södertälje angefertigt, aber von Mitte September 1900 bis Oktober 1901 tragen die Zeichnungen erneut eine Datumangabe aus Surahammar. Im Aufsichtsratsprotokoll vom 23. August 1900 kann man lesen: „Vortrag über den Fortschritt der von Ingenieur Erikson für die Firma durchgeführten Experimente mit der Konstruktion eines Petroleummotors und Beschluß, dieselben fortzusetzen."

Der C-Motor war ein Zweizylinder-Viertaktmotor mit einander gegenüberliegenden, im Verhältnis zueinander etwas verschobenen Zylindern (Boxermotor). Der Motor sollte mitten unter dem Wagen untergebracht werden, wobei die Zylinder nach vorn bzw. nach hinten zeigten. Als Kraftstoff war Petroleum vorgesehen, aber sicherlich wurden auch Versuche mit Gasöl/Benzin unternommen.

Es ist möglich, daß der C-Motor bereits vor Weihnachten 1900 eine Probefahrt gemacht hatte. Der

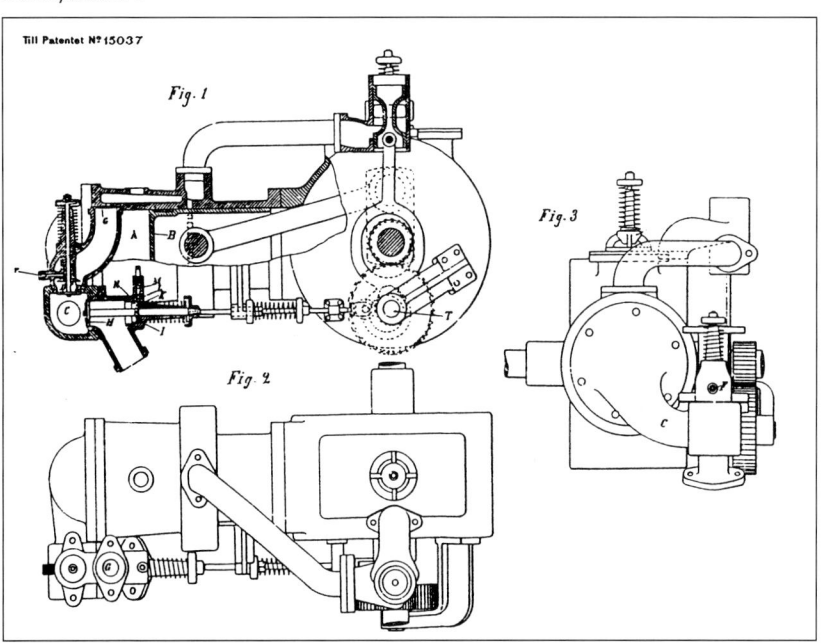

Im Oktober 1900 entwarf Erikson eine Version des C/D-Modells mit Zweizylinder-Boxermotor mitten unter dem Fahrzeug. Das Fahrzeug hatte Kettenantrieb.

Motorkonstruktion von Gustaf Erikson mit „selbstwirkendem Einlaßventil".

C-Motor war Eriksons erster Motor, der an die Motorkonstruktionen der damaligen Zeit erinnerte, jedoch mit verschiedenen komplizierten Funktionen versehen war, die mit der Anwendung von Petroleum zusammenhingen.

Erikson erhielt am 15. Januar 1901 ein schwedisches Patent für seinen C-Motor mit der Bezeichnung *Viertakt-Explosionsmotor mit selbstwirkendem Einlaßventil für ein explosives Gemisch*. Erikson schreibt u.a.: „Die heutigen Explosionsmotoren haben eine zu geringe Elastizität, d.h. ihre Geschwindigkeit läßt sich nicht ohne Leistungsverluste regeln. Auch für den Antrieb von Fahrzeugen konnten Explosionsmotoren nicht ohne Anbringung einer komplizierten Übersetzung für die Regelung der Geschwindigkeit ausgenutzt werden. Die Anwendung von flüssigem Kraftstoff, insbesondere Petroleum, war mit mehreren Nachteilen verbunden. Da der Kraftstoff häufig nicht rein genug war, verstopften die feinen Kanäle oder kleinen Pumpen, mit denen derartige Motoren ausgerüstet waren. Außerdem erfolgte die Verbrennung nicht vollständig, und als Folge davon bildete sich übelriechender Rauch. Wegen der starken Rußbildung mußten die Motoren häufig gereinigt werden.

Die vorliegende Erfindung bezieht sich auf einen Viertakt-Explosionsmotor mit selbstwirkendem Einlaßventil. Seine Geschwindigkeit läßt sich ebenso gut regeln wie bei einer Dampfmaschine oder einem elektrischen Motor, ohne daß das Drehmoment oder die Leistung beeinträchtigt werden. Der Motor paßt sich automatisch der jeweiligen Belastung an, so daß das Drehmoment bei zunehmender Belastung steigt, allerdings mit geringerer Geschwindigkeit. Da diese Regelung auch die Verbrennung verbessert, kann man schwerere Kohlenwasserstoffe wie normales Petroleum verwenden, ohne daß dabei ein übelriechender Rauch entsteht. Dies liegt teils an der Art der Regelung und teils an einer effektiven Vergasung des Kraftstoffs, da er vor dem Eintritt in den Vergaser sehr fein zerstäubt wird. Diese Konstruktion ermöglicht teils größere Kanäle und teils den Ausschluß von Pumpen zur Förderung des flüssigen Kraftstoffs, wodurch es keine Verstopfungsprobleme gibt."

Am Einlaßventil gab es um die Ventilspindel oberhalb des Tellers einen geriffelten Kegel, auf dessen Oberfläche sich der Kraftstoff in einer dünnen Schicht ausbreiten und mit Hilfe des Luftstroms in feine Partikel zerteilt werden sollte. Am Abgasventil gab es eine Art Luftkissen. Es sorgte dafür, daß das Ventil in bestimmten Lagen länger geöffnet war, so daß eine bestimmte Menge Abgase zurück in den Zylinder gesaugt wurde, bevor das Ansaugventil öffnete.

Seine Theorie über die schichtweise Ladung beschrieb er folgendermaßen: „Bevor das Abgasventil geschlossen wird, werden die Abgase (oder Luft, die man bei gewissen Anordnungen erhält) zurück in den Zylinder gesaugt bis zu der Quantität, die durch die kürzere oder längere Schließzeit des Abgasventils bestimmt wird. Die Höhe der danach eingesaugten Quantität explosiven Gemischs ist demnach abhängig von der zuerst zurückgesaugten Menge Abgase (oder Luft). d.h. vom Schließzeitpunkt des Abgasventils.

Da das Einlaßventil immer den Zustrom von explosivem Gemisch bis zum vollen Zylindervolumen zuläßt, ist die Kompression immer konstant, was garantiert, daß Explosion immer stattfindet, wenn die Zündung in der Nähe des Einlaßventils erfolgt. Diese Konstruktion hat also folgende Vorteile: „1) Die Kraft des Motors läßt sich bei konstanter Geschwindigkeit variieren. 2) Die Geschwindigkeit des Motors läßt sich bei konstanter Belastung variieren. 3) Die Kraft und die Geschwindigkeit des

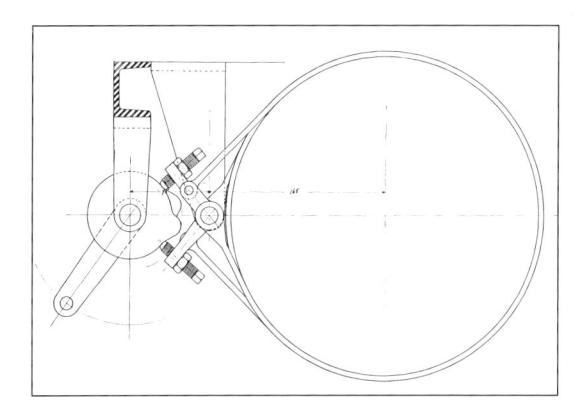

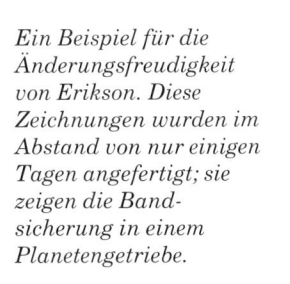

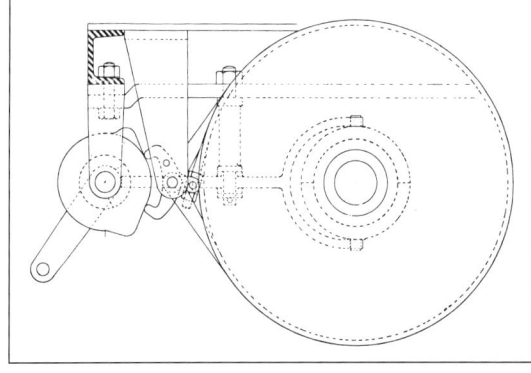

So sah das Fahrzeug in den 20er Jahren aus, als Scania-Vabis es dem Technischen Museum Schwedens vermachte (wo es auch heute noch steht). In der Mitte unter dem Fahrzeug erkennt man den großen Boxermotor.

Ein Beispiel für die Änderungsfreudigkeit von Erikson. Diese Zeichnungen wurden im Abstand von nur einigen Tagen angefertigt; sie zeigen die Bandsicherung in einem Planetengetriebe.

Motors passen sich automatisch Belastungsschwankungen an."

Erikson hatte versucht, ein Problem zu lösen, das damit zusammenhing, daß viele frühe Automobilmotoren für eine gleichmäßige Drehzahl konstruiert waren. Mangels eines guten Vergasers konnte der Fahrer die Drehzahl eigentlich nur regeln, indem er von Hand die Öffnungszeit des Abgasventils änderte. Die meisten Automobilmotoren hatten damals automatische (atmosphärische) Ansaugventile, die keine höheren Drehzahlen aushielten, sowie mechanisch betätigte Abgasventile.

Im Gegensatz zu den ersten Fahrzeugen hatte das C/D-Modell einen konventionellen Kettenantrieb. Die Kette lief zu einem Kettenrad am Differential. Die Bremsvorrichtung bestand immer noch aus Backen, die direkt auf die Eisenreifen wirkten. Sie waren nun an der gleichen Stelle wie beim ursprünglichen „Reißbrett-Auto" angeordnet, also hinter den Hinterrädern.

Im Oktober 1901 wurden das Fahrzeug und der Motor zur Montage nach Södertälje geschickt. Ungefähr gleichzeitig begann Erikson mit der Konstruktion eines neuen Motortyps (D-Motor) und einer neuen Übersetzungsvorrichtung. Dieses Getriebe in Planetenbauweise hatte zwei Vorwärtsgänge und einen Rückwärtsgang (schwedisches Patent 16052, 2. April 1902).

Der D-Motor war der erste Motor, den Erikson von Anfang an für Benzinbetrieb konstruiert hatte (schwedisches Patent 16426, 25. März 1902); er sollte eine Leistung von 5 PS haben. Später wurde dieser Motor für eine Serienfertigung weiterentwickelt.

Die Patentbeschreibung für den D-Motor erinnerte weitgehend an den Patentantrag für den C-Motor, aber sie enthielt keine Hinweise mehr auf die Probleme des Petroleumbetriebs. Erikson war davon abgekommen, die Abgase zur Beeinflussung des Gemischverhältnisses auszunutzen, und er verwendete nunmehr ein zusätzliches atmosphärisches Ansaugventil.

Die letzte Version des C/D-Modells wurde wahrscheinlich versuchsweise in den Jahren nach der Jahrhundertwende eingesetzt, aber sie war im Vergleich zu ausländischen Konstruktionen altmodisch. Es wurden jedoch noch neue Details hinzugefügt, z.B. eine Mittelschiene auf den Vorderrädern, die das Lenkvermögen auf verschneitem und vereistem Untergrund verbessern sollte. Im Winter 1902/03 rüstete man das Fahrzeug auch mit Kufen anstelle von Vorderrädern aus, nachdem sich der D-Motor als ein einigermaßen anwendbarer Fahrzeugantrieb erwiesen hatte.

Scania-Vabis vermachte das Fahrzeug in seiner letzten Ausführung am 21. März 1927 dem künftigen Technischen Museum Schwedens.

Es dauerte also ziemlich lange, bis es der Wagenfabrik gelang, einen funktionierenden Motor herzustellen. Die einzige Erklärung dürfte die spezielle Psyche von Erikson liefern. Viele Quellen beschreiben seinen unermüdlichen Arbeitseifer, seine Änderungswut und seine Eigenwilligkeit.

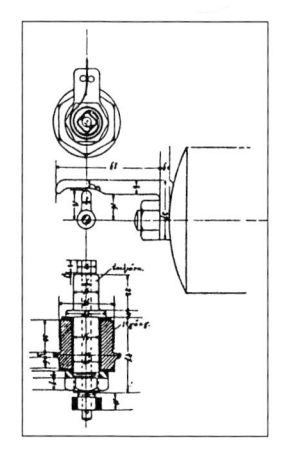

Die Zündung war ein Problem. Ein Lösungsversuch war Glührohrzündung mit Unterbrecher im Brennraum, wo sich bei Unterbrechung des Stroms Funken bildeten. Hier ein Unterbrecher am Kolben, der mit einem Unterbrecher an der Zylinderwand in Kontakt kam.

Der D-Motor in der Ausführung, die im Fahrzeug montiert war, als man 1901 die Experimente nach Södertälje verlegte.

Professor Hubendick schrieb: „Daß Erikson später Motoren und Kraftwagen baute, die zufriedenstellend funktionierten, zeigt, wie sich ein experimentierfreudiger Laie durch teuer erkaufte Erfahrungen zu einem erfolgreichen Fachmann entwickeln kann. Ein lebhaftes Interesse, sprudelnde Aktivität, die Suche nach Lösungen für fast alle Probleme sowie ein schier unlöschbarer Durst nach neuen Kenntnissen waren Eigenschaften, die ihn bis zu seinem letzten Atemzug auszeichneten. Und er war der Urvater der Automobiltechnik und der Automobilindustrie in unserem Land."

Erikson hätte auch der Wagenfabrik eine Lizenz für eine existierende Motorkonstruktion oder ein komplettes Fahrzeug verschaffen können, aber er wählte statt dessen den dornenreichen Weg. Von den Fortschritten anderer Konstrukteure ließ er sich anfangs nur widerwillig beeinflussen. Er verfolgte seine eigenen Theorien und konzentrierte sich auf Lösungen, von denen er hoffte, daß sie anderen Konstruktionen überlegen sein würden.

Niemand kann Gustaf Erikson die Ehre streitig machen, der erste Schwede gewesen zu sein, der ein fahrtaugliches Automobil mit Verbrennungsmotor konstruiert hat. Seine Arbeitsweise verzögerte aber wahrscheinlich die Etablierung der Wagenfabrik auf dem Automobilmarkt um mindestens fünf Jahre. Erst 1909 konnte das Unternehmen eine größere Anzahl Fahrzeuge herstellen – mehrere Jahre, nachdem andere schwedische Produzenten schon mit der Serienproduktion begonnen hatten, obwohl sie erst wesentlich später angefangen hatten.

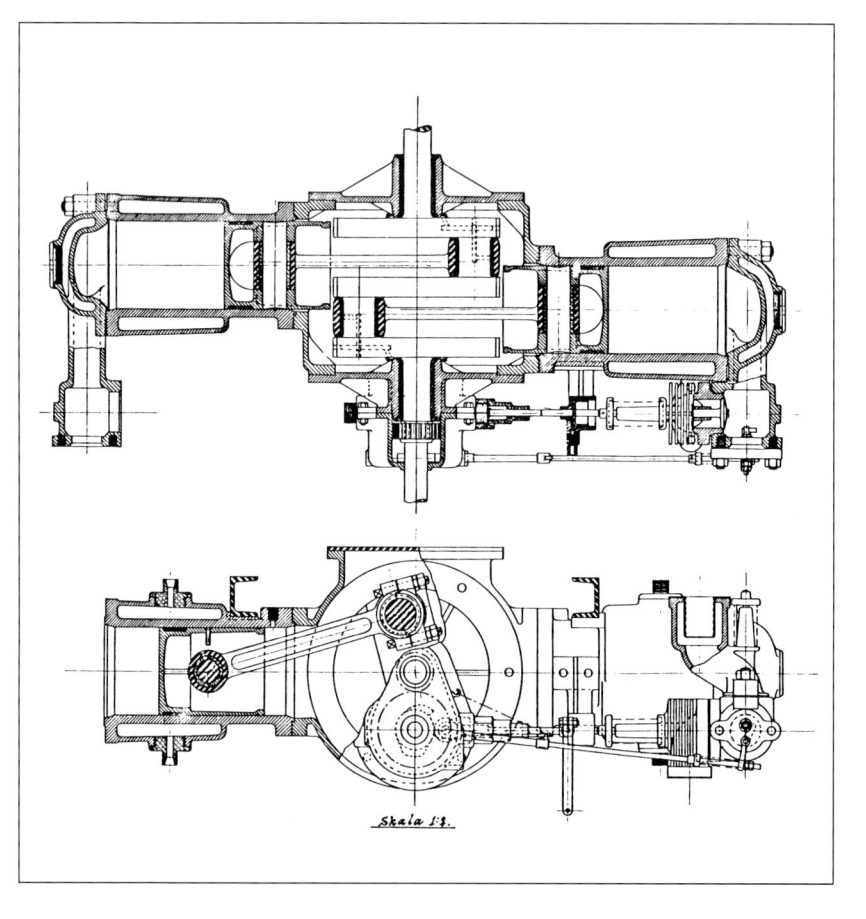

Vabis vor 1911

DER NAME VABIS WURDE OFFIZIELL erst ab Juni 1906 benutzt, als er für Motoren, Automobile und Motorboote registriert wurde. Es scheint jedoch wahrscheinlich, daß man ihn ungefähr ab 1903 benutzte, jedenfalls für die Motordraisinen. Der Einfachheit halber wird in diesem Kapitel der Name Vabis für alle Motoren und Automobile, die ab 1902 hergestellt wurden, benutzt.

Vabis Motorserien wurden mit Buchstaben bezeichnet. Die Ziffer, die in der Motorbezeichnung enthalten war, bezeichnete im allgemeinen die Anzahl der Zylinder (D1, F4), manchmal auch die Anzahl der Pferdestärken. Hier werden Ziffern nur zur Angabe der Zylinderzahlen benutzt; (b) bedeutet Boxermotor, um den 2-Zylindermotor E2(b) mit gegenüberliegenden Zylindern von dem späteren Reihenmotor E2 zu unterscheiden, auch wenn man bei Vabis diese Bezeichnungen nie benutzte.

1902 liefen die Experimente mit Gustaf Eriksons C/D-Automobil, und es wurde wohl auch im Sommer probegefahren, um einen Begriff von der Zuverlässigkeit des 2-Zylinder D-Boxermotors zu erhalten. In der Motorabteilung arbeiteten damals ein Werkmeister und rund 15 Arbeiter.

Zur dieser Zeit hatte die benachbarte Konkurrenzfirma AB Södertelge Verkstäder unter der Leitung von Philip Wersén bereits die Herstellung von Personenwagen begonnen. Eine Stockholmer Zeitung berichtete schon im Herbst 1901, daß ein „sogenanntes Ducautomobil nach einem von Aktiebolaget Södertelge Verkstäder von der Firma Kühlstein in Berlin eingekauften Patent" in etwas über zwei Stunden von Södertälje nach Stockholm gefahren sei. Verantwortlich für die Motoren bei dieser Firma war Håkan Håkansson, der früher im Ausland Motortechnik studiert hatte. Für AB Nya Atlas in Stockholm hatte er ein elektrisch getriebenes Versuchsautomobil hergestellt.

Fahrzeugherstellung bis zur Fusion 1911

1902 hatte man eine einfache amerikanische Motordraisine nach Schweden importiert, die den verschiedenen Eisenbahngesellschaften vorgeführt wurde. Auch Gustaf Erikson besichtigte die Draisine zusammen mit dem neuen Werkleiter Vincent Ahlberg. Für Erikson muß eine Draisine perfekt gewesen sein, um den Benzinmotor praktisch auszuprobieren. Zum einen waren Eisenbahnen nicht so uneben wie gewöhnliche Landstraßen und zum anderen konnte der Motor in einer Draisine leichter mit ziemlich konstanter Drehzahl gefahren werden. Erikson huldigte noch der Philosophie, daß die Drehzahlregelung des Motors von einem atmosphärischem Extraventil für die Zufuhr von Frischluft erfolgen sollte, wenn die maximale Leistung des Motors nicht ausgenutzt wurde. Die meisten Motoren waren zu dieser Zeit für einen Gang mit fast gleichmäßiger Drehzahl gebaut, und nur einige wenige weitblickende Firmen hatten durch Anwendung von besser entwickelten Vergasern die Möglichkeit geöffnet, die Geschwindigkeit durch eine mechanisch bediente Gasdrossel (oft in Kombination mit regulierbarer Zündungseinstellung) zu beeinflussen. Atmosphärische Ansaugventile waren ungeeignet für Motoren mit einem breiten Drehzahlbereich oder mit einer Drehzahl über 1.000/min. Mechanisch gesteuerte Ansaugventile waren deshalb eine Notwendigkeit, wenn die Motoren flexibler gemacht werden sollten.

Kronprinz Gustaf (später König Gustav V.) im Sommer 1906 auf Besuch in Surahammar, wo er mit Vabis erstem Personenwagen fahren konnte. Der Herr im Hut neben dem Wagen ist Disponent Petersson.

Anstatt die Entwicklung von Automobilen zu forcieren, konzentrierte Erikson nunmehr seine Anstrengungen darauf, so schnell wie möglich eine motorgetriebene Draisine herzustellen. Er benutzt einen 1-Zylinder stehenden Motor, der aus dem 2-Zylinder D-Motor mit gegenüberliegenden Zylindern entwickelt wurde. Der neue 1-Zylinder wassergekühlte Motor mit atmosphärischem Ansaugventil, mechanischem Abgasventil, Extraventil für Auffüllen von Frischluft und einer Magnetzündung mit Niederspannung wurde D1 genannt und hatte 3–3,5 PS bei 1.000/min. Dieser Motor wurde bis zum Herbst 1908 hergestellt, wo er durch den 1-Zylindermotor F1 ersetzt wurde.

Die allererste Motordraisine wurde am 8. August 1902 auf Schienen gefahren. Sie wurde jedoch nicht verkauft, sondern bis Februar 1906 für Demonstrationen benutzt, wo sie in modernisierter Ausführung an die Staatseisenbahn verkauft wurde. Die Draisine hatte kein Getriebe, jedoch einen Rückwärtsgang, und die Geschwindigkeit auf ebenem Boden wurde mit 30 km/h angegeben. Die erste Draisine, die man verkaufte, war eigentlich der Herstellung nach die zweite, und war das erste Motorfahrzeug, das die Vagnfabriken verkaufen konnte. Sie wurde Anfang März 1903 an Ystad-Eslöfs Järnvägs AB verkauft. Bevor die Draisine geliefert wurde, stellte man sie im Mai 1903 auf der Automobilausstellung in Stockholm vor. In den Jahren 1903–1908 verkaufte die Vagnfabriken 16 Motordraisinen in dieser Ausführung.

Der D1-Motor wurde auch in Booten benutzt, und entweder komplett mit Boot oder als separater Motor verkauft. Herr Ahlberg hatte im Juli 1904 Disponent Petersson vorgeschlagen, daß man mit der Herstellung von Bootmotoren beginnen sollte, um den Umsatz zu erhöhen, und im Oktober 1904 ging ein Motorboot auf Probefahrt, das nachweislich etwas über 6 Knoten machte.

Der Boxermotor von dem C/D-Automobil wurde

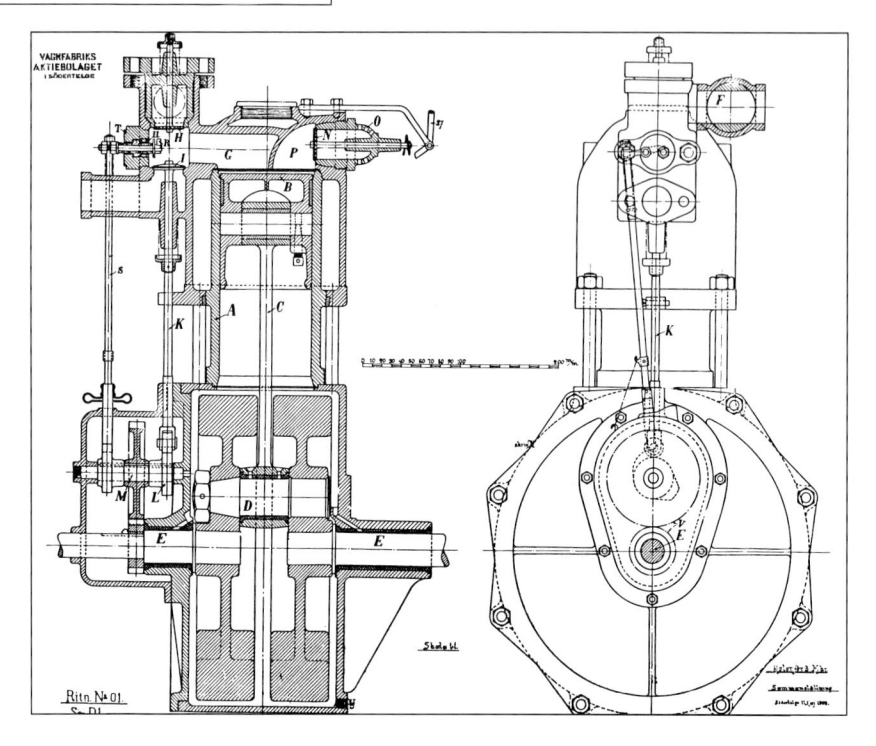

Der erste Motortyp, der sich verkaufen ließ, war der D1, der gewisse Ähnlichkeiten mit dem de Dion Bouton-Motor hatte, u.a. die runden Gegengewichte. H ist das atmosphärische Ansaugventil, I das mechanisch beeinflußte Abgasventil und N das extra Luftventil, dessen Einlaß P vom Brennraum C abgeschirmt ist.

auch in 2-Zylinder Boxerform weiterentwickelt und in den Jahren 1902–03 in zwei Exemplaren hergestellt (2,7 l, 9–10 PS). Diese E2(b) Motoren wurden in einen Personenwagen und einen Lastwagen eingebaut, von denen der Lastwagen zuerst fertig war. Nach den Zeichnungen sollte dieser Motorlastwagen ein 1,5 Tonner sein. Er scheint im Sommer 1902 gebaut worden zu sein, d.h. zur gleichen Zeit, als man an der Draisine arbeitete. Im September 1902 war der Lastwagen soweit fertig, daß man die Beleuchtung montieren konnte, und es bestand die Absicht, ihn bei Stockholms Expressbyrå probezufahren. Da man jedoch Probleme mit der Kupplung hatte, wurde diese Probefahrt eingestellt.

Der E2(b)-Motor des Lastwagens entwickelte 10 PS (laut dem ersten Katalog für die Automobilaus-

Vabis allererster Lastwagen wurde im Sommer 1902 gebaut. Er hatte einen 2-Zylinder Boxermotor, der vermutlich später gegen einen 2-Zylinder geraden Motor ausgetauscht wurde.

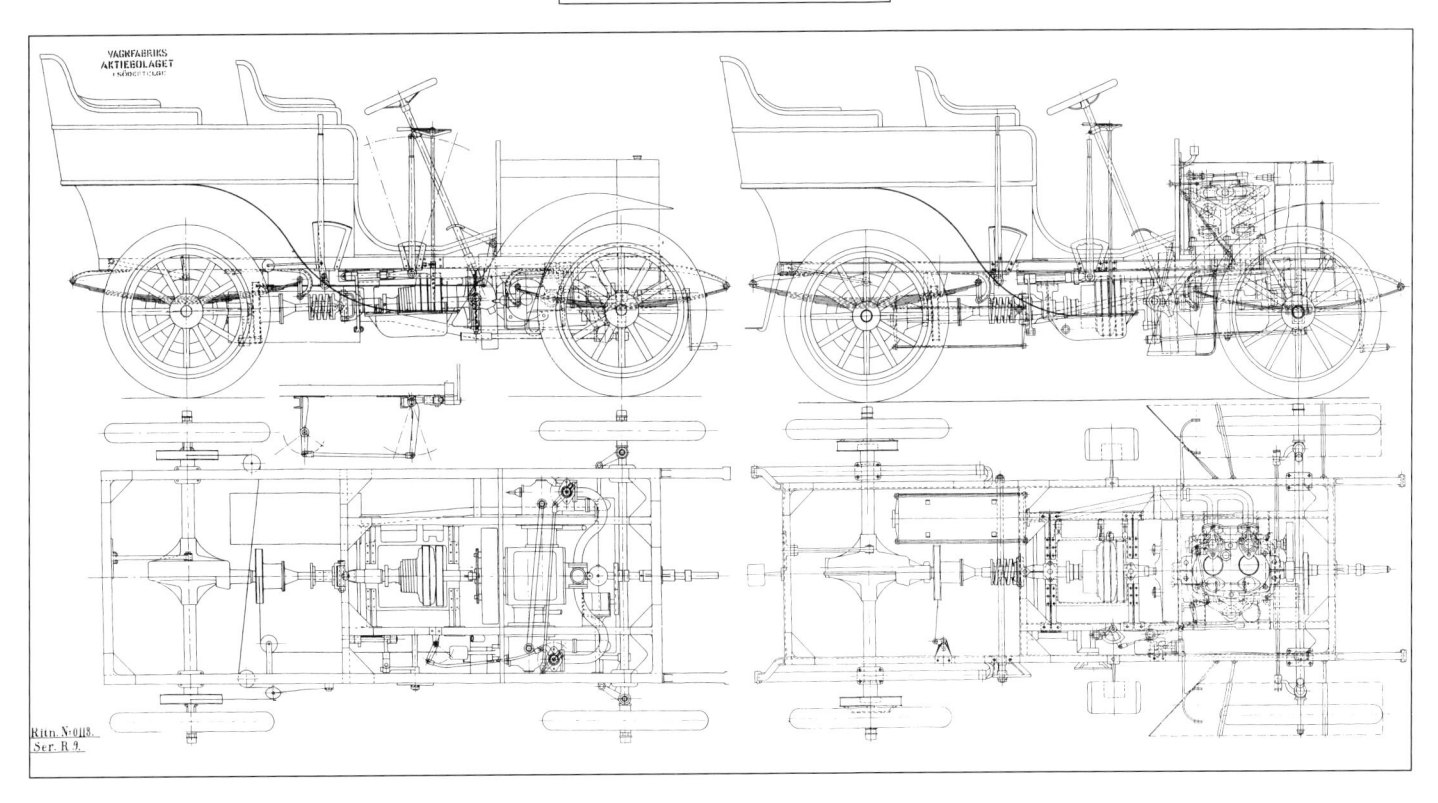

stellung 1903). Der Wagen hatte Thermosiphonkühlung und Induktionszündung sowie Kardanantrieb und war anfangs mit einem 2-Gang Planetengetriebe ausgerüstet. In einem Angebot für einen anderen Lastwagen für die schwedische Marine 1904 hatte man bereits die Spezifikationen geändert und gab an, daß das Automobil mit 2-Gang Schubradgetriebe ausgerüstet werden sollte. Ein solches erhielt dieser Lastwagen auch im Herbst 1904. Die Fußbremse wirkte über eine Trommel auf das Getriebe und die Handbremse (die als Reserve galt) wirkte auf die Hinterräder.

Die Fabrik benutzte den Lastwagen, um die Betriebskosten zu untersuchen, und man stellte fest, daß er bei Fahrten mit voller Last auf gepflasterter Straße 0,5 l/km verbrauchte und auf einer schlecht unterhaltenen Landstraße 0,8–0,9 l/km. Ohne Last sank der Verbrauch auf 0,3 l/km auf gepflasterter Straße und 0,5 l/km auf der Landstraße. Die Höchstgeschwindigkeit wurde mit 12 km/h angegeben und das Leergewicht war 1.550 kg.

Dieser Lastwagen wurde 1903 zusammen mit der Draisine auf der Automobilausstellung in Stockholm ausgestellt, wo man den Preis auf 8.000 Kronen ansetzte. Im Herbst desselben Jahres wurde der Lastwagen für 7.500 Kronen angeboten, fand jedoch keinen Käufer. In Schweden gab es zu der Zeit nur wenige Lastwagen, meistens Daimler. (Der erste war vermutlich schon 1898 nach Schweden gelangt, ebenso wie ein Omnibus desselben Fabrikats, der im Juli 1899 in Stockholm in Verkehr gesetzt wurde.)

Auch Södertelge Verkstäder stellte einen Lastwagen auf der Stockholmer Ausstellung vor, es handelte sich jedoch um einen deutschen Lastwagen, der in Schweden unter dem Namen Helios verkauft wurde, eigentlich eine Kühlstein-Vollmer-

Der Personenwagen von 1903 hatte zuerst einen 2-Zylinder Boxermotor, der Ende 1903 gegen einen 2-Zylinder Reihenmotor ausgetauscht wurde.

Das Automobil wurde im Dezember 1903 in Paris ausgestellt. Vielleicht weil die Karosse nach einer Zeichnung des französischen Karossenbauers Labourdette hergestellt war.

Konstruktion. Söderbloms Gjuteri & Mekaniska Verkstad in Eskilstuna hatte möglicherweise bereits 1901 einen fertigen Lastwagen, aber der war deutlich auslandsbeeinflußt und war vermutlich das Resultat eines Zusammenbaus von ausländischen Teilen. Scania in Malmö baute Ende 1902 ihren ersten Probelastwagen zusammen und Tidaholms Bruk hatte 1903 einen Lastwagen mit der Modellbezeichnung Tor hergestellt.

Diese Hersteller waren jedoch entweder Importeure von mehr oder weniger fertigen Fahrzeugen, die unter eigenem Namen verkauft wurden oder stark von ausländischen Herstellern beeinflußt. Das galt für Motor- und Fahrgestellkonstruktionen; man benutzte anfangs auch ausländische Motoren. Einzig die Vagnfabriken (Vabis) entwickelte eigene Fahrgestellkonstruktionen und Motoren.

Im September und Oktober 1903 wurde der Vabis-Lastwagen von AB Stockholms Expressbyrå probegefahren, und diese Firma mietete ihn dann für November und Dezember. Bereits im Januar war er jedoch wieder in Södertälje, und man darf annehmen, daß die Expreßfirma es vorzog, bei Pferden oder kleineren Automobilen zu bleiben.

Die Vagnfabriken behielt den Wagen als Demonstrationsobjekt und modernisierte ihn nach und nach. Erst im Sommer 1906 konnte man ihn verkaufen, als Motorlastwagen von 1,5–2 t. Der Käufer war AB Separator, Stockholm, und der Preis 8.700 Kronen. Der Verkauf lief über Henning Gillgren & Co, Stockholm (die Kr 529.65 als Provision erhielten). Die charakteristische Frontpartie war durch einen geraden Kühler und eine neue Motorhaube ersetzt. Auch die Räder waren neu und hatten Hartgummibelag, wodurch man die Geschwindigkeit auf 15 km/h hat erhöhen können.

Der Personenwagen war vorgesehen für Chauffeur und vier Passagiere und hatte eine Tonneau-Karosse mit Einstieg hinten. Wie der Lastwagen hatte er Kardanantrieb, eine Konstruktion, die Vabis sehr früh benutzte. Der Wagen war zwar zur Automobilausstellung in Stockholm 1903 angemeldet, aber nicht fertig, wurde aber im Sommer mit dem 2-Zylinder E2(b)-Motor von 9-10 PS probegefahren, woraufhin er einen 2-Zylinder stehenden Reihen-E2-Motor von 2,7 l und 10 PS erhielt. Im Dezember 1903 wurde er in Paris ausgestellt.

Als der Wagen nach Schweden zurückkam, diente er als Demonstrationswagen in der Fabrik in Södertälje, wurde jedoch auch in Stockholm und in Surahammar und Umgebung benutzt. In Stockholm wurde er im Sommer 1904 von Werkleiter Ahlberg für Demonstrationsfahrten benutzt.

Der Wagen nahm auch an Schwedens erstem Automobilwettkampfteil, der auf der Strecke Stockholm–Litslena–Uppsala–Stockholm am Samstag den 11.Juni 1904 gefahren wurde. Es war kein Ge-

Vabis zweiter Lastwagen, hergestellt 1904, sah viel moderner aus und wurde schneller verkauft als der erste.

Vabis-Vergaser 1903–07 „gibt eine völlig gleiche Gasmischung bei jeder Geschwindigkeit des Motors. Innen befindet sich ein Kolben 8, der von der Ansaugvorrichtung angehoben wird, wodurch Luft eingelassen wird. Im Kolben befindet sich Ventilnadel 7, die sich für das Benzin öffnet. Alles ist so angepaßt, daß das Verhältnis zwischen den Bereichen für Luft und Benzin ganz gleich ist, wie sich auch der Kolben erhöht."

schwindigkeitswettbewerb, sondern die Teilnehmer sollten bei einer Durchschnittsgeschwindigkeit von 15–30 km/h in bester Verfassung und mit der geringsten Zeit für Reparaturen und Wartung während der Fahrt zum Ziel kommen. Außer dem Vabiswagen (der von Ingenieur Ekström gefahren wurde und in Klasse III startete) nahmen neun Automobile teil, davon drei Scania-Wagen. Als die Automobile nach dem Aufenthalt in Uppsala zur Brücke bei Flottsund kamen, mußte der Vabis-Wagen die Fahrt abbrechen.

„Mit einer Geschwindigkeit von 35 km in der Stunde fahren wir über die Brücke. Wir werden von einem furchtbaren Stoß hoch in die Luft geschleudert, aber es gelingt uns, im Wagen zu verbleiben. Wir hatten nicht berechnet, daß die Brücke wie der Rücken eines doppelhöckerigen Kamels gebaut war, und jetzt mußten wir für unsere Unvorsichtigkeit bezahlen. Ein Martinstahlstück an der längsgehenden Welle war zerbrochen und jede Reparatur an Ort und Stelle unmöglich."

Der Wagen nahm 1905 an dem Sommerwettkampf „Rund um den Mälarsee" des schwedischen Automobilclubs teil, wo er von Gustaf Erikson gefahren wurde (er startete in Klasse III, Turistenwagen in der Preisklasse 5.500 bis 9.000 Kronen) und hatte u.a. drei Scania-Wagen als Konkurrenten. Schon in Södertälje gab es Probleme mit der Kupplung; er kam in der Ergebnisliste nicht vor.

Im Herbst 1905 wurde der Wagen für die Übungen des 5.Armeeverbands in Dalarna ausgeliehen. Der Armeeverbandschef L.W. Stjernstedt schrieb eine Bescheinigung an die Fabrik, wo er u.a. sagte: „Das Automobil konnte aufgrund seiner verdienstvollen Konstruktion während der Übung die Führungsgruppe bedienen und war von großem Nutzen.... Unsere Armee kann beglückwünscht werden, daß sie im Lande die Möglichkeit hat, Automobile von einer so guten Beschaffenheit herzustellen, daß sie im Frieden und im Krieg der Armee wirkliche Dienste erweisen können."

Im Sommer 1906 unternahm Kronprinz Gustaf eine Rundreise im Bergbaugebiet Bergslagen, und am 25.Juni besuchte er Surahammar, wo er von Disponent Petersson empfangen wurde. Zur Verfügung des Prinzen standen zwei Automobile von der Vagnfabriken (das zweite muß der erste Wagen mit einem E1-Motor gewesen sein).

Der Personenwagen von 1903 wurde am 20.August 1909 an den damaligen Disponenten K.E. Öhman in Surahammars Bruk für 3.000 Kronen verkauft und gelangte vermutlich bis 1913 zur Anwendung, als er durch einen neuen Scania-Vabis ersetzt und beiseite gestellt wurde. Man fand ihn später in Spännarhyttan, wo er heute in renovierter Form in dem Museum steht, das Surahammars Bruk in der alten Schmiede gebaut hat. Er wird oft „Surahammar-Wagen" genannt, was (abgesehen davon, daß er lange in Surahammar gefahren wurde) eigentlich eine falsche Bezeichnung ist. Der Wagen ist in Södertälje konstruiert und gebaut und sollte deshalb Vabis 1903 heißen.

Der einzige 1904 gebaute Wagen, war ein 2,5 t Lastwagen, auch dieser mit einem E2-Motor von 10 PS. Zum Unterschied von dem ersten Lastwagen hatte er eine sehr viel kräftigere Hinterachskonstruktion, und die Herabschaltung erfolgte mit zylindrischen Zahnrädern, die innere Zahnkränze auf den Felgen trieben (Ritzelsystem). Der Wagen wurde am 15.Juli 1904 fertig, jedoch erst am 5.Mai 1906 an die St. Eriks Brauerei in Stockholm verkauft. Warum es so lange dauerte ist nicht bekannt, aber es war der erste von Vabis Lastwagen, der überhaupt verkauft wurde, drei Monate vor dem früher hergestellten. Dieser Wagen wurde auf der Automobilausstellung 1905 vorgestellt.

Die Motoren, die Vabis bis zur Fusion mit Scania benutzte, waren in vier Serien erhältlich: D, E, F und G. Es gab 1- 2- und 4-Zylinder Reihen-Motoren und 4-Zylinder V-Motoren. Sämtliche hatten Seitenventile, die atmosphärischen Ausaugventile waren jedoch hängende Ventile. Spätestens 1906 scheinen sämtliche Vabis-Motoren umkonstruiert worden zu sein, so daß die atmosphärischen Ansaugventile (die sich im Prinzip zu spät öffnen und zu früh schlossen) durch zwangsgelenkte ersetzt wurden. Das bedeutete, daß Drehzahl und Motorleistung erhöht werden konnten. Vermutlich wurden eine Reihe von Motoren ab 1906 mit hochgespannter Magnetzündung ausgerüstet.

Sämtliche Motortypen hatten lange (vielleicht bis 1909) Gustaf Erikson atmosphärisches extra Luftventil, das laut Beschreibung öffnete „wenn

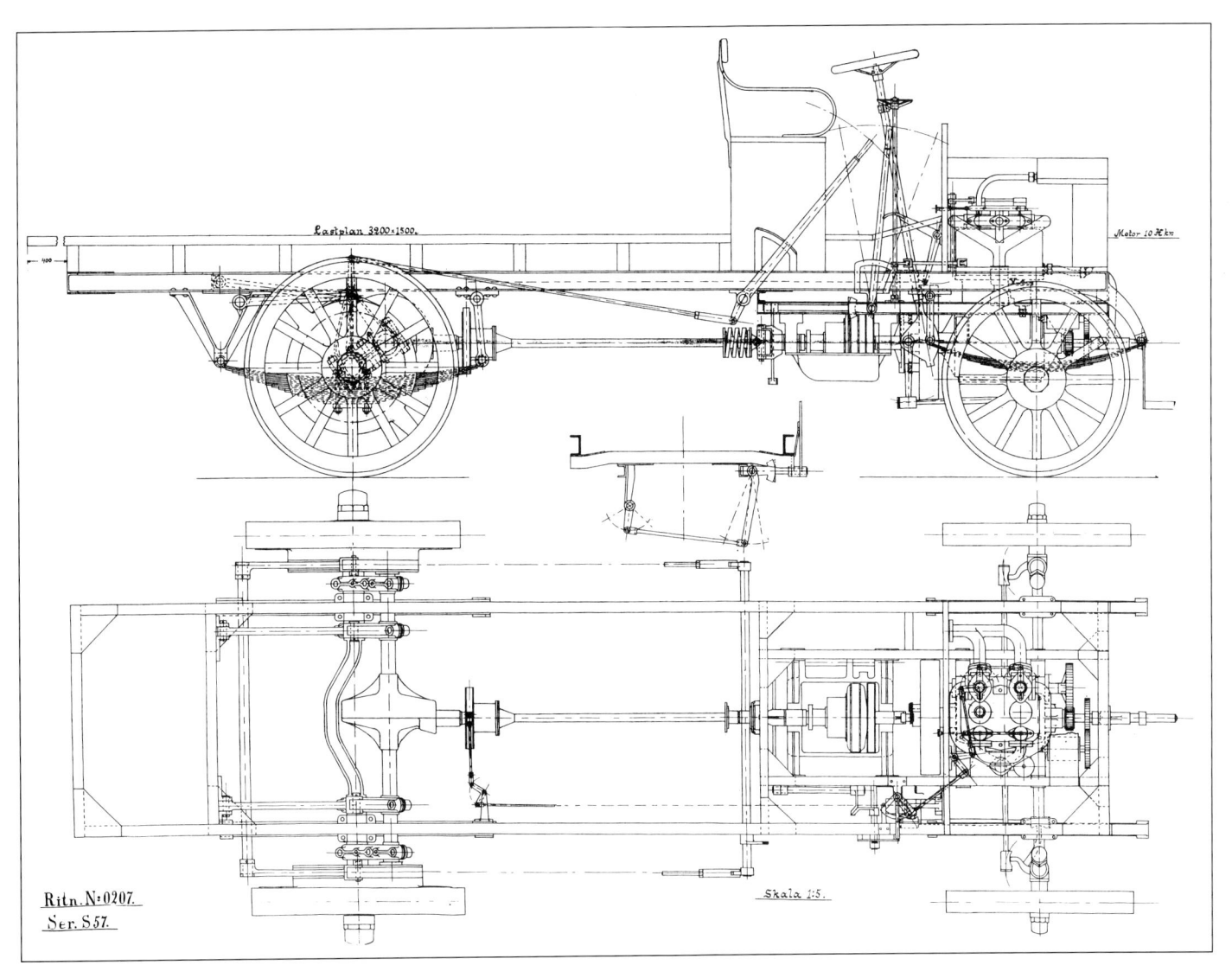

Zeichnung für den 1904er Lastwagen. Zum Unterschied von Scanias Lastwagen hatten die Vabis-Wagen immer Kardan- und (mit Ausnahme des ersten) Ritzelantrieb, d.h. Wellen mit zylindrischen Zahnrädern, die innere, an den Felgen befestigte Radkränze antrieben. Der Wagen hatte den geraden 2-Zylinder E2-Motor. Auf der Zeichnung hat der Wagen ein Planetengetriebe, er wurde jedoch mit einem 2-stufigen mechanischen Getriebe geliefert.

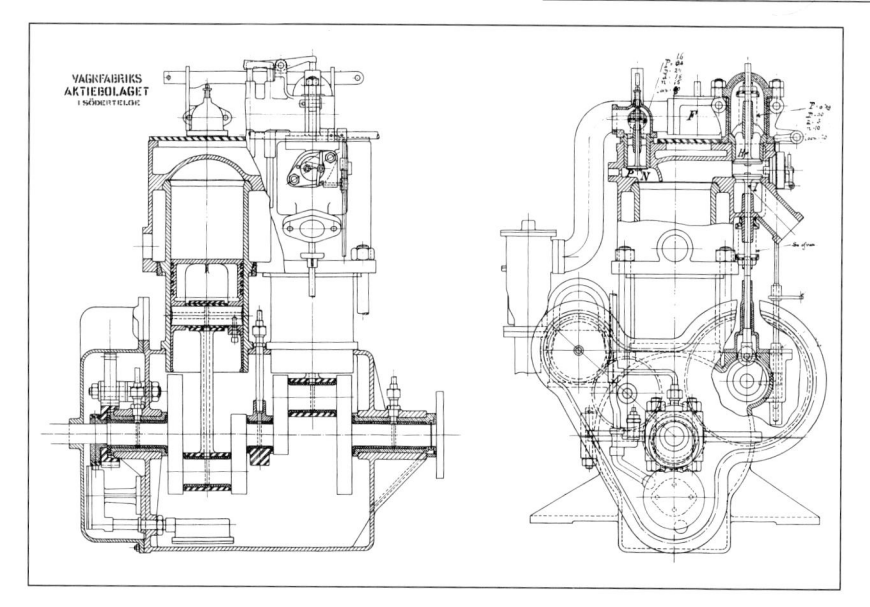

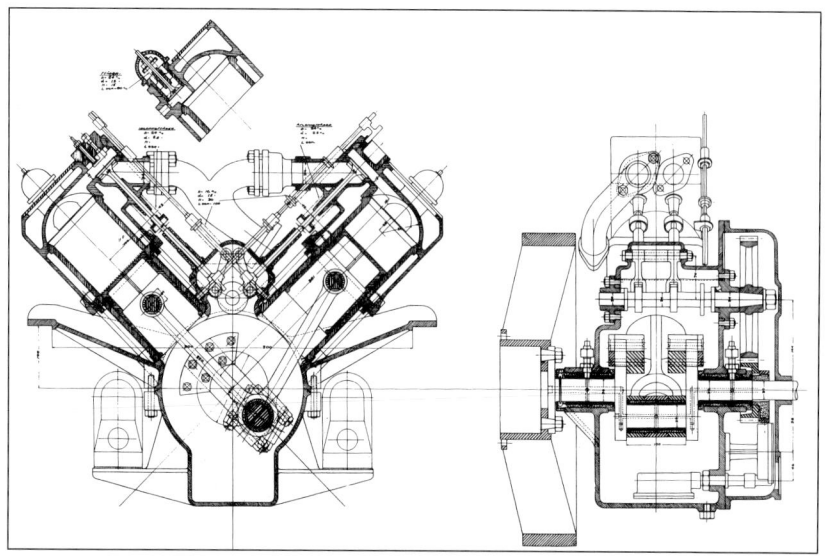

sich die Einströmung des Gasgemisches durch das Einlaufventil verringerte. In den Zylinder strömt dann Luft ein, bis der Zylinder gefüllt ist, wodurch die Explosionsstärke verringert wird. Dadurch erhält man folgende Vorteile: 1. Die Kompression ist immer konstant, wodurch der Benzinverbrauch bei geringerer Belastung niedriger ist als bei anderen Motoren (der Benzinverbrauch erhöhte sich bei halber Belastung nur um 25–30% pro PS und Stunde, wo er sich bei anderen Motoren um 50–60% erhöhte). 2. Der Motor und seine Ventile werden weniger als andere Motoren erwärmt. 3. Die Geschwindigkeit des Motors kann innerhalb von weiteren Grenzen geregelt werden als bei anderen Motoren, auch ohne die Zündungszeit zu ändern."

Vermutlich funktionierte dieses extra Einlaufventil ganz gut und trug dazu bei, daß die Motoren einen gleichmäßigeren Gang erhielten. Das beruhte jedoch nicht auf Eriksons Theorie von einer unveränderten Kompression (die falsch war), sondern darauf, daß die abwärtsgehende Bewegung des Kolbens dadurch erleichtert wurde, daß das extra Ventil zur Verringerung des Unterdrucks im Zylinder beitrug. Für ein gutes Funktionieren des Systems

Die Zeichnung zeigt den geraden 2-Zylinder E2-Motor und den 2-Zylinder F2v-Motor. Ebenso wie alle Vabis-Motoren dieser Zeit hatten sie Eriksons extra Luftventil.

war es erforderlich, daß der Motor eine niedrige Drehzahl hatte, und daß im oberen Teil des Zylinders ein Schirm vorhanden war, der die einströmende Luft des extra Ventils von dem einströmenden Brennstoff/Luftgemisch durch das Ansaugventil abschied. Das extra Ventil konnte auch manuell beeinflußt werden und auf diese Weise als ein Dekompressionsventil funktionieren.

Die Motoren hatten eine Pumpe im Schaftgehäuse, die Öl zu den Lagern preßte (mit Ausnahme der 1-Zylindermotoren, wo die Lager mit Fettbuchse geschmiert wurden) und die Fabrik gab an, daß die Karburatoren eine vollkommen gleiche Gasmischung bei allen Geschwindigkeiten des Motors ergaben. Dieser Vergasertyp wurde bei sämtlichen Motoren benutzt.

Die Leistung des E2-Motors wurde 1905 auf 12 PS erhöht (1909 auf 15–18 PS), da die frühere Leistung als zu gering für schwerer Lastwagen betrachtet wurde. Ende 1905 gab es diesen Motortyp auch als Bootmotor.

Der Reihen-E2-Motor wurde 1908 von einem V2-Motor, E2v, von 12 PS ersetzt (später 15–18 PS) vorgesehen für u.a. 2t-Lastwagen. Der Winkel zwischen den einander gegenüberstehenden Zylindern war 90°, und die Kurbelwellen waren gabelförmig auf derselben Kurbelwellenkröpfung montiert.

Der Reihen-4-Zylindermotor E4 von 5,4 l kam 1908 und hatte 24–30 PS, später 30–36 PS. Er bestand im Prinzip aus zwei zusammengebauten geraden E2-Motoren. Der Typ wurde ursprünglich in einem Racerboot benutzt, kam jedoch auch in Lastwagen zur Anwendung.

Der frühere Draisinen- und Bootmotor D1 wurde 1908 durch den größeren F1 von 5–6 PS ersetzt, der bis zur Fusion 1911 in einer neuen Serie von 20 Draisinen benutzt wurde. Danach wurden weitere sieben Draisinen verkauft. In der Broschüre von 1907 war er auch als ein 2-Zylinder gerader F2 von 1,9 l und 10–12 PS verzeichnet; diese Variante wurde wohl nie verkauft. Die V2-Variante F2v hatte dieselben Dimensionen und dieselbe Leistung, wurde jedoch für kleinere Fahrzeuge benutzt.

Gemäß einer Drucksache von 1909 hatte man diesen Motortyp konstruiert „nachdem letztlich ein wirklicher Bedarf von billigeren Automobilen entstanden ist, haben viele Fabrikanten begonnen, solche, versehen mit 2-Zylinder Motoren, zu bauen. Da diese Motoren im allgemeinen ziemlich kräftig vibrieren ... haben wir einen 2-Zylindermotor konstruiert, wo die Zylinder rechtwinklig zueinander plaziert sind und die Kurbelwellen auf dieselbe Kurbel wirkten. Dadurch kann man den Motor ebenso balancieren wie einen 4-Zylindermotor, wobei die Explosionen fast regelmäßig kommen". Das war eine gemäßigte Wahrheit, nachdem 2-Zylindermotoren früher üblich waren, aber zu dieser Zeit sichtbar unmodern wurden. Der Motor wurde für Personen- und Lastwagen benutzt. Auch bei diesem V-Motor standen die Zylinder 90° zueinander.

Der 4-Zylindermotor F4 der F-Serie von 3,7 l und 20–24 PS kam 1907 und hatte von Anfang an mechanisch beeinflußte Ansaugventile und lose Zy-

VABIS FAHRZEUGE VOR 1911

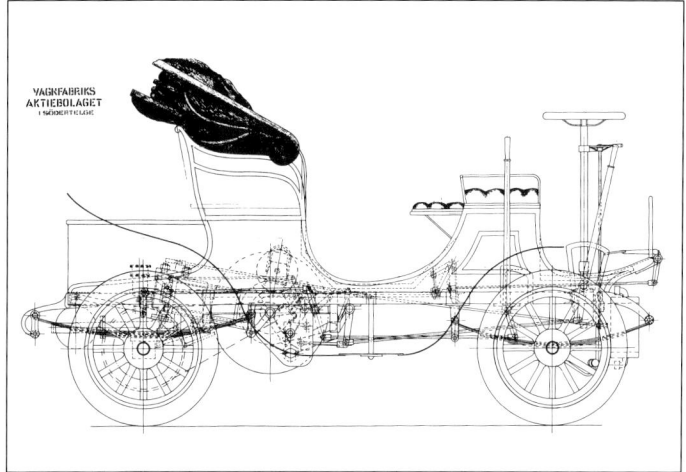

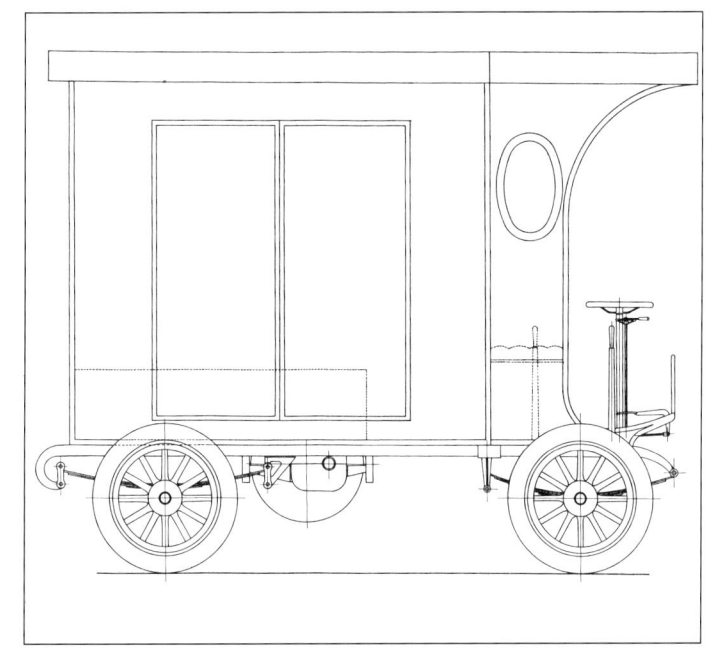

linderfutter. Er war vorgesehen für schwere Lastwagen von 3 t, von denen jedoch weniger als 10 Exemplare hergestellt wurden, bevor man mit Scania fusionierte. Der F4 kam ebenfalls in einem Krankenwagen und in einem Personenwagen vor und wurde auch als separater Motor verkauft.

Der gerade 4-Zylinder G4-Motor von 2 l und 12–14 oder 13–16 PS war für Personenwagen vorgesehen und wurde 1910 zum G4A von 2,27 l und 16–20 PS entwickelt.

Gewisse der Vabis-Motoren wurden beibehalten und nach der Fusion mit Scania weiterentwickelt, wobei sie neue Bezeichnungen erhielten.

1906 wurde ein 2-sitziger Personenwagen (mit Reservesitz hinten für noch zwei Personen) fertiggestellt. Er hatte den 1-Zylinder E1-Motor von 1,36 l und 7,5 PS, mitten unter dem Wagen, rückwärts geneigt und mit einem 2-Stufengetriebe kombiniert. Dem Aussehen nach erinnerte er an den Personenwagen von 1903, war aber kleiner.

Auf der Automobilausstellung in Stockholm 1907 stellte die Vagnfabriken diesen Wagen aus, sowie ein Exemplar eines Automobils, das dem Aussehen nach an Gustaf Eriksons Experimentwagen erin-

Diese eigenartige Konstruktion mit rückwärts geneigtem 1-Zylindermotor mit Plazierung in der Mitte befand sich in zwei Wagen mit ganz verschiedenem Aussehen. Einer ähnelte dem 1903er Wagen, der andere einem Pferdewagen mit einem großen Dach auf Pfosten. Der Motor war Typ E1 (auch G1 genannt).

Motortypen, 1902–10 von Vabis und 1911–19 von Scania-Vabis benutzt					
Typ	Zyl.maße	Hubraum	Leistung	Jahr	Vermerke
D1	1x94x100	0,694	3–3,5	1902–08	
E1	1x120x120	1,357	7,5, 7,5–9	1903–09	Auch G1 genannt
E2(b)	B2x120x120	2,714	9–10	1902–03	
E2	2x120x120	2,714	10, 12, 15–18	1903–09	
E2v	V2x120x120	2,714	12–15, 15–18	1908–10	
E4	4x120x120	5,429	24–30, 30–36	1908–10	
F1	1x100x120	0,942	5–6	1908–14	Für Draisinen
F2	2x100x120	1,885	10–12	1907–09	Nicht hergestellt?
F2v	V2x100x120	1,885	10–12	1908–11	
F4	4x100x120	3,770	20–24	1907–12	
F4A	4x100x140	4,398	30–36	1911–14	
F42	4x100x140	4,398	30–36	1914–19	
F43	4x100x140	4,398	30–36	1914–15	
G4	4x80x100	2,011	12–14, 13–16	1909–11	
G4A	4x85x100	2,270	16–20	1910–13	
G42	4x85x100	2,270	16–20	1913–19	

nerte. Er hatte den gleichen Typ von Motor und Getriebe wie der Wagen von 1906, vorgezogenen Fahrersitz, aufrechtstehende Lenkstange und Schutzbleche vorn wie bei einem Pferdewagen.

Man wollte das Fahrgestell für eine ganze Serie Wagen gleich machen, jedoch sollte der hintere Teil als Personenwagen, Lieferwagen oder leichter Lastwagen geliefert werden können. Vermutlich wurde nur ein einziges Exemplar dieser Konstruktion mit altmodischem Aussehen gebaut. Der Wagen wurde Droschke mit Dach für vier Personen genannt.

Beide diese Wagen hatten eine Bosch Niederspannungszündung, Lamellenkupplung in Ölbad, 2-stufiges Schubradgetriebe mit Rückwärtsgang und Antrieb an der Hinterachse mit einer einfachen Kette (es wurde angegeben, daß die größeren Wagen Kardanantrieb und 3- oder 4-stufige Getriebe hatten).

Beide Wagen wurden später an Surahammar geliefert. Die Droschke sollte lange in der Fahrzeuggeschichte umgehen. Sie wurde 1921 verbrannt, und man behauptete Jahre später, sie sei eine weitere Variante von Eriksons Versuchsautomobil gewesen. Der Irrtum ist verzeihlich im Hinblick auf das unmoderne Aussehen des Wagens.

1907 baute man vermutlich einen großen Personenwagen mit F4-Motor. Möglicherweise war es der Wagen, der 1910 in dem Winterwettkampf des Kgl.Automobilclubs gefahren wurde.

1907 stellte Vabis auch zwei Bootsmotoren Typ D mit 3,5 PS aus, und am Bootsteg der Ausstellung lag ein 9 m offenes Boot mit einem 4-Zylinder E4-Motor von 24–30 PS, ein 8,5 m Boot mit Kajüte mit einem 2-Zylinder E2-Motor von 12–15 PS und ein 6,8 m Boot mit einem 1-Zylinder D1-Motor von 3,5 PS. Dagegen stellte Vabis keinen Lastwagen aus, sondern begnügte sich damit, ein Foto eines 3 t Lastwagens mit F4-Motor zu zeigen, der soeben an die Svenska Marmelad AB in Norrköping geliefert worden war, sowie einen separaten 4-Zylinder F4-Motor, vorgesehen für den nächsten Lastwagen, der an AB Separator geliefert werden sollte.

Auf dem Stand von Scania und Daimler (die denselben Generalvertreter Erik Hedberg in Stockholm und Gustav Lind in Norrköping hatten) wurde ein 3 t Daimler-Lastwagen mit mechanisch getriebener Kipp-Pritsche ausgestellt. Bereits 1908 konnte Vabis für 16.500 Kronen einen entsprechenden 3 t Lastwagen mit einem E4-Motor von 30 PS an die Stadt Stockholm liefern.

Als der Vorstand 1907 beschloß, die Fabrik mit einer Motorabteilung auszubauen, hatte Vabis nur einige wenige Personen- und Lastwagen verkauft. Mit dem neuen Gebäude konnte Gustaf Erikson endlich einen modernen und sauberen Arbeitsplatz mit Maschinen für rationellere Herstellung von Automobilen und Motoren erhalten.

Der Bau war 1908 fertig, und es bestand die Absicht, die Automobile jetzt in größeren Serien herzustellen, um die Vorteile des Großbetriebs auszunutzen. Die Pläne sprachen von rund 50 Wagen von einigen verschiedenen Grundtypen. Es zeigte sich jedoch, daß die Kunden trotz allem individuel-

Dieser große 3-Tonner mit F4-Motor wurde im April 1907 an Svenska Marmelad AB in Norrköping geliefert (rechts).

Möglicherweise wurde dieser Phaeton mit F4-Motor 1907 gebaut, vielleicht ist er auch jünger (unten links).

Die Lastwagenzeichnung ist von 1908 und stellt einen 3 t Lastwagen mit E4-Motor, versehen mit mechanischer Kippanordnung, dar (unten rechts).

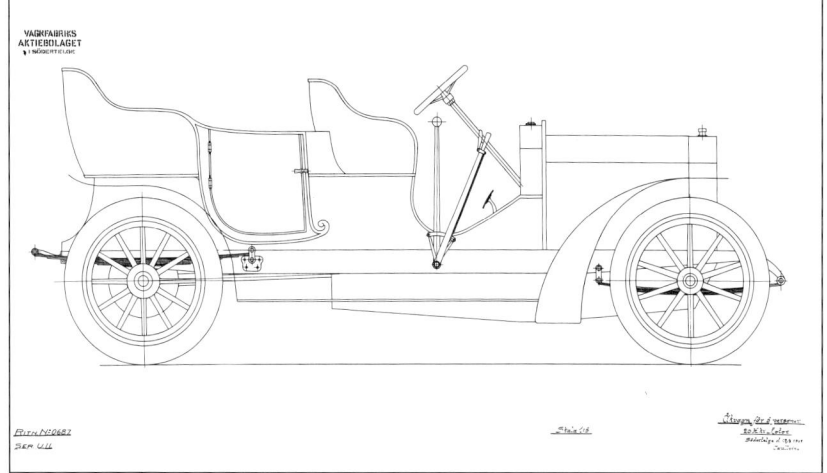

VABIS FAHRZEUGE VOR 1911

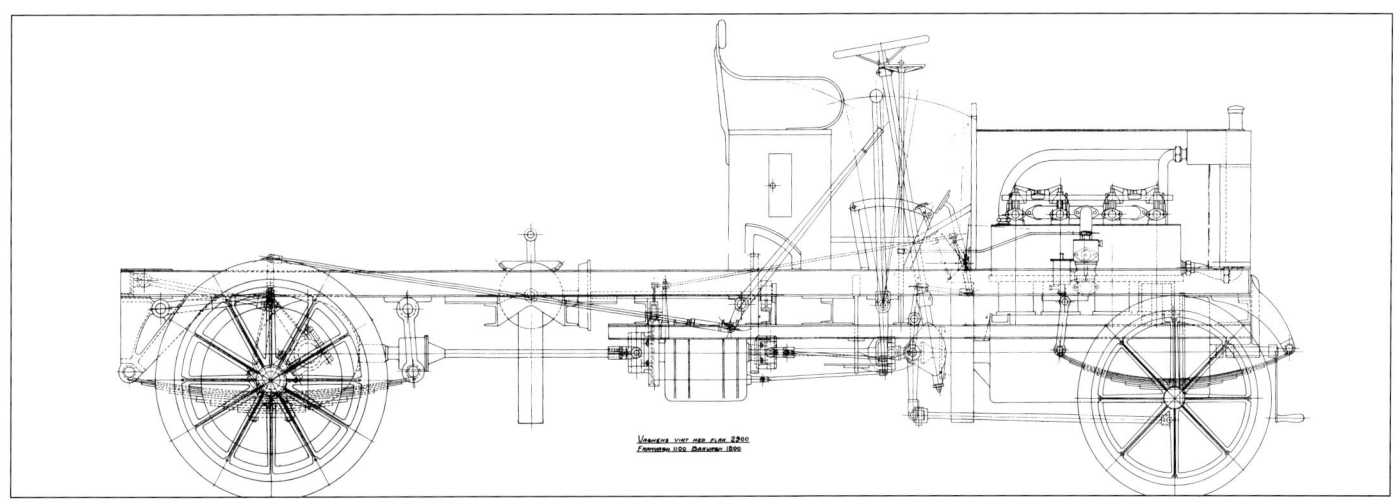

„Droschke" war eine Karossenbezeichnung, die damals nicht nur für Taxis benutzt wurde. Dieser Wagen mit F2v-Motor von 10–12 PS wurde 1908 an das Stockholmer Elektrizitätswerk geliefert. Für einen V-Motor mußte die Motorhaube hinten breiter gemacht werden.

Der 2-Zylinder F2v-Motor war in vielen Wagen vorhanden. Man baute ihn auch mit Kühler hinter dem Motor wie bei mehreren französischen Fabrikaten.

Der 3 t Lastwagen mit F4-Motor, der 1909 an dem Lastwagenwettkampf teilnahm (rechts oben)

Die Post in Göteborg kaufte Ende 1910 einen 1,5 t Lastwagen mit F2v-Motor (rechts Mitte)

POSTBIL, GÖTEBORG, JAN. 1911
EN AV DE FÖRSTA FÖR POSTTRANSPORTER I STAD

Vabis Personenwagen 1903–10

Typ	Motor/PS	Jahr	Anzahl	Vermerke
Motorwagen 1	E2(b)/9	1903	1	Später mit E2/10 PS
Motorwagen 2	E1/7,5	1906–07	2	Motor auch G1 genannt
Fahrwagen	F4/20–24	1907	1	
BP/F	F2v/10–12	1908–10	7	Davon ein Paketwagen und einer mit G4/12–14 hk
AP/G	G4/12–14	1909–10	18	
CP/F	F4/20–24	1908–10	3	Ein Fahrgestell für Unfallwagen

Ab 1908 kamen auch die Typenbezeichnungen 2S und 3S für AP, BP und CP vor. Die angegebenen gelten der Zeit direkt nach der Fusion.

Vabis Lastwagen 1902–10

Typ	Motor/PS	Jahr	Anzahl	Vermerke
1,5 ton	E2/10	1902	1	Zuerst mit E2(b)/9 PS
2,5 ton	E2/10	1904	1	
3,0 ton	F4/20–24	1907–10	11	Einige mit E4/24–30 PS
1,5 ton	F2v/10–12	1908–10	4	
2,0 ton	E2v/12–15	1909–10	3	

le Behandlung forderten, und es gab viele Wünsche hinsichtlich Spezialkonstruktionen.

Anfang 1909 teilte Vabis mit, daß man mit der Serienherstellung von Automobildroschken begonnen habe. Das Vorbild war ein Wagen mit F2v-Motor, für das Stockholmer Elektrizitätswerk (Dezember 1908). Laut Vabis waren die Stockholmer Droschkenbesitzer sehr interessiert an dieser neuen 4-sitzigen Droschke.

In einem Mitte 1909 herausgegebenen Katalog waren drei Fahrgestelle für Personenwagen verzeichnet; mit Achsabstand 2.800 mm konnte das Fahrgestell mit F2v-Motor von 10–12 PS, G4-Motor mit 12–14 PS oder als Droschkenautomobil mit F2v-Motor von 10–12 PS geliefert werden (mit kräftigeren Felgen und Reifen). Für die längeren Achsabstände von 3.000 und 3.300 mm konnte ein F4-Motor von 20–24 PS geliefert werden. Bei dem kleinsten Fahrgestell waren die Karossen als Standard 4–5-sitzig, die Droschke war für 5 Personen während das mittlere Fahrgestell eine Karosse für 5 Personen und das größte für 6–7 Personen hatte.

Lastwagen wurden in vier Größen angeboten: 1,5 t mit F2v-Motor von 10–12 PS, 2 t mit E2v-Motor von 15–18 PS, 3 t mit F4-Motor von 20–24 PS und 5 t mit E4-Motor von 30–36 PS. (Ein 5-t Lastwagen wurde jedoch nie hergestellt.)

In KAKs internationalen Lastwagenwettkampf 1909 nahm ein Vabis 3 t Lastwagen mit Kardanantrieb und F4-Motor von 20–24 PS bei 1.000/min und 3-Stufengetriebe teil. Dieser Wagen hatte ein Gewicht von 2.800 kg und kostete 13.000 Kronen. Der Wagen erhielt den „1. Preis – Goldmedaille", war allerdings nicht als Einziger.

Bisher hatten keine Vabis-Wagen an den Winterwettkämpfen teilgenommen, aber zu den Wettkämpfen um den Winterpokal im Februar 1910 meldete man einen offenen Wagen mit einem 4-

Zylinder F4-Motor mit 24 PS an, Fahrer war Rickard Björkman aus Stockholm. Verspätet angemeldet startete noch ein Vabis, und dessen Fahrer war Gustaf Erikson selbst. Er fuhr einen kleineren Wagen mit offener Karosse mit einem F2v-Motor von 12 PS. Der große Wagen kam in der großen Klasse an dritter Stelle (war aber zuerst am Ziel), und der kleine Wagen mit seiner charakteristischen abfallenden Motorhaube, die wie ein Papageischnabel aussah, erschien zwar nicht in der Ergebnisliste, erhielt jedoch einen Ehrenpreis.

In der 1910 vorgenommenen Ermittlung gab man schlechte Pflege als einen Grund dafür an, daß Vabis mit seiner Automobilherstellung nicht weiter vorwärts gekommen war. Es wurde angeführt, daß man bereits vor einigen Jahren auf die Fertigentwicklung der Wagen gehofft habe, jedoch hätten die Erfahrungen gezeigt, daß man sich auch 1910 noch im „Experimentierstadium" befände und daß die Wagen hinter ihrer Zeit zurück lägen.

Man hatte zwei Wahlmöglichkeiten: die Produktion einzustellen oder noch mehr Geld zuzuschießen. Während man nach einer Lösung suchte, möglichst ohne das ganze Unternehmen, mit oder ohne Motorwagenteil, verkaufen zu müssen, war Gustaf Erikson der Sündenbock. 1910 verließ er die Vagnfabriken – ob auf eigenen Wunsch oder gezwungen hat sich nie erforschen lassen. Erikson erhielt unmittelbar eine Anstellung bei AB Wiklunds Maskinoch Velocipedfabrik in Stockholm und wurde am 1. Oktober durch Gunnar Kjellberg ersetzt, der seinerseits Wiklunds verließ.

Bis zur Fusion mit Scania stellte Vabis, abgesehen von Gustaf Eriksons Versuchswagen, vermutlich 32 Automobile auf Personenwagenfahrgestellen und 20 Lastwagen her. Einige Wagen müssen als „unsicher" bezeichnet werden.

Zwei Vabis-Wagen nahmen an dem Winterwettkampf 1910 teil, ein kleiner mit F2v-Motor, gefahren von Gustaf Erikson, und ein großer Phaeton mit F4-Motor, gefahren von Rickard Björkman.

Krankenwagen mit F4-Motor, gebaut auf Personenwagen-Fahrgestell, und 1910 an die Stockholmer Krankenpflegegesellschaft geliefert.

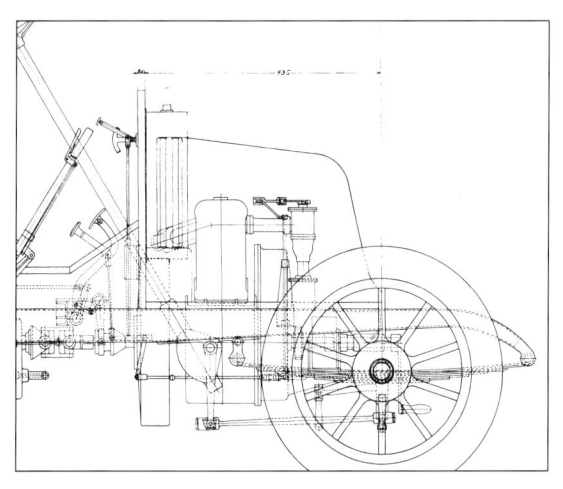

| VABIS FAHRZEUGE VOR 1911 |

Die Wagen von links: Tachometer-Droschke mit F2v-Motor für A Z L Sellberg, Limousine mit G4-Motor für Norrmalms Schlachtereigesellschaft, Droschkenwagen mit G4-Motor für Göteborgs Autovermietung und Paketwagen mit F2v-Motor für Carl Larssons Schlachterei.

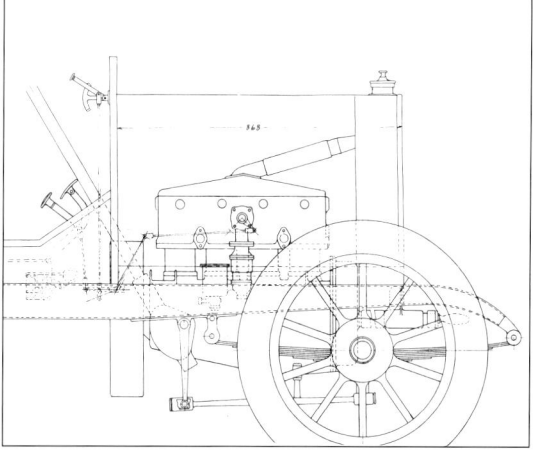

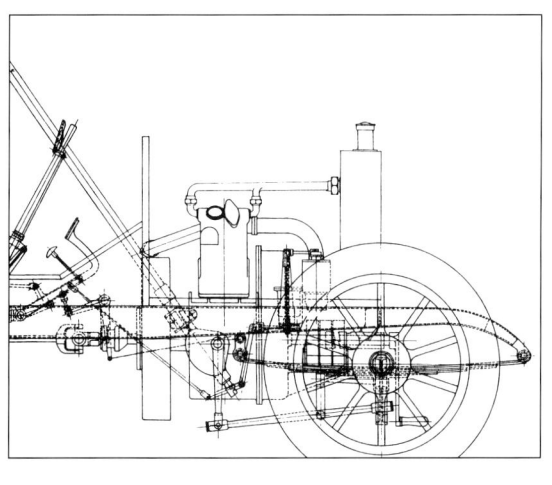

Der Verlust bei Vabis Automobilherstellung ließ sich dadurch erklären, daß man viele Konstruktionsarten ausprobierte. Für Motor und Kühlerplazierung gab es mehrere Möglichkeiten: V-Motor oder gerader Motor, Kühler vor oder hinter dem Motor.

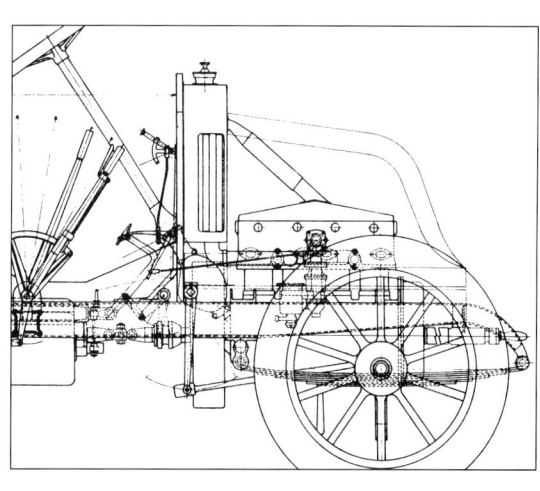

Scania Fahrzeuge vor 1911

ALS SCANIA-VABIS IN DEN 20ER JAHREN die Tätigkeit ganz nach Södertälje überführte, gingen die meisten Papiere über die erste Zeit in Malmö verloren. Viele „Tatsachen", die man früher über Scanias frühe Automobilherstellung veröffentlicht hat, bauten deshalb auf Angaben, die nicht immer korrekt waren. Ende 1989 fand man jedoch in Södertälje rund 2.000 Zeichnungen aus der Zeit vor der Fusion, wodurch viele früher unbekannte Tatsachen ihre Erklärung fanden.

Die Führung der neugebildeten Maskinfabriksaktiebolaget Scania war an Motorrad- und Automobilherstellung interessiert. Der Geschäftsführer Fredrik Petersen soll bereits 1894 ein deutsches Motorrad, konstruiert von Alois Wolfmüller, importiert haben. Es war sicher ein Hildebrand & Wolfmüller, ein 2-Zylinder Motorrad von 2,5 PS, das zwischen 1894 und 1898 in München hergestellt wurde. Es sollte als Pacemaschine bei einem Fahrradrennen auf einer Rennbahn benutzt werden (ein Pacemotorrad wird als „Hase" vor dem Radfahrer gefahren). Das Motorrad soll sehr schwer zu pflegen gewesen sein und wurde bald verkauft. Vermutlich war auch der bekannte Rennradfahrer Emil Salmson, der Bürovorsteher bei Svenska Humber war, mit dem Motorrad in Kontakt gekommen. Peterson soll interessiert gewesen sein, eine Motorradherstellung einzuleiten, sobald man zuverlässige Motoren erhalten konnte.

1901 erhielt Scania einen neuen Geschäftsfüh-

Scanias Automobile bis zur Fusion 1911

rer, Hilding Hessler (1857–1904). Hessler war in Malmö geboren, hatte in der Technischen Elementaroberschule in Malmö 1880 sein Examen abgelegt und war nach Praktikum in Glasgow und verschiedenen Orten in Schweden Ingenieur beim Eisenwerk in Kallinge geworden. Bereits im Jahr vorher hatte Scania einen neuen Werkstattchef, Anton Svensson, angestellt, der erst 23 Jahre alt war und vor einigen Jahren in der Technischen Elementarschule sein Examen abgelegt hatte.

Als der Gedanke an die Automobilherstellung geweckt war, stellte man im Sommer 1901 den Göteborger Reinhold Thorssin an, der bereits als inter-

1901 begann man, Scanias erstes Automobil zu zeichnen, das offensichtlich französisch beeinflußt war, u.a. durch den de Dion-Hinterwagen (Zeichnung unten). Der elegante Wagen war in schwachem gelb lackiert und hatte blaue Bezüge mit gelben Sternen.

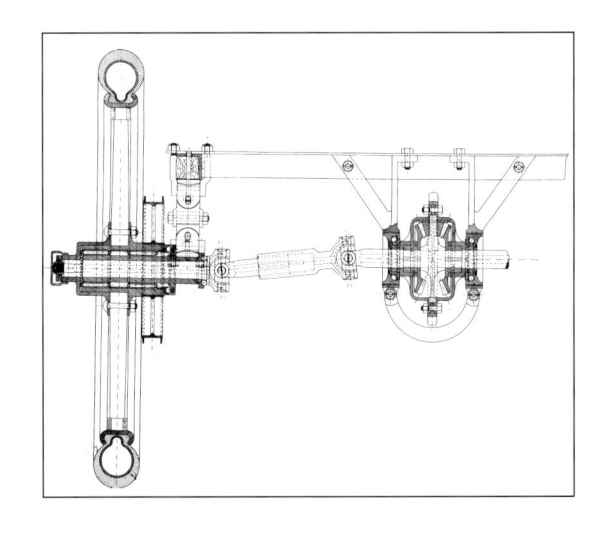

essierter Automobilkonstrukteur bekannt war, sowie einen deutschen Ingenieur oder Werkmeister namens Krause. Dieser war früher bei der Waggonfabriken in Arlöv angestellt und vermutlich auch eine kurze Zeit bei J.V. Svenssons Automobilfabrik in Augustendal, Nacka bei Stockholm. Diese beiden erhielten den Auftrag, eine geeignete Automobilkonstruktion auszuarbeiten. Laut Angabe nahm auch Emil Salmson teil, der jedoch 1902 Scania verließ, um später einen hohen Posten bei Wiklunds in Stockholm anzutreten, und er wurde einer von Schwedens bekanntesten Automobilfahrern mit u.a. vielen Siegen in den Winterwettkämpfen des Kgl. Automobilclubs.

Laut Angaben zu Beginn der 30er Jahre von Hilding Hesslers Sohn und von einem Monteur in der Fabrik, hatte Scania bereits vor Hesslers Antritt geplant, ein Automobil mit einem 1-Zylindermotor unter dem Fahrersitz, Kettenantrieb und Karosse von „Jagdwagentyp" mit Platz für vier Personen zu bauen. Gemäß derselben Quelle baute man danach ein kleineres zweisitziges Automobil „desselben Typs" sowie ein weiteres viersitziges.

Die ältesten bekannten Zeichnungen des ersteren Automobiltyps sind vom 29. Juni 1901, die letzte bekannte Zeichnung dieses Wagens von September desselben Jahres. Der Typ wurde A oder „6 PS

Die Zeichnung zeigt den A-Wagen (endgültige Version). Der Motor befand sich in der Mitte links und der Wagen hatte Kettenantrieb. Die große Trommel in der Mitte war eine Rückwärtsgangvorrichtung von Centrator in Stockholm.

Das obere Foto zeigt den Wagen 1901, das untere sein heutiges Aussehen (ohne Karosse). Der Motor ist irgendwann ausgewechselt worden und Vergaser und Kühler fehlen. Der Wagen steht im Technischen Museum in Stockholm.

Asterwagen, eigen" genannt. Die beiden folgenden kleineren Wagen waren dem Aussehen nach einander sehr ähnlich. Sie wurden auf den Zeichnungen Ab (4 PS Asterwagen) genannt. Die erste Zeichnung ist vom 28. September 1901 und die letzte vom 9. Juni 1902. Gemeinsam für die drei Wagen ist der in der Mitte plazierte Motor und der Kettenantrieb.

Der erste A-Wagen war vermutlich hellgelb lakkiert mit blauen Rädern und wurde (laut Notizen von 1926 von einem Werkmeister T. Persson, der bei Humber und Scania gearbeitet hatte) im Volksmund „das gelbe Gefährt" genannt, später oft parodiert in „die gelbe Gefahr". Dieser Name soll bei einer Vorführungsfahrt von einem Journalisten gemünzt worden sein.

Der Wagen war mit U-Trägerrahmen (teilweise mit Holz gefüllt), 1-Zylinder wassergekühlten Motor und 2-Gang Planetengetriebe ausgerüstet. Die Hinterachse wurde durch eine kräftige Kette angetrieben und der Wagen hatte erstaunlicherweise den de Dion-Hinterwagen, d.h. das Hinterachsgetriebegehäuse war am Rahmen des Wagens befestigt und die Räder wurden von einer kräftig gebogenen querliegenden Achse getragen. Der Antrieb der Räder geschah mittels zwei doppelgelenkigen Triebwellen. Laut Angabe soll die Karosse

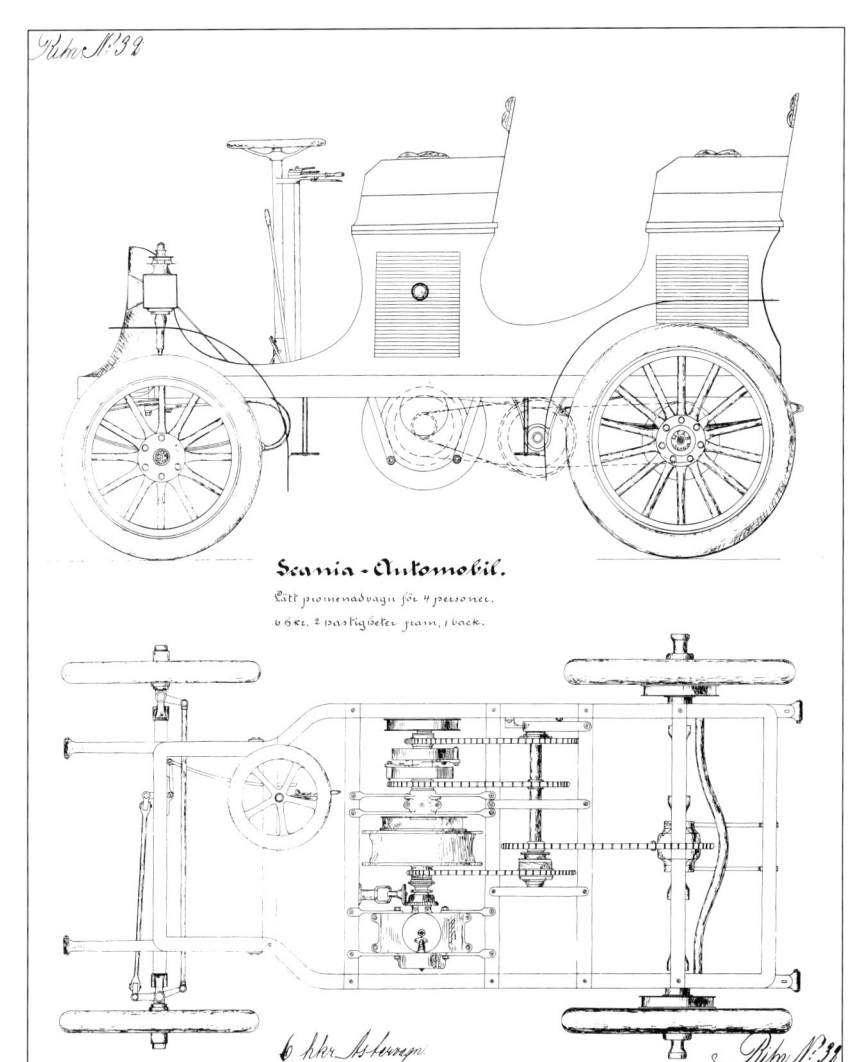

DIE FAHRZEUGE VON SCANIA

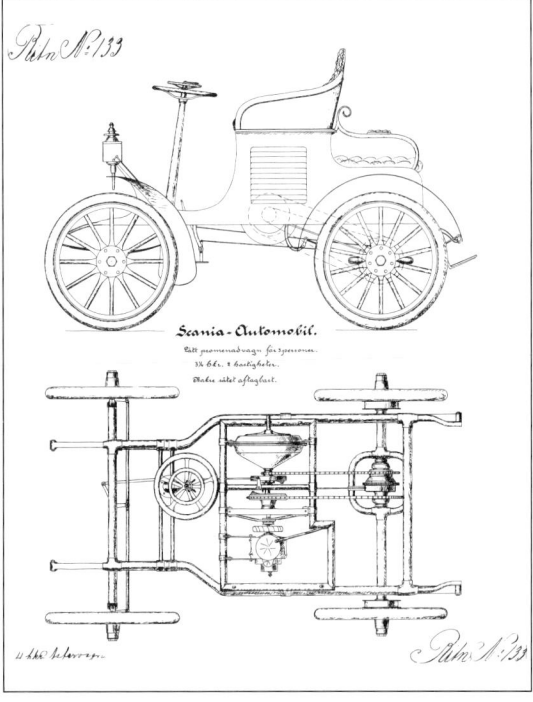

Die beiden obersten Bilder zeigen die beiden Ausführungen des Ab Wagens. Der Wagen oben links hat einen luftgekühlten Motor in der Mitte und die Vorderpartie wie ein V gebogen; auf dem rechten Bild hat er einen wassergekühlten Motor, eine markante Front, die den Wasserbehälter aufnimmt sowie einen Rippenrohrkühler zwischen den Achsen. Am Steuer links Emil Salmson mit Reinhold Thorssin als Passagier und rechts Anton Svensson, Passagier unbekannt.

Die Zeichnung und das Bild unten zeigen den Ab-Wagen in seiner ersten Ausführung.

für den Wagen von G.A.Jönssons Vagnfabrik in Malmö gebaut sein und die Leuchten und der charakteristische blaue Stoff mit gelben Sternen waren bei der Firma Sally Mayjer in Kopenhagen gekauft. Derselbe Stoff befand sich auch in dem bewahrten Automobil der ersten Serie.

Laut Werkmeister Persson war der Motor des ersten Wagens sehr launenhaft, was manchmal peinliche Folgen hatte. Man hatte z.B. versprochen, den Direktor von Malmös Wollfabrik nach Falsterbo zu fahren, aber nach 400 Metern blieb der Wagen stehen und ließ sich nicht wieder starten. Die Reise mußte mit der Eisenbahn vorgenommen werden. Bei einer anderen Gelegenheit besuchte Prinz Gustav Adolf (später Gustav VI. Adolf) Malmö, um sich die Herstellung anzusehen und dann nach Skabersjö weiterzufahren. Man bot dem Prinzen an, das Automobil zu benutzen; als dieser sich zurecht gesetzt hatte, ließ sich der Motor nicht starten. Es dauerte eine halbe Stunde, bis Werkmeister Müller ihn in Gang gebracht hatte.

Die erste Version des Ab-Wagens war zweisitzig und hatte eine Vorderpartie, deren Blech wie ein V mit dem Winkel nach hinten gebogen war. Laut gewissen Angaben soll dies der allererste Probewagen gewesen sein, was jedoch durch die bewahrten Zeichnungen widerlegt wird. Unter dem Sitz befand sich ein gebläseversehener, luftgekühlter Motor, der einen schrecklichen Lärm machte, und ein 2-stufiges Getriebe von AB Centrator in Stockholm. Das Typische für diesen Wagen war, daß verschiedene Regler in einem Ring wie ein extra Ringkranz auf dem Lenkrad lagen. Der Rahmen, 1901 gezeichnet, war aus Rohren aufgebaut (damals gewöhnlich für kleine Personenwagen). Zum Unterschied vom ersten Wagen hatte der Ab-Wagen eine konventionelle Hinterachse mit Kettenantrieb.

Die zweite Version des Ab-Wagens (der Rahmen wurde im Frühjahr 1902 gezeichnet) erinnerte stark an den früheren, hatte jedoch eine Vorderpartie, die wie ein Pflug geformt war. Dieser Pflug wurde als Wasserbehälter benutzt (Zeichnung April 1902) und darunter hing ein Lamellenrohrkühler. Der Wagen hatte auch einen kleinen rückwärtsgewandten Extrasitz. Er war versehen mit einem 1-Zylinder wassergekühlten Motor unter dem Sitz (rechts, zum Unterschied von dem luftgekühlten, der seinen Motor links hatte). Der Wagen hatte nicht den extra Radkranz, sondern wurde mit Hilfe eines Reglers auf der Lenkradstange manövriert.

Die beiden Wagen waren in Bremssystem, Rädern, Karossengestaltung usw. einander sehr ähnlich. Es handelte sich wahrscheinlich um denselben Wagen, der 1902 einen neuen Motor, einen längeren und modifizierten Rahmen, eine erhöhte Karosse (damit der neue Motor Platz hatte) und die modifizierte Vorderpartie.

Anfang Januar 1902 begann Scania, einen kettengetriebenen Lastwagen Typ Ac ("12 PS Lastwagen, eigen") zu zeichnen. Bis März ging die Arbeit intensiv voran, aber dann entstand eine Pause bis September, wo weitere Zeichnungen fertig waren. Der Lastwagen war vorgesehen für ca. 1,5 t Last und hatten einen 2-Zylinder wassergekühlten Motor unter dem Fahrersitz. Der Wagen hatte einen kräftigen Lamellenrohrkühler, aber die einzige bewahrte Fotografie ist unglücklicherweise beschnitten und später retuschiert worden. Man weiß deshalb nicht, wie die Vorderpartie aussah. Der Lastwagen muß Ende 1902 fertig gewesen sein. Laut einem Mitarbeiter wurde er einige Jahre im Werksgelände benutzt, jedoch nur im Sommer. Er wurde dann verschrottet, und es dauerte mehrere Jahre, bis man sich wieder an einen Lastwagen heranwagte.

Laut John Neréns *Automobilens historia* hatte Thorssin keine „technischen Kenntnisse als die, die er durch eigene Studien erworben hat". Er konstruierte „ein Automobil ganz nach seinem eigenen Kopf". Das ist kaum möglich, denn die Automobile waren fortschrittlich und machten nicht den Eindruck von einfachen Versuchswagen.

Der Werkstattchef Anton Svensson und der Konstrukteur Reinhold Thorssin hatten laut Nerén ganz verschiedene Ansichten, wie Automobile konstruiert werden sollten. Svensson wollte gemäß modernen ausländischen Ideen den Motor vorn einbauen, während Thorssin nicht von der Lösung mit einem Motor in der Mitte abkommen konnte. Laut Nerén hatte Svensson die Gelegenheit, Ausstellungen im Ausland zu besuchen, und er hatte eine klare Auffassung, wie zukünftige Automobilkonstruktionen aussehen sollten. Das Resultat war, daß Thorssin Scania verließ, um eine Anstellung bei Aktiebolaget Motorfabriken in Göteborg anzutreten, wo er mit französischen Konstruktionen als Grund Automobile baute.

Französische Automobilkonstruktionen waren zu der Zeit führend und wurden von einer Reihe von Herstellern in verschiedenen Ländern, u.a. England, Deutschland, Holland und Belgien, in Lizenz (oder als Kopien) hergestellt. Nicht selten scheinen diese Lizenznehmer ihrerseits (nach einer Reihe von Änderungen) ihre Konstruktionen weiterverkauft zu haben. In England war es nicht ungewöhnlich, daß man französische Automobile importierte (in Bausätzen oder fertig), jedoch den Produkten eigene Namen gab.

Da Scanias erstes Automobil bereits 1901 fahrbereit war und die beiden folgenden im Jahre darauf, kann die Zeit nicht gereicht haben, diese von Grund auf zu konstruieren, besonders da alle drei Wagen einen ausgezeichneten Finish hatten und fortgeschrittene Konstruktionen gewesen zu sein scheinen, allemal in derselben Klasse wie die ausländischen Wagen dieser Zeit.

Die Erklärung dafür, daß die Automobile so schnell zustande kamen ist sicher, das Humbers früherer Geschäftsführer Fredrik Petersen zusammen mit Anton Svensson Zeichnungen oder Teile aus Frankreich gekauft hatte. Es gibt außerdem Angaben darüber, daß man einen de Dion-Boutonwagen für Studienzwecke gekauft hatte, was die fortschrittliche (aber teure) Hinterwagenkonstruktion bei dem ersten Wagen erklärt.

Das Lizenzrecht für Automobilkonstruktionen zu kaufen, war eine gewöhnliche Art, mit seiner Automobilherstellung in Gang zu kommen. Es war auch

Der Ab-Wagen erhielt nach dem Umbau eine höhere Karosse und eine neue Frontpartie. Der Umbau war erforderlich, um dem größeren wassergekühlten Motor Platz zu schaffen. Neu ist auch der rückwärtsgewandte Sitz für zwei Passagiere.

Das einzige bekannte Foto von Scanias erstem Lastwagen (Ac) von 1902–03 wurde leider irgendwann beschnitten; die Vorderpartie ist eine Rekonstruktion. Der Zwei-Zylindermotor befand sich unter dem Sitz, der Lastwagen hatte Kettenantrieb.

nicht ungewöhnlich, daß zukünftige Automobilhersteller ein fertiges Automobil kauften, daß sie dann kopierten und modifizierten, um es dann als eigene Konstruktion vorzustellen. Auf diese Art startete Södertelge Verkstäder 1901 unter der Leitung von Philip Wersén ihren Zusammenbau von deutschen und amerikanischen Wagen. In Skåne gab es mehrere Beispiele, u.a. die Waggonfabriken in Arlöv, die 1903/04 einige Peugeot-Wagen zusammenbaute, sowie die Allmänna Velocipedaktiebolaget in Helsingborg, die sowohl amerikanische Waltham Orient Buckboard als auch französische Orel importierte und sie unter dem Namen All-Velo bzw. Pansarmobil Orel verkaufte.

Daß A- und Ab-Wagen intern als Asterwagen bezeichnet wurden (auf den Zeichnungen angegeben) kann der Schlüssel zum Ursprung der Wagen sein. Die Firma Atéliers de Construction Mécanique l'Aster lag in Saint-Denis ein Stück von Paris und lieferte seit 1900 Motoren, Getriebe, Rahmen und andere Teile an verschiedene Automobilhersteller in Europa. Insbesondere war die Firma als Motorhersteller bekannt. Obgleich Aster Automobile unter eigenem Namen ausstellte, verkaufte man vermutlich keine fertigen Wagen. Zu den bekanntesten Motorkäufern gehörten Gladiator und Ariès in Frankreich und Argyll, Singer, Swift und Dennis in England.

Bereits im April 1902 konnte Scania auf der ersten dänischen (und skandinavischen) Automobilausstellung in Kopenhagen ausstellen. In der Dagens Nyheter konnte man lesen: „Schwedische Aussteller sind Scania, Malmö, mit einem Promenadenwagen für vier Personen, einer Voiturette für zwei und einem Motorrad, sowie Södertelge Verkstäder mit einem Droschkenautomobil zu einem Preis von 7.000 Kronen, einer Touristenvoiturette für 4.400 Kronen und einem Lastwagen für 9.700 Kronen."

Mitte 1902 faßte man bei Scania den Beschluß, eine Serienherstellung von Automobilen einzuleiten. Laut Angabe von einem damals angestellten Monteur fertigte man eine Serie von fünf Automobilen. Außer diesen fünf kann es ein sechstes gegeben haben, das fertig in Frankreich eingekauft wurde. Es kann das Automobil gewesen sein, das

Scanias Versuchswagen (A und Ab) waren mit diesem Aster-Motortyp versehen, der luftgekühlt (ganz oben) und wassergekühlt vorhanden war. Die Leistung wurde von der Fabrik mit 3,5 CV angegeben.

Es bestand eine deutliche Verwandtschaft zwischen Scanias Ad und Ae-Wagen und mehreren französischen Fabrikaten. Dieser zeitgenössische Vergleich zwischen Scania- und Gladiator-Wagen zeigt deutlich die Ähnlichkeiten.

im September 1902 an Scanias allererste Kunden, J. Dankwardt in Malmö verkauft wurde (der Name kam auf einer Bescheinigung im Katalog von 1903 vor), wahrscheinlicher ist jedoch, daß es sich hier um die spätere Version des Ab-Wagens handelte (laut Angabe wurde ein Ab-Wagen verkauft).

Die Automobile der ersten Serie von fünf wurden intern Ad genannt (im Katalog hieß das Modell A) und hatten mit ihrer abfallenden Motorhaube ein typisch französisches Aussehen. Ein Ad war dem Aussehen nach nur schwer von z.B. einem französischen Delahaye, Bolide oder Gladiator zu unterscheiden (die beiden letzteren mit Aster-Motoren). Die abschüssige Motorhaube war damals sehr gewöhnlich, und der Karossentyp Tonneau (nach dem französischen Wort für Tonne, der auf die runde Form der Karosse hindeutet) mit einer Tür in der Hinterwand kam praktisch in allen europäischen Automobilen dieser Größe vor.

Ad-Wagen hatten laut den zwei Katalogen, die 1903 herauskamen 1- oder 2-Zylindermotoren von 6 bzw. 8 PS. Der Hubraum des 2-Zylindermotors war 1,9 l, der des 1-Zylindermotors vermutlich die Hälfte. Für beide Motortypen wurden 800/min als normale Drehzahl angegeben. Die Motoren hatten automatische Ansaugventile und mechanisch beeinflußte Abgasventile, sowie Akkumulatorzündung (Induktionszündung), die sich für frühe oder späte Zündung einstellen ließ (d.h. ein Regler für Zündumstellung). Der Vergaser war ein „Longuemare Originalvergaser". Das geeignete spezifische Gewicht für den Kraftstoff war mit 0,680 angegeben. Die Rahmenlager wurden geschmiert, indem im Schaftgehäuse in dem Block, der durch auf der Oberseite des dicken Endes der Pleuelstange gebohrten konischen Löcher Öl zu den Lagern und Pleuelstangenlagern führte, Ölnebel in Kanälen gesammelt wurde. Der Fahrer konnte mit Hilfe einer Handpumpe extra Öl zu den Düsen im Schaftgehäuse pressen, die Öl auf die Pleuelstangen spritzten (das Öl wurde in einem separaten Behälter verwahrt).

Die Wagen hatten Lamellenrohrkühler in einem Paket zwischen den vorderen Rahmenträgern, Konusschaltung und ein 3-Gang-Getriebe mit Rückwärtsgang und Segment, d.h. der Fahrer war gezwungen, der Reihenfolge nach durch alle Gänge zu schalten; er konnte z.B. nicht direkt vom dritten Gang in Neutrallage schalten. Das Getriebe war mit dem Endgang zusammengebaut. Die Antriebswelle endete in einem Kettenrad, und die Kraftübertragung zu den Hinterrädern erfolgte mit zwei Seitenketten. Der Rahmen war aus Trägern aufgebaut, und vorn und hinten befanden sich halbelliptische Blattfedern. Die Lage und die Ausformung der Vorderachse war etwas unterschiedlich in den 1- und 2-Zylinderwagen.

Der Wagen hatte zwei von einander unabhängige Bremssysteme, wo die Fußbremse auf eine Trommel an der Vorgelegewelle im Getriebe wirkte und die Handbremse auf Trommeln an den Hinterrädern. Die Geschwindigkeit war laut Broschüre 9,

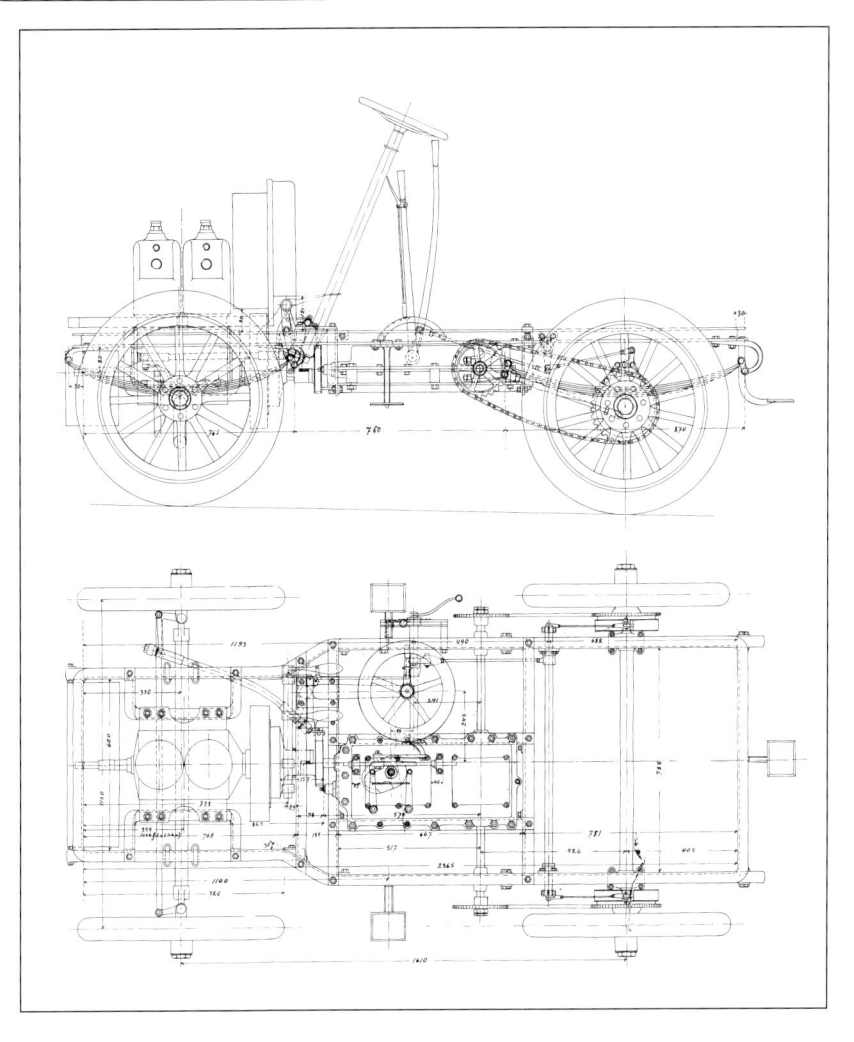

Typ Ad wurde mit 1-Zylinder und 2-Zylinder Kämper-Motor hergestellt. Die Vorderachse der 1-Zylinderversion saß etwas weiter hinten. Das Dreigang-Getriebe war sehr groß, der Antrieb erfolgte mit Ketten zu den Hinterrädern.

Heinrich Kämpers Firmenzeichen.

21 und 35 km/h bei den verschiedenen Gängen. Die Räder waren gleich groß vorn und hinten und hatten Gummireifen und Schlauch. Gewicht 720 kg, Länge 2.850 mm, Breite 1.350 mm.

Die Tonneau-Karosse hatte einen abhebbaren Rücksitz (was zu der Zeit ziemlich gewöhnlich war), so daß der Wagen als Zweisitzer mit Platz für Gepäck auf der kleinen Plattform hinten benutzt werden konnte. Ein Käufer, ein Apotheker aus Stockholm, ließ einen Lastkasten bauen, so daß der Wagen auch für Verteilerzwecke benutzt werden konnte. Die Wagen konnten in den vom Käufer gewünschten Farben lackiert geliefert werden. Der Preis war 4.300 Kronen für die 1-Zylinder bzw. 5.000 Kronen für die 2-Zylinder Variante.

Laut Zeitungsquellen und Zeichnungsangaben hatten die Ad-Wagen Kämper-Motoren. Heinrich Kämper hatte 1901 die KämperMotorenfabrik in Mariendorf bei Berlin gegründet und stellte u.a. luftgekühlte Motoren für stationären Gebrauch und für Motorboote her. Ab etwa 1905 soll die Firma auch komplette 4-Zylinder Automobile hergestellt haben, die hauptsächlich als Taxis in Berlin benutzt wurden. Später ging die Firma dazu über, Dieselmotoren herzustellen und wurde mit der Zeit von der großen deutschen Firma Demag aufgekauft.

Man kennt keine Erklärung dafür, daß Scania eine zeitlang Motoren von Kämpfer kaufte – möglicherweise können die Mitarbeiter deutscher Herkunft das vermittelnde Glied gewesen sein. Es gab in Deutschland mehrere große Motorenexporteure (einer der bekanntesten war Fafnir, der einen sehr umfangreichen Export hatte und dessen Motoren von vielen Automobilherstellern in Schweden benutzt wurden, z.B. von Tidaholms Bruk), während Kämper ein sehr kleines Unternehmen war und, soweit man weiß, sonst keine Motoren exportierte. Leider sind alle Unterlagen über die Kämperfabrik während der beiden Weltkriege verschwunden.

Der bewahrte wassergekühlte 2-Zylindermotor der ersten Serie hat keinerlei Bezeichnung. Daß alle Automobile französische Longuemare-Vergaser hatten kann darauf zurückzuführen sein, daß die Kämpermotoren hauptsächlich als Bootmotoren benutzt wurden und als solche ziemliche primitive Vergaser hatten, die deshalb gegen effektivere ausgetauscht werden mußten.

Im Katalog von 1903 war auch der kleinere Typ B verzeichnet (in der Fabrik Ae genannt) mit einem 1-Zylindermotor von 4,5 PS (auch dieser vermutlich von Kämper), einem 2-Gang-Getriebe und einer 2-sitzigen Karosse mit der Möglichkeit, einen

Ein Wagen aus der ersten Ad-Serie ging an Großhändler Kullberg in Kalmar (oben links).

Konsul Petersen in Trelleborg unternahm eine lange Auslandsreise in seinem 2-Zylinder Ad (oben rechts).

Unten das Fahrgestell des Ad-Wagens, der im Technischen Museum steht. Die Bilder sind von vor bzw. nach der Renovierung. Wie viele andere Wagen dieser Zeit hat er falsche Felgen und Reifen bekommen und ein Finish, dass das ursprüngliche wesentlich übertreffen dürfte.

Extrasitz für eine dritte Person hinten zu montieren. Die normale Drehzahl für den Motor war 1000/min. Auch dieses Modell hatte Akkumulatorzündung, Lamellenrohrkühler und Longuemarevergaser. Die berechnete Geschwindigkeit der zwei Getriebe war 15 und 30 km/h und der Preis 3.400 Kronen. Das Automobil war viel schwächer als Typ Ad und mit seiner abschüssigen Motorhaube ähnlich einem der Peugeot-Modelle, die Arlöv Waggonfabrik gleichzeitig zusammenbaute.

Im Katalog von Februar 1903 schrieb man: „Unsere vor zwei Jahren begonnene Automobilherstellung hat große Fortschritte gemacht. Mehrere dieser modernen Fahrzeuge haben wir bereits geliefert, und von den bestellten haben wir eine große Anzahl in Arbeit. Die letzten Erfindungen und Verbesserungen der Motorkonstruktion sind epochemachend für deren zukünftige Benutzung, ihre frühere Launenhaftigkeit ist verschwunden, sie sind zuverlässig und gleichmäßig wie ein gut eingegangenes Pferd." Gleichzeitig mit den stärkeren Motoren sollen die Preise beträchtlich gesunken sein.

Aus diesem Zitat kann man nur herauslesen,

theker Otto Bjurling in Stockholm (geliefert über Henning Gillgren in Stockholm zu einem Preis von 5.000 Kronen) und im November an A. Kullberg in Kalmar. Die Verteilung auf 1- und 2-Zylindermotoren ist nicht bekannt.

Der Personenwagen von 8 PS, der im Dezember 1902 an Georg Petersen in Trelleborg geliefert wurde, wurde bereits im Sommer 1903 für eine lange Fahrt benutzt. Zusammen mit Nils Winkler, der seinen Wagen gleichzeitig erhielt, der denselben jedoch noch nicht genügend eingefahren hatte, und einem Jungen als Mechaniker machte man sich auf den Weg.

Die Probleme begannen bereits in Sassnitz, wo der Wagen „keinen nennenswerten Wunsch zeigte, sich vorwärts zu bewegen, sondern am liebsten stillstand oder sich nach rückwärts bewegte." Den ganzen Weg nach Berlin hatte man die gleichen Probleme und es zeigte sich „bei einer Untersuchung dort bei dem Motorfabrikanten, der den Motor hergestellt hatte, daß einer der beiden Zylinder überhaupt keine Kompression hatte. Was das bedeutete, hatten wir keine Ahnung."

Auf dem Weg nach Berlin hatte man auch große Probleme mit den Reifen (von Continental), da sich der Wulst von den Reifen löste, was dazu führte, daß der Reifen absprang und der Schlauch platzte. „Die Abende und Nächte verbrachten wir damit, die Reifen mit gewöhnlicher Gummilösung zu kleben... Den Wulst versuchten wir dadurch zu reparieren, daß wir ihn mit Segelgarn und geteertem Schustergarn wieder annähten, aber diese Arbeit, die Stunden dauerte, war meistens in einem kleinen Augenblick wieder zunichte gemacht." Man hatte auch Probleme mit der Kühlung, da das Kühlerpaket aus gebogenen Kupferrohren mit angelöteten Flanschen eine viel zu kleine Kühlfläche hatte, und man mußte ständig Wasser nachfüllen.

In Berlin ließ man den Motor kontrollieren, und einen größerer Kühler und gröbere Reifen montieren. Auf dem Weg nach Potsdam sprang eine Antriebskette ab und verwickelte sich um das Hinterrad, so daß dieses gesperrt wurde. Das wiederholte sich mehrfach, wenn man den Wagen im Gefälle bremsen wollte, so daß die Hinterachse ihre Lage änderte. Hier entdeckte man, daß die vorderen und hinteren Kettenräder nicht genutet waren, was man allerdings nicht ohne einen größeren Eingriff ändern konnte. Petersen entdeckte auch, daß die Bremsbänder der Hinterräder zu schmal waren und die Kupfernieten so hohe und runde Köpfe hatten, daß sie nach einigen Tagen mit den Bremstrommeln in Kontakt kamen.

Eigentlich sollte die Reise in die Schweiz gehen, aber mit den kurzen Achsabstand, dem hohen Schwerpunkt und den zur Zeit ineffektiven Bremsen beurteilte man den Wagen als zu gefährlich in bergiger Landschaft. Man kehrte in Frankfurt um und fuhr über Hamburg nach Sassnitz.

Rutger Bennet hatte größere Freude an seinem Wagen. Dieser ging den ganzen Sommer ohne Probleme, und Herr Bennet lobte die Bremsen, den gleichmäßigen Gang, den regelmäßigen und leisen

daß jedenfalls ein Probewagen verkauft wurde, und daß diese teurer waren und schwächere Motoren hatten als die in den Katalogen verzeichneten. Diese Kataloge von 1903 waren jedoch nicht die ersten, denn man sagte im Vorwort: „Wiederum ist ein Jahr vergangen und wir stehen wieder im Begriff, einen neuen Katalog für das kommende Jahre herauszugeben."

In den beiden Drucksachen wird angegeben, daß man auf Bestellung Droschken, Omnibusse und Lastwagen bauen konnte, und daß Zeichnungen, Beschreibungen und Preisangaben angefordert werden konnten. Dies deutet darauf, daß man mit ausländischen Herstellern zusammenarbeitete, da es nicht möglich gewesen wäre, in Schweden in kurzer Zeit solche Fahrzeuge zu konstruieren.

Die beiden ersten Automobile von Scania Typ Ad wurden im Dezember 1902 geliefert, das eine an Konsul Georg Petersen in Trelleborg, das andere an Nils Winkler in Malmö. Die übrigen Wagen wurden 1903 geliefert, am 25.April an Rutger Bennet in Malmö (der damals an der Technischen Hochschule in Stockholm studierte), im August an Apo-

Der erste Ad-Wagen mit geradem Kühler wurde auf eigenen Rädern im Mai 1903 zur Automobilausstellung von Malmö nach Stockholm gefahren. Effektive Fahrzeit 32 Stunden. Auf dem Bild sitzt Anton Svensson am Steuer mit Hilding Hessler an seiner Seite. Im Rücksitz Mechaniker John Malmqvist.

Ein gleicher Wagen wurde später an Knut Wallenberg in Stockholm verkauft, der mehrere lange Reisen damit unternahm, u.a. in die Berge in Nordschweden.

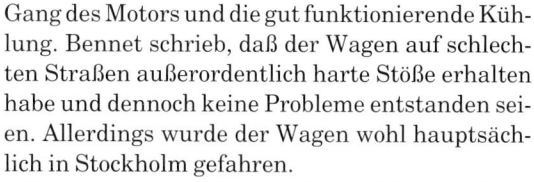

Gang des Motors und die gut funktionierende Kühlung. Bennet schrieb, daß der Wagen auf schlechten Straßen außerordentlich harte Stöße erhalten habe und dennoch keine Probleme entstanden seien. Allerdings wurde der Wagen wohl hauptsächlich in Stockholm gefahren.

Zur ersten schwedischen Automobilausstellung im Mai 1903 hatte Scania drei Automobile angemeldet (davon zwei mit 2-Zylindermotor von 8 PS). Fotografien zeigen, daß es sich um einen Wagen Typ Ad mit der abfallenden Motorhaube handelte, vermutlich einen Typ B (interne Bezeichnung Ae) von 4,5 PS, sowie die spätere Variante des Ad mit kantiger Motorhaube und einem Motor von 8 PS.

Dieser Wagen fuhr auf eigenen Rädern von Malmö nach Stockholm in einer effektiven Fahrzeit von 32 Stunden. Um nicht des Mogelns angeklagt zu werden, wurden alle Ankunft- und Abfahrtszeiten genau in einem kleinen Heft verzeichnet. Die Fahrt war als Reklame für Scania gedacht und erhielt auch viel Aufmerksamkeit und wurde als ein Beweis für die große Zuverlässigkeit der Wagen aus Malmö angesehen.

Nachdem Kronprinz Gustaf den Ad-Wagen probegefahren hatte, wurde derselbe auf sein Sommerschloß in Tullgarn geschickt, damit Chauffeur Norrman ihn ausprobieren konnte. Am Steuer Norrman, an seiner Seite Henrik Gillgren und auf dem Rücksitz Baron Rutger Bennet.

Im Sommer fuhr Norrman den Wagen auf den Landstraßen um Tullgarn. Er hatte ein Stoffverdeck montieren lassen, das den Prinzen vor Regen und Sonne schütze.

Im Namen der Gerechtigkeit muß jedoch erwähnt werden, daß die Mitglieder des neugebildeten Automobilclubs in Göteborg auch nach Stockholm fuhren, um sich die Ausstellung anzusehen. Nach einer Reihe von Zwischenfällen sollen mehrere Wagen einen Teil der Reise per Eisenbahn zurückgelegt haben; ein Opel (in Lizenz von Darracq gebaut), ein Wagen von der Firma Büchner in Magdeburg und ein von dem früher bei Scania tätigen Reinhold Thorssin gebauter Wagen (mit einem deutschen 2-Zylinder Fafnirmotor von der Aachener Stahlwarenfabrik) fuhren jedoch die ganze Strecke auf eigenen Rädern.

Während der Ausstellung wurden die Automobile im Sportpark vorgefahren, und der damalige Kronprinz Gustaf, der bereits einen Daimler und einen Peugeot besaß, fuhr eine Proberunde und bestellte anschließend einen Scania, jedoch einer stärkeren als den ausprobierten.

Die Tatsache, daß Kronprinz Gustaf ein Automobil von Scania kaufte, war für die Firma von großer Bedeutung. Der Wagen hieß bei Scania „Kronprinz-Fahrzeug" und hatte die Typenbezeichnung Af (möglicherweise erhielt bereits dieser Wagen die Bezeichnung C). Der Rahmen war moderner und bedeutend kräftiger als bei den früheren Wagen. Der 2-Zylinder 2,7 l Motor hatte 12–14 PS, und zum ersten Mal wurde in der Zeitungsreportage erwähnt, daß der Motor vom Typ Wentzel war mit mechanisch beeinflußten Ansaug- und Abgasventilen, die Ansaugventile als Oberventile konstruiert. Er hatte auch einen „Regulator gemäß dem neuesten Prinzip, der auf den Gaseinlaß wirkt", d.h. einen Drosselvergaser. Die Karosse war von Tonneautyp, 4-sitzig mit Extrasitz. Wie die früheren Tonneaukarossen hatte sie die Tür hinten.

In einer Bescheinigung von November 1903 sagt Norrman (der sich als Automobilfahrer S.K.H. des Kronprinzen schrieb), daß er Gelegenheit gehabt habe, drei Scania-Automobile zu fahren, die ausgezeichnet funktioniert haben, und diese „sehr wenige Reparaturen erforderten, ungeachtet dessen, daß

Scanias Personwagen 1901–10

Typ	Motor/PS	Jahr	Anzahl	Vermerke
A	Aster	1901	1	Erster Experimentwagen
Ab	Aster	1902	1 (2)	Vermutlich ein modifizierter Wagen
A (Ad)	Kämper/6	1902–04	6?	
A (Ad)	Kämper/8	1902–04	8?	
B (Ae)	Kämper/4,5	1903–04	3?	
C (Af)	B/12–14	1903	1	"Kronprinz-Fahrzeug"
Ag	Argus/24	1904	1	
B/C (Ah–Am)	Variierande	1904–06	8?	Variierende Ausführung
B	B/12–14, 15	1906–08	6?	
C	C/10–12	1906–08	6?	
D	D/30	1906–08	2	
E	E/20	1906–08	3?	
BH	H/18	1908–10	4	
CG	G/12	1908–10	2	
DK	K/36	1908–10	1?	
G	G/12, H/18, I/24	1909–10	4	

SCANIAS FAHRZEUGE VOR 1911

sie sehr fleißig in Gebrauch waren".

Eine Bescheinigung vom Dezember 1903 von einem deutschen Ingenieur namens Thielbeule berichtet, daß er an den Probefahrten mit dem Kronprinz-Fahrzeug „als Begutachter" teilgenommen habe, und daß „trotz der durch Schnee und Regen völlig aufgeweichten Straßen, die in diesem Zustand eher den Eindruck eines mit Steinen untermischten Matschmeeres erweckten, die Fahrt ohne jeglichen Zwischenfall vor sich ging... Der Wagen braucht sich nicht zu verstecken, auch im Vergleich mit einem 'Daimler' oder 'Benz'...Ich möchte Ihnen deshalb vorschlagen, Ihre Fabrikate zu einer der nächsten deutschen Ausstellungen zu schicken und

Das neue Automobil des Kronprinzen (Typ Af) auf Probefahrt in Malmö im Dezember 1903. Am Steuer Direktor Hilding Hessler. Der Wagen wurde in Stockholm mit u.a. Verdeck ausgerüstet (oben links und rechts)

Norrman, der Chauffeur des Kronprinzen, bei der Lieferung auf Tullgarn 1904.

versichere Ihnen nochmals wärmstens, daß ich überzeugt bin, daß Sie auch hierdurch ungeahnte Erfolge erringen werden."

Im Herbst 1905 fand man, daß das Automobil reif für Modernisierung war. Diese war 1906 fertig, das Aussehen stark verändert, und man hatte einen stärkeren Motor eingebaut.

Die Fahrradherstellung war ein wichtiger Teil von Scanias Tätigkeit bis zur Fusion mit Vabis 1911, wo man die Fahrradabteilung verkaufte. Nach dem kräftigen Rückgang bei der Einführung von Zoll auf Fahrräder und Fahrradteile begann der Verkauf wieder anzusteigen, und im Katalog von 1903 sprach man von einem bedeutend gestiegenen Umsatz. „Bald werden alle Verbraucher einsehen, daß sie durch den Kauf von schwedischen Velocipeden eine bessere Ware zu niedrigerem Preis erhalten." (Wenn man von den Automobilen sprach, betonte man zu Anfang nie das Schwedische).

Scanias Motorradherstellung hingegen war kurzlebig. Auf einem Bild aus der Werkstatt im Herbst 1902 sieht man ein Rad mit einem 1-Zylindermotor, der vorn auf dem Rahmen montiert war. Ein Exemplar desselben Typs in renoviertem Zustand ist bewahrt, und es soll mindestens weitere zwei gegeben haben. Die Motorräder waren nur in den beiden Katalogen von 1903 enthalten. Offenbar importierte Scania Motoren aus Frankreich und montierte diese in ein gewöhnliches Fahrrad eigener Herstellung. Der kleine Clément-Motor (möglicherweise auch ein Aster-Motor) hatte 143 cc und Oberventile (das Ansaugventil war atmosphärisch). Laut Scanias Drucksache war die Leistung 1,5 PS und die Drehzahl ca. 3.000/min.

Scania baute einige wenige Motorräder, oder besser gesagt Fahrräder mit Hilfsmotor. Der Motor stammt von dem französischen Motorhersteller Clément.

Auch der 1-Zylinder Ae-Wagen (Modell B genannt) erhielt 1903 einen stehenden Kühler und sah moderner aus (unten und Zeichnung). Dieses Exemplar wurde 1904 an die Presselotterie in Malmö geliefert.

Der Katalog von 1904 zeigte keine größeren Änderungen, abgesehen davon, daß die beiden Typen A (Ad) und B (Ae) kantige Motorhauben erhalten hatten. Der Preis für einen A-Wagen mit einem 1-Zylindermotor von 6 PS war auf 5.000 Kronen gestiegen, und mit einem 2-Zylindermotor von 8–10 PS war der Preis 6.500 Kronen. Der Preis für Modell B war auf 3.900 Kronen angestiegen.

Neu in diesem Katalog war Modell C, ein größerer Wagen für 4–5 Personen, der aus dem „Kronprinz-Fahrzeug" weiterentwickelt worden war. Auch dieser Wagen hatte eine Tonneau-Karosse, aber der hintere Teil war nicht abnehmbar wie bei den Ad-Wagen. Der Motor war ein 2-Zylinder von 12–14 PS (9.000 Kronen), ein 4-Zylinder von 16–18 PS (12.000 Kronen) oder 20–24 PS (15.000 Kronen). Die normale Drehzahl war 860/min, und wie bei dem „Kronprinz-Fahrzeug" waren die Ansaugventile als Oberventile ausgeführt und nicht mehr atmosphärisch. Der Kühler hatte das moderne

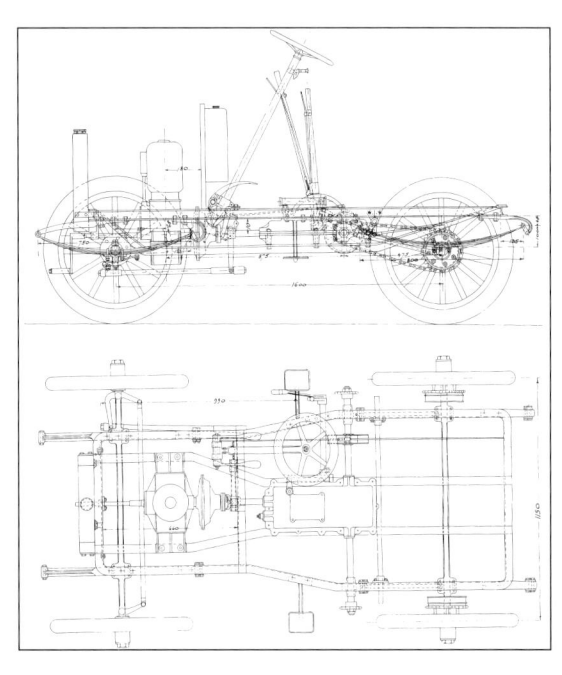

Bienenwaben-Aussehen und der Vergaser war von Longuemare. Das Getriebe war 3-gängig und die Höchstgeschwindigkeiten 12, 26 und 42 km/h (anscheinend gleich für alle Motorvarianten).

Laut mehreren Quellen soll Scania 1904 begonnen haben, eigene Motoren „laut Patent Gustav Wentzel" (auch die Schreibweise Wenzel kommt vor) herzustellen. Trotz umfassender Nachforschungen konnte keine der Personen namens Wen(t)zel, die in der frühen deutschen und französischen Motorgeschichte vorkommen, mit diesem Motor verknüpft werden, und es scheint auch keinen schwedischen Techniker mit diesem Namen gegeben zu haben.

Dieser Motortyp war beträchtlich fortschrittlicher als der Kämper-Motor; in der Tat war er so fortschrittlich, daß er sich gut mit den modernsten ausländischen Motoren messen konnte. Das Charakteristische waren die mechanisch beeinflußten Oberventile für die Ansaugvorrichtung und die Seitenventile für die Abgase. Der Motor hatte lose Zylinderfutter aus Phosphorbronze in einem einzigen Block aus Leichtmetall. Die abnehmbaren Zylinderköpfe waren gemeinsam für zwei Zylinder und in Bronze gegossen. Schmierung erfolgte durch ein Lubrikatorsystem (möglicherweise später Druckschmierung).

Der Motor war erstaunlich rein und elegant mit seinem in den Block eingegossenen Scania-Symbol. Dieser Typ gelangt bis zum Herbst 1908 zur Anwendung; dann wurde er nach und nach durch eine neuentwickelte Motorfamilie ersetzt.

Es ist wahrscheinlich, daß Scania die „Wentzel"-Motoren importierte, entweder in Teilen oder fertig. Im Zeichnungsarchiv gibt es keine Zeichnungen (dagegen Maßskizzen für die Montage).

Der erste Motor dieses Typs gelangte im „Kronprinz-Fahrzeug" zur Anwendung, das im Dezember 1903 einer Probefahrt unterzogen wurde. Der Motortyp scheint in zwei 2-Zylinder-Varianten hergestellt zu sein, der kleinste, genannt C, von 1,9 l und 8–9 oder 10–12 PS und der größere, B, von 2,7 l und 12–14, 14–16 oder 15 PS. Es gab auch zwei 4-Zylindermotoren, der kleinere, genannt E, von 4,6 l

Die Wentzel-Motoren (1- 2- und 4-Zylinderausführung) sind ein Mysterium, da niemals der Namen Wentzel mit diesem Motor in Verbindung gebracht werden konnte. Vermutlich wurden die Motoren (oder jedenfalls Teile) in Deutschland hergestellt. Der Motor war sehr fortschrittlich; alle Zylinder waren in einem Block gegossen, er hatte Zylinderköpfe aus Phosphorbronze und ein reines und elegantes Aussehen.

Dieser 4-Zylinder 5,3 l Wentzel-Motor Typ D saß in dem Wagen, der den 1906er Winterwettkampf mitmachte. Er wurde an Bankdirektor Fraenckel verkauft.

und 16–18 oder 20 PS, und der größere, D, von 5,3 l und 24–28, 28–30 oder 30 PS und einen oder zwei 1-Zylinder-Motortypen (A und F) von ca. 1 l und 6–7 oder 8 PS.

Die Angaben über die Pferdestärke können manchmal verwundern. Die Bezeichnungen bezeichneten nicht immer (wie in unserer Zeit) die vom Motor entwickelte Höchstleistung, sondern waren eine Mischung von den geschätzten und den wirklichen Werten bei verschiedenen Drehzahlen in verschiedenen Ländern. Wenn zwei Zahlen angegeben wurden, galt die niedrigere bei normaler Drehzahl und die höhere bei maximal zulässiger Drehzahl. Derselbe Motortyp konnte auch im nächsten Katalog eine höhere Leistungsangabe erhalten, wenn man z.B. den Vergaser verbessert hatte; das ist der Grund dafür, daß Scanias Angaben über Pferdestärken sich von Jahr zu Jahr erhöhten.

Daß diese Motoren Kämper-Ursprung haben, ist wohl ausgeschlossen. Es war zu der Zeit ziemlich ungewöhnlich, einen 4-Zylindermotor in einem Block zu bauen, insbesondere in Kombination mit mechanisch gesteuerten hängenden Ansaug-

Der 2-Zylinder Wentzel-Motor (in zwei Größen) war der gebräuchlichste in Scanias Personenwagen. Der charakteristische Ventilmechanismus für die Ansaug-Oberventile ist deutlich zu sehen.

ventilen. Es ist nicht denkbar, daß ein kleiner Bootmotorfabrikant solche Konstruktion benutzte.

Mindestens ein Scania-Wagen wurde 1904 mit einem anderen 4-Zylinder Motortyp geliefert, der mit größter Wahrscheinlichkeit von dem deutschen Hersteller Argus Motoren-Gesellschaft Jeannin & Co KG in Berlin-Reinickendorf stammte. Die Firma stellte von 1902 bis 1910 eigene Automobile her, zu Anfang ausgerüstet mit französischen Panhard & Levassor-Motoren. Argus stellte ab 1903 oder 1904 eigene Motoren von sehr hoher Qualität her, und die Automobile dieser Firma wurden als zu den besten deutschen gehörend betrachtet. Nach 1910 wurde die Firma bekannt als Qualitätshersteller von Marine- und Flugmotoren (u.a. lieferte sie in den Jahren 1926–29 gerade 8-Zylindermotoren für die Horchwagen).

Es ist deshalb möglich, daß Argus auch einen gewissen Zusammenhang mit den Wentzelmotoren hatte. Die Argusmotoren hatten eine andere Ventilkonstruktion (T-Kopf) aber es ist möglich, daß Wentzels Einsatz der Modifizierung der Argusmotoren und der Konstruktion von Zylinderköpfen und Oberventilen galt. Block und Köpfe in der modifizierten Ausführung können von einer anderen deutschen Firma für Scania gegossen worden sein.

Schwedens erster Automobilwettkampf wurde am Samstag den 11. Juni 1904 auf der Strecke Stockholm–Litslena–Uppsala–Stockholm gefahren. Es war kein Geschwindigkeitsrennen, sondern es galt für die Teilnehmer, bei einer Durchschnittsgeschwindigkeit zwischen 15 und 30 km/h in bester Verfassung und mit der kürzesten Zeit für Reparaturen und Korrekturen zum Ziel zu kommen.

1904 wurde ein einziger Wagen mit einem Motor von 24 PS geliefert, der von der deutschen Firma Argus in Berlin hergestellt worden sein soll. Der Wagen wurde für Konsul Georg Petersen in Trelleborg gebaut, der damit mehrere lange Reisen in Schweden und ins Ausland machte. Der elegante Wagen hatte ein großes Verdeck und Proviantkörbe an den Seiten.

Auf dem Umschlag des Katalogs von 1904 war natürlich eine Zeichnung des soeben an den Kronprinzen gelieferten Automobils.

Zehn Wagen starteten, davon waren drei von Scania (die übrigen waren ein Vabis, ein Benz Parsifal und fünf Oldsmobile-Wagen). Von den Scania-Wagen starteten in Klasse II ein 1-Zylinder Typ Ad von 6 PS, gefahren von J.E. Norrman und ein 2-Zylinder Typ Ad von 8 PS, gefahren von Baron Bennet. Der dritte Wagen startete in Klasse III, ein 4-Zylinder von 10–12 PS, gefahren von Anton Svensson. Diesen Wagen hatte man gerade von Malmö nach Stockholm gefahren, aber man war gezwungen, vor dem Wettkampf eine Reihe von umfassenden Reparaturen vorzunehmen. Bereits kurz nach Stockholm mußte der Wagen von Baron Bennet die Fahrt abbrechen, da eine neumontierte Nockenwelle heiß lief.

Das Resultat war, daß Scania in Klasse II siegte (nur ein Wagen der Klasse kam zum Ziel), sowie auch in Klasse III, wo Anton Svensson außerdem einen Preis für die kürzeste Zeit erhielt. Der Wagen fuhr perfekt und hatte nur eine Reifenpanne.

Schwedens erster Automobilwettkampf unter Winterverhältnissen wurde Anfang 1905 auf der Strecke Stockholm–Uppsala–Stockholm gefahren, aber der Schnee und die schlechten Straßenverhältnisse, auf die man gehofft hatte, blieben aus. Zwei Scania-Wagen nahmen teil, von denen der eine abbrach und der andere von 10–12 PS im Besitz von W. Wallenberg den vierten Platz in seiner Klasse einnahm.

Hilding Hessler war Anfang 1904 gestorben, und sein Nachfolger war der sehr effiziente 38-jährige Diplomingenieur Per Alfred Nordeman, der früher bei Jonsereds Fabriker gearbeitet hatte (während einer Übergangsperiode hatte Nils Winkler, ein bedeutender Industrieller in Malmö, die Führung der Fabrik übernommen). Unter der Leitung von Nordeman begann man sich wieder für die Lastwagenherstellung zu interessieren.

Im Frühjahr 1905 wurde noch eine Automobilausstellung in Stockholm arrangiert, wo Scania durch Svenska Motorvagnsaktiebolaget drei Wagen ausstellte: zwei 2-Zylinder 10–12 PS und einen 4-Zylinder von 24–28 PS. Außerdem stellte die Firma ein 37 Fuß Boot mit Salondeck und Motor von 10 PS aus. Im Frühjahr war ein Bootmotor an König Oscar II. geliefert worden.

Im Katalog von 1905 gab es mehr Varianten als früher, 1-Zylinder von 4–4,5 und 6–7 PS (Kämper- bzw. Wentzel-Motor), 2-Zylinder von 8–9 PS (Kämper- oder Wentzel C-Motor) und 12–14 PS (Wentzel B-Motor), sowie 4-Zylinder von 16–18 PS und 24–28 PS (Wentzel E- bzw. D-Motor).

1905 arrangierte der schwedische Automobilclub einen Sommerwettkampf Rund um den Mälar- und Hjälmarsee, wo drei Scania-Wagen teilnahmen. Gustaf Erikson fuhr selbst einen Vabis, der in derselben Klasse wie die Scania-Wagen startete. Ein Scania im Besitz von Ingenieur Wallenberg mußte die Fahrt kurz nach Södertälje abbrechen, da ein Lager warmgelaufen war und ein Fehler an der einen Induktionsspule die weitere Fahrt unmöglich machte. In Klasse III (Wagen in der Preisklasse 5.500–9.000 Kronen) kam der Chauffeur Carlsson, Scania, an erster Stelle.

Ab 1905 hatte man in Stockholm einen neuen Vertreter, Ingenieur Erik Hedlund, der mit Gusten Lind in Norrköping zusammenarbeitete. Gemeinsam hatten sie auch seit 1899 die Agentur für die Daimler-Lastwagen, die sie parallel verkauften.

Mit der Gründlichkeit, die für Scania charakteristisch war, hatte man bereits 1906 einen speziellen Servicemann nach Stockholm geschickt, den legendarischen „Skånske Kalle" (der eigentlich Johan Karlsson hieß). Rund 20 Jahre lang arbeitete er in Scanias (später Scania-Vabis) Servicewerkstatt.

In KAKs erstem Winterwettkampf Göteborg–Stockholm 1906 nahm ein Scania-Wagen mit D-Motor von 30 PS, gefahren von Anton Svensson, teil. (Die übrigen Wagen waren Darracq 30 PS,

Frühere Wagen Typ C hatten (ebenso wie der Wagen mit Argus-Motor) eine Motorhaube mit mehreren längslaufenden Scharnieren. Der helle Wagen wurde 1904 von Ingenieur Tour in Sala gekauft. Als das Bild gemacht wurde, war er schon nicht mehr neu und etwas verschlissen. Die offene Luke auf der Seite der Motorhaube deutet darauf, daß der Motor zu warm gelaufen war.

Der untere Wagen ist derselbe Typ und gehört J.H. Munktells Papierfabrik in Grycksbo. 1910 wurde er durch einen neueren Scania ersetzt.

Darracq 18 PS, Star 7 PS, Oldsmobile 7 PS und Cottereau 24 PS). Der Wagen erhielt einen Federbruch, dessen Reparatur drei Stunden dauerte und wurde nach dem Wettkampf an Bankdirektor Louis Fraenckel in Stockholm verkauft.

Seit 1901 hatte Scania Typenbezeichnungen in der A-Serie, und Ende 1905 war man bis zu An gekommen. Es ist nicht genau bekannt, für welche Wagentypen die verschiedenen Bezeichnungen galten, die meisten galten kleineren Wagen mit Motoren unter 10 PS. Einige Wagen scheinen eine ganz eigene Typenbezeichnung gehabt zu haben.

1905 begann man neue Automobilmodelle zu entwickeln und benutzte da die Ziffern 23–27.

Typ 23 entwickelte sich (aus Ak und An) zu dem größten Wagentyp, vorgesehen für einen 4-Zylindermotor. Man nannte ihn Typ D mit einem Motor von 5,3 l und 30 PS oder Typ E mit einem Motor von 4,6 l und 20 PS, und er muß 1906 fertig gewesen sein.

Typ 24 war ein 2,5–3 t Lastwagen, vorgesehen für den 4-Zylinder E-Motor von 4,6 l und 20 PS und wurde EL genannt. Das erste Exemplar wurde vermutlich im Dezember 1906 verkauft.

Typ 25 wurde nur eine kurze Zeit lang entwickelt und wurde niedergelegt, bevor das Projekt abgeschlossen war. Es sollte ein kleineres Wagenmodell mit einem Motor von 8 PS werden.

Die Typen 26 und 27 waren im Grunde genommen die gleiche Konstruktion, jedoch mit verschiedenem Achsabstand, der längere, Typ B, mit einem 2-Zylinder B-Motor von 2,7 l und 15 PS und der kürzere, Typ, C mit einem 2-Zylinder C-Motor von 1,9 l und 10 PS. Typ C scheint im Sommer 1906 fertig gewesen zu sein, Typ B etwas später.

Der Winterwettkampf Stockholm–Göteborg 1907 wurde von einem furchtbaren Schneeunwetter betroffen, und die Besetzungen der Wagen waren lange Strecken gezwungen, ihre Wagen aus dem Schnee herauszugraben. Die meisten fuhren 40 Stunden hintereinander, ohne sich ausruhen zu können. 13 Wagen waren angemeldet, aber nur ein Scania-Wagen, ein 8-sitziger Phaeton mit „amerikanischem Verdeck" und Fahrgestellgewicht 1.225 kg. Der Wagen war von Per Nordeman angemeldet, aber wurde von Anton Svensson gefahren und kam in „ziemlich ramponiertem Zustand" ans Ziel in Göteborg, wo er wegen zu später Ankunft disqualifiziert wurde (er kam als fünfter von den sechs Wagen, die überhaupt ans Ziel kamen). Nach dem Wettkampf wurde der Wagen an Björkman & Lansén in Malmö verkauft.

Auch 1907 wurde eine Automobilausstellung in Stockholm arrangiert (die letzte auf lange Zeit), wo Scanias Generalvertreter Erik Hedlund und Gusten Lind zwei Personenwagen ausstellten. Der eine war ein großer Typ D, dessen Phaetonkarosse ein amerikanisches Verdeck hatte, mit einem Motor mit Doppelzündung (der Wagen, der den Winterwettkampf gefahren war), und der andere war ein Personenwagen Typ C für 4–6 Personen für nur 7.000 Kronen. Außerdem wurde auf der Ausstellung ein kräftiger 3 t Lastwagen Typ EL gezeigt.

Bevor Bankdirektor Fraenckel seinen Wagen erhielt (Typ D mit Wentzelmotor mit 30 PS) wurde derselbe in KAKs Winterwettkampf 1906 von Anton Svensson von Göteborg nach Stockholm gefahren. Es war nicht ungewöhnlich, daß die Wagen vor dem Kauf auf diese Weise einer Erprobung unterzogen wurden (oben).

Nach dem Wettkampf erhielt der Wagen sein endgültiges Finish und war bei Lieferung in bester Verfassung und ordentlich eingefahren (links).

Typ C mit 2-Zylinder 1,9 l Wentzel-Motor von 10–12 PS, geliefert 1906 an Dr. Carl Froste in Mariestad. Der Wagen hatte die neue Motorhaube. Um in den Rücksitz zu gelangen, mußte man den Vordersitz abheben und eine kleine Tür öffnen (die drei obersten Bilder auf der nächsten Seite).

SCANIAS FAHRZEUGE VOR 1911

1907 kam ein besonderer Katalog für Motorwagen, wo man u.a. auch Lieferungen verzeichnete an S.K.H. den König, S.K.H. den Kronprinzen, das Kgl. Kanal- und Wasserwerk in Trollhättan, Bankdirektor Louis Fraenckel, Gutbesitzer C. Kuylenstierna (ein 20–24 PS, der ca. 6.000 km durch Schweden, Dänemark und Deutschland gefahren war), die Südschwedische Kraftgesellschaft und den Krankhausarzt Carl Frost in Mariestad (Typ C, 10 PS, viersitzig, Eingang nur auf der einen Seite, geliefert August 1906).

Scania Typ C war seit 1906 der kleinste Wagen des Sortiments mit einem Achsabstand von 2.500 mm und einer Spurbreite von 1.275 mm. Der 2-Zylinder C-Motor von 1,9 l und 10 PS hatte entweder Magnetzündung oder Akkumulator und Induktor mit Voltmesser und Schalter (auf Bestellung konnte man beides erhalten). Der Wagen hatte ein 3-Gang-Getriebe mit Konuskupplung, eine Höchstgeschwindigkeit von 40 km/h, einen 65 l Benzintank und Reifendimensionen vorn 760x90 und hinten 760x100 mm. Die Phaetonkarosse hatte jetzt Türen auf beiden Seiten, und auf Verlangen konnte der Wagen mit Verdeck versehen werden.

Scania Typ B hatte einen Achsabstand von 2.900 mm und eine Spurbreite von 1.325 mm, einen 2-Zylinder B-Motor von 2,7 l und 15 PS, Konuskupplung, 80 l Benzintank, Reifendimensionen 875x105 mm bei allen Rädern, im übrigen identisch mit Typ C. Die Wagen konnten entweder mit Phaeton- oder mit gedeckter Coupékarosse geliefert werden und hatten Platz für sechs Personen. Auch andere Karossen konnten geliefert werden.

Die größten Wagentypen waren D und E, die sich nur durch ihre Motoren unterschieden. Achsabstand 3.200 mm Spurbreite 1.350 mm. Die Motoren hatten Doppelzündung als Standard und Gebläse hinter dem Kühlerpaket, sowie eingebaut im Triebrad. Die Kupplung war hier kein Konustyp sondern eine Friktionskupplung und das Getriebe war 4-gängig. Die Höchstgeschwindigkeit bei Typ E war 60 km/h und bei Typ D 80 km/h. Der Benzintank hielt 100 l und die Reifendimensionen waren vorn 875x105 und hinten 880x120 mm. Auch diese Typen gab es mit Phaeton- oder Coupékarosse, je-

Typ C wurde auch als Lieferwagen für 500 Kilogramm Last hergestellt. Hier mit einer in Deutschland gezeichneten Karosse (unten).

doch für acht Personen, zwei vorn, fünf hinten und außerdem ein extra ausklappbarer „Chauffeursitz" zu Füßen des Passagiers im Vordersitz. Die Phaetonkarosse konnte mit „Verdeck ausgerüstet werden, das den ganzen Wagen deckt und vorn und hinten Fenster hat. Das Verdeck läßt sich leicht zurückklappen und dient dann als Staubschutz".

1907 gab es auch einen besonderen Katalog über Lastwagen, wo der leichteste (für 500 kg Last) auf dem Personenwagen Typ C mit 10 PS basierte und mit einem eleganten Warenkasten (oder anderer Hinterpartie je nach Wunsch des Käufers), Luftgummireifen oder massiven Reifen hinten versehen war. Typ BL war ein Pritschenlastwagen für 1–1,5 t, basiert auf dem Personenwagen Typ B von 15 PS (auch ein Motor von 12 PS wird genannt), jedoch mit modifiziertem Rahmen. Der größte Lastwagen war Typ EL für 3–3,5 t mit dem 4-Zylinder E-Motor von 20 PS (bei der Erprobung beim Maschinentechnischen Kontrollbüro zeigte sich,

Die Zeichnung zeigt einen Typ C von 1907 und das Foto einen Typ B, 2,7 l, der in diesem Jahr an das Kgl. Kanal- und Wasserwerk in Trollhättan geliefert wurde. Die aufwendige Karosse hatte u.a. vertikale Ränder und geschliffene Glasscheiben.

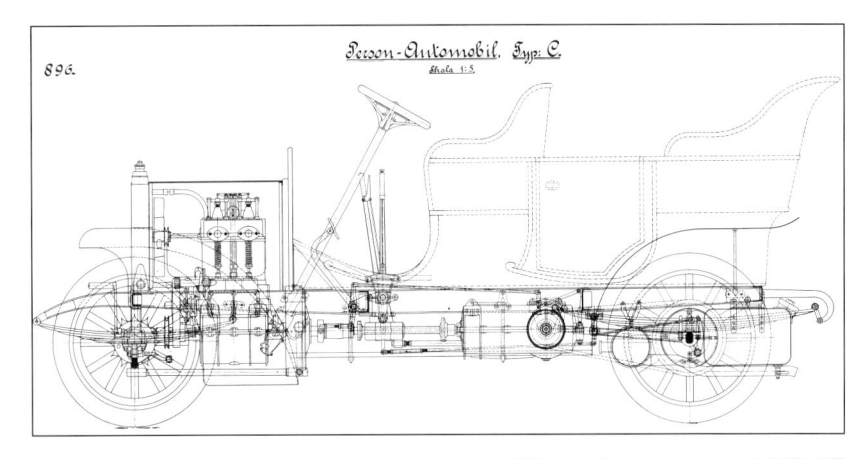

daß die gebremste Leistung bei 860/min 31,8 PS war). Die Typen BL und EL wurden entweder mit massiven Gummireifen oder mit Stahlreifen geliefert und natürlich mit Bergstütze, wichtig bei Wagen mit Kettenantrieb. Zu dieser Zeit gab es auch Zeichnungen für Typ DL mit D-Motor von 30 PS. Der Grund dafür, daß das L (Lastwagen) manchmal vor und manchmal nach dem Typenbuchstaben erschien, war nicht aufzufinden (hier steht er konsequent nach dem Typenbuchstaben).

Alles spricht dafür, daß der erste von Scania verkaufte Lastwagen ein EL für 3 t Last war, der im Dezember 1906 an die Södra Åkeri & Renhållningsbolaget in Stockholm geliefert wurde. Der Direktor dieser Firma war E. Nilson, bekannt als erfolgreicher Fuhrunternehmer, dessen Wahl von Fahrzeugen viele andere Unternehmer beeinflußte. 1907 wurden vermutlich 3 Lastwagen DL verkauft, einer an das Schlachthaus in Stockholm (für 14.900 Kronen), einer an Södra Åkeri in Stockholm (vermutlich ein EL), und ein BL an AB Sleipner in Stockholm.

1908 wurde die Fabrik mit einem großen Werkstattgebäude und einer größeren Tischlereiwerkstatt ausgebaut. Das Grundstücksareal war nunmehr 15.000 m², und die Fabrik verfügte über 160 Arbeitsmaschinen, die von drei Gasmaschinen angetrieben wurden.

Im Herbst 1908 ging Scania über zu einer neuen 4-Zylinder Motorfamilie. Zum Unterschied von den früheren Motortypen hatte dieser einen T-Kopf, d.h. stehende Ansaugventile auf der einen Seite des Motorblocks und stehende Abgasventile auf der anderen Seite (mit einer Nockenwelle auf beiden Seiten des Blocks).

Die Zylinder waren paarweise gegossen und aus Spezialgußeisen, und der obere Teil des Schaftgehäuses war aus Nickelstahl von Kolsva. Die Kurbelwelle war 3-gelagert und druckgeschmiert. Der Motortyp wurde in vier Größen hergestellt: Typ G von 2 l und 12 PS, Typ H von 2,8 l und 18 PS, Typ I von 4,1 l und 24 PS und Typ K von 6,9 l und 36 PS. Ab 1910 wurde die Familie mit Typ L von 3,6 l und 20 PS und Typ M von 2,5 l und 15 PS komplettiert

Anton Svensson am Steuer in dem Wagen mit 5,3 l D-Motor, der nach dem KAK Winterwettkampf 1907 an eine Malmöer Firma verkauft wurde. Auch dieser Wagen wurde geputzt und aufgefrischt nach dem Wettkampf geliefert (nächste Seite oben links).

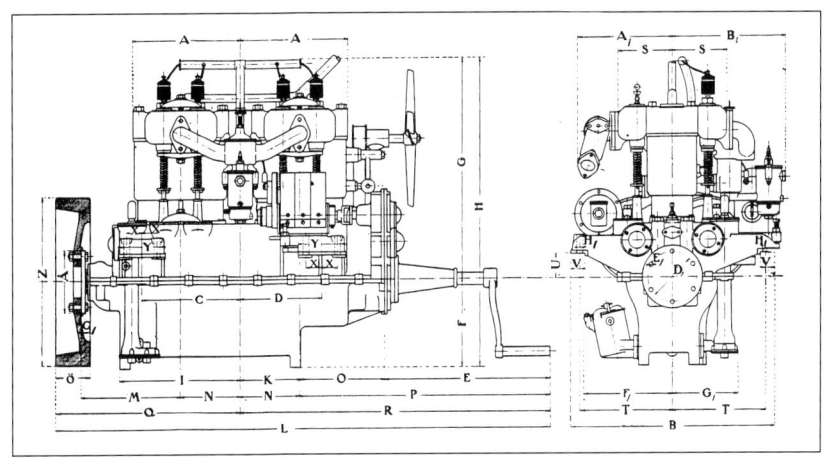

und 1912 mit Typ K-1 von 8,6 l und 50 PS.

Die T-Kopfmotoren waren zu Anfang des Jahrhunderts gewöhnlich, da sie das Gießen der Zylinder erleichterten, und da die Ventile durch oberhalb der Ventile in den Zylinderkopf geschraubte Pfropfen leicht erreichbar waren. Die Erreichbarkeit war wichtig; die Ventile waren meistens aus Kohlenstoffstahl hergestellt, der bei hohen Temperaturen schnell verschlissen wurde, und mußten oft ersetzt werden. Das größte Problem waren die Abgasventile; die Ansaugventile wurden durch die einströmende Brennstoffmischung gekühlt, die Abgasventile jedoch wurden durch die Abgase erhitzt und Ventil und Sitz erodierten schnell, wenn die Dichtung nicht sehr gut war.

Die T-Kopfmotoren waren ziemlich ineffektiv, da die Form des Brennraums bei weitem nicht ideal war. Außerdem trugen die beiden Nockenwellen zu erhöhten Produktionskosten und höherem Gewicht bei. Während des Ersten Weltkriegs verschwand dieser Motortyp allgemein und wurde durch L-Motoren (Seitenventile auf derselben Seite des Brennraums) ersetzt.

Dieser neue Motortyp war vermutlich von Scania konstruiert; es sind nämlich eine Reihe von Motorzeichnungen bewahrt. Allem Anschein nach wurden Blöcke und Kolben in Deutschland gegossen. Die Rahmen von Scanias Wagen kommen von Oskarströms Stålpressnings AB.

Im Herbst 1908 kam eine neue Motorfamilie mit T-Kopf, d.h. stehenden Ventilen auf beiden Seiten des Blocks (oben rechts)

Einer der ersten Lastwagen, ein 3 t EL mit Wentzel-Motor von 20 PS, wurde im August 1907 geliefert.

1,5 t BL mit 2-Zylindermotor von 15 PS, 1908 an das Telegrafenamt in Malmö geliefert.

Im Katalog von 1908 von Generalvertreter Erik Hedlund in Stockholm hatte Typ C den G-Motor von 12 PS erhalten (in Scanias eigenem Katalog waren auch die Alternativen 15 und 20 PS verzeichnet, d.h. Wentzel-Motoren B und E) und der Achsabstand war auf 2.600 mm erhöht. Als Standard war der Motor mit Magnetzündung versehen, auf Verlangen konnte man jedoch Akkumulatorzündung als Reserve erhalten. Die Kupplung war von Lamellentyp, die Höchstgeschwindigkeit war nun 45 km/h und die Reifendimensionen 760x100 vorn und 820x120 hinten. Es wurde besonders vermerkt, daß alle Räder Kugellager hatten, die nur einmal im Jahr geschmiert zu werden brauchten.

Die Phaeton-Karosse gab es immer noch, aber anstatt der früheren gedeckten Coupékarosse bot man jetzt eine Droschkenkarosse mit Platz für drei Personen hinten und zwei vorn an. Der Preis für

Scania Lastwagen 1902–10					
Typ	Last/t	Motor/PS	Jahr	Anzahl	Vermerke
Ac	1,5	Aster/?	1902	1	Experimentlastwagen
BL	1–1,5	B/15	1907–08	3	
DL	5	D/30	1907	1	
EL	3–3,5	E/20	1906–09	8	
HL	1,5–2	H/18	1908–10	21	Früher BL
IL	3–3,5	I/24	1908–10	12	Früher EL
KL	5–6	K/36	1908–10	1	Früher DL

DIE FAHRZEUGE VON SCANIA

Im Juli 1908 wurde dieser EL Lastwagen an Södra Åkeri AB in Stockholm geliefert, einer der letzten mit dem alten Motortyp. Es wurde gesagt, daß diese Firma bereits 1905 einen Scania Lastwagen gekauft habe; die Angabe geht jedoch auf eine Annonce aus den 20er Jahren zurück, wo dies fälschlich behauptet wurde.

Ein 3,5 t Lastwagen-Fahrgestell vom Herbst 1908 mit dem neuen Motortyp mit T-Kopf. Die Rahmenträger haben noch nach außen gewandte Flansche, und die Bergstütze (die verhindern soll, daß der Wagen bei z.B. Motorpanne in steilen Steigungen rückwärts rollt) ist deutlich zu sehen.

Von Scania 1901–10 und von Scania-Vabis ab 1911 benutzte Motortypen

Typ	Zyl.Maße	Hubraum	Leistung	Jahr	Vermerke
?	1x?x?	?	6	1901	Aster
?	1x?x?	?	4	1902	Aster (luftgekühlt)
?	1x?x?	?	4	1902	Aster
?	2x?x?	?	12	1902	Aster?
?	1x106?x106?	0,935?	6	1902–04	Kämper
?	2x106x106	1,871	8, 8–10	1902–04	Kämper
?	1x?x?	?	4,5	1903–04	Kämper?
?	4x?x?	?	24	1904	Argus
A	1x?x?	?	6–7	1903?	Wentzel
B	2x110x140	2,661	12–14	1903–08	Wentzel
C	2x100x120	1,885	10–12	1904–08	Wentzel
D	4x110x140	5,322	20–24, 30	1904–08	Wentzel
E	4x110x120	4,562	16–18, 20	1904–09	Wentzel
F	1x100x120	1,140	6–7	1904–07	Wentzel
G	4x80x100	2,011	12, 12–18	1908–11	T-Kopf
H	4x90x110	2,799	18, 20–26	1908–15	T-Kopf
I	4x105x120	4,156	24	1908–15	T-Kopf
K	4x125x140	6,872	36, 45, 45–60	1908–15	T-Kopf
K-1	4x135x150	8,588	50, 60	1912–15	T-Kopf
L	4x102x110	3,595	20, 24–30	1910–15	T-Kopf
M	4x90x100	2,545	15, 18–24	1911–12	T-Kopf

den Phaeton war 8.500 Kronen (mit Verdeck 350 Kronen extra) und für die Droschkenkarosse 9.000 Kronen.

Auch Typ B (intern BH) hatte einen größeren Achsabstand (3.000 mm) und kräftigere Reifen (vorn 875x105 mm, hinten 880x120 mm). Der Wagen hatte jetzt einen H-Motor von 18 PS (der Fabrikskatalog gab auch die Alternativen 20 und 30 PS an, Wentzel-Motoren E und D). Ein Phaeton kostete 12.000 Kronen (Verdeck 450 Kronen extra) und eine Coupékarosse 13.500 Kronen.

Der Personenwagen Typ E war niedergelegt und Typ D hatte den K-Motor von 36 PS. Der Achsabstand hatte sich auf 3.300 mm erhöht und die Reifendimensionen waren 915 x 105 mm vorn und 935 x 135 mm hinten. Der Preis war für einen Phaeton 16.500 Kronen (für Verdeck 450 Kronen extra) und 18.500 Kronen für eine Coupékarosse.

Unter den Lastwagen hatte der kleine „Geschäftswagen" Typ C den G-Motor von 12 PS erhalten und kostete 7.500 Kronen, Typ BL von 1,5–2 t (ab Herbst 1908 HL genannt) hatte den H-Motor von 18 PS und kostete 9.500 Kronen, Typ EL von 3,5 t (ab Herbst 1908 IL genannt) hatte den I-Motor von 24 PS und kostete 14.500 Kronen, und der neue größere Lastwagentyp KL von 5–6 t hatte den K-Motor von 36 PS und kostete 18.500 Kronen. Man nannte auch alle Kunden, an die man Lastwagen verkauft hatte. Im Jahre 1908 wurden vermutlich neun Lastwagen hergestellt.

Mai/Juni 1909 wurde vom Kgl. Automobilclub der erste Lastwagenwettkampf in Schweden arrangiert. Natürlich handelte es sich hier um einen Zuverlässigkeitswettkampf, wo die Geschwindigkeit von geringerer Bedeutung war, aber der Wettkampf war sehr interessant für die Unternehmen, die im Begriff standen, einen Lastwagen zu kaufen. Der Wettkampf wurde sechs Tage gefahren, fünf Tage mit Last und einen Tag ohne Last. Zum Unterschied von Vabis nahm Scania nicht an dem Wettkampf teil. Der Grund kann sein, daß die Lieferkapazität zu angestrengt war, daß man keinen Wagen entbehren konnte, oder daß er nicht rechtzeitig fertig wurde. Im Lieferbuch der Fabrik steht ein Wagen als „Wettkampfwagen" verzeichnet.

Scania machte anstatt dessen eine aufsehenerregende Langfahrt mit einem 24 PS IL-Wagen, um zu beweisen, wie zuverlässig dieser sei. In der schwedischen Motorzeitschrift wurde darauf hingewiesen, daß kein Lastwagen in dem Lastwagenwettkampf mehr als 88 km in einem weg gefahren sei. Scania startete mit dem 3-Tonner am Donnerstag, den 2.September in Malmö und fuhr Landskrona–Ljungby–Jönköping–Mjölby–Norrköping–Södertälje–Stockholm, wo man am Samstag ankam. Die ganze Strecke war 692 km lang, und die effektive Fahrzeit war 33 Stunden und 39 Minuten, was einer Durchschnittsgeschwindigkeit von

2 t Lastwagen Typ HL, geliefert im Sommer 1909 an das Krankenhaus in Vänersborg. Der Lastwagen hatte eine abnehmbare „Omnibuskarosse", die einfach auf die Ladepritsche gestellt wurde (ganz oben).

Ebenso wie Vabis hatte Scania Lastwagen mit Kippvorrichtung. Dieser 4 t EL wurde 1908 an die Stadt Halmstad geliefert; der Fahrer mußte jedoch die Kipp-Pritsche mit Handkraft wieder aufkurbeln.

Auch wenn Scania vor 1910 keine Lastwagen exportierte, zeigte man schon jetzt einen IL auf der Ausstellung 1909 in Christiania (Oslo), Norwegen (unten).

DIE FAHRZEUGE VON SCANIA

20,7 km/h entsprach. Aufenthalt hatte man nur für Mahlzeiten und Ruhe gemacht, da man Benzin und Öl während der Fahrt auffüllen konnte.

Der Lastwagen hatte kugelgelagerte Räder, der Grund dafür, daß der Direktor von SKF, Sven Wingqvist an der Reise teilnahm. Zu dieser Zeit waren gewöhnlich nur Personenwagen mit mehr als gewöhnlichen Gleitlagern ausgerüstet, da die Schwere der Lastwagen, die harte Federung und die massiven Reifen gewöhnlich als zu viel für Kugellager betrachtet wurden.

Der Wagen hatte doppelreihige sphärische Kugellager, die Wingqvist 1907 erfunden hatte. Dank dieser Tatsache konnte der Wagen bedeutend schneller fahren als wenn er gewöhnliche Gleitlager gehabt hätte. Die Lastwagen von Scania-Vabis

Scania nahm an dem Lastwagenwettkampf 1909 nicht teil, machte aber eine aufsehenerregende lange Fahrt mit einem IL von 24 PS mit kugelgelagerten Rädern. Hier macht die Gesellschaft Pause für ein idyllisches Picknick auf der fast 700 km langen Fahrt.

Scanias erstes Exportgeschäft war ein IL, der im November 1910 nach St. Petersburg geliefert wurde für Reparaturen der Straßenbahnoberleitungen (oben).

Mindestens ein weiteres Exemplar des großen D-Wagens mit einer Doppel-Phaetonkarosse wurde hergestellt. Mit dem großen Verdeck hochgeklappt verändert der Wagen seinen Charakter (links).

erhielten erst 1923 kugelgelagerte Räder als Standard, auch wenn vereinzelte Wagen ab etwa 1912 mit dieser Konstruktion geliefert wurden.

Zum Winterwettkampf 1909 war ein Scania von 12 PS vom Disponenten und Brauereimeister Knut Simonsson in Stockholm angemeldet, jedoch war er verhindert und konnte nicht starten. Zum Wettkampf 1910 war kein Scania angemeldet, dagegen aber zwei Vabis-Wagen.

Die Karossen der ab 1904 hergestellten Wagen waren von hervorragender Qualität und gemäß modernsten Linien gezeichnet. Karosserievorschläge wurden u.a. von deutschen Karossenbauern, der Heilbronner Fahrzeugfabrik und von H. Jacobi in Hannover-Linden gezeichnet. Vermutlich hat die Fabrik ihre Grundzeichnungen von dort gekauft und dann die Karossen bei deutschen oder schwedischen Karossenbauern herstellen lassen. Scania baute nur die einfacheren Lastwagen- und Lieferwagenkarossen. Ein Grund zur Fusion mit Vabis im Jahre 1911 war, daß es in Södertälje eine Karosseriewerkstatt mit Überkapazität gab, etwas was Scania im allerhöchsten Grad brauchte.

Ein weiterer Grund war, daß Scanias Wagen altmodisch wurden. Ende 1908 hatte man begonnen, einen neuen Wagentyp zu entwickeln, der bereits Anfang 1909 für Kardanantrieb umkonstruiert wurde (vermutlich mit einem Cottereau als Vorbild). Dieser Typ G konnte ab Herbst 1910 alternativ mit dem G-Motor von 2 l oder dem größeren H-Motor von 2,8 l ausgerüstet werden. Alle anderen Modelle hatten Kettenantrieb. Vabis dagegen hatte von Anfang an auf den modernen Kardanantrieb gesetzt, auch für die Lastwagen.

Scanias Wagen waren offenbar von höherer Qualität als Vabis, sogar vergleichbar mit den hoch-

Anfang 1909 kaufte die München-Brauerei in Stockholm diesen 3,5 t IL, der schwerbeladene Anhänger ziehen mußte (oben).

"Droschke" mit Kettenantrieb Typ BH mit 4-Zylinder 2,8 l H-Motor von 18 PS, verkauft 1909 (links).

Ein Wagen Typ G mit Kardanantrieb und I-Motor von 4,1 l und 24 PS, geliefert 1910 an Munktells Papierfabrik, sowie ein Lieferwagen, ebenfalls mit Kardanantrieb und mit H-Motor für Hellgrens Tobaks AB.

klassigen Fabrikaten, die man im Ausland kaufen konnte, und hatte Karossen von ebenso hoher Qualität. Ende 1910 hatte die Firma 150 Mitarbeiter (das Büropersonal ausgenommen), und die meisten arbeiteten mit der Automobilherstellung.

Die Lastwagenherstellung wuchs schnell: 1906 wurde nur ein Lastwagen geliefert, 1907 lieferte man drei, 1908 neun, 1909 sechzehn und 1910 siebzehn. Scania scheint nur ein einziges Fahrzeug exportiert zu haben, einen Lastwagen von 24 PS, der im Oktober 1910 an die Elektrische Stadtbahn in St. Petersburg verkauft wurde. Er hatte einen spezialgebauten Turm für Unterhalt der Straßenbahn-Oberleitungen. In dieser Stadt hatte Scania auch einen Vertreter, und gelegentlich einer internationalen Motorausstellung 1910 erhielt Scania eine Silbermedaille für gute Bearbeitung und Konstruktion der ausgestellten Motoren.

Bis zur Fusion mit Vabis stellte Scania (abgesehen von den drei Probewagen) rund 53 Personenwagen und vermutlich 46 Lastwagen (ohne den Probewagen) her.

Scania-Vabis

1911–1920

DIE MASKINFABRIKSAKTIEBOLAGET IN MALMÖ und die Vagnfabriks-Aktiebolaget i Södertälje hatten am 30. November 1910 ein vorläufiges Abkommen über einen Zusammenschluß getroffen. Formell wurde das neue Unternehmen Scania-Vabis am 29. März 1911 gegründet, wobei es rückwirkend die Automobil- und Motorherstellung der beiden Unternehmen ab 1.Januar desselben Jahres übernahm.

Das Abkommen beinhaltete das Ende der eigenständigen Motor- und Automobilherstellung bei den beiden Firmen, die diese Tätigkeiten auf die neue Gesellschaft übertrugen. Alle Zeichnungen, Patente, Warenzeichen, Modelle, Maschinen, Werkzeuge, Vorräte, Halbfabrikate, Bestellungen, sowie Service- und Garantieverpflichtungen sollten auch auf die neue Firma übergehen, sowie auch Fabriken für Motor- und Automobilherstellung, jedoch nicht die sonstigen Gebäude und Aktivitäten. Die Eisenbahnabteilung der Vagnfabriken bestand ein weiteres Jahr, die Räume wurden jedoch von der neuen Aktiengesellschaft gemietet.

Aufgrund des besseren Geschäftsergebnisses war das Abkommen für Scania vorteilhafter als für die Vagnfabriken, was eine Reihe von Protesten hervorrief. Die Lage war für die Vagnfabriken jedoch prekär, 1910 verzeichnete man bedeutende Verluste und weitere Verluste waren zu erwarten. Etwa 65% des festen und beweglichen Eigentums der neuen Gesellschaft steuerte Scania bei. Nachdem man die Aktivposten genau bewertet hatte, wurde beschlossen, daß Scania in der neuen Gesellschaft Aktien für 400.000 Kronen und die Vagnfabriks-

Nach dem Zusammenschluß baute man anfangs in Södertälje und Malmö Wagen aus befindlichen Teilen zusammen. Hier bei Vabis eine Reihe Fahrgestelle mit Vabis-Kühler und ganz hinten eines mit Scania-Kühler.

aktiebolaget für 300.000 Kronen erhalten solle. Das erforderliche Betriebskapital kam von Skånska Handelsbanken, die gegen Sicherheit ein Darlehen von 300.000 Kronen bewilligte unter der Bedingung, daß der Sitz des Aufsichtsrates in Malmö war. Der neue Aufsichtsrat bestand aus Bankdirektor S. Huldt, Malmö (Vorsitzender), Disponent K.E. Öhman, Surahammar (Vizevorsitzender), und Disponent Per Nordeman, Malmö (Geschäftsführer). Als Oberingenieur wurde Ingenieur Anton Svensson ernannt, früher technischer Chef in Malmö. Außerdem beschloß man, Scanias Firmenzeichen zu benutzen, in das man den neuen Namen

1911 wurde ein Sommerwettkampf Stockholm–Siljan arrangiert. Zwei BP-Wagen, 1911 in Malmö hergestellt. Der linke Wagen hat den ersten Motor Typ L von 3,6 l und 20 PS, gefahren von Pontus Lindström und Johan Thermaenius, der rechte hat einen I-Motor von 4,2 l und 24 PS, am Steuer Anton Svensson.

hineinkomponiert hatte.

Trotz seiner ziemlich bescheidenen Automobilproduktion war das neue Unternehmen der größte Hersteller von Kraftfahrzeugen und man plante eine Fertigung von rund 100 Automobilen pro Jahr. Man hatte rund 300 Mitarbeiter.

Die früher erfolgreiche Firma Söderbloms Verkstäder in Eskilstuna hatte gute Lastwagen hergestellt, war jedoch auf dem Wege, die Produktion niederzulegen, und Philip Wersén, Södertelge Verkstäder, hatte 1906 den Zusammenbau von ausländischen Automobilfabrikaten abgewickelt. Die wenigen sonstigen Unternehmen hatten nur das eine

1911–1920

1911–12 wurden Personenwagen von vielerlei Aussehen und mit verschiedenen Karossen hergestellt. Alle Wagen auf dieser Seite haben Kardanantrieb und Torpedokarosse, d.h. die Motorhaube geht in weicher Form zur Karosse über.

Ganz oben ein 2-sitziger Sportwagen Typ CP/DP mit 4,4 l F4A-Motor von Vabis, der im Sommer 1912 an Harald Halkier in Kopenhagen geliefert wurde.

Phaeton Typ BP mit 3,6 l Motor, im Sommer 1911 an C.G. Lundqvist in Stockholm geliefert.

Dieser Typ BP mit H-Motor wurde nach Malmö geliefert und kostete 10.000 Kronen, trotz seiner ziemlich einfachen Karosse.

Pontus Lindström kaufte Anfang 1912 ein neues Automobil. Ein EP mit 4,4 l F4A-Motor und Vabis-Kühler.

Der Wagen ganz unten links ist ein Typ BP 1911 mit L-Motor und Landaulette-Karosse. Preis 11.000 Kronen.

DIE FAHRZEUGE VON SCANIA

Australien war der erste Exportmarkt der neuen Firma. Sieben Personenwagen (zwei Scania, fünf Vabis, davon vier Typ 2S als Fahrgestell) und ein Lastwagen (DLa mit L-Motor) wurden 1911–13 durch Vermittlung von Gustaf Sundström in Sydney exportiert. Auf der Ausstellung der erste Vabis, ein Scania-Personenwagen-Fahrgestell und ein Söderblom Lastwagen.

Der Personenwagen links ist der Scania Typ BP mit L-Motor, der im Februar 1912 nach Sydney geschickt wurde.

Der erste Vabis-Personenwagen (AP mit G4A-Motor) wurde im Mai 1911 exportiert. Hier bei einer Blumenparade in Sydney.

Der größte Personenwagen dieser Jahre, war ein Scania FP mit Kettenantrieb und 6,9 l K-Motor, der 1911 an die Nobelfirma Ural Caspian Oil Company in Rußland verkauft wurde und nach einer abenteuerlichen Lieferung im Ural ankam (rechts).

oder andere Fahrzeug hergestellt. Auf der Arena befand sich noch Tidaholms Bruk, ein erfolgreicher Hersteller von Lastwagen hoher Qualität, jedoch in kleinem Umfang. Die neue Gesellschaft Scania-Vabis dominierte daher während der 10er Jahre die schwedische Automobilproduktion.

Der Import von Personenwagen und Lastwagen erhöhte sich schnell, und bereits im ersten Jahrzehnt verkauften verschiedene ausländische Lastwagenhersteller ihre Produkte in Schweden, insbesondere die deutsche Firma Daimler.

Im Zusammenhang mit der Zusammenlegung hatte man beschlossen, in Södertälje Personenwagen, leichte Lieferwagen, Krankenwagen, sowie alle Motoren des Unternehmens herzustellen. Der Konstruktionschef dort war Gunnar Kjellberg, Gustaf Eriksons Nachfolger. In der Fabrik in Malmö sollten Lastwagen, Feuerwehrwagen und Omnibusse gefertigt werden und für die Konstruktionen dort war Oskar Skogsberg verantwortlich, der 1910 zu Scania kam. Er war ein tüchtiger Techniker, der die frühen Scania Lastwagen entwickelt hatte und der sich sehr für Feuerwehrwagen interessierte. Nach und nach wurde ein immer größerer Teil der Komponentenherstellung für die Lastwagen nach Södertälje überführt, da man dort bessere Möglichkeiten zur Expansion hatte. Da die Fabriken sich auf verschiedene Teile des Marktes spezialisieren konnten, ergab die Aufteilung viele produktionstechnische Vorteile. Ebenso wichtig waren jedoch die marktspezifischen Vorteile. In der kurzen Zeit, wo Vabis Automobile hergestellt hatte, war die

Verkaufstätigkeit bescheiden, Scania dagegen hatte seit 1905 eine effiziente Organisation, auch mit einer Auslandsdependance in St. Petersburg.

Dank der Zusammenlegung erhielt Vabis jetzt Zugang zu Scanias altem Händlernetz. Erik Hedlund wurde der Vertreter für Scania-Vabis, und man setzte Mittel ein, um das Wiederverkäufernetz zu erweitern. In kurzer Seit hatte Scania-Vabis Vertretungen an einer Reihe von Orten in Schweden, Dänemark, Norwegen, Finnland und Rußland.

Plangemäß sollten Scanias Modelle der kommenden Herstellung zugrunde liegen, „auch wenn man sich natürlich der Teile bedienen wollte, die in der Vabisherstellung gute Resultate erzielt hatten" (Svensk Motor Tidning 1911). Während der ersten Jahre war es wichtig, die noch vorhandenen älteren Fahrgestelle und Motoren loszuwerden. Beide Fabriken stellten deshalb Automobile mit einer Mischung von Scania- und Vabiskomponenten her, manchmal auch einzelne Exemplare.

Die Scania-Wagen hatten bei der Zusammenlegung (mit Ausnahme des Personenwagens Typ G) Kettenantrieb, aber bereits in einem Katalog von 1911 jedoch war nur ein einziges kettengetriebenes Personenwagenmodell verzeichnet (das außerdem mit Kardanantrieb als Alternative geliefert werden konnte). Ein und derselbe Wagentyp konnte alternativ mit Scania- oder Vabismotoren geliefert werden, und zu Anfang wurden verschiedene Wagen mit den alten Scania- bzw. Vabiskühlern geliefert.

Die bereits offerierten Bestellungen beider Fabriken mußten natürlich vorrangig ausgeführt werden, und 1911 wurden von der Södertäljefabrik ein

Der Winterwettkampf 1913. Die Teilnehmer paradieren in Automobilen geschmückt mit blau-gelben Bändern. Der vordere Wagen ist ein 3S, gefahren von Anton Svensson und der hintere ein EP gefahren von Pontus Lindström.

Die einzigen bekannten von Scania-Vabis hergestellten „Motorräder", waren eine Reihe von Dreirad-Motordraisinen. Im Archiv gibt es jedoch dieses Foto von einem möglicherweise geplanten Solomotorrad. Der Motor war vielleicht ein Progress.

Laut Bildaufschrift soll dies ein Scania-Flugzeugmotor gewesen sein, geliefert an Hjalmar Nyrop, der 1911 in Landskrona Flugzeuge herstellte. Der Motor wurde im Frühjahr 1911 in seinen Nyrop Nr. 2 eingebaut. Wahrscheinlich ein modifizierter französischer REP-Motor.

Personenwagen mit dem 2-Zylinder V-Motor F2v, 15 Droschken mit dem G4-Motor und fünf Wagen mit dem F4A-Motor geliefert. Von Södertälje wurden auch einige Lastwagen geliefert, ein 1-Tonner mit F2v-Motor, drei 1–1,5-Tonner mit G4A-Motor, ein 3-Tonner mit F4-Motor und ein kettengetriebenes Lastwagenfahrgestell, das für den Einsatz als Omnibus verkauft wurde. Dieses war in Malmö hergestellt, wurde jedoch von Södertälje geliefert, wo man einen F4-Motor mit 30–36 PS montierte. Die Malmöfabrik lieferte 19 Personenwagen (darunter ein Lieferwagen und der Rest mit verschiedenen Karossen, von Droschke bis Limousine). Diese Wagen hatten mehrere Motortypen, alle von Scania. Ein Teil der gelieferten Lastwagen hatten die alten Scania- Bezeichnungen aber auch die neue Scania-Vabis-Bezeichnung kam vor.

In dem 1911 herausgegebenen Katalog hatte man im Zuge einer Rationalisierung allen Modellen Buchstabenbezeichnungen mit dem Zusatz P für Personenwagen und L für Lastwagen gegeben (diese hatten in gewissen Fällen Zusatzbezeichnungen, um Untertypen anzugeben, z.B. CLa und CLb).

Unter den Personenwagen hatte Typ AP entweder Scanias 2 l G-Motor oder Vabis 2 l G4(A)-Motor, Typ BP Scanias 2,5 l M-Motor, Typ CP entweder Scanias 2,8 l H-Motor oder Vabis 4,4 l F4A-Motor, Typ DP Scanias 3,6 l L-Motor und schließlich Typ FP Scanias 6,9 l K-Motor. Sämtliche Typen hatten Kardanantrieb außer dem FP, der mit Kardan- oder Kettenantrieb erhältlich war. Nur der CP mit Vabismotor und der FP hatten ein 4-Gäng-Getriebe, die übrigen waren 3-gängig. Sämtliche konnten mit Phaeton-, Haubenphaeton-, Landaulette- oder Limousinenkarosse geliefert werden, und die Preise lagen zwischen 7.900 Kronen für einen AP mit Phaetonkarosse und 17.000 Kronen für einen FP mit Limousinenkarosse. Abnehmbare Felgen und Azetylengasbeleuchtung konnten gegen Aufpreis geliefert werden. Der Kunde konnte anscheinend jede beliebige Kombination von Fahrgestell und Motor bestellen.

Diese logischen Bezeichnungen der Personenwagen scheinen bereits 1912 aufgehört zu haben, jedoch benutzte man sie noch eine zeitlang bei der Malmöfabrik, während man die Teile im Lager ausverkaufte. 1912 kamen auch fünf EP-Wagen vor (neue Bezeichnung) mit 4,4 l F4A-Motoren von Vabis. Von den 16 gelieferten Personenwagen aus Malmö hatten drei Scania-Motoren und der Rest F4A-Motoren aus Södertälje. Södertälje lieferte fünf Droschkenwagen und zwei Lieferwagen mit G4A-Motoren und stellte jetzt seine letzten Lastwagen her, drei 3-Tonner mit F4-Motor.

Die Wettkampftätigkeit, an der beide Fabriken

1912 wurde der Scania-Vabis 3S vorgestellt, aber schon 1911 wurden Wagen gebaut, die diesem fast gleich waren. Hier ein 7-sitziger offener Wagen mit F4A-Motor, der 1911 an Ivar Liljebäck in Haparanda verkauft wurde.

Der kleinere 2S hatte zuerst einen 2 l G4A-Motor; als die Limousine im Sommer 1913 an Autogrus in St.Petersburg geliefert wurde, hatte sie den größeren G42.

Eine von zwei praktisch identischen Karossen auf einem 2S von der Helsingborgausstellung 1914 ging an Trelleborgs Gummifabrik.

teilgenommen hatten, setzte sich noch eine Zeitlang fort. 1911 startete in KAKs Winterwettkampf ein Scania 10/20 PS mit Kardanantrieb (mit L-Motor, ein Motortyp der jedoch im Katalog als 24/30 PS angegeben wurde), angemeldet von Scania in Malmö und gefahren von Anton Svensson. Er kam auf den vierten Platz und erhielt den Ehrenpreis S.M. des Königs.

Zwei „neue" Fahrgestelltypen wurden 1912 in Södertälje vorgestellt. Sie wurden 2S bzw. 3S genannt, waren kombinierte Personen- und Lieferwagenfahrgestelle und konnten bis 1919 geliefert werden. Die Bezeichnung 2S gab es jedoch schon 1909 bei einem Vabisfahrgestell, und eigentlich waren die beiden Typen Entwicklungen früherer Vabis-Typen, AP mit Vabis 2,3 l G4A-Motor bzw. CP mit Vabis 4,4 F4A-Motor: Motorleistung 16–20 PS bzw. 30–36 PS (später 40 PS), Achsabstand 3,0 bzw. 3,32 m. Ab 1913 erhielt das kleinere Modell den 2,3 l G42-Motor (unveränderte Leistung) und der größere erhielt 1914 den 4,4 l F42-Motor, auch dieser mit derselben Leistung wie früher. Die 2S-Wagen hatten ein 3-Gang- und die 3S-Wagen ein 4-Gang-Kulissengetriebe und sie hatten einfach- bzw. doppeltgetriebene Hinterachsen (konisch+ zylindrisch). Von dem 2S-Typ wurden 70 Exemplare hergestellt, sowohl Personen- als auch Lieferwagen, und vom 3S 26 Exemplare, auch hier als Personen- oder Lieferwagen.

Diese ziemlich alten Modelle mit ihren eckigen Kühlern (einige Wagen scheinen doch schließlich die moderneren abgerundeten Kühler erhalten zu haben) waren die letzten überlebenden Personen-

Viele der 3S-Wagen erhielten große, schwere Luxuskarossen. Der obere wurde 1913 an Prinz Carl geliefert und hatte zwei Karossen, einen gedeckten Landaulette und eine offene Karosse für den Sommer.

Typisch für die hochklassigen Karossen auf dem 3S-Fahrgestell war der Luxus-Landaulette, der im Herbst 1913 an Höganäs-Billesholm geliefert wurde. Auch Krankenwagen wurden auf das 3S-Fahrgestell gebaut.

Beide Zeichnungen (2S oben, 3S unten) sind von 1911 und zeigen die Fahrgestelle der frühen Wagen. Motoren sind G4A bzw. F4A.

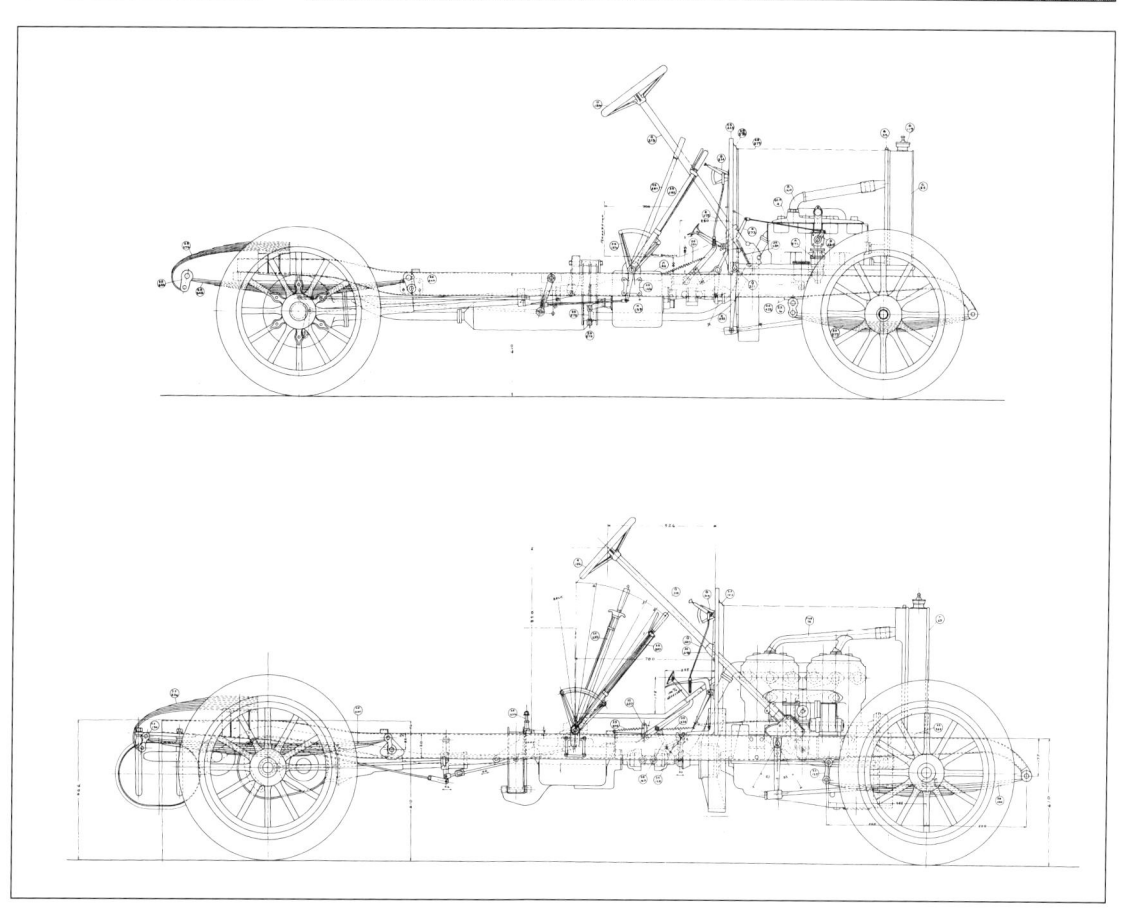

wagen aus der Zeit vor der Zusammenlegung und erhielten nie die modernen Motoren, die so allmählich eingeführt wurden. Auf diesen Fahrgestellen baute man einige sehr schöne Karosserien, u.a. für einige Mitglieder des Königshauses.

Am Winterwettkampf 1912 nahm zum ersten Mal ein Wagen unter dem Namen Scania-Vabis teil, ein 3S, gefahren von Pontus Lindström. Er zählte nicht zu den zehn Besten, erhielt jedoch zwei Ehrenpreise. Auch 1913 nahm ein Scania-Vabis 3S teil, diesmal von Anton Svensson gefahren.

Bereits im Oktober 1912 erfolgte eine kräftige Machtverschiebung. Die neue Gesellschaft kaufte den Rest der alten Vabis-Anlagen, d.h. die Eisenbahnabteilung, wo der Betrieb gleichzeitig stillgelegt wurde. Der Aufsichtsratsvorsitzende trat zurück und wurde durch Oberst A. Ribbing, Stockholm, ersetzt. Der Aufsichtsrat wurde auch um ein Mitglied erweitert, den Revisionssekretär W. Zethelius, Lidköping. Das Aktienkapital wurde auf 900.000 Kronen aufgestockt. Dieser „Machtwechsel" war sicher ein entscheidender Grund, daß der

Die Lastwagen änderten ihr Aussehen kaum mit den neuen Typenbezeichnungen. Der Wagen mit den schönen Scheinwerfern ist ein 2 t CLc mit H-Motor, verkauft Juni 1913.

Ein 6 t GLa mit 6,9 l K-Motor, verkauft 1915 an eine Kettenfabrik in Dänemark. Er hätte den neuen Rahmen haben sollen, aber man benutzte oft die alten, so lange es solche gab.

Das Bild von 1912 zeigt den Größenunterschied zwischen dem größten (wohl ein ELa) und dem kleinsten (wohl ein CLb).

Sitz des Aufsichtsrats und die Hauptverwaltung im Mai 1913 nach Södertälje überführt wurden. Unter der Leitung von Per Nordeman war die Entwicklung anfangs sehr positiv für Scania-Vabis.

Mit der Bildung der neuen Firma Scania-Vabis hatte sich die Situation für die Belegschaft in Södertälje drastisch verändert. Als Anton Svensson die Betriebsverantwortung übernahm, wurden neue Sitten eingeführt und die Disziplin in den Werkstätten wurde verschärft, was zu verschiedenen Unstimmigkeiten führte. Auch wenn Svensson ein sehr tüchtiger Konstrukteur war, war er nicht besonders beliebt in der Werkstatt. Der „Gutsbesitzergeist", der das Verhältnis zwischen Arbeitgeber und Arbeitnehmer geprägt hatte, seit Wersén das Unternehmen verlassen hatte, verschwand, und die Firma bezog eine härtere Verhandlungsstellung gegenüber den Beschäftigten, war aber gleichzeitig von einem starken Zukunftsoptimismus geprägt.

Per Nordeman hatte verschiedene Studienreisen ins Ausland unternommen und war besonders interessiert an der Strukturrationalisierung, die in

der amerikanischen Ford-Philosophie lag.

1913 begann die früher beschlossene Aufteilung zwischen den beiden Fabriken besser zu funktionieren, da man das meiste, was bei der Fusion auf Lager war, verkauft hatte. Södertälje baute keine Lastwagen mehr, sondern nur die Personenwagenmodelle 2S und 3S mit einer Spezialvariante für z.B. Feuerwehrwagen und Krankenwagen.

In Malmö wurden 1913 die letzten Personenwagenmodelle hergestellt, sechs 500 kg Lieferwagen mit G4A-Motoren von Vabis, sowie ein EP und ein CP/DP, beide mit F4A-Motoren von Vabis. Danach baute Malmö keine Personenwagen mehr.

Das Lastwagenprogramm mit den neuen Bezeichnungen, das ab 1911/12 zur Anwendung gelangte, enthielt im großen und ganzen die alten Scania-Konstruktionen, leicht modifiziert. Während der 10er Jahre und Anfang der 20er Jahre entwickelte man die Lastwagen Schritt für Schritt, der Grund war jedoch derselbe, bis man 1925 einen neuen Lastwagentyp einführte. Alle Lastwagenmodelle hatten Konuskupplung und 4-Gang-Getriebe.

ALa (1911–14) war der kleinste mit 500 kg Lastkapazität und hatte zu Anfang Scanias G- oder H-Motor, später jedoch auch den G4A/G42-Motor von Södertälje. Von dem Wagen wurden sechs Exemplare hergestellt. Das Schwestermodell CLa (1912–14) für 1 t Last wurde in fünf Exemplaren hergestellt (eines ging als Personenwagen nach Hamburg). Der CLa wurde mit den Motoren H, M oder G42 geliefert. Diese beiden kleinen Lastwagenmodelle waren die einzigen mit Kardanantrieb.

Das nächstgrößere Modell war CLb (1911–25) für 1,5 t Last und CLc (1912–24) für 2 t. Sie hatten 3,55 bzw. 3,65 m Achsabstand, Kettenantrieb, 4-Gang-Getriebe und es wurden insgesamt 361 Exemplare hergestellt, Scanias meistverkaufter Lastwagen mit Kettenantrieb. Zu Anfang waren diese CL-Wagen mit Scanias H- oder L-Motor ausgerüstet, aber 1914 erhielten sie den Vabis G42-Motor, ab 1916 den 1344-Motor und später die Motortypen 1346 und 1442. Darüber hinaus gab es den CLc/sp (1914–20) mit einem F43- oder 1545-Motor und Achsabstand 3,57 m.

Der DLa (1911–26) war für 3 t Last und hatte einen Achsabstand von 3,86 m (später 3,84 m). Er wurde zuerst mit Scanias L-Motor geliefert, später

Zwei Lastwagen für den Export. Links ein CLb mit L-Motor, verkauft 1912 an das Wasserwerk in St.Petersburg. Rechts vermutlich der DLa mit L-Motor, der 1912 nach Australien exportiert wurde. Die massiven Gummiverschleißbeläge sind noch nicht montiert.

Der erste spezialgebaute Omnibus, ein Vabis von 1910, wurde erst 1912 verkauft. Auf dem Foto der „Nordmarkbus" auf einem Lastwagenfahrgestell von Scania mit Kettenantrieb, der in Södertälje den F4A-Motor von 30–36 PS und die Karosse erhielt. Im Verkehr in Värmland ab 30.November 1911.

mit dem F4A-, F43- oder 1545-Motor (die allermeisten Wagen). Insgesamt wurden 308 Exemplare hergestellt. Es gab eine besondere Feuerwehrwagenvariante, den DLa/sp (1912–23), von dem 43 Exemplare hergestellt wurden, bis 1915 mit Scanias 8,6 l K-1-Motor und dann mit dem größten Motor von 9,16 l und 70 PS (1741). Achsabstand 4,05.

Der ELa (1912–26) lastete 4 t, hatte einen Achsabstand von 4,05 oder 4,14 m und wurde in 91 Exemplaren mit I-, L-, F43- oder 1545-Motor hergestellt. Der FLa (1911–24) war ein 5-Tonner, von dem 32 Exemplare hergestellt wurden, und der anfangs einen K-Motor von Scania hatte aber ab 1916 den 1741-Motor. Achsabstand 4,25 oder 4,39 m. Der größte Standardlastwagen war der GLa (1914–23) für 6 t Last mit Achsabstand 4,39 m, von dem 31 Exemplare hergestellt wurden, anfangs mit Scanias K-Motor und ab 1916 mit dem 1741-Motor.

Es wurden verschiedene Hybriden hergestellt, und es ist nicht ungewöhnlich, in den Lieferbüchern ein Lastwagenmodell mit dem Fahrgestell eines anderen zu finden, oder daß Getriebe, Achsen und andere Komponenten unter den Modellen ausgetauscht wurden. Im Prinzip wurde für die Typen CLb, CLc und DLa ein kleineres Getriebe benutzt und für DLa/sp, ELa, FLa und GLa ein größeres. Manchmal wurde Scania-Vabis eigener Vergaser benutzt, den Gustaf Erikson während der Zeit, wo er nicht bei Scania-Vabis arbeitete, konstruiert hatte, oder ein Zenith-Vergaser.

In der Nacht zum 21.Oktober 1913 wurde die Fabrik von einem schweren Brand heimgesucht. Das Mittelschiff des großen Fabrikgebäudes brannte ganz ab, und auch die Villa des Fabrikchefs Anton Svensson fiel fast den Flammen zum Opfer. Nur der wichtigste Teil der Fabrik mit Schmiede und Maschinenraum und der neugebauten Malerei- und Lackierwerkstatt aus Beton entkamen dem Feuer. Eine Reihe von Maschinen wurden provisorisch in die alte Motorfabrik gebracht.

Man begann unmittelbar mit dem Wiederaufbau der Fabrik, und bereits im Frühjahr 1914 konnte man eine neue, moderne Fabrikanlage einweihen. Außer den verschiedenen Fabrikabteilungen befanden sich hier jetzt auch das Zeichenbüro, die Kantine für die Angestellten und in der oberen Etage eine Portierswohnung. Die Hauptverwaltung fand in den Büroräumen der Motorfabrik Platz. Die alte Motorfabrik wurde zu einem Warenlager umdisponiert, und man baute dort auch Unterkunft, Küche und Speiseräume für die Arbeiter.

Im August 1913 wurde August Nilsson (1880–1971) als Konstrukteur angestellt, und als Gunnar Kjellberg das Unternehmen im Februar 1915 verließ, wurde Nilsson zum ersten Konstrukteur und Chef des Zeichenbüros ernannt. Nilsson hatte in Borås an der Technischen Schule eine dreijährige Ingenieurausbildung absolviert und arbeitete nach einem Praktikum bei Siemens & Halske in Malmö als Konstrukteur bei der Vagn- och Maskinfabriks Aktiebolaget in Falun. 1905 wurde er Konstrukteur bei A. Borsigs Lokomotivenabteilung in Berlin, 1907–09 bildete er sich an der Technischen Hochschule in Darmstadt zum Diplomingenieur aus um dann als erster Konstrukteur nach Falun zurückzukehren. 1910–12 war er erster Konstrukteur bei de Laval Steam Turbine in New Jersey, USA, und dann bei den Vulcanverken in Göteborg. Während mehr als 30 Jahren war Nilsson für den Hauptteil von Scania-Vabis Konstruktionen, vor allem Motoren, verantwortlich.

1913 nahm Rothoffs in Landskrona den zweiten Omnibus in Gebrauch, ein IL mit L-Motor, vermutlich auf einem älteren Fahrgestell. Der erste Omnibus war ein Vabis von 1910.

Die Zukunft schien hell und der Auftragseingang war zufriedenstellend. Von der Post hatte man 1913 einen großen Auftrag erhalten, u.a. sieben 2S-Wagen für 500 kg Last (Lieferwagen) und drei mit Ladepritsche für 1.000 kg Last. Außerdem gehörten zur Lieferung zwei 1 t Lastwagen von 16/20 PS und ein 2 t Lastwagen mit Motor von 18/24 PS. Die Fabrik hatte auch einen Servicevertrag für diese Wagen erhalten. Im Mai desselben Jahres kaufte Scania-Vabis eine Garage in Stockholm, insbesondere vorgesehen für die Transportwagen, die zu dem Vertrag mit der Post gehörten, und für die Scania-Vabis gegen eine vereinbarte Bezahlung Garage und Service bereithalten sollte. Im August hatte man das Aktienkapital um weitere 300.000 Kronen auf 1,2 Millionen Kronen aufgestockt.

Während der 10er Jahre wurden Feuerwehrwagen ein wichtiger Teil der Scania-Vabis Herstellung. 1912 wurde das erste spezialgefertigte Fahr-

Anstatt richtige Omnibusse zu kaufen (die natürlich teuer waren) begnügten sich viele Fuhrunternehmer damit, Bänke auf der Ladepritsche anzubringen und eventuell ein Dach zu montieren. Der „Omnibus" (Typ IL) gehörte T. Wallin in Röstånga, gebaut 1911.

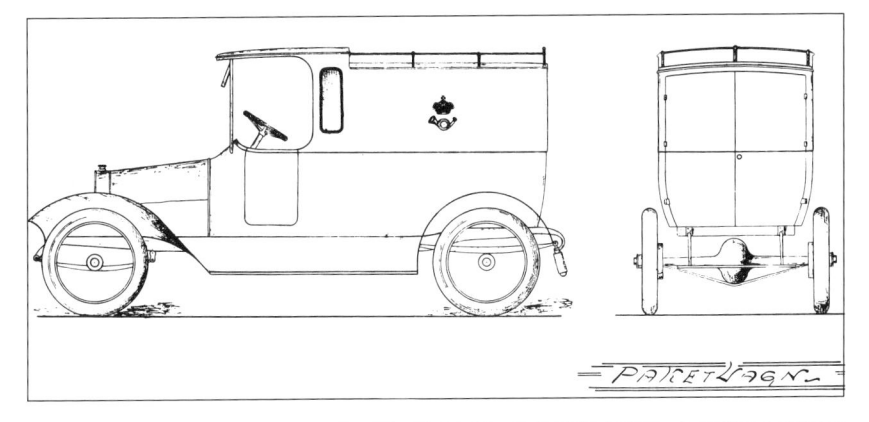

zeug mit Leiter nach Norrköping geliefert, 1914 zwei Motorspritzen für die Stockholmer Feuerwehr sowie eine für die Feuerwehr in Malmö. Diese Wagen hatten Scanias K-1-Motor von 50–60 PS. Allein an die Stockholmer Feuerwehr lieferte Scania-Vabis in den 10er Jahren 30 Wagen, von Chefsautomobilen und Krankenwagen auf Personenwagen-Fahrgestellen bis zu schweren Wagen mit Leitern.

Im Oktober 1914 zeichnete Scania-Vabis seinen bis dahin größten Vertrag. Die Stockholmer Feuerwehr hatte zwei Wochen vorher beschlossen, das Feuerwehr- und Krankentransportwesen der Hauptstadt zu „automobilisieren". Laut Vertrag sollte Scania-Vabis vor Ende 1917 23 Fahrgestelle liefern. Die Karossierung und die Ausrüstung der Fahrzeuge wollte die Feuerwehr in ihren eigenen Werkstätten ausführen. Bereits im Sommer 1916 hatte man so viele Automobile in Gebrauch genommen, daß man die letzten Pferde verkaufen konnte. Bei Ausgang der Vertragszeit waren, obgleich immer noch Krieg war, 21 Fahrzeuge geliefert.

Anfangs hatten die Lastwagen noch ihre Scania-Kühler (manchmal hatte man den Namen Scania-Vabis auf das Kühlerpaket gemalt) aber 1914 führte man einen großen, abgerundeten Messingkühler ein, den man dann bis Mitte der 20er Jahre hatte. Dies erfolgt im Zusammenhang mit der Einführung eines neuen und kräftigeren Rahmens (mit der Benennung /14 oder /1914 nach der Typenbezeichnung). Die Flansche der Seitenträger waren bei dem neuen Modell nach innen anstatt nach außen gewandt und die Getriebe lagen weiter vorne. Hybriden mit dem älteren Rahmen kamen je-

In Scanias Archiv gibt es viele schöne Skizzen. Zeichnung und Fotos von Paketwagen, 1913 an die Post verkauft (2S mit G42-Motor), bzw. 1912 an NK (Vabis-Fahrgestell mit Scania-G-Motor).

Die erste Lieferung an die Stockholmer Feuerwehr geliefert 1912.

doch eine längere Zeit vor.

Mit diesem Lastwagenprogramm (das aus Entwicklungen und Modifizierungen älterer Scania-Modelle bestand) hatte Scania-Vabis große Erfolge auf dem schwedischen Lastwagenmarkt. Zwar können in unseren Augen die Lastwagen altmodisch und schwerfällig aussehen mit ihren großen, hohen Kühlern, meistens offenen Fahrersitzen, Kettengehäusen und massiven Reifen, aber sie waren stabil und zuverlässig. Daß die Modelle mit Kettenantrieb bis Mitte der 20er Jahre hergestellt wurden, war hauptsächlich darauf zurückzuführen, daß es schwierig war, haltbare Hinterachsgetriebe für die wirklich schweren Transporte zu konstruieren (noch um 1940 stellte die amerikanische Firma Mack große Lastwagen mit Kettenantrieb her). Ein Kardanantrieb würde ein teures Herabschalten in zwei Stufen fordern, außerdem war Kettenantrieb billig, zuverlässig und einfach.

Die großen Lastwagen mit massiven Reifen waren langsam, von 18 km/h bei den größeren bis zu 25 km/h bei z.B. den kleinen CL-Wagen. Das war jedoch kein größerer Nachteil im Hinblick auf die damaligen schlechten Straßenverhältnisse und die kurzen Transportabstände.

Auch die Landesverteidigung begann sich für Lastwagen zu interessieren. Zu Anfang hatte man vorgezogen, Wagen zu mieten, aber 1910 hatte die Armee ihren ersten Lastwagen gekauft, einen Tidaholm, der in Jämtland in Nordschweden zum Einsatz kam. 1912 nahm man eine längere Probefahrt mit einem 2 t Scania-Vabis vor, und stellte große Lieferungen für die Zukunft in Aussicht.

Die Nachfrage nach Automobilen war während der Jahre direkt vor dem Ersten Weltkrieg in Schweden und in den Nachbarländern sehr gut. Das veranlaßte Scania-Vabis, Montage und

Katarina Feuerwehr in Stockholm hatte Ende der 10er Jahre nur Wagen von Scania-Vabis.

Die meisten großen Leiter- und Spritzenwagen wurden auf DLa/sp-Fahrgestelle gebaut, die den großen K-1-Motor von bis zu 60 PS hatten und einen Rahmen, der hinten für die Montage einer Pumpe vorbereitet war. Dieser Wagen ging 1915 nach Malmö.

Mannschaftswagen waren mindestens ebenso wichtig wie Leiterwagen und wurden in großer Anzahl auf gewöhnliche Lastwagenfahrgestelle gebaut.

Produktion im Ausland zu planen.

Das erste Resultat dieser Pläne kam am 1.April 1913, als man die Firma Dansk A/S Scania-Vabis bildete, deren Aktienkapital sich völlig in schwedischem Besitz befand. Die Firma begann als eine Montagefabrik in Kopenhagen, aber bald stellte man auch Personen- und Lastwagen deutschen Ursprungs her. Dort wurden auch eine Reihe eigener Konstruktionen ausgeführt, u.a. ein großer V8-Motor. Ende Juli 1913 war die neue Anlage fertig. Zu Anfang arbeiten 30 Mann in der Werkstatt.

1914 stellte die Södertäljefabrik zwei neue Motoren- und Personenwagentypen vor, die den Personenwagen deutschen Ursprungs, die in Scania-Vabis Kopenhagenfabrik hergestellt wurden, nahe verwandt waren. Die Wagen wurden Typ I 22 PS (2121 mit Motortyp 1241) und Typ II 30 PS (2134 mit Motortyp 1343) genannt. Der dritte Typ der neuen Serie Typ III 50 PS (2154 mit Motortyp 1546) wurde erst 1917 vorgestellt, aber dessen Motor kam in Lastwagenversion (1545) bereits 1915 vor. Der vierte Motortyp (Typ IV/1741) war nur für Lastwagen vorgesehen (er wurde nie in einen Personenwagen eingebaut) und wurde 1916 vorgestellt.

Die neuen Automobiltypen unterschieden sich

Die Grundlage für die Herstellung von Pkws und leichten Lkws bei Dansk A/S Scania-Vabis war eine deutsche Konstruktion, Der Dessauer Typ E324 8/24 PS, 1912–13 von Anhaltische Automobil- und Maschinenfabrik in Dessau hergestellt. Als diese Firma Pleite machte, kaufte Dansk A/S Scania-Vabis das Recht zur Konstruktion und begann 1914 mehrere Varianten zu verkaufen.

S.V.1 (oben links) war die deutsche Ursprungskonstruktion (4x74x120 mm, 2.064 cc, 24 PS). S.V.2–S.V.4 hatten (außer S.V.2) einen längeren Achsabstand (oben rechts ein S.V.3) und einen größeren Motor (4x80x120 mm, 2.412 cc, 28 PS). Die S.V.5–S.V.7 Wagen waren identisch mit dem in Södertälje hergestellten Typ II/1343 und wurden vermutlich fertig aus Schweden importiert.

Leichte Lastwagen (rechts, der oberste wohl ein CLa 750 kg und darunter ein CLa 1,5 t – trotz der Schwedischen Bezeichnungen waren die Wagen ganz anders) wurden auf verstärkte und verlängerte Personenwagenfahrgestelle mit halbelliptischen Federn hinten gebaut. Die größeren Lastwagen wurden aus der Malmöfabrik importiert.

Oberingenieur Frederik Christian Rasmussen konstruierte 1916–17 einen V8-Motor (V8x80x120 mm, 4.825 cc, 50 PS) (unten links), in 25 Exemplaren hergestellt und in Personenwagen, Krankenwagen, Einsatzwagen usw. benutzt. Einen der Wagen holte man Anfang der 20er Jahre nach Södertälje (unten rechts). Die schwedische Scania-Vabis verkaufte 1922 ihren Anteil in der dänischen Firma, die während der 10er Jahre Getriebe, Steuerschnecken und Differentiale nach Malmö lieferte.

von den älteren 2S und 3S durch ihren runderen Kühler (einige Wagen, besonders Typ II und III, erhielten moderichtig einen spitzen Kühler).

Der neue Typ I war ein ziemlich kleiner Wagen mit einem 4-Zylinder Seitenventilmotor von 2,1 l und 22 PS bei 1.800/min. Der Typ wurde von 1914–28 in 305 Exemplaren geliefert. Achsabstand 2,97 m oder 3,12 m für die verlängerte Version (2121-F), die 1918–28 geliefert werden konnte.

Die Wagen hatten ein konventionelles Fahrgestell mit U-Trägern und halbelliptische Federn vorn und dreiviertelelliptische Federn hinten. Der Motor war, um die Vibrationen zu verringern, in einem Nebenrahmen aufgehängt, was auch für das Getriebe zutraf. Der Benzintank war unter der Haube angebracht. Vergaser von Zenith, Magnetzündung von Bosch, Thermosiphonkühler, Konuskupplung mit Zwischenwelle zur Übertragung der Kraft an das separat montierte 4-Gang-Kulissengetriebe. Dahinter eine Kardanbremse mit äußeren Bremsbacken, die von der Fußbremse beeinflußt wurde, komplettiert mit handbetätigter, auf die Hinterräder wirkende Bremse. Die Wagen hatten Kardanrohrantrieb, d.h. die Kardanwelle war in ein Rohr eingekapselt, das teilweise als Stütze für die Hinterachse diente. Die Hinterachse war halbentlastet und versehen mit zwei groben nach vorn gerichteten Reaktionsstegen. Die Reifendimension war 765x105, größere Reifen konnten jedoch bestellt werden, und der Wagen war als Standard mit Holzspeichenrädern mit abnehmbaren

Das 1914 vorgestellte, weiterentwickelte Lastwagenfahrgestell konnte man an den nach innen gewandten Flanschen der Seitenträger, sowie an dem abgerundeten Kühler erkennen. Bei den älteren Lastwagen waren Getriebe und Differentialgetriebe zusammengebaut, jetzt hatte man das Getriebe näher dem Motor plaziert. Der Wagen ist vermutlich ein ELa von 1915.

Das Expreßbüro in Helgum auf einem Ausflug mit den Ortsbewohnern in dem neuen Lastwagen. 1914.

Die kleineren Lastwagen sehen viel geschmeidiger aus als ihre kräftigen Brüder. Dieser CLc wurde 1915 geliefert. Lastwagen fuhren selten im Dunkeln, und die Beleuchtung war unzureichend.

Felgen ausgerüstet. Die Höchstgeschwindigkeit wurde mit 65 km/h angegeben, und der Preis für einen 5-sitzigen offenen Wagen mit Verdeck betrug 7.800 Kronen (mit Variation abhängig von der Ausrüstung).

Die Wagen Typ II hatten einen 4-Zylinder Seitenventilmotor von 2,8 l und 30 PS mit Magnetzündung (doppelt auf Verlangen). Das Modell wurde 1914–20 in 110 Exemplaren hergestellt. Zum Unterschied von dem kleineren Modell hatte dieser Wagen eine Kühlung mit Pumpe, und das Triebrad war so ausgeformt, daß es half, den Motorraum von Luft zu entleeren (ebenso wie bei dem kleineren Modell war es unten eingekapselt). Die Kupplung war eine mehrscheibige Feuchtlamellenkupplung, und die Kraftübertragung auf das 4-stufige Kulissengetriebe erfolgte über eine Zwischenwelle. Auch dieses Modell hatte Kardanantrieb. Die Antriebsachsen waren ganz entlastet. Achsabstand 3,14 m (die verlängerte Version 2134-F, 3,34 m), Spurbreite 1,40 m, Reifendimension 820x120 mm, Holzspeichenräder mit abnehmbaren Felgen. Der Benzintank faßte 79 l und war hinten montiert. Höchstgeschwindigkeit 75 km/h. Der Motor war mit Scania-Vabis eigenem Vergaser versehen. Das Fahrgestell erinnerte an das des kleineren Modells, bei dem Prototyp scheint man jedoch die Kardanbremse übergeben zu haben, und Hand- und Fußbremse wirkten auf die Bremstrommeln an den Hinterrädern mit inneren Bremsbacken. Die Serienwagen hatten das gleiche Bremssystem wie der kleinere Wagen. Nachdem die Zündstifte und ihre Leitungen von einem Gehäuse verdeckt waren, sah es aus als hätte der Wagen Oberventilmotoren.

Die neuen Modelle waren als Droschken und Luxuswagen zu erhalten, sowie auch mit mehreren verschiedenen Personenwagenkarossen wie Krankenwagen, Paket- und Lieferwagen und leichte Lastwagen.

1914 hatte Nordeman im Aufsichtsrat den Vorschlag geweckt, einen Fuhrwerksbetrieb in eigener Regie einzuleiten, einmal um die Beschäftigung zu erhöhen und außerdem, weil seiner Ansicht nach die Fuhrbetriebe zu langsam zu Lastwagen übergingen. Jedoch schob der Weltkrieg diesen

1911–1920

Plänen einen Riegel vor.

1915 wurde Ingenieur Erik Hedlund Geschäftsführer und Mehrheitsbesitzer in der neugebildeten Scania-Vabis Verkaufsgesellschaft und war die treibende Kraft hinter Scania-Vabis Ausbau der Verkaufsorganisation. Anfang 1915 hatte Scania-Vabis Vertreter in Göteborg, Malmö, Norrköping, Helsingborg, Jönköping, Köpenhamn, Kristiania, Helsingfors und Petrograd (seit 1914 der neue Name für St. Petersburg). In Göteborg und Malmö gab es Aus-

Von links: Ein 6 t GLa 1915 für die Carlsberg Brauerei in Kopenhagen, ein 2 t Einachsanhänger, ein DLa 1917 mit kräftiger Überlast (im Besitz von J.A. Krantz in Uppsala) und ein DLa 1914 mit Tank von 3.600 l.

stellungsräume, und ein solcher wurde Anfang 1916 auch in Stockholm eröffnet. Bereits im Jahre vorher hatte Hedlund in Petrograd eine Werkstatt eröffnet für den Zusammenbau von Teilen der nach Rußland gelieferten Fahrzeuge. Dort waren etwa 40 Mitarbeiter angestellt, aber Anfang 1915 requirierte das russische Militär die Werkstatt. Das hinderte jedoch nicht, daß der Export nach Rußland 1915 und bis Mitte 1917 bedeutend war. Insgesamt wurden ca. 22 Lastwagen, 35 Personenwagen und Fahrgestelle, einige Bohranlagen, sowie eine Draisine nach Rußland verkauft. Bereits 1912 wurde ein spezialgebauter Einsatzwagen für das Wasserwerk in St. Petersburg geliefert, und auf der Vierten Internationalen Automobilausstellung in St. Petersburg stellten sowohl Scania-Vabis als auch Tidaholm aus.

Die Lastwagen der Malmöfabrik entwickelten sich mit Ausnahme der neuen Rahmenkonstruktion 1914 während der 10er Jahre nur wenig. Außer den Malmö-Motoren wurden verschiedene der älteren in Södertälje hergestellten Motoren geliefert. Ab 1916 benutzt man jedoch nur die neuen Motortypen, und die alten Scania-Motoren verschwanden aus den Lastwagen. Der erste Motor des neuen Programms war jedoch schon 1915 für sechs DLa-Wagen benutzt worden. Bei den neuen Motortypen für Lastwagen waren außer dem Motorblock auch

Scania–Vabis Lastwagen (hergestellt in Malmö) 1911–27

Typ	Last	Motor	Jahr	Anzahl	Vermerke
ALa	0,5	G, H, G4A, G42	1911–14	6	Kardanantrieb
CLa	1–1,5	H, M, G42	1912–14	5	Kardanantrieb
CLb/CLc	1,5–2/2–3	H, L, G42, 1344, 1346, 1442	1911–25	361	
DLa	3–4	L, F4A, F43, 1545	1911–26	308	
ELa	4–5	I, L, F43, 1545	1912–26	91	
FLa	5–6	K, 1741	1911–24	32	
GLa	6	K, 1741	1914–23	31	
DLa/sp		K-1, 1741	1912–23	43	Für die Feuerwehr
CLc/sp		F43, 1545	1914–20	9	Spezialfahrgestell
T-1		1546	1919	5	Für die Feuerwehr
T-3		1741	1917–20	6	Artillerietraktor
CLb/CLc	2/2,5	1442, 1444, 1544	1923–27	185	Kardantrieb
6 ton	6	1741	1924–26	2	3-achsig, Kardan
3,5 ton	3,5	1544	1926	1	3-achsig, Kardan

Die Södertäljefabrik lieferte 1911 sechs Lastwagen (siehe S. 75).

Die neuen Typen I und II erfreuten sich großer Beliebtheit bei den Droschkenbesitzern, in Stockholm waren viele Scania-Vabis-Wagen in Betrieb. Das Bild ist aus Stockholm. Der vierte Wagen kann ein französicher Vinot et Deguingard sein (oben).

Von links: ein sehr früher Typ I mit offener Karosse und dem gewöhnlichen Kühler, ein Typ I, der 1919 spezialbestellt mit spitzem Kühler an einen Tierarzt in Malmö verkauft wurde, sowie ein Typ I mit Limousinenkarosse, etwas was eigentlich nur bei den größeren Typen vorkam.

die obere Hälfte des Schaftgehäuses aus Gußeisen (bei Personenwagen waren die obere und untere Hälfte des Schaftgehäuses aus Leichtmetall). Der große IV-Motor kam nur in dem speziellen Feuerwehrwagen-Fahrgestell DLa/sp und in den schwersten Lastwagenmodellen Typ FLa und GLa vor.

Wie bei so vielen anderen Unternehmen führte der Erste Weltkrieg auch bei Scania-Vabis zu einem Aufschwung. Auch wenn das neutrale Schweden mobilisiert hatte und abgesperrt war, bestand ein großer Bedarf an Armeefahrzeugen; gleichzeitig hörte der Import von ausländischen Fahrzeugen auf. Die Bestellungen der Armee gingen deshalb an die beiden schwedischen Kraftwagenfabrikanten Scania-Vabis und Tidaholm.

Im Frühjahr 1916 erprobte man eine Reihe von Scania-Vabis Lastwagen auf einer strapazenreichen, 14-tägigen Fahrt von Stockholm über Östersund nach Boden im höchsten Norden. Alle Wagen kamen ins Ziel trotz beachtlicher Schwierigkeiten, wenn die schweren, kettengetriebenen Fahrzeuge in die weichen und spurigen Landstraßen einsanken. Als Resultat dieser Fahrt bestellte die Armee im Sommer 1916 20 Stück 1,5 t Lastwagen für Lieferung 1917.

Die Firma konstruierte auch einen Motorlastzug mit einem als Zugmaschine modifizierten Typ II (3131), der außer dem konusförmigen Hinterachsgetriebe mit zwei zylindrischen Getrieben versehen war (acht Vorwärtsgänge), und der zwei einachsige Wagen zog. Dieser Fahrzeugtyp war u.a. für Krankentransporte von 20 Personen vorgesehen. Es bestand die Absicht, die Belastung so zu verteilen, daß der Lastzug auch auf Straßen fahren konnte, die normalerweise dem Gesamtgewicht von 2,5 t nicht standhielten. Von dieser Zugmaschine wurde nur ein Exemplar hergestellt, aber drei derartige Fahrgestelle wurden als leichte

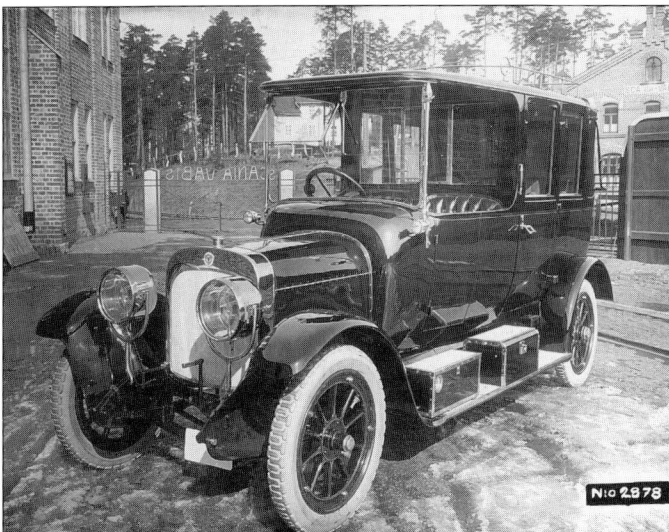

Lieferwagen mit Ladepritsche verkauft.

Der Krieg war einträglich für Scania-Vabis. Die Lieferungen an die Landesverteidigung gaben Einkünfte und Reklame, und gleichzeitig konnte man einen großen Teil des einheimischen Marktes erwerben, während die Konkurrenten eine zeitlang aus dem Spiel waren. Das Problem war die ungenügende Kapazität.

Im August 1916 legte Nordeman dem Aufsichtsrat seine Zukunftspläne vor, und in einem Memorandum zeichnete er die Zukunft in vier Schritten. Die ersten drei Schritte hatte man bereits durchführen können (es handelte sich um den Ausbau in Södertälje und Malmö), während der vierten Schritt erst 1920 erfolgen sollte. Laut Nordemans Berechnungen Mitte der 20er Jahre würde man 2.620 Arbeiter in Södertälje und 200 in Malmö beschäftigen, und man würde 400 Lastwagen und 1.100 Personenwagen herstellen. Der Jahresumsatz würde sich auf 25 Millionen Kronen belaufen.

Ein umfangreicher Um- und Ausbau von Scania-Vabis laut den Plänen von Nordeman war zum Teil bereits eingeleitet und man setzte jetzt damit fort. 1915 und 1916 wurde die Lastwagenfabrik in Malmö ausgebaut. Im Mai 1916 erhielt sie elektrischen

Ein Typ II mit Luxuslimousinenkarosse mit gewölbtem Dach und Windschutzscheibe mit gerundeten Ecken, sowie mit einer offenen Phaetonkarosse für den Sommer geliefert.

Kronprinz Gustav Adolf kaufte im April 1915 einen Typ II Spezial, der einen anderen Kühlertyp hatte als die übrigen Typ II-Wagen. Die Karosse hatte englische Züge, möglicherweise wurde sie importiert.

1920 wurde Typ II/2134 zu Typ IIa/2135 weiterentwickelt, im Aussehen war der Unterschied jedoch gering. Dieser IIa hat eine Limousinenkarosse mit einer V-Windschutzscheibe.

Strom von der südschwedischen Kraftgesellschaft und neue Heizungs-, Wasser- und Abwasserleitungen. 1917 wurde eine neue Rahmenwerkstatt errichtet und 1918 kaufte man mehrere angrenzende Gebäude und Grundstücke in Hinblick auf einen weiteren Ausbau.

Auch die Komponenten- und Personenwagenfabrik in Södertälje wurde 1916 und 1917 erweitert und modernisiert. Man errichtete eine Stahl- und Metallgießerei und eine Schmiede- und Preßwerkstatt. Im Juni 1917 wurde die Fabrik elektrifiziert, und man war endlich den alten Dampfbetrieb mit seiner schmutzigen Kohlebefüllung los und der Maschinenpark konnte nach und nach mit separaten elektrischen Motoren versehen werden.

Da Schweden aufgrund des Krieges zum großen Teil von der Außenwelt abgesperrt war, entstand ein Mangel an Rostoffen und Komponenten, was seinerseits bedeutete, daß man in immer größerem Umfang auch diese Teile innerhalb des Konzerns herstellen mußte. 1917 kaufte Scania-Vabis Bruzaholms AB bei Jönköping, um den Bedarf an Gußeisen und Werkzeugmaschinen einzudecken, und 1918 kaufte man Larsbo-Norn AB in Hedemora, um die Lieferungen von Qualitätsstahl sicherzustellen. Während der zwei ersten Kriegsjahre verdreifachte Scania-Vabis fast den Umsatz von knapp 2 Millionen auf gut 5 Millionen Kronen.

Diese enormen Investitionen forderten viel Kapital und durch eine Reihe von Neuemissionen wurde das Aktienkapital von 1914 bis 1920 von 1,2 Millionen auf 12,5 Millionen Kronen aufgestockt. Durch die vorgenommene Neuausgabe von Vorzugsaktien erhielten die neuen Aktionäre trotz ihrer stimmenschwachen Aktien einen dominierenden Einfluß über das Unternehmen. Scania-Vabis wurde dadurch ein Unternehmen in der Wallenberg-Sphäre.

Die Konstrukteure des Unternehmens hatten unter Hochdruck gearbeitet, und außer den genannten Motortypen wurden 1916 auch ein Flugzeugmotor Mc (1661) und ein riesiger V8-Motor von 15,7 l und 140 PS (Ma) vorgestellt.

Der Flugzeugmotor war jedoch eine Kopie des

deutschen wassergekühlten Mercedes-Motors (6x120x140 mm, 9.500 cc), der von der Daimler-Motoren-Gesellschaft hergestellt wurde und der u.a. in den deutschen Albatros-Flugzeugen benutzt wurde. Die schwedische Armee beschlagnahmte im Juli 1914 ein Albatros-Flugzeug, das sich auf dem Weg zu Flugvorführungen in St. Petersburg bei der Landung in Stockholm überschlagen hatte. Das Flugzeug wurde vom schwedischen Staat eingelöst, gemessen und abgezeichnet, um dann von vier schwedischen Flugzeugherstellern hergestellt zu werden; unter diesen befand sich Södertelge Verkstäder, die eine Flugzeugabteilung hatten. Die in Schweden verunglückte Albatrosmaschine hatte einen Motor von 100 PS, aber für die in Schweden hergestellten Flugzeuge benutzt man zu Anfang sechs importierte, gebrauchte Daimler-Mercedes-Motoren von 100 PS. Diese Motoren hatten einen sehr guten Ruf und besaßen eine Reihe von Rekorden, u.a. Dauerflugrekord von 24 Stunden und 12 Minuten, aufgestellt mit einem Albatros, und den Höhenrekord von 8.100 m.

Auf Initiative von Södertelge Verkstäder leitete man Verhandlungen mit Scania-Vabis über Herstellung von Kopien dieses Motors ein. Hieraus ergab sich ein Abkommen über die Lieferung von

Typ I und Typ II wurden als leichte Lieferwagen und auch als Krankenwagen geliefert. Der Wagen links ist ein Typ II, der kleinere mit den eleganten gepolsterten Sitzen ist ein Typ I. Beide haben Azetylenscheinwerfer und der Motor wird natürlich angekurbelt.

Ein Typ II-Fahrgestell war die Grundlage für diesen „Motorzug", der bis zu 20 Verwundete befördern konnte. Die Zugmaschine hatte durch zwei alternative zylindrische Getriebe acht Vorwärtsgänge. Einige dieser Fahrgestelle wurden als leichte Lastwagen verkauft.

zunächst sechs Motoren. Im September 1915 wurden die ersten schwedischen Albatross-Maschinen von Södertelge Verkstäder geliefert, und im September 1916 konnte Scania-Vabis die ersten Kopien dieses Motortyps von 110 PS bei 1.350/min liefern (Gewicht 195 kg). Von dem Motor wurden dann 30 Exemplare hergestellt (sechs gingen nach Norwegen). Später wurden Angebote auf größere und stärkere Motoren (6x145x160 mm, 15.853 cc, 160/180 PS bzw. 6x165x180 mm, 23.093 cc, 260/300 PS) angefordert, der Reichstag von 1917 beschloß jedoch, diese Motoren nicht zu bestellen.

Im August 1914 war Gustaf Erikson zurückgekehrt (er hatte die Firma 1910 aufgrund der Kritik über den zu langsamen Ausbau der Automobil- und Motortätigkeit und die schlechten Resultate verlassen müssen). In der Zwischenzeit war er bei Wiklunds in Stockholm angestellt, die eine zeitlang die Herstellung von Automobilen erwogen hatten. Seine Aufgabe war nun, sich an der Konstruktion eines neuen und kräftigen V8-Motors für den Einsatz im Werk und in Booten zu beteiligen.

Dieser große V8-Motor von 140 PS bei 1.150/min war für Benzin- oder Spiritusbetrieb vorgesehen und vermutlich ursprünglich als Schiffsmotor gedacht (er wurde komplett mit Benzinbetrieb und

Reversiervorrichtung angeboten und hatte eine Leistung von 115 PS). Kein solcher Motor wurde verkauft, und die acht hergestellten Motoren wurden alle für den Antrieb von Elektromotoren in Zugmaschinen für den Eisenbahngebrauch benutzt. Die Zylinder hatten austauschbare Zylinderköpfe, in zwei Ausführungen, für Spiritus- und Benzinbetrieb. Der Motor trieb einen Generator im Maschinenraum, der seinerseits Strom an zwei Motoren lieferte, die in der einen Doppelachse der Zugmaschine montiert waren und durch Zahnradgetriebe die Kraft an die Achsen übertrugen. Die V8-Motoren waren wassergekühlt; die Kühler befanden sich auf dem Dach der Zugmaschine.

Erikson konstruierte noch weitere Spiritusmotoren (4-Zylinder von 31 bis 95 PS), die er in Produktion setzen wollte, wenn er einmal Scania-Vabis verlassen hatte. Er arbeitete auch mit verschiedenen Vergaserkonstruktionen, welche er patentieren ließ. Im Herbst 1917 verließ er Scania-Vabis, um in Uppsala die Firma AB Spritmotorer zu gründen, die Motoren und den von ihm konstruierten Asmo-Saugvergaser herstellen sollte. Die Fabrik wurde jedoch von der Depression betroffen, und als Erikson 1922 nach einer längeren Krankheit starb, war die Fabrik nicht sehr weit gekommen. Ein amerikanisches Patent auf den Vergaser soll ungefähr zur Zeit seines Todes genehmigt worden sein.

Der dritte Typ in Scania-Vabis neuem Personenwagenprogramm wurde 1917 vorgestellt. Dieser Typ III (2154, 1920 lieferte man auch ein Exemplar mit verlängertem Achsabstand, 2154-F) war größer als die beiden anderen mit Achsabstand 3,56 m

Der von Scania-Vabis hergestellte Flugzeugmotor für die in Schweden gebauten Albatross-Flugzeuge war eine reine Kopie eines Daimlermotors. Die Flugzeuge wurden bei Södertelge Verkstäder gebaut und waren Kopien von deutschen Albatros-Flugzeugen.

Dieser 15 l V8-Motor (V8x125x160 mm, 15.708 cc) war zum großen Teil eine Konstruktion von Gustaf Erikson. Obgleich er als Bootmotor gedacht war, gelangte er zur Anwendung, um Generatoren in Eisenbahnmotorwagen anzutreiben.

und Spurbreite 1,40 m. Das Modell wurde von 1917 bis 1920 in 51 Exemplaren hergestellt.

Typ III hatte ebenso wie die kleineren Typen einen 4-Zylinder Seitenventilmotor (1546) von 5,03 l und 50 PS bei 1.600/min und hatte einen Gußeisenblock und eine obere Schaftgehäusehälfte aus Leichtmetall. Der Motortyp 1545 von 45 PS war für Lastwagen vorgesehen und ganz aus Gußeisen hergestellt (Lastwagen hatten einen Drehzahlregler, was die Leistungsangaben niedriger machte).

Während die Motoren Typ I und Typ II Einblockmotoren waren, hatte der Motor Typ III zwei Zylinderblöcke auf einem gemeinsamen Schaftgehäuse. Auch dieser Motor hatte Magnetzündung und Wasserpumpe. Der Anlaßmotor gehörte nicht zur Standardausrüstung, kam aber in vielen der gelieferten Wagen vor. Der Vergaser war entweder ein Zenith oder von Scania-Vabis eigener Konstruktion. Das 4-Gang-Kulissengetriebe war auch hier separat montiert und die Kupplung war ein Feuchtlamellentyp. Die Fußbremse wirkte auf eine Kardanbremse mit äußeren Backen direkt hinter dem Getriebe, und die Kardanachse war in der Mitte gelagert. Auch dieses Modell hatte einen Kardanrohrantrieb. Die Hinterradbremsen hatten innere Backen, die mit einem Hebel manövriert wurden; die Federn waren vorn halbelliptisch und hinten dreiviertelelliptisch.

Typ III war ein Luxuswagen, der den 3S ersetzen sollte und aus natürlichen Gründen nur in wenigen Exemplaren gefertigt wurde. Das Fahrgestell wurde auch für eine Reihe von anderen Zwecken benutzt, für Lieferwagen, Krankenwagen und auch

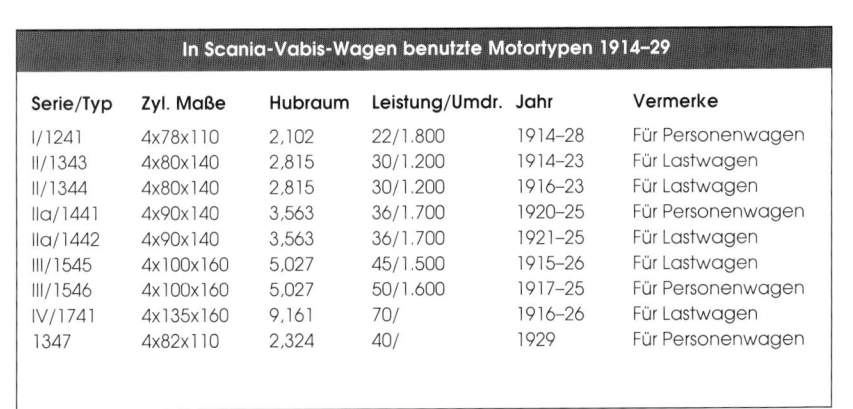

Serie/Typ	Zyl. Maße	Hubraum	Leistung/Umdr.	Jahr	Vermerke
I/1241	4x78x110	2,102	22/1.800	1914–28	Für Personenwagen
II/1343	4x80x140	2,815	30/1.200	1914–23	Für Lastwagen
II/1344	4x80x140	2,815	30/1.200	1916–23	Für Lastwagen
IIa/1441	4x90x140	3,563	36/1.700	1920–25	Für Personenwagen
IIa/1442	4x90x140	3,563	36/1.700	1921–25	Für Lastwagen
III/1545	4x100x160	5,027	45/1.500	1915–26	Für Lastwagen
III/1546	4x100x160	5,027	50/1.600	1917–25	Für Personenwagen
IV/1741	4x135x160	9,161	70/	1916–26	Für Lastwagen
1347	4x82x110	2,324	40/	1929	Für Personenwagen

In Scania-Vabis-Wagen benutzte Motortypen 1914–29

für verschiedene Typen leichter Lastwagen.

Ebenso wie sein Schwesterfahrzeug war dieser Wagen seiner Konstruktion nach typisch deutsch.

Die Serie enthielt einen noch größeren Motor Typ IV (1741), der ganz aus Gußeisen war. Dieser große 4-Zylindermotor von 9,16 l entwickelte 70 PS. Er wurde von 1916–26 hergestellt und nur für Lastwagen und Feuerwehrwagen benutzt, niemals für Personenwagen.

Die für Typ I, II und III manchmal angegebenen höheren Leistungen waren „Reklamepferdestärken" und entsprachen nicht der Wirklichkeit.

1917 konstruierte Scania-Vabis für die Armee einen 4-radgesteuerten, 4-radgetriebenen Artillerietraktor (eigentlich ein sehr kräftiger Lastwagen). 4-radgetriebene Fahrzeuge waren im Ersten Weltkrieg in der amerikanischen Armee viel zur Anwendung gelangt, und mehrere Fabrikanten rechneten damit, daß nach dem Krieg die Nachfrage groß sein würde; eine Hoffnung, die sich jedoch nicht erfüllte. Das Fahrzeug wurde T-3 genannt und hatte den größten Motor von 70 PS Typ IV (1741) und ein 4-Gang-Getriebe. Die Kraftübertragung erfolgte mittels Kardanwelle und die Räder wurden mit Hilfe von zylindrischen Zahnrädern getrieben, die in Zahnkränze auf der Innenseite der Räder eingriffen (Ritzelantrieb). Der Motor saß an dem einen Ende unter der enormen Motorhaube, und beide Enden hatten eine Lenkvorrichtung, so daß der Fahrer beim Rückwärtsfahren in Fahrrichtung gewendet sitzen konnte. Die Absicht war jedoch, daß der Wagen normal mit dem Motor vorn gefahren werden sollte. Achsabstand 3,74 m. Bei dem ersten Exemplar waren die Räder mit ausgebauten Flanschen ausgerüstet, die verhindern sollten, daß das Fahrzeug bei weichem Boden einsank.

Der Traktor wog ungefähr 7 t und die Zugkraft wurde mit 4,2 t angegeben, d.h. laut Werksangabe sollte er in Steigungen bis zu 1:7 einen Anhänger von 11,5 t ziehen können.

Eine spätere Entwicklung war das Fahrgestell mit 4-Radantrieb, jedoch nicht 4-radgelenkt, das für Feuerwehrwagen benutzt wurde. Es wurde T-1

Scania-Vabis Typ III kam mit großen, schönen Karossen besonders zu seinem Recht. Hier ein Phaeton mit sog. Tulpenkarosse, unten schmal und oben breit, um das heruntergeklappte Verdeck verbergen zu können.

Ebenso wie der große 3S erhielt Typ III auch schon eingerichtete Luxuskarossen. Das Bild stammt aus Scania-Vabis Ausstellungsräumen in Stockholm 1919, und der Grund, daß der Wagen keine Reifen hat, ist der damalige Reifenmangel. Der Kunde mußte sich selbst Reifen besorgen.

Eine Werbeanzeige für Gustaf Eriksons Asmo-Vergaser, hergestellt von der Firma, unter der er arbeitete, nachdem er Scania-Vabis verlassen hatte.

genannt und bis 1919 in fünf Exemplaren hergestellt. Diese fünf Feuerwehrwagen hatten Motoren Typ III von 50 PS, jedoch nicht in der gewöhnlichen Lastwagenausführung in nur Gußeisen, sondern die obere Hälfte des Schaftgehäuses war aus Leichtmetall wie in den Personenwagen (vermutlich im Hinblick auf das Gewicht). Der Achsabstand war 3,55 m und jedes Vorderrad wurde von einer separaten Kardanwelle und einem Verteilergetriebe getrieben. Der Gedanke war, daß diese Feuerwehrwagen auch auf sonst unbefahrbaren Wegen und im Gelände fahren konnten.

Scania-Vabis hatte außer diesem Typ sieben Haupttypen von Feuerwehrwagen, von leichten Inspektions-, Befehls- und Übungswagen die auf den Typen I und II bauen, bis zu schweren Geräte- und Einsatzwagen, Spritzenwagen, Mannschaftswagen, Beleuchtungswagen und Leiterwagen mit Motoren von 30 bis 70 PS. In Stockholm waren alle Feuerwehrwagen und Krankenwagen von Scania-Vabis (mit Ausnahme der allerältesten Motorspritze, einer N.A.G. 1912, die an der Löscharbeit beim Brand bei Scania-Vabis 1913 teilgenommen hatte, wo sie in 55 Minuten von Stockholm nach Södertälje fuhr).

Anfang 1917 startete Scania-Vabis eine neue Gesellschaft in Norwegen, Norsk Automobilfabrik Scania-Vabis, die eine Fabrik in Moss außerhalb von Oslo, damals Kristiania, errichtete. Es sollte eine Montagefabrik für Motoren und Wagen sein, und die Teile sollten aus Schweden kommen. Norwegisches Kapital gehörte zu den Voraussetzungen.

Im April 1919 hatte die Södertäljefabrik einen neuen Disponenten bekommen, Herrn Axel Claesson, der seit 1912 Fabrikchef in Malmö war. Neuer Fabrikchef wurde der frühere Chef des Zeichenbüros Oskar Skogsberg.

Während der Hochkonjunktur des Ersten Weltkriegs hatte Scania-Vabis sehr gute Geschäfte gemacht, aber nun folgte eine kräftige Deflation. Die Nachfrage nach Waren und Dienstleistungen sank, die Preise stiegen und damit verringerte sich der Geldwert. Das hatte katastrophale Folgen. Als der

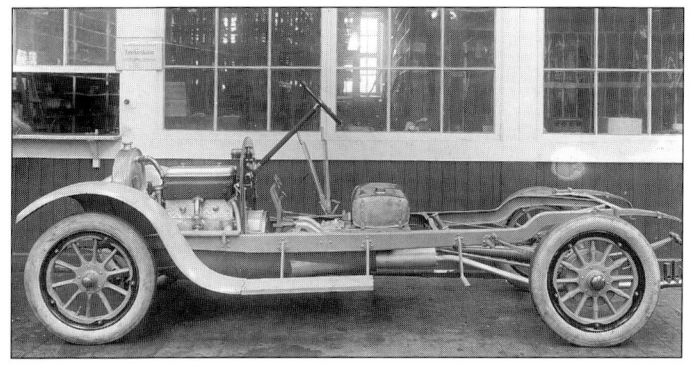

Verkauf abnahm, sah man sich gezwungen, die Preise zu senken, die Kunden hatten Schwierigkeiten, auf Kredit gekaufte Fahrzeuge zu bezahlen oder machten Konkurs. Die während der Kriegsjahre aufgenommenen Darlehen, erwiesen sich als immer problematischer für die Firma.

Die Hoffnungen, die der Aufsichtsrat, insbesondere Per Nordeman, hatte, daß Scania-Vabis nach den guten Kriegsjahren die Welt für ihre Produkte öffnen konnte, war damit zusammengefallen. Nordeman hatte mit einer kräftigen Erhöhung des Automobilverkehrs gerechnet und sich auf eine Herstellung in großem Umfang vorbereitet.

Noch im Frühjahr 1919 hatte Nordeman große Hoffnungen, daß die Situation sich bessern würde. Im Mai schrieb er ein Memorandum über einen eventuellen Zusammenschluß zwischen Scania-Vabis und AB Thulinverken in Landskrona. Thulinverken hatte nach dem Krieg Absatzschwierigkeiten für ihre Flugzeuge und Motoren. Enoch Thulin war von dem Posten als Geschäftsführer zurückgetreten und sein Nachfolger war Anders Håkansson, der früher in Deutschland gearbeitet hatte und nun eine Automobilherstellung plante.

Die Thulinverken hatten eine große Fabrik mit einem umfassenden Maschinenpark, und Nordeman sah in einem Zusammenschluß viele Vorteile. Einer der Gründe war, daß in Södertälje Arbeitskräfte fehlten und Nordeman wollte deshalb die Herstellung an Orte verlegen, wo bereits ausgebildete Arbeitskraft vorhanden war. Sein Plan war, daß man in Landskrona Motoren für sämtliche Automobil- und Kraftwagentypen herstellte, in Kopenhagen alle Getriebe, und daß die Personenwagen in Södertälje, und Lastwagen und Spezialfahrzeuge in Malmö zusammengebaut wurden.

Um die vorübergehende wirtschaftliche Flaute zu überbrücken, hatte Nordeman gehofft, der Firma ein Darlehen verschaffen zu können. Die Depression und die Inflation im Zusammenhang mit der allgemeinen Unruhe auf dem Arbeitsmarkt hatte katastrophale Folgen für Scania-Vabis. Nachdem Streiks und Arbeitskräftemangel in Södertälje ein Problem waren, erwog die Geschäftsführung eine zeitlang, alle Herstellung nach Malmö zu überführen, wo die Verhältnisse viel ruhiger waren.

Beim Buchschluß im August 1919 sah sich Scania-Vabis gezwungen, große Abschreibungen vorzunehmen. Im Herbst konzentrierte man seine Einsätze auf den Verkauf in der Hoffnung, den weichenden

Die Fotografien zeigen, daß die Fahrgestelle für die Typen I, II und III viele gemeinsame Züge hatten, sich jedoch hinsichtlich ihrer Größe stark unterschieden. Achsabstände 2,97, 3,14 und 3,46 m.

Auftragseingang verbessern und die Zahlungsbilanz wieder herstellen zu können.

Im August 1919 zog Scania-Vabis Hauptverwaltung nach Stockholm, Stureplan 4, neben den Räumen der Verkaufsgesellschaft. Auch die technische Leitung mit Oberingenieur Anton Svensson an der Spitze zog in die neue Hauptverwaltung ein. Es ist möglich, daß man hoffte, von einer zentraleren Lage den Markt besser überwachen zu können.

Nordeman ergriff im Herbst 1919 Maßnahmen, die fast als desperat bezeichnet werden können. Als die Situation für das Unternehmen immer unhaltbarer wurde, versuchte er weiterhin, aus der Krise heraus zu expandieren, was zu weiterem Kapitalbedarf führte. Ohne den Aufsichtsrat über die gefährliche Lage zu unterrichten, überschritt er die Kreditgrenze bei Stockholms Enskilda Banken und nahm weitere Darlehen in anderen Banken auf. Offenbar glaubte Nordeman, daß ein Durchbruch bevorstand, und daß er nur ein vor-

Scania-Vabis Personenwagen 1911–29

Typ	Motor	Jahr	Anzahl	Vermerke
AP	G, G4, G4A, F2V	1911	17	
BP	M, H, L, I	1911–12	16	
CP/DP	H, F4A, L	1911–12	14	
EP	F4A	1912	7	
FP	K	1911	1	Kettenantrieb
2S	G4A, G42	1912–19	70	
3S	F4A, F42	1912–19	26	
I/2121	1241, 1343 (1)	1914–28	305	
II/2134	1343	1914–20	110	
IIa/2135	1441, 1442, 1444 (1)	1920–25	116	
III/2154/2453	1546	1917–25	51	2453 Für Krankenwagen usw.
2122	1347	1929	2	

Eine Reihe der 1911–12 hergestellten Wagen war eine Mischung verschiedener Typen.

übergehendes Tief zu finanzieren brauchte.

Im Herbst 1919 faßte der Aufsichtsrat den Beschluß, alle Entwicklungen von Personenwagen, schweren Lastwagen und Feuerwehrwagen einzustellen und anstatt dessen zu versuchen, leichtere und schnellere Lastwagen zu entwickeln, denn man glaubte, daß dieses Produkt in der Zukunft am ertragreichsten sein würde. Ein Problem war auch, daß viele Kunden Lastwagen nach ihrem eigenen Kopf bestellten, was zu teueren Umkonstruktionen von Teilen führte. 1920 zeichnete man z.B. einen CLc-Lastwagen mit einem großen Typ III-Motor und DLa-Kühler, und solche Speziallieferungen waren ziemlich gewöhnlich.

Der Beschluß kam jedoch zu spät. Anfang November 1919 war Per Nordeman gezwungen zurückzutreten, nachdem er 14 Jahre lang den Posten als Geschäftsführer bekleidet hatte, zuerst bei Scania und dann bei Scania-Vabis. Auf der Hauptversammlung im Dezember desselben Jahres wurde sein Nachfolger ernannt, sowie auch ein ganz

Die Traktoren mit 4-Radantrieb und 4-Radsteuerung wurde als Prototyp (für die Armee) hergestellt, sowie in weiteren fünf Exemplaren, vermutlich alle von AB Alltransport gekauft, die sie als Zugmaschinen für Landstraßentransporte benutzte, u.a. für Langholztransporte. Die Lastkapazität für einen Traktor mit vier Anhängern war bis zu 40 t. Bei diesen späteren Traktoren fehlten die Flansche an den Rädern, die die früheren Wagen hatten, um beim Fahren auf weichen Straßen nicht einzusinken.

neuer Aufsichtsrat von neun Personen. Der Vorsitzende war General Hugo Hult, der Geschäftsführer einer von Stockholms bekanntesten Automobilhändlern, Hans Osterman. Eines seiner Unternehmen (AB Hans Osterman) wurde gleichzeitig mit Scania-Vabis vereint. Der Bankmann Marcus Wallenberg handelte jetzt aktiv und sah zu, daß Aktivposten abgeschrieben wurden, und daß der neue Aufsichtsrat eingesetzt wurde. Dieser stand vor einer schweren Aufgabe, obgleich Wallenberg im Dezember in einem Brief schrieb, daß „die Tätigkeit durch große Abschreibung wieder gesund gemacht würde".

Obgleich die wirtschaftliche Lage der Firma noch immer schlecht war, setzte man mit der Herstellung von Fahrzeugen fort, und anzahlmäßig waren die Zahlen nicht so erschreckend: 1918 hatte man 29 Personenwagen und 85 Lastwagen hergestellt, 1919 waren die entsprechenden Zahlen 96 bzw. 130 und 1920 80 bzw. 81. Die Rentabilität hingegen war schlecht, und außerdem war das gesamte Fertigungsprogramm technisch veraltet.

Die Depression war weiterhin angestiegen, was u.a. zu einem stark erhöhten Import von billigen, massengefertigten Fahrzeugen führte, was die Einträglichkeit der Branche verheerte. Das galt nicht nur für Schweden, sondern für die ganze Welt, wo kleine Hersteller mit handwerksmäßiger Produktion sehr geringe Möglichkeiten hatten, dem Ansturm von den großen Unternehmen wie Ford, GM u.a.m. zu widerstehen. Allein 1920 wurden in Schweden 2.400 Lastwagen und 9.000 Personenwagen verkauft, und es war für Scania-Vabis unmöglich, mit seinen ziemlich hohen Preisen und seiner schlechten Rentabilität der Konkurrenz Paroli zu bieten.

In den ersten Monaten des Jahres 1920 wurde die Herstellung durch einen Streik gelähmt. Als der Auftragseingang außerdem weiterhin zurückging, beschloß der Aufsichtsrat Anfang 1920, eine umfassende Reorganisation vorzunehmen, um das Unternehmen zu retten. Die Arbeit wurde von dem „Unternehmensdoktor" der damaligen Zeit, Disponent Emil Lundqvist, geleitet, der vom Aufsichtsrat als Fabrikchef eingesetzt wurde. Der kürzlich ernannte Disponent Claesson trat zurück und zwei andere der wirklichen Veteranen verschwanden, Oberingenieur Anton Svensson, der seit 1901 zuerst bei Scania und dann bei Scania-Vabis technischer Leiter war, sowie der Verkaufschef Erik Hedlund, der seit 1905 die beiden Fabrikate verkauft hatte. Zum Chef für die Södertäljefabrik wurde der Chef des Zeichenbüros August Nilsson ernannt und als neuer Oberingenieur wurde Gunnar Lindmark angestellt, zwei Herren, die bis zum zweiten Weltkrieg eine sehr bedeutende Rolle spielen sollten. Gunnar Lindmark war Diplomingenieur, und er war früher u.a. Torpedoingenieur bei der Marine, Lehrer an der Marineakademie, Sachbearbeiter beim Patent- und Registeramt, Oberingenieur bei Eskilstuna Stålpressnings AB und bei Eskilstuna Jernmanufaktur AB gewesen. Er hatte eine gute Allgemeinbildung und ein großes Wissen und

Ein Exemplar des Feuerwehrwagens T-1 mit 4-Radantrieb wurde 1919 an die Feuerwehr in Södertälje geliefert. Motor Typ 1546 von 50 PS, d.h. die Variante, die gewöhnlich in Personenwagen vorkam.

Personenwagen Typ IIa von August 1920. Ein Jahr später sollten sowohl Scania-Vabis (links) als auch Svenska Maskinverken (rechts) vor dem Konkurs stehen.

außerdem ein weites Kontaktnetz.

Im Januar 1920 kam Scania-Vabis noch mit einem „neuen" Personenwagenmodell heraus. Auch wenn es in der Motorpresse als neu dargestellt wurde, war dieser Typ IIa (2135) eigentlich ein leicht modifizierter Typ II. Eigentlich hatte der Wagen einen Schiebermotor erhalten sollen (Typ 1443, 4x90x140 mm, 3,563 cc), aber dieser wurde nie in Produktion genommen. Der Achsabstand war auf 3,24 m verlängert worden (es gab auch eine verlängerte Version). Der Motor (1441) hatte einen größeren Zylinderdurchmesser, wodurch er 3,56 l und eine Motorleistung von 36 PS hatte. Die Linien der Standardkarosse waren modernisiert worden, und der Wagen war mit Anlasser und elektrischer Beleuchtung ausgerüstet (was seit einiger Zeit auch für die Typen I und III zutraf). Die Kupplung war von Trockenlamellentyp, die auch bei Typ I eingeführt wurde. Typ II wurde nach der Herstellung von 110 Exemplaren niedergelegt, und der Nachfolger IIa wurde bis 1925 in insgesamt 116 Exemplaren geliefert.

Im Herbst 1920 war Scania-Vabis gezwungen, den Betrieb bei den Fabriken in Södertälje und Malmö einzuschränken (auch bei der Tochtergesellschaft in Kopenhagen). Bei der Hauptversammlung im Januar 1921 wurde der Aufsichtsrat auf vier Mitglieder verkleinert und erhielt einen neuen Vorsitzenden, den früheren Staatssekretär Lars Rabenius. Im Februar trat Hans Osterman zurück (nach nur einem Jahr als Geschäftsführer), und Scania-Vabis Hauptverwaltung wurde nach Södertälje zurückverlegt. Die beiden Werke, die Scania-Vabis in den letzten Kriegsjahren gekauft hatte, wurden ebenfalls zahlungsunfähig, und im November 1920 wurde Bruzaholm stillgelegt und im Juni 1921 machte Larbo-Norn Konkurs.

Im Januar 1921 wurde sämtlichen Arbeitern vorsorglich gekündigt und im Juni 1921 wurden die Zahlungen eingestellt und es war offenbar, daß die Firma pleite gehen würde. Bei einer extra Mitgliedsversammlung im August 1921 wies der Rechenschaftsbericht von Scania-Vabis Schulden von über 21 Millionen Kronen aus. Scania-Vabis war bei weitem nicht das einzige Unternehmen in Södertälje, das so hart von der Depression betroffen wurde. Außer Scania-Vabis gingen auch die übrigen vier Großunternehmen in Liquidation.

Da Scania-Vabis ein gut eingearbeiteter Firmen- und Produktname war, erschien es wichtig, denselben für eine eventuelle Rekonstruktion zu behalten. Der Aufsichtsrat beschloß deshalb, den Namen schnell in AB Värdsholmen zu ändern. Dies führte dazu, daß eine Gesellschaft dieses Namens im Dezember 1921 in Konkurs ging. Der Name Scania-Vabis wurde nicht hineingezogen.

Scania-Vabis

1921–1929

BEREITS VOR DER LIQUIDATION der in AB Värdsholmen umgebildeten „alten" Scania-Vabis, wurde am 22. November 1921 eine neue Firma mit dem alten Namen gebildet. Scania-Vabis besteht demnach aus zwei Aktiengesellschaften. Besitzer und Kreditgeber war bei beiden Stockholms Enskilda Bank. Das Aktienkapital der neuen Firma betrug nur 500.000 Kronen (die alte Firma hatte ja Ende 1920 ein Aktienkapital von 12,5 Millionen Kronen).

Die Tätigkeit hatte bereits am 1.September 1921 begonnen, der Aufsichtsrat bestand aus Diplomingenieur Gunnar Lindmark (Geschäftsführer) und Lars Rabenius, Djursholm (Vorsitzender), sowie Disponent Emil Lundqvist, Stockholm. Der Sitz des Aufsichtsrats war in Stockholm, die Hauptverwaltung lag jedoch in Södertälje. Der Auftrag des neuen Aufsichtsrats war zeitbegrenzt auf ca.zwei Jahre – während dieser Gnadenzeit sollte es sich zeigen, ob das neue Unternehmen lebensfähig sei.

Zum Chef für die Entwicklung wurde der 41-jährige Ingenieur August Nilsson gewählt, der bereits seit 1913 als Konstrukteur angestellt war. Er war ein tüchtiger und ideenreicher Techniker, der in den 20er und 30er Jahren als Oberingenieur einen großen Einfluß ausübte und viel zur Wiedergeburt beitrug. Im Konstruktionsbüro arbeiteten direkt nach dem Neubeginn außer Nilsson nur drei Personen, der Motorkonstrukteur Albert Carlsson, der Fahrgestellkonstrukteur Einar Halldin und der Zeichner John Lionell (der später Konstrukteur wurde und 50 Jahre lang bei der Firma war). Die Anzahl Konstrukteure wurde jedoch bald auf rund zehn erhöht.

Die neue Gesellschaft übernahm die Herstellung und den Verkauf der alten Gesellschaft und kaufte für 1,8 Millionen Kronen Teile, Halbfabrikate und fertige Automobile und außerdem das Verkaufsbüro in Stockholm und die Verkaufsorganisation in der Provinz. Man mietete die Grundstücke, Fabrikgebäude, Maschinen, Werkzeuge und Fabrikausstattungen der alten Gesellschaft.

Auch wenn man nur geringe Mittel zur Verfügung hatte, war der Firmenname bereits etabliert und aus der Fehlern der Vergangenheit konnte man lernen. Der bereits gefaßte Beschluß einer Konzentration der Herstellung auf mittelschwere Lastwagen bedeutete, daß sämtliche Produktionsanlagen nach Södertälje gebracht werden mußten.

Scania-Vabis hatte bereits während des Krieges begonnen, die technische Entwicklung zurückzustellen. Das war zum großen Teil darauf zurückzuführen, daß man alles, was man herstellen konnte, auch verkaufte. Die Entwicklung von Spezialfahrzeugen (z.B. Anpassungen für den Militärgebrauch, der Lastzug und der Lastwagentraktor mit 4-Radantrieb) nahmen einen allzu großen Teil der verfügbaren Kapazität in Anspruch, ohne zu nennenswerten Verkäufen zu führen.

Gunnar Lindmark und der neue Aufsichtsrat hatten deshalb eine umfangreiche und schwierige

Die Firma Scania-Vabis, die aus dem Konkurs herauskam, setzte alle ihre Hoffnungen auf Lastwagen. Das Problem war, daß sie groß, schwer und langsam waren und Kettenantrieb hatten. Die einzige wichtige Innovation waren die ab 1919 mit pneumatischen Reifen ausgerüsteten Wagen. Auf dem Bild ein Lastwagen mit „Riesenballonreifen", geliefert 1919 an NK; Stockholm.

Arbeit vor sich. Die finanziellen Voraussetzungen waren zwar sehr viel günstiger, nachdem die alte Gesellschaft mit ihren großen Schulden liquidiert worden war, jedoch mußten Herstellung und Produkte in kurzer Zeit modernisiert werden. Auch die Beschränkung auf ausschließlich Lastwagen-Produktion mußte in Frage gestellt werden.

In bezug auf Personenwagen und sehr leichte Lastwagen (500–1.000 kg) war der Markt jetzt überschwemmt von ausländischen Konkurrenzprodukten zu sehr niedrigen Preisen. Während der Jahre 1914–18 wurden im Durchschnitt 470 Personenwagen pro Jahr importiert, 1920 waren es über 9.000. Insbesondere der Ford T war sehr verbreitet in Schweden. Die Thulinverken (auf die Scania-Vabis ihr Augenmerk gerichtet hatte) hatte 1919 begonnen, eine Kopie einer belgisch-deutschen Konstruktion herzustellen, hatte jedoch finanzielle Probleme bekommen. Auch der Markt für schwerere Lastwagen (2 t und aufwärts) befand sich in einer exponierten Lage. Nach dem Krieg gab es viele vor allem amerikanische billige, schwere Lastwagen, bislang in Frankreich eingesetzt, die nun für billiges Geld verkauft wurden. Während der Periode 1914–18 wurden insgesamt 57 Lastwagen importiert, aber nur 1920 importierte man über 2.400.

Scania-Vabis Lastwagen waren ausgeprägt altmodisch, und außerdem hatten sie immer noch Kettenantrieb. Neue Lastwagen zu entwickeln würde lange dauern, viel Geld kosten und man konnte auch nicht mit positiven Erträgen rechnen. Die Lösung lag, wie man bereits 1919 konstatiert hatte, in den mittelschweren Lastwagen von ca. 2 t, die jedoch schneller gemacht werden mußten, da die Straßen immer besser wurden.

Ein interessanter Faktor war, daß Omnibusse in den Teilen des Landes, wo keine Eisenbahnen fuhren, ein wichtiges Transportmittel zu werden begannen. Bereits 1906 hatte der Reichstag ein Gesetz über Linienverkehr für Motorfahrzeuge verabschiedet, und mit der Zeit hatte man Versuchslinien zu Orten ohne Eisenbahnstation eingerichtet. Der Mangel an Kraftstoff und Reifen während des Krieges hatte jedoch dazu geführt, daß jeglicher Verkehr 1915 aufhörte. Die Tätigkeit wurde 1921 wieder aufgenommen, jenem Jahr, das man als offizielles Startjahr des Linienbusverkehrs der Staatseisenbahnen betrachten kann. Neue Linien wurden vor allem in Bohuslän eröffnet und Scania-Vabis konnte deshalb damit rechnen, eine Reihe von Omnibussen, basierend auf älteren Lastwagenkonstruktionen oder schweren Personenwagenfahrgestellen liefern zu können.

Auch wenn Scania bereits 1907 Omnibuskarossen gezeichnet hatte und 1909–13 einfache Omnibusfahrzeuge basierend auf Lastwagenfahrgestellen geliefert hatte, hatte man Anfang der 20er Jahre noch kein Fahrzeug hergestellt, das von Grund auf als Omnibus konstruiert war.

Nach dem Krieg wurde ein umfangreicher Im-

Die Personenwagen waren relativ unmodern und teuer, besonders im Vergleich mit den amerikanischen Fabrikaten, die jetzt den Markt überschwemmten. Surahammars Bruk kaufte Anfang der 20er Jahre einen Direktionswagen Typ III mit herunterklappbarem Verdeck und großem Zwischenfenster zum Schutz der Passagiere im Fond.

Die meisten Wagen wurden an Firmen geliefert, z.B. diese Limousine Typ IIa (Stockholmer Brauerei, 1920). Aufgrund des Reifenmangels sind die Reifen auf den Bildern nur für die Probefahrt gedacht, dann werden die eigenen Reifen des Kunden montiert.

Auf die 3S und Typ III Fahrgestelle baute man sehr schöne Karossen mit eleganten Einrichtungen. Die Nachfrage war jedoch Anfang der 20er Jahre nicht so groß.

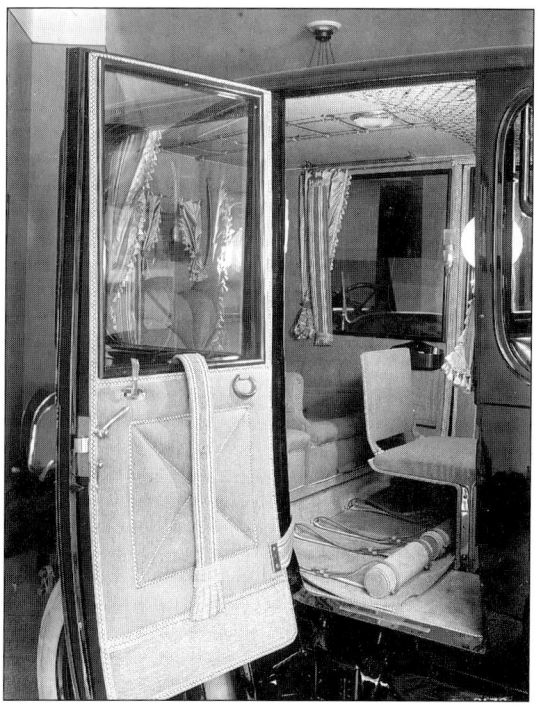

port von Omnibussen eingeleitet, und 1924 waren in Schweden etwa 1.000 im Verkehr auf 700 Linien. Viele Lastwagen waren zu provisorischen Omnibussen umgebaut worden, oft von örtlichen Schreinern. Die vielen Ford TT (die 1 t Lastwagenversion des Ford T mit verlängertem Rahmen, kräftigeren Achsen und Rädern) und Chevrolet 1 t Fahrgestelle wurden hierfür benutzt und konnten als „Omnibusse" 11–14 Passagiere aufnehmen. Da sie Lufttreifen hatten, konnten sie auch ziemlich schnell fahren und waren bequemer als die alten Omnibusse und Lastwagen mit massiven Reifen.

Daß die Omnibusbranche bald sehr interessant werden sollte, war nicht zum mindesten aus der Situation in Stockholm zu ersehen. Die Straßenbahngesellschaft war Anfang des Jahrzehnts der Meinung, daß kein konkurrierender Omnibusverkehr in der Innenstadt nötig wäre, da das Straßen-

Die Omnibusse, die Scania-Vabis 1922 für die Post zu bauen begann, waren von großer Bedeutung, um die Isolierung in den nördlichen Provinzen zu brechen. In den 20er Jahren wurden mehrere Typen mit 4- und 6-Zylinder Motoren gebaut. Hier ein 4-Zylinder Omnibus (mit Möglichkeit zum Raupenantrieb).

Raupenantrieb wurde im Winter montiert und war in zwei Versionen erhältlich.

bahnnetz gut ausgebaut sei; außerdem hatte sie die Möglichkeit, eventuelle Konkurrenten zu hindern. In den Vororten von Stockholm dagegen blühten viele Omnibusunternehmen, die Passagiere bis zur Stadtgrenze Stockholms transportierten, wo diese auf die Straßenbahn überwechseln konnten. Es konnte sich um rund 20 Unternehmen handeln, die fast 100 Omnibusse hatten. Die meisten waren einfache, oftmals umgebaute Lastwagen. Eine Ermittlung 1922 führte dazu, daß die Verkehrserlaubnis für Omnibusse auch für den Innenstadtverkehr erteilt werden konnte, und im Sommer 1923 wurde ein regelmäßiger Linienverkehr mit Omnibussen in Stockholm eingeführt.

1923 trat auch eine neue schwedische Omnibusverkehrsverordnung in Kraft. Diese regelte jeglichen Omnibusverkehr und bestimmte u.a. als höchstzulässige Geschwindigkeit 20 km/h, mit örtlichen Ausnahmen. Das Wichtigste war jedoch, daß der Omnibusverkehr hierdurch von den Behörden anerkannt und geregelt wurde. Eine neue Branche war entstanden und 1923 wurde der Reichsverband schwedischer Omnibusbesitzer gebildet mit der Aufgabe, die vielen örtlichen Verkehrsbestimmungen auf einen gemeinsamen Nenner zu bringen.

Scania-Vabis Produktion war nach dem Neustart anfangs gering. 1921 konnte das alte Unternehmen trotz seiner Schwierigkeiten 40 Personen- und Lieferwagen in Södertälje und 42 Lastwagen in Malmö herstellen. Im März 1922 wurden 15 Arbeiter wieder angestellt, die mit Hilfe der Teile und Halbfabrikate, die man übernommen hatte, Fahrzeuge fertigstellen sollten. Bereits im Oktober konnte man einen zufriedenstellenden Auftragseingang konstatieren, und Ende des Jahres arbeiteten etwa 200 Mann in den beiden Fabriken. Unter der Leitung von August Nilsson arbeiteten mehrere Konstruktionsteams an neuen Produkten.

Die neue Firma erhielt eine gewisse Atempause durch Aufträge von zwei staatlichen Ämtern. In den spärlich besiedelten Gebieten in Nordschweden wollte die Post Personenverkehr einleiten, und der energische Generaldirektor Julius Juhlin wandte sich an Scania-Vabis, um Hilfe mit der Konstruktion eines leichteren Omnibustyps zu erhalten. Eines der Probleme war das schlechte schwedische Straßennetz, das die Behörden gezwungen hatte, strenge Bestimmungen bezüglich des zulässigen Achsdrucks zu erlassen.

Die Post hatte seit 1912 Fahrzeuge von Scania-Vabis gekauft und gemeinsam mit den Technikern der Post arbeitete man 1922 einen neuen Postbus von 2,6 t aus (Typ 3241) der viel Gemeinsames mit dem „zivilen" Typ 3741 hatte. Er konnte 12 Passagiere plus Post mitnehmen. Der Omnibus wurde mit Scania-Vabis bewährtem 4-Zylinder 5,6 l Motor Typ IIa von 36 PS ausgerüstet (Schaftgehäuse aus Leichtmetall), erhielt eine Hinterachse mit doppelter Übersetzung (insgesamt acht Vorwärtsgänge), die mechanisch mit einem Hebel am Fahrerplatz bedient wurde, elektrische Beleuchtung, Anlasser und Luftreifen. Die Karossen wurden in den eigenen Werkstätten der Post in Ulvsunda gebaut. Der Auftrag lautete auf 15 Omnibusse, und zwei von diesen konnte bereits 1922 geliefert werden. Die übrigen 13, von denen neun Motoren aus Gußeisen hatten, wurden 1923 geliefert.

Nachdem diese ziemlich kleinen Omnibusse (Achsabstand 3,44 m) für ungeräumte Winterwege in Nordschweden vorgesehen waren, konnten sie bei Bedarf mit Raupenkettenantrieb hinten ausgerüstet werden. Man spannte Gummimatten über die Hinterräder und über zwei kleinere Mitlaufräder, die auf Achsen vor und hinter den Hinterrädern montiert waren. Die hintere Achse konnte bei Bedarf mit einer Kette von der Hinterachse angetrieben werden. Sollten die Gummimatten benutzt werden, ersetzten sie die gewöhnlichen Hinterreifen aus massiven Doppelringen. Die Gummiraupen hatten auf der Innenseite eine Erhöhung, die in Nuten in den Mitlaufrädern und in dem Zwischenraum zwischen den massiven Reifen lief. Wurden die Mitlaufräder gesenkt, war die Anliegefläche gegen den Erdboden 1.700 mm lang und 280 mm breit und die gesamte Traktionsfläche 950 cm^2. Unter die Vorderräder montierte man Kufen.

Der Raupenantrieb war vom Konstrukteur der Post, Werkmeister Ernst Nyberg, konstruiert, der während seiner 16 Jahre bei der Post eine Reihe von interessanten Konstruktionen entwickelt hatte. Der Raupenantrieb war ohne Zweifel beeinflußt von der Konstruktion der Raupenfahrzeuge der französischen Ingenieure Kegresse und Hinstin für Citroën, die bei Expeditionen in der Sahara, in China und in Tibet benutzt wurden. Zu den Omnibussen gehörten auch Anhänger, die bei Bedarf Kufen anstatt Rädern erhalten konnten.

Die ersten Postkutschen wurden am 1. Januar 1923 zwischen Tvärålund und Lycksele in Nord-

Ein ELa mit 1545-Motor, der Anfang 1921 nach Helsingborg verkauft wurde. Erstaunlicherweise hatte er Kardanantrieb. Es ist vermutlich ein Versuchswagen, hergestellt 1919. (Der nächste kardangetriebene Wagen kam erst 1923). Das Hinterachsgehäuse ist noch viel schwerfälliger als bei den späteren Wagen. (Vgl. S.103)

schweden (einer Strecke von 82 km) in Betrieb genommen und danach wurde die Linie Luleå–Nederkalix (99 km), auch in Nordschweden, eröffnet.

Die Absicht war, daß die Omnibusse auch auf ungeräumten Wegen durchkommen sollten, es dauerte jedoch nicht lange, bevor man einsah, daß es effektiver war, stärkere Omnibusse mit einem Pflug auszurüsten, so daß diese die Wege auch für anderen Verkehr offen halten konnten. Von der ersten Lieferung 1922 und bis 1938 wurden 160 Omnibusse an die Post geliefert.

1926 erhielt Scania-Vabis eine Bestellung aus der Sowjetunion für sechs derartiger Omnibusse, für Post- und Personenverkehr in Sibirien.

Das Zollamt bestellte 1922 von Scania-Vabis neun 6-Zylinder Bootmaschinen für ihre sogenannten Zolljäger. Die Konkurrenz um diesen Auftrag war sehr hart. Diese Motoren wurden 1923 geliefert und waren Scania-Vabis erste 6-Zylindermotoren (abgesehen von den Flugzeugmotoren, die Kopien der Konstruktion einer anderen Firma waren). Sie waren für diese Boote spezialentwickelt, gründeten sich aber auf den 4-Zylindermotor Typ IV von 70 PS für Lastwagen, der mit einem dritten Block von zwei Zylindern ausgerüstet wurde. Es waren 13,95 l Motoren von 90 PS und sie wurden zwei und zwei in den Zolljägern montiert. Aufgrund ihrer Größe konnten sie nicht in Omnibussen benutzt werden.

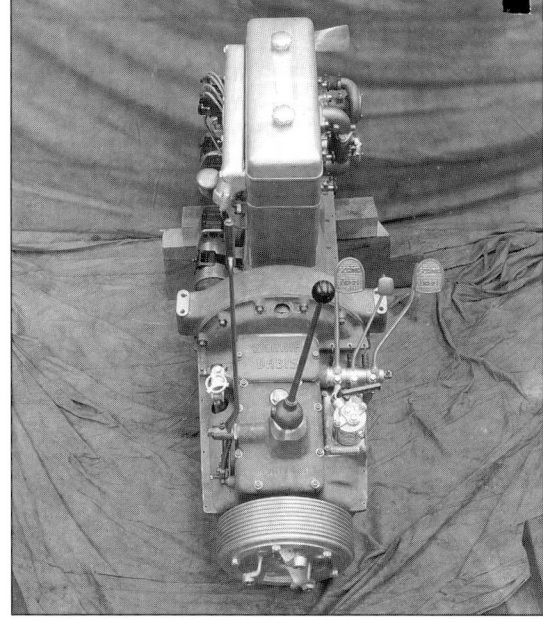

1922 verließen 36 Personenwagen (Typ I, IIa und III, ein Teil als Lieferwagen), sowie die beiden Omnibusfahrgestelle für die Post die Södertäljefabrik, und in Malmö wurden 38 Lastwagen hergestellt, von CLb bis zu FLa. Ab 1919 hatte man verschiedene Lastwagen mit Luftgummireifen geliefert und deren Anzahl stieg stetig. Die Zeit der massiven Reifen war bald vorbei, nachdem man im ersten Weltkrieg verschleißstarke Reifen auch in größeren Dimensionen hervorbringen konnte. Dies führte zu höherer Geschwindigkeit, niedrigerem Benzinverbrauch, weniger Beschädigungen der Straßen, und nicht zum wenigsten brauchten die Lastwagen nicht mehr so grob dimensioniert zu sein.

1922 hatte Scania-Vabis ein Patent auf einen neuen Vergasertyp erhalten, konstruiert vom Chef der Södertäljefabrik August Nilsson. Bis dahin hatte man Vergaser von anderen Herstellern gekauft (meistens Zenith) oder die von Gustaf Erikson konstruierten Vergaser hergestellt. Aber durch die gute Betriebsicherheit und Kraftstoffwirtschaftlichkeit war man selbstversorgend geworden. Die Leerlauf-

Der 4-Zylinder Oberventilmotor 1444 von 3,5 l leitete eine neue Motorengeneration ein. Dieser Ausstellungsmotor hat ein besonders schönes Finish und wurde vor einem weißen Papier fotografiert, um ihn für Reklamezwecke leicht freilegen zu können.

Der 1544-Motor wurde 1925 präsentiert. Er war eine größere 4,3 Liter-version des früheren Typs. Neu war auch das mit Bolzen am Motor befestigte Getriebe. Das Gaspedal ist in der Mitte. Diese Plazierung hatte es bis in die 40er Jahre.

und Hauptdüsen waren leicht erreichbar, ohne daß man den Vergaser zu demontieren oder den Kraftstoff abzulassen brauchte.

Das Verkaufsbüro am Stureplan in Stockholm und die Ausstellung in der Kungsgatan scheinen im Zusammenhang mit der Umbildung des Unternehmens geschlossen worden zu sein, und das Verkaufsbüro mußte in andere Räume neben der Werkstatt in der Luntmakaregatan umziehen. Erst im Sommer 1923 erhielt man neue Verkaufs- und Ausstellungsräume Birger Jarlsgatan 41. Der neue Verkaufschef wurde Ingenieur Fridolf Öhrn, der seit 1912 bei Erik Hedlund angestellt war.

1923 kamen mehr Beweise, daß Scania-Vabis-Produkte im Begriff waren, sich schnell zu entwickeln. Im Mai konnte man einen völlig neukonstruierten Motortyp auf der internationalen Automobilausstellung in Göteborg vorstellen. Der 4-Zylindermotor von 3,46 l war von August Nilssons Konstruktionsteam konstruiert und wurde Typ 1444 genannt. Er war deutlich beeinflußt von modernen kontinentalen Konstruktionen und war ein Oberventiltyp. Der Hub von 136 mm, der jetzt eingeführt wurde, sollte 30 Jahre lang in allen Scania-Vabismotoren benutzt werden, 1923-53. Es wurde gesagt, daß der Hub ursprünglich auf 140 mm geplant war, daß man ihn jedoch verringern mußte, damit der Motor unter 3,5 l Hubraum kam, der die obere Grenze für die Klasse war, in der der Motor 1924 sein Wettkampfdebüt machte.

Der 1444 war ein Einblockmotor mit 3-Punktaufhängung, einer dreifachgelagerten Kurbelwelle und zum großen Teil aus Leichtmetall hergestellt. Alle Teile, die der Wartung bedurften, z.B. Magnet, Vergaser, Zündstifte und Kompressionskräne, waren sehr leicht zugänglich. Ventilgehäuse, Schaftgehäuse, das Gehäuse über dem Triebrad und die Ölwanne waren aus Aluminium, um das Gewicht niedrig zu halten, der Block selbst war jedoch aus Gußeisen.

Bereits von Anfang an war der Motor dafür kon-

Von Scania-Vabis benutzte Vergasermotoren 1924-44						
Typ	Zyl.maße	Hubraum	Leistung/Drehz.	Jahr	Vermerke	
1444	4x90x136	3,461	36/1.400	1924-26	Leichtbentyl	50/2.000
1544	4x100x136	4,273	50/2.200	1925-37	Leichtbentyl	60/2.000
1461/1464	6x95x136	5,784	75/1.800	1927-38	Leichtbentyl	90/2.000
1561/1564	6x100x136	6,408	80/2.000	1929-38	Leichtbentyl	100/2.000
1565/1568	6x105x136	7,066	95/2.200	1933-40	Leichtbentyl	105/2.200
1664	6x110x136	7,755	140/2.200	1936-44	Leichtbentyl	
1665	6x110x136	7,755	110/2.200	1936-39	Benzin	

struiert, durch Austausch von Kolben bei Kompressionsverhältnissen von 4,5:1 bis zu 8,5:1 arbeiten zu können. Das bedeutete, daß er mit Benzin, mit Spiritusmischung oder mit reinem Spiritus ging. Während der 20er Jahre wurden in den Tankstellen verschiedene Mischungen verkauft. Bentyl bestand aus 75 % Etylspiritus (99,5%ig) und 25 % Benzol, Motyl bestand aus 50 % Spiritus und 50 % Benzin und Leichtbentyl aus 25 % Spiritus und 75 % Benzin. Die Motorleistung hing teilweise von dem benutzten Kraftstofftyp ab und teilweise von den Kompressionsverhältnissen. Die Motorleistung war z.B. mit Benzin 36 PS bei 1.400/min und 50 PS bei 2.000/min (Kompression 4,6:1) und mit Leichtbentyl 50 PS bei 2.000/min und 70 PS bei 2.500/min (Kompression 5,0:1).

Der zur Anwendung gelangende Motorspiritus hatte zwei Eigenschaften, die ihn als Motorkraftstoff geeignet machten. Einmal seine gute Widerstandskraft gegen Vorzündung (hohe Oktanzahl), und einmal sein relativ geringer Bedarf von Luft bei der Verbrennung. Dagegen gab Spiritus einen geringeren Wärmewert als Benzin, was dazu führte, daß die Düsen im Vergaser größer gemacht werden mußten und daß der Kraftstoffverbrauch stieg.

Ende 1925 wurde der Zylinderdurchmesser des 1444-Motors auf 100 mm und der Hubraum auf 4,27 l erhöht, was bedeutete, daß die Motorleistung für diesen neuen Typ 1544 sich um 20 % erhöht hatte (50 PS bei 1.650/min mit Benzin und 60 PS bei 2.000/min mit Leichtbentyl).

Diese beiden Motortypen (1444/1544) forderten trotz ihrer hohen Leistung relativ wenig Platz im Rahmen und wurden sehr beliebt, vor allem weil sie wartungsfreundlich, zuverlässig und beschleunigungsstark waren und außerdem einen niedrigen Benzin- und Ölverbrauch hatten. Sie wurden auch für viele andere Zwecke benutzt, z.B. um Atlas-Diesels Kompressoraggregat anzutreiben und gingen damit zum Export, insbesondere nach England. Die Herstellung des 1444 wurde 1933 beendet, der Typ wurde jedoch schon ab 1926 nicht mehr in Fahrzeuge montiert (165 Motoren waren da in Lastwagen und Busse eingebaut worden). Der 1544 war noch bis 1945 verfügbar, aber in Fahrzeuge wurde er zum letzten Mal 1937 eingebaut (insgesamt wurden 838 solche Motoren montiert).

Das erste Exemplar des neuen Motortyps wurde in einen Personenwagen Typ IIa mit offener Phaetonkarosse eingebaut, der an KAKs Automobilwettkampf in Stockholm Anfang Februar 1924 teilnahm. Der Wagen ging mit Spiritus und erhielt im Volksmund den Namen „Spirituswagen". Er wurde vom Werkmeister bei Scania-Vabis, Gunnar Westerberg, gefahren, der ebenso wie sein Bruder Erik ein bekannter Radfahrer und Rennfahrer mit Motorrad und Pkw war. Der Wettbewerb lief drei Sonntage, und der Scania-Vabiswagen gewann seine Klasse an den beiden ersten Sonntagen und kam bei dem Handicapwettkampf am letzten Sonntag an dritter Stelle nach zwei größeren Wagen (Buick und Voisin), die mit 4-Radbremsen ausgerüstet waren. Der Wagen gewann den ersten Preis

Direktor Hans Osterman bestellte 1923 einen speziellen Rennwagen auf IIa-Fahrgestell mit leichter, gewebeverkleideter Karosse. Der Wagen war für ein Eisbahnrennen, und man rechnete damit, daß der Wagen 120 km/h machen konnte. Er wurde beim Rennen zerstört.

Der „Spirituswagen", den Gunnar Westerberg bein dem Rennen in Stockholm 1924 fuhr, hatte das erste Exemplar des neuen Oberventilmotors 1444 und ging mit Motorspiritus.

in Konkurrenz mit vielen bekannten ausländischen Fabrikaten, was große Aufmerksamkeit erweckte. Er nahm auch an KAKs Winterwettkampf 1925 teil und auch mehrfach an den beliebten Eisbahnwettkämpfen über den „fliegenden Kilometer". Ziemlich regelmäßig errreichte er 102 km/h, was manchmal als beste Zeit der Klasse ausreichte.

Dieser Personenwagen war nur als Versuchsträger für den neuen Oberventilmotor gedacht und keine anderen Personenwagen waren mit diesem Motor ausgerüstet. Der Beschluß, die Herstellung von Personenwagen niederzulegen, stand fest, und es wurden immer weniger Wagen hergestellt. Im Prinzip sollte die Herstellung 1924 stillgelegt sein (als noch die letzten Wagen Typ IIa und Typ III mit Personenwagenkarosse geliefert wurden), trotzdem wurden jedoch 1926 weitere drei Wagen Typ I mit solchen Karossen gebaut (und zwei Lieferwagen auf der verlängerten Variante dieses Fahrgestells sogar noch 1928). 1924 kostete ein Personenwagen Typ I mit offener Doppelphaetonkarosse für 6 Personen 8.500 Kronen und ein Typ IIa mit dem gleichen Karossentyp 12.000 Kronen.

Die absolut letzten Personenwagen wurden 1929 für den Geschäftsführer Gunnar Lindmark und den Verkaufschef Fridolf Öhrn gebaut. Der Grund hierfür: Die Chefs sollten eigentlich in Wagen des eigenen Fabrikats fahren. Beide Wagen (Typ 2122) hatten 4-Zylinder Oberventilmotoren (1347) von 2,32 l und 35 PS, eine modernisierte Variante des Typ I Motors, der nur in 5 Exemplaren hergestellt wurde (2 in Automobile eingebaut). Die gedeckten Sedankarossen sahen verhältnismäßig modern aus, aber unter der Schale waren Fahrgestelle und Komponenten von Ende der 10er Jahre (der Rahmen war ein verlängerter und modifizierter Typ I Rahmen, der halbelliptische Blattfedern hinten erhalten hatte). Die Wagen hatten Karossen, deren Oberteil mit nur wenig Mühe demontiert werden konnte,

Ein 2,5 t CLb mit 1444 Motor und Kardanantrieb für die Medizinalverwaltung 1925 (oben) und derselbe Wagentyp mit handgetriebener Kippvorrichtung (ganz oben rechts).

und der eine war gelb-beige lackiert. Es wird behauptet, daß er unter den Arbeitern „die gelbe Gefahr" genannt wurde, da er oft benutzt wurde, wenn ein Chef kam, um die Arbeit zu inspizieren.

Auf der Göteborg-Austellung im Mai 1923 zeigte Scania-Vabis auch eine kardangetriebene Version (Serie 8) der in Malmö hergestellten CLb/CLc Lastwagen. Bereits 1921 hatte der Lastwagentyp den IIa-Motor (1442) von 36 PS erhalten (die Leistung der Lastwagen wurde manchmal auf 30 PS bei 1.700/min angegeben; diese waren mit Drehzahlregler ausgerüstet, der eine höhere Drehzahl verhinderte). Aber jetzt wurde ein Hinterachstyp mit Herabwechseln in zwei Stufen (konisch + zylindrisch) benutzt. Das bedeutete, daß der Kettenantrieb endlich durch Kardanantrieb ersetzt werden konnte. Die Konstruktion kam vermutlich von der dänischen Scania-Vabis A/S. Die Hinterachse war halbentlastet.

Der Wagen war mit kugelgelagerten Rädern ausgerüstet, etwas was auch Tidaholm ungefähr zur gleichen Zeit einführte. Der Achsabstand war auf 3,87 m vergrößert, und ab Mitte 1924 konnte der Wagen auch mit dem neuen Oberventilmotor 1444 von 36 PS geliefert werden. Der CLb war vorgesehen für 2 und der CLc für 2,5 t Last.

Außer daß die Lastwagen Kardanantrieb hatten, waren sie viel bequemer, nachdem sie nun als Standard Luftgummireifen, elektrische Ausrüstung, Verdeck und Windschutzscheibe erhalten hatten, Ausrüstungen die früher extra bestellt werden mußten. Der Preis für einen kompletten Lastwagen mit Standardladepritsche war 10.900 Kronen. Das Modell hatte seine Konuskupplung behalten und hatte ein 4-Gang-Getriebe, separat vom Motor montiert. Erstaunlicherweise wurde 1924 ein Exemplar mit Elektromotor hergestellt.

Diese Typen waren eine vorübergehende Lösung, bis man eine neue Lastwagenkonstruktion ausgearbeitet hatte, und wurden bis 1927 in Malmö in 185 Exemplaren hergestellt (zum Schluß mit dem größeren Motor 1544 mit 50 PS). Die Wagen hatten noch immer den alten abgerundeten Messingkühler und sahen im Vergleich mit vielen Konkurrenten ziemlich altmodisch aus, aber sie waren als außerordentlich verschleißstark und zuverlässig bekannt. Ab Anfang 1926 konnten sie auch mit eingebautem Fahrerhaus und verstärktem Rahmen geliefert werden. Lastwagen mit Kettenantrieb (Typ DLa und ELa) wurden noch 1926 geliefert.

Außer dem neuen Oberventilmotor und dem kardangetriebenen Lastwagen stellte man in Göteborg

Fahrgestell von 1924 für Lastwagen mit Kardanantrieb und 1444-Motor mit separat montiertem Getriebe (oben)

Omnibusfahrgestell 3752 (4,6 m) von 1924 mit 5 l 1546-Motor von 50 PS und Rahmen, der über der Vorderachse nicht aufgebogen war, mit einer kleiner Erhöhung über der Hinterachse.

1923 auch einen Omnibus für 19 sitzende Passagiere aus. Bereits Ende 1922 hatte Scania-Vabis zwei neue Omnibustypen angekündigt, einen für 15 Passagiere mit einem Typ IIa Motor von 36 PS (1441/1442) und einen für 22 Passagiere mit einem Typ III Motor von 50 PS (1546), beide ausgerüstet mit Bosch Elektrosystem und Anlasser. Die Omnibusse wurden laut den Bestimmungen in den neuen Omnibusverordnungen komplett mit Karosse verkauft. 1922 wurden jedoch keine solchen Scania-Vabis Busse verkauft.

Der größere Omnibus auf der Göteborg-Ausstellung hatte den alten bewährten Typ III Motor und

war in drei Achsabständen erhältlich, 4,2 m (Typ 3751), 4,6 m (3752) und 5,2 (3753). Er hatte im Vergleich mit dem IIa zwei wichtige Innovationen, die es Scania-Vabis schnell ermöglichten, sich an dem wachsenden Omnibusmarkt zu beteiligen).

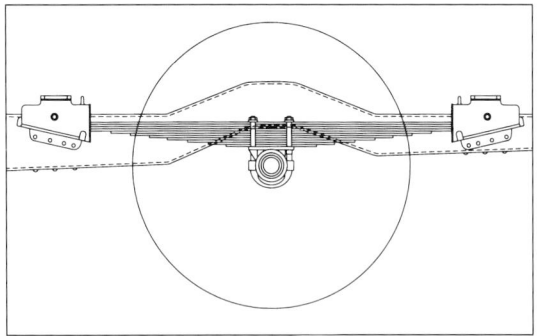

Die eine Neuigkeit war die von Scania-Vabis im Laufe des Jahres herausgebrachte Progressivfederung, die den Omnibusfahrgestellen einen bedeutend weicheren und angenehmeren Gang verlieh. Die Technologie baute darauf, daß lange weiche Federn immer steifer werden, je mehr man die Belastung erhöht (indem der wirksame Teil sich verkürzt). Die Federenden waren gegen geschmierte Verschleißplatten gelagert, die ihrerseits in staubdichten, mit Bolzen am Rahmen befestigten Federkästen eingebaut waren. Damit konnte man bei kleiner Last lange Federn benutzen und trotzdem eine weiche Federung erhalten, unabhängig davon ob das Fahrzeug mit oder ohne Last fuhr.

Drei Omnibusse Typ 3752 mit 1546-Motor (Fahrgestell wie auf der vorigen Seite, jedoch mit Achsabstand 4,6 m). Die Omnibusse gingen ab 1923 im Verkehr zwischen Uppsala und Flottsund. Der hintere hat ein etwas anderes Fahrgestell als die beiden vorderen.

Progressivfederung war ein großer Schritt vorwärts im Hinblick auf den Komfort für die Passagiere.

Der kleine Räflanda-Skene-Omnibus von 1924 ist Typ 3741 (Achsabstand 3,6 m) und hat einen 1442-Motor. Er hat vieles gemeinsam mit den ersten Postkutschen, ihm fehlte jedoch die 2-stufige Hinterachse und er hatte einen längeren Achsabstand. Der „Riesenbus" von 1923 ist Typ 3753 (5,2 m) und hat einen 1546-Motor.

Die Konkurrenten hatten diesem Federungstyp nichts entgegenzusetzen.

Die zweite Neuigkeit war, daß man ein Hinterachsgetriebe mit doppelter Herabschaltung (konisch + zylindrisch) einführte, was in Kombination mit einem über der Hinterachse etwas heraufgebogenen Rahmen bedeutete, daß Omnibusfahrgestelle viel niedriger gebaut werden konnten. Das bedeutete seinerseits, daß das Ein- und Aussteigen für die Passagiere erleichtert wurde und daß der Schwerpunkt gesenkt wurde, was die Fahreigenschaften verbesserte. Außerdem konnte man die Karossen ansprechender bauen.

Die Karossen, hergestellt in Scania-Vabis eigenen Werkstätten, waren in Ausführungen für 19 oder 22 Passagiere erhältlich. Dank der Tatsache, daß die Karossenbauer bereits früher Taxis und Luxuswagen auf Personenwagenfahrgestellen gebaut hatten, unterschied sich die Qualität der Karossen beträchtlich von den gewöhnlich vorkommenden. Sie waren auf ein Gerippe aus Esche gebaut, das innen mit Sperrholz und außen mit Aluminiumblech verkleidet war, die Fugen waren mit Leisten verdeckt. Das Dach war aus gespundetem Holz und mit Gewebe verkleidet, das gestrichen wurde, um wasserdicht zu sein. Die Innenseite war nach Wunsch des Kunden in Ölfarbe gemalt, lasurbehandelt oder gefirnist und mit elektrischer Deckenbeleuchtung versehen. Die Sitze hatten Sprungfederpolsterung und waren ebenso wie die Rückenlehne mit Leder verkleidet. Die Heizungsanlage war dergestalt, daß ein Teil der Motorabgase in Rohren durch den Wagen geleitet wurden.

Ende Oktober 1923 wurde (laut der damaligen Nomenklatur) ein Riesenbus des neuen Typs (3753) mit dem längsten Achsabstand, 5,2 m, geliefert. Er hatte 32 Sitzplätze, und der Besteller war die Huvudsta–Stockholm-Linie. Mehrere Jahre lang war er Schwedens längster Omnibus.

In Stockholms Innenstadt wurde der Linienverkehr am 23. Juli 1923 eingeleitet, wo Stockholms Zentrale Omnibusgesellschaft eine Ringlinie eröffnete, auf der elf Omnibusse verkehrten, die auf die englischen Vulcan Lastwagenfahrgestellen mit halbmassiven Reifen gebaut waren. Im Herbst 1924 gelang es Scania-Vabis, zwei Omnibusse Typ 3752 an das Stockholmer Unternehmen (das 1929 von der Stockholmer Straßenbahngesellschaft aufgekauft wurde) zu verkaufen, sowie einige Omnibusse an die Straßenbahngesellschaft in Göteborg. Die Stockholm-Omnibusse waren Scania-Vabis erste richtige Stadtbusse, da sie im Hinblick auf die besonderen Anforderungen des Stadtverkehrs konstruiert waren, d.h. sie hatten separate Ein- und Ausgangstüren und eine hintere Plattform.

Von den Typen 3751, 3752 und 3753 mit Typ III-Motor (der dann als der letzte Omnibusmotor des alten Programms verschwand) hatte man bis 1926 38 Omnibusse geliefert.

Scania-Vabis verkaufte eine zeitlang Omnibusse, die nicht die Hinterachse mit Herabschalten in zwei Stufen und Progressivfederung hatten. Acht solche Busse mit Typ IIa-Motor (3741) und vorgesehen für 15 Passagiere wurden 1923 und 1924 verkauft (Achsabstand 3,6).

Die ersten Omnibusse mit Oberventilmotoren Typ 1444 von 36 PS wurden 1924 geliefert und hatten zwei Achsabstände, 3,6 m (3743) und 3,7 m (3742). Nur vier Omnibusse erhielten diesen Motortyp, der dann durch den stärkeren 1544 ersetzt wurde.

Die Angaben der Pferdestärken waren ab Mitte der 20er Jahre noch verwirrender als vorher. Da die neuen Oberventilmotoren sowohl mit Benzin als auch mit Spiritus gefahren werden konnten, war die Leistung ein und desselben Motors unterschiedlich. Viele Omnibusgesellschaften fuhren

Einer der ersten Omnibusse, die Scania-Vabis 1924 an die Gesellschaft Stockholmer Ortsverkehr verkaufte. Typ 3752 (4,6 m) mit 1546-Motor, Eingang hinten und Ausgang vorn.

1924 wurde ein Exemplar eines 6 t 3-achsigen Lastwagens mit 9,2 l Motor Typ IV und Antrieb an beiden Hinterachsen hergestellt. Der Wagen wurde an die Mühle Tre Kronor in Stockholm verkauft und war bis zum Zweiten Weltkrieg in Betrieb.

Der 3-achsige 3,5 t Lastwagen von Ramlösa Brunn war 1926 hergestellt und hatte einen 1544-Motor und Antrieb nur an der vorderen Hinterachse.

außerdem mit einer Mischung von Benzin und Spiritus, und Scania-Vabis lieferte Motoren mit der vom Kunden gewünschten Kompression.

Auch die Fahrgestellbezeichnungen wurden immer komplizierter, da die meisten Fahrgestellängen und -variationen bei Omnibussen und Lastwagen eine eigene Ziffernbezeichnung erhielten. Deshalb kann man nicht alle Varianten hier aufzählen.

Das technisch fortgeschrittenste Fahrzeug 1924 war ein 3-achsiger Lastwagen, der teilweise auf denselben Komponenten aufgebaut war wie der 2 t Lastwagen aus Malmö mit einem 9,2 l Motor Typ IV und Doppelachsantrieb an den Hinterrädern (6x4). Er wurde von Oskar Skogsberg, Chef der Malmöfabrik, konstruiert. Bei den Hinterachsen mit Doppelgetriebe war das konische Getriebe oberhalb des zylindrischen plaziert. Die Hinterachsen waren (abgesehen von einigen Teilen in der Mitte) aus den gleichen Teilen zusammengesetzt wie die gewöhnlichen Lastwagen mit Kardanantrieb. Der Wagen konnte 6 t Last aufnehmen, doppelt so viel wie die kräftigsten 4x2 Wagen. Mit voller Last betrug der höchste Achsdruck nur 1.835 kg. Eine weitere Achse hinter der Antriebsachse zu plazieren, war die einfachste Lösung, um eine höhere Lastkapazität zu erhalten (und damit eine niedrigere

Belastung pro Achse, eine Voraussetzung für höhere Gesamtgewichte in großen Teilen Schwedens aufgrund des mangelhaften Straßennetzes). Es zeigte sich jedoch, daß die Konstruktion ihrer Zeit weit voraus war, und auch wenn man geplant hatte, eine Serie von zehn Wagen zu fertigen, so wurden nur zwei hergestellt, der zweite 1926.

1926 wurde auch ein einziger Lastwagen mit sechs Rädern und 4,3 l Motor 1544 von 50 PS für 3,5 t Last hergestellt (aber mit Antrieb nur an der vorderen Hinterachse). Danach dauerte es bis in die 30er Jahre bevor mehr 3-achsige Lastwagen bei Scania-Vabis gebaut wurden.

Seit dem Krieg waren die staatlichen und kommunalen Besteller die größten Käufer von Lastwagen von Scania-Vabis. Zu ihnen gehörte u.a. die Armeeverwaltung, die Generalpostverwaltung, die Medizinalverwaltung, das Telegrafenamt und die Stockholmer und Göteborger Feuerwehr. Es gab auch große private Besteller wie Nordiska Kompaniet, die Wein- und Alkoholzentrale, die Stockholmer Brauerei, die Tabaksmonopolgesellschaft und die Meiereizentrale. 1923 und 1924 hatte die Malmöfabrik für die Armee eine Reihe von Lastwagen hergestellt, u.a. für drei Bäckereikader, wo zu jedem Kader drei schwere Lastwagen und drei Anhänger gehörten; zwei der Lastwagen waren mit großen Feldbacköfen versehen.

Schwedens Lastwagenbestand hatte sich in den

1926 kaufte die Straßenverwaltung in Södra Åsbo zwei gleiche kardangetriebene 2,5 t CLb-Lastwagen mit 1444-Motor. Die Malmö-Herstellung ging ihrem Ende zu, aber auch diese altmodischen Lastwagen hatten richtige Fahrerhäuser erhalten.

1925 kam der „Schnell-Lastwagen", gebaut in Södertälje und von ganz neuer Konstruktion, leichter und schneller als die Malmö-Wagen. Dieser 1,5 Tonner ist einer der ersten und hat kein Fahrerhaus.

Lastwagen von 1928 der 324-Serie mit 6-Zylinder 1461-Motor von 5,8 l. Der Wagen hatte eine hydraulische Kippvorrichtung und einen automatischen Kiesstreuer, von einer Rolle gegen das Hinterrad getrieben.

Depressionsjahren und 1925 von 10.000 auf fast 20.000 Fahrzeuge erhöht. Die meisten Lastwagen waren aus den USA importiert und konnten dank Großbetrieb zu bedeutend niedrigen Preisen verkauft werden als die der schwedischen Hersteller. Da bei Scania-Vabis Anfang der 20er Jahre sowohl die Ausrüstung als auch die Kenntnisse fehlten, um eine Serienherstellung kleinerer und billigerer Lastwagen einzuleiten, hatte man diesen großen Markt für leichte Standardlastwagen verloren.

1925 änderte sich die Lage jedoch radikal, denn Scania-Vabis konnte da den ersten Lastwagen seiner modernen Generation (3141), den in Södertälje hergestellten sogenannten „Schnell-Lastwagen" vorstellen. Er hatte natürlich die letzten technischen Innovationen wie Luftgummireifen, Feuchtlamellenkupplung, Kardanantrieb, dreiviertel entlastete Hinterachsen, doppelte Herabschaltung an der Hinterachse (jedoch nicht als Standard), Progressivfederung hinten (ab 1927 auch vorn) und moderne Räder. Außerdem war die Spitzengeschwindigkeit mit ca. 40 km/h ungefähr doppelt so hoch wie bei der früheren Generation mit Kettenantrieb. Das Fahrgestellgewicht betrug 2.230 kg, verglichen mit 2.480 bei dem älteren Malmöwagen. Ein geschlossenes Fahrerhaus mit losen Seitenscheiben oder herabklappbaren Glasscheiben war Standard. Der Preis eines Lastwagens von 1,5–2 t war 11.400 Kronen, während ein Lastwagen des alten Typs von 2,5–3 t aus Malmö 12.650 Kronen kostete (mit Verdeck anstatt Fahrerhaus).

Der neue Lastwagentyp war nicht nur schneller sondern auch leichter und verbrauchte weniger Kraftstoff als der frühere. Der Lastwagen hatte den neuen 3,5 l Oberventilmotor 1444 von 36 PS, aber ab Ende 1925 wurden die meisten Wagen mit dem größeren 4,3 l Motor 1544 von 50 PS geliefert. Früher waren Motor und Getriebe der Wagen separat und durch eine Zwischenwelle verbunden (wie bei der Übergangsform mit Kardanantrieb aus Malmö) aber jetzt war das Getriebe mit Bolzen am Motor befestigt, eine Innovation bei Scania-Vabis. Das bedeutete auch, daß der Fahrer einen zentral plazierten Kugelschalthebel erhielt und damit den rechts plazierten Schalthebel los wurde (die Wagen waren rechtsgelenkt). Ebenso wie Teile des Motors war das neue Getriebe aus Leichtmetall.

Die neue Lastwagenserie mit Kardanantrieb aus Södertälje wurde mit einer Version von 1,5 t eingeleitet, der bald Wagen von 2,5 und 3 t folgten. Viele Komponenten war gemeinsam für die drei Typen, was Herstellung und Lagerhaltung von Teilen erleichterte. Diese Standardisierung ermöglichte rationellere Herstellung, niedrigere Kosten und vereinfachte Ersatzteilhaltung.

Der alte, abgerundete Kühler wurde durch einen neuen Typ ersetzt, kantig und rechteckig, den man dann behielt, bis man begann, die Kühler auf verschiedene Weise zu maskieren. Bereits Ende Juli 1925 hatte man in Södertälje eine Produktion von sechs Lastwagen pro Woche erreicht. Der Lastwagen 1,5 t Typ 3141 wurde 1925–27 in 58 Exemplaren hergestellt, die 2,5–3 t Variante 3251–3255 in 218 Exemplaren 1925–27 und die 3 t Version 3256–3257 in 41 Exemplaren 1927–30.

1925 war ein wichtiges Jahr für Scania-Vabis. Die Herstellung von Personenwagen sollte stillgelegt sein, und man wollte die Lastwagenherstellung auf den neuen Typ und den neuen Motor konzentrieren. Die Erfolge mit den Omnibussen sollten jedoch diese Pläne kreuzen.

Scania-Vabis hatte so viele Aufträge für die neuen, niedriggebauten Omnibusse mit Progressivfederung mit den alten Motortypen IIa (1441/1442) und III (1546) erhalten, daß die Einführung neuer Motoren in Omnibussen verzögert wurde.

Daraus folgte, daß Scania-Vabis 1925 Fahrzeuge mit den alten Motortypen I, IIa, III und IV, sowie

Dieser 4-Zylinder Lastwagen ist vermutlich aus der Serie 325 und 1928 hergestellt. Fotografiert in Stockholm. Heute liegt dort eine elegante Galleria.

Anzeige in Svensk Motor Tidskrift von 1926.

mit dem neuen Oberventilmotor in zwei Größen (1444/1544) lieferte. Mehrere Omnibusse und Lastwagen wurden an die norwegischen Staatsbahnen verkauft, in harter Konkurrenz mit 54 anderen Automobilherstellern weltweit.

Man arbeitete hart an der Standardisierung auch der übrigen Teile, mit dem Ziel, Motoren, Kupplungen, Getriebe, Steuervorrichtungen und Hinterachsgetriebe im großen und ganzen für die verschiedenen Modelle gemeinsam zu machen. Durch Anwendung dieser Komponenten mit Fahrgestellen von verschiedenen Typen und Längen, und verschiedenen Federn und Rädern, konnte man die Kosten herabsetzen.

Ab Ende 1925 hatte man Omnibustypen, die auf dem neuen Schnell-Lastwagen mit „niedriggebautem" Rahmen (d.h. über Vorder- und Hinterachse aufgebogen) basierten, mit dem größeren 4-Zylinder Motor von 4,3 l (1544) von 50 oder 60 PS. Das führte zu einem großen Auftrag von Stockholms Zentraler Omnibusgesellschaft, die eine Reihe von Omnibussen für spiritusgemischten Kraftstoff kaufte. Die Omnibusgesellschaft beförderte 1928 über 17 Millionen Fahrgäste, hatte jedoch schlechte Finanzen und wurde 1929 von der Stockholmer Straßenbahngesellschaft aufgekauft.

Diese 4-Zylinder Omnibusse (mit dem Spitznamen Stockholms Rennbusse) mit Oberventilmotor und Getriebe mit Kugelgelenkhebel wurden auch auf der zweiten in Stockholm verkehrenden Linie der Omnibusgesellschaft eingesetzt, die am 1. April

Diese Omnibusse Typ 3754 mit 1544-Motor von 1926 wurden die „Stockholmer Rennbusse" genannt. Anscheinend ging es ein bißchen zu schnell. Der Bus ist etwas ramponiert.

1926 eingeweiht wurde. Auf dieser fuhren nur schwedische Busse von Scania-Vabis und Tidaholm. Die Scania-Vabis Busse erwiesen sich als sehr robust und langlebig und konnten manchmal bis zu 500.000 km gefahren werden, bevor man sie verkaufte oder verschrottete. Viele erhielten nach dem Verkauf ein neues Leben, z.B. als Möbelbusse.

Ab 1925 scheint Scania-Vabis eigene Herstellung von Omnibuskarossen nach und nach aufgehört zu haben. Die Karossen der Scania-Vabis Omnibusse wurden jetzt hauptsächlich von externen Karossenbauern bezogen. U.a. stellte AB Hägglund & Söner in Örnsköldsvik Omnibusse von Sedantyp her, d.h. sie hatten keinen Gang in der Mitte sondern eine Reihe von Türen auf der Seite. Diese Omnibusse waren sehr beliebt auf Fernfahrten und hatten oft eine luxuriöse Einrichtung.

Die Überführung der Herstellung von Lastwagen und Omnibussen nach Södertälje bedeutete, daß die Scania-Fabrik in Malmö sich ihrem Ende näherte. Seit 1912 hatte man in Södertälje außer den Personenwagen auch sämtliche Motoren und die meisten Lastwagen- und Omnibuskomponenten hergestellt, und Malmö hatte sich damit begnügen müssen, Lastwagen zusammenzubauen. 1925 hatte die Södertäljefabrik 113 Fahrzeuge geliefert (80 mit dem neuen Motortyp, davon 46 Lastwagen des neuen Typs). Aus Malmö kamen 78 Lastwagen, davon 68 mit dem neuen Motor.

Betriebswirtschaftlich war es unverantwortlich, die Herstellung an zwei Stellen zu betreiben, insbesondere da es in Södertälje viel Platz gab, nachdem die Personenwagen verschwunden waren. Schritt für Schritt wurde deshalb die Produktion von Malmö nach Södertälje verlagert und im Mai 1927 schloß man die ursprüngliche Scaniafabrik in Malmö für immer. Im Durchschnitt hatten während der 20er Jahre etwa 50 Personen in Malmö gearbeitet. Der tüchtige Konstrukteur Oskar Skogsberg ging nach Södertälje, und auch den übrigen Mitarbeitern bot man eine weitere Anstellung dort an. Einige wagten den Umzug, aber die meisten wollten ihre Heimatstadt nicht verlassen.

1927 trat ein neuer Konkurrent auf. Im April kam Volvo mit seinem ersten Personenwagen heraus, dem Volvo ÖV4 (oft fälschlich Jakob genannt). Volvos Geschäftsführung hatte anfangs geplant, sich auf dem Lastwagenmarkt zu betätigen, und vor dem Verkauf des Personenwagens hatte Volvo auch sein erstes Lastwagenmodell gezeichnet, dessen Verkauf im Februar 1928 eingeleitet wurde. Es hatte einen 4-Zylindermotor von 28 PS. Im Juli 1929 kam ein 6-Zylindermotor von 55 PS. Bis 1948 dominierten Lastwagen- und Omnibusse Volvos Produktion, und deren Verkaufswert war bis in die 50er Jahre größer als der der Personenwagen.

In Södertälje erweiterte man die Tätigkeit und erhöhte den Produktionstakt. 1928 kaufte man mehr Maschinen für die Fabrik in Södertälje und 1930 kaufte man von AB Värdsholmen das Fabrikgelände in Södertälje für 1,6 Millionen Kronen. Bereits vorher hatte man eine neue Montagehalle gebaut, sowie auch eine neue Kühler- und Vernickelwerkstatt und ein großes Lagergebäude.

Scania-Vabis Bedarf eines stärkeren Motors war groß, und im Spätherbst 1927 stellte man eine 6-Zylinderversion von 5,78 l (1461) des 4-Zylinder Oberventilmotors vor. Die Leistung war 75 PS bei 1.650/min bei Benzinbetrieb und 90 PS bei 2.200/min bei Spiritusbetrieb. Der Motor hatte eine siebenfachgelagerte Kurbelwelle, 3-Punktaufhängung und war kombiniert mit einer mehrscheibigen Trockenlamellenkupplung. Auf der linken Seite des Motors befanden sich Vergaser, Magnet und Generator und auf der rechten Seite nur der Anlasser. (Der 4-Zylindermotor hatte den Vergaser rechts). Ebenso wie der 4-Zylinder Motor waren Schaftgehäuse, Ölwanne und das mit dem Motor zusammengebaute Getriebegehäuse in Silumin gegossen (eine Legierung aus 87,5 % Aluminium

Schnitt und Seitenansicht des 6-Zylinder 5,8 l 1461-Motors von 1928. Der Block ist aus Gußeisen, aber die untere und obere Schaftgehäusehälfte und das Getriebe sind aus Silumin. Hinter dem Getriebe die kräftige Fußbremse.

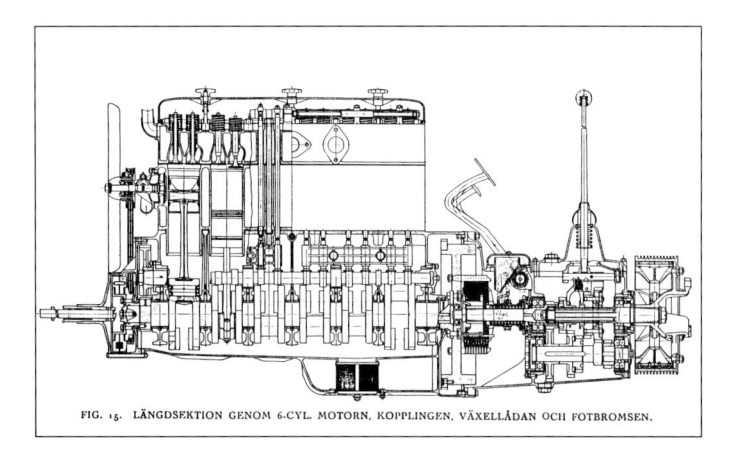

FIG. 15. LÄNGDSEKTION GENOM 6-CYL. MOTORN, KOPPLINGEN, VÄXELLÅDAN OCH FOTBROMSEN.

und 12,5 % Kiesel). Ebenso wie die 4-Zylinder Motoren hatte dieser Motor Kolben aus Gußeisen.

Vor allem hatten die Omnibusbesitzer einen stärkeren Motor gewünscht, und der neue 6-Zylindermotor wurde auch zuerst in Omnibusse eingebaut. Von dreizehn Fahrzeugen mit diesem Motor war nur eines ein Lastwagen.

Der erste 6-Zylindermotor wurde in einen Omnibus Typ 3243 eingebaut, der im Dezember 1927 für den Postkutschenverkehr geliefert wurde. Die Omnibusse, die während der 20er Jahre in verschiedenen Serien an die Post geliefert wurden, erhielten einen immer längeren Achsabstand (von 3,3 bis 4,1m). Nur die ersten drei Serien von 52 Omnibussen hatten eine Ausrüstung für ein Raupenaggregat. Man war von Holzspeichenrädern mit abnehmbaren Felgen zu festen Scheibenrädern mit abnehmbaren Felgen übergegangen und danach zu gewöhnlichen Tellerrädern mit kräftigen, einfachmontierten Luftgummireifen. Diese hatten sich unter schweren Schneeverhältnissen am effektivsten erwiesen.

Mit dem neuen 6-Zylindermotor in diesen speziell für Winterfahrten konstruierten Omnibussen und mit geeigneten Pflügen konnte die Post selbst die Schneeräumung ihrer Postkutschenlinien vornehmen. Es dauerte nämlich eine Zeit, bevor die Straßenverwaltungen im Norden Lastwagen erhielten, die kräftig genug waren.

In Stockholm hatte die zentrale Omnibusgesellschaft 1928 eine dritte und vierte Omnibuslinie eröffnet. Der 4-Zylinder Omnibus für 30 Passagiere (9 stehende), den man im Herbst von Scania-Vabis gekauft hatte, wurde mit weiteren fünf 6-Zylinder Omnibussen mit Achsabstand 5,3 m komplettiert. Die Kapazität war nun auf 40 Passagiere, davon 16 stehende, erhöht. Auch Tidaholm lieferte fünf ähnliche Omnibusse. Omnibusse mit diesem Achsabstand gab es auch in einer Variante mit gesenktem Rahmen hinter der Hinterachse, wodurch man eine Plattform erhielt. Dieser Omnibustyp war für 35 Passagiere, davon 11 stehende, und wurde u.a. an die Omnibusgesellschaft im Stockholmer Landgebiet geliefert. Sie gelangten fleißig im Stockholmer Vorortsverkehr zur Anwendung und wurden bekannt wegen ihres geringen Kraftstoffverbrauchs, ca. 0,25 l/km bei normalem Verkehr. Diese großen Omnibusse hatten eine Fuß-

1928 erhielten die Omnibusse Seriennummern die auf 8 anfingen. Dieser Typ 8304 mit Achsabstand 4,6 m und 4-Zylinder 1544-Motor wurde 1929 an den Omnibusverkehr Gebrüder Carlsson in Norrköping geliefert.

Freys Mietwagenunternehmen in Stockholm kaufte dieses „Touristenautomobil" auf 3756 Fahrgestell mit 1544-Motor. Achsabstand 4,5 m und Platz für 15 Fahrgäste.

Der Omnibusverkehr Stockholm Landgebiet kaufte 1929 diesen Omnibus Typ 8305 mit Motor 1561 und gesenkter Plattform hinten. Der Bus verkehrte in Stockholms nördlichen Vororten. Achsabstand 5,3 m.

bremse, die auf die Hinterradtrommeln wirkte und bei starkem Bremsen auch auf die Kardanbremse. Sie hatten als Standard Vakuumservobremsen von Bosch. 4-Radbremsen kamen während der 20er Jahre bei Scania-Vabis Fahrzeugen nicht vor.

Bald nahm man den logischen Schritt vor, 100 mm als Zylinderdurchmesser auch beim 6-Zylindermotor einzuführen. Das erfolgte im Herbst 1929, wodurch der Hubraum auf 6,41 l und die Leistung auf 80 PS bei 2.000/min mit Benzin, und bis zu 100 PS bei 2.200/min mit Leichtbentyl erhöht wurde. Der Motortyp wurde 1561 genannt und war lange der gewöhnlichste in Omnibussen und Lastwagen. In Fahrzeugen kamen die 6-Zylinder Motortypen 1461/1561 bis 1938 vor.

Die Lastwagen erhielten ab 1928 den kleineren und ab 1929 auch den größeren 6-Zylindermotor. 1928 hatte man 4-Zylinder Lastwagen von 2, 3 und 4 t und 6-Zylinderlastwagen von 3 und 4 t in Preislagen von 14.200 bzw. 18.300 Kronen komplett. Auch Tidaholm hatte jetzt einen 6-Zylindermotor von 75 PS in einem 3 t Wagen. 1929 hatte man Lastwagen mit 4- und 6-Zylindermotoren von 2 bis 5 t mit Achsabständen von 3,7 bis 4,1 m. Omnibusse gab es mit 4- und 6-Zylindermotoren in Achsabständen von 4,1 bis 5,5 m. 66 % der 1929 gelieferten Fahrzeuge hatten 6-Zylinder Motoren.

Das Aktienkapital wurde 1924 von 500.000 auf 700.000 Kronen aufgestockt und 1928 kaufte man Maschinenausrüstung von dem alten Unternehmen sowie 1930 sämtliche Anlagen in Södertälje.

Mit dem steigenden Verkauf vergrößerte sich die Verkaufsorganisation. Im Januar 1928 eröffnete man ein Verkaufsbüro und ein Ersatzteillager in Sundsvall, und man hatte auch Vertreter in den wichtigsten schwedischen Städten und später auch in Oslo, Helsinki und Tallinn.

Stockholms Zentrale Omnibusgesellschaft hatte 1928 aus Vergleichsgründen einen Omnibus aus London importiert, einen Leyland Tiger den es seit 1919 gab. Dieser hatte ein Halbfahrerhaus, manchmal Trucktyp genannt, d.h. der Fahrer saß für sich selbst in einem Fahrerhaus auf der rechten Seite des Motors, wodurch man zwei zusätzliche Sitzplätze im Wagen und eine bessere Gewichtsverteilung zwischen den Achsen erhielt. Da der Fahrer durch eine eigene Tür auf der rechten Seite einstieg, konnte man den Fahrerplatz so schmal machen, daß er auf der Seite des Motors Platz fand (der Platz auf der anderen Seite war jedoch zu schmal um ihn ausnutzen zu können).

Tidaholms Bruk kopierte schnell diese Karosse und die Stockholmer Straßenbahngesellschaft ließ ihre eigenen Konstrukteure eine für den Stockholmsverkehr passende Variante dieses Typs zeichnen. Auch die Einrichtung und die Plazierung des Fahrers wurde von dem importierten Omnibus kopiert. Sämtliche Omnibusse, die die Straßenbahngesellschaft in den Jahren 1929–35 kaufte (insgesamt über 200) waren von diesem Typ und wurden von Scania-Vabis, Tidaholms Bruk, NOHAB, die eine kurze Zeit auch Omnibusse bauten, und Leyland gekauft. Mehrere andere Omnibusgesellschaften kauften auch solche Omnibusse.

Die Omnibusherstellung wurde ein immer interessanterer Teil von Scania-Vabis Tätigkeit, und man arbeitete intensiv an der Entwicklung der Produkte. Scania-Vabis war führend auf dem schwedischen Markt, aber um an der Frontlinie zu verbleiben, mußte man die Produktentwicklung weiterführen.

Im Frühsommer 1929 fuhren deshalb Scania-Vabis Geschäftsführer Gunnar Lindmark und der Fabrikchef August Nilsson (der im August 1930

Links einer der letzten Personenwagen (Typ 2122) mit 4-Zylinder Oberventilmotor Typ 1347, die 1929 von Scania-Vabis hergestellt wurden. Das Bild ist viele Jahre nach der Lieferung aufgenommen, jedoch vor der Renovierung. Der Wagen rechts ist Gunnar Westerbergs Rennwagen von 1924 mit einer Karosse, die an die letzten Wagen erinnert, auch wenn sie früher gebaut sein muß. Der Wagen wurde als Dienstwagen benutzt und hatte ein großes Scania-Vabis Firmenzeichen auf dem Kühler.

zum Oberingenieur ernannt wurde) in die USA, um moderne Omnibustypen zu studieren.

Einer der interessantesten Omnibusse war der von Frank.R. Fageol, Fageols Motors, Oakland, Kalifornien, konstruierte, der jedoch von der 1927 gebildeten Gesellschaft Twin Coach Corporation in Kent, Ohio, hergestellt wurde. Er wurde Twin Coach genannt und hatte eine platte Front ohne vorstehende Motorhaube, einen großen Überhang vorn und hinten, Fahrerplatz und Eingangstür für die Passagiere vor der Vorderachse und Hinterradantrieb. Die Busse hatten zwei 6-Zylinder Motoren von 4,9 l und 65 PS, seitenmontiert zwischen den Achsen. Diese trieben je ein Hinterrad über 3-Gang-Getriebe und wurden durch ein gemeinsames Pedal manövriert. Die Omnibusse hatten Druckluftbremsen von Westinghouse. Der Achsabstand war nur 4,9 m und die Spurbreite 1,98 m, was einen gleichmäßigen Achsdruck und kleinen Wenderadius ergab. Die Gesamtlänge des Omnibusses war 9,15 m, aber mit den großen Überhängen erhielt man eine große Fahrgastkapazität trotz des begrenzten Achsabstandes – in einer Version 40 Sitzplätze und 35 Stehplätze.

Die Herren Lindmark und Nilsson waren sehr interessiert an den technischen Lösungen in bezug auf Platz und gut verteilten Achsdruck, stellten sich jedoch sicher fragend zu der komplizierten und teueren Lösung der zwei Motoren und der Konstruktion mit Rahmen und Karosse als einer Einheit. Es gab mehrere solche Omnibustypen in den USA, u.a. A.C.F., Brill und den 1927 vorgestellten Versare Streetcar, der in vielen amerikanischen Großtädten vorkam, u.a. in New York und Boston.

Scania-Vabis unterzeichnete ein Lizenzabkommen über das Alleinherstellungsrecht für Skandinavien, Polen und die baltischen Staaten und kaufte ein Exemplar. Es gab verschiedene europäische Hersteller, die an dem Twin-Coach Omnibus interessiert waren, u.a. kaufte auch die deutsche Gesellschaft Büssing 1929 ein Exemplar.

Es kam nicht zur Lizenzherstellung, jedoch war der Twin-Coachwagen eine wichtige Ideenquelle zu den Bulldoggenbussen der 30er Jahre.

Scania-Vabis

Während der 20er Jahre war es Gunnar Lindmark und August Nilsson gelungen, mit knappen finanziellen Mitteln eine technische Erneuerung von Scania-Vabis zu realisieren. Die zu Anfang des Jahrhunderts veralteten Produkte waren jetzt konkurrenzfähig, der Betrieb war an einem Ort konzentriert und zu fabrikmäßiger Serienproduktion umgestaltet. Die 261 Mitarbeiter von 1923 waren jetzt doppelt so viele, der Umsatz stieg in der Periode 1921–29 von 1,3 auf 5,2 Millionen; 1927 erwirtschaftete das Unternehmen wieder Gewinn – wenn er auch vorerst noch bescheiden war.

Der Börsenkrach an der Wall Street traf Scania-Vabis erst, als der Kreuger-Krach die gesamte schwedische Wirtschaft in eine schwere und langwierige Krise hineinzog.

Seit 1925 wies die Verkaufskurve bei Scania-Vabis aufwärts und 1931 zeigte sich als ein außerordentlich gutes Jahr. 1932 ging der Verkauf von Lastwagen jedoch um 60 % zurück, und der Verkauf von separaten Motoren wurde noch härter getroffen. Die Omnibusse retteten die Situation und wurden bis zum Zweiten Weltkrieg Scania-Vabis wichtigstes Produkt.

Die Konkurrenzsituation auf dem schweren Teil des Marktes war nicht so hart. Tidaholm war zwar mehr und mehr zu schweren Lastwagen und Omnibussen übergegangen und hatte eine hohe Qualität, aber sie lieferten nur wenige Fahrzeuge und waren finanziell schwach. Volvo hatte nur kleinere Lastwagen, plante jedoch, auch schwere herzustellen und war bereits Ende der 20er Jahre auf dem Markt. Diese Firma hatte sich bis auf weiteres mit den 4- und 6-Zylinder Personenwagenmotoren be-

1930–1939

In den 30er Jahren änderte sich das Verhältnis zwischen der Herstellung von Lastwagen und Omnibussen radikal. In den 20er Jahren hatte Scania-Vabis 968 Lastwagen und 427 Omnibusse hergestellt; in den 30er Jahren lauteten die entsprechenden Zahlen 970 bzw. 1.608.

In einem Hesselmanmotor wurde der Brennstoff von der Seite des Zylinders durch einen Schlitz in dem erhöhten Kragen des Kolbens eingespritzt. Es gab auch einen Schlitz für den Zündstift.

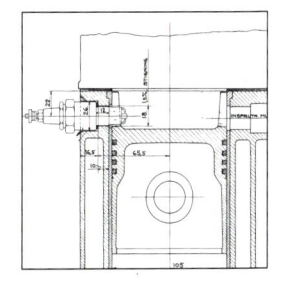

gnügen müssen, präsentierte aber 1931 einen Oberventilmotor von 4,0 l und 75 PS (ein Konkurrent des Scania-Vabis 4-Zylinder 1544 von 4,3 l und 60 PS, und 6-Zylinder 1461 von 5,8 l und 75 PS bzw. 1561 von 6,4 l und 90 PS).

Zu Anfang der 30er Jahre arbeitete Scania-Vabis an der Entwicklung einer neuen Motorvariante, und ein radikales Neudenken in bezug auf die Omnibusherstellung stand vor seiner Vollendung.

Der schwedische Konstrukteur Jonas Hesselman (1877–1957) war seit 1901 Konstruktionschef bei Atlas-Diesel. Dort hatte er an der Verbesserung der in Lizenz gebauten Dieselmotoren gearbeitet; Marcus Wallenberg hatte 1897 das schwedische Herstellungsrecht für Rudolf Diesels Konstruktionen gekauft. Seine Verbesserungen gewannen internationale Anerkennung, und Hesselman wurde als einer der führenden Techniker von Dieselmotortechnik weltweit betrachtet. 1917 gab er seinen Posten auf, um freiberuflich Dieselmotorkonstruktionen zu entwickeln, und 1926 konnte er ein Hybridmodell zwischen Vergaser- und Dieselmotor, vorgesehen für Lastwagen und Omnibusse, vorstellen. Die Rechte für diesen Hesselmanmotor befanden sich im Besitz von Oil Motors Ltd in London, die das Herstellungslizenzrecht durch Hesselman Motor Corporation Ltd in London verkaufte.

Der Hesselmanmotor basierte auf den bereits vorhandenen Vergasermotoren, die nach Modifizierung mit dem billigeren Rohöl fahren konnten. Dieselmotoren waren damals mit einer Vorglühvorrichtung versehen (z.B. Glühspiralen), die bei Kaltstart den ziemlich schwerentzündbaren Kaftstoff zündeten. Nach dem Start erfolgt die Zündung mit

Ein 7 l Hesselmanmotor von 80 PS (Typ 1566) in einem 3-achsigen Lastwagen der Serie 355 (Typ 35511), geliefert 1933. Die Einspritzpumpe ist der große Kasten auf der linken Seite des Motors, und von dort gehen Leitungen zu den Einspritzdüsen in den Zylindern.

der bei der kräftigen Kompression erzeugten starken Hitze. Diese hohe Kompression bedeutete jedoch, daß der Druck auf beanspruchte Teile, z.B. Lager, viel größer war als in einem Vergasermotor. Die Kenntnisse in Metallurgie waren damals noch nicht so weit entwickelt, und die damaligen Dieselmotoren waren viel kräftiger gebaut als die Vergasermotoren, was hohes Gewicht und Platzprobleme bedeutete. Außerdem hatten sie eine niedrige Drehzahl und paßten am besten in Schiffe, auch wenn in Deutschland M.A.N. und Benz bereits 1924 Dieselmotoren bauten.

Der Hesselmanmotor arbeitete wie ein gewöhnlicher Vergasermotor, der Kraftstoff wurde jedoch durch eine Einspritzpumpe, die durch Stahlleitungen mit jedem Zylinder in Verbindung stand, in die Zylinder gespeist. Die Pumpe war mit Vakuumregler versehen, der die Kraftstoffmenge den verschiedenen Belastungen anpaßte. Die Zahnräder, die Einspritzpumpe und Magnet antrieben, hatten einen eingebauten Zentrifugalregler, der die geeignete Zündungs- und Einspritzzeit bestimmte. Am Lufteinlaß des Motors befand sich ein Drosselventil, das die Luftzufuhr für verschiedene Belastungen und Drehzahlen regelte.

Die Zündung erfolgte durch Magnet und gewöhnliche Zündstifte. Der Motor wurde mit Motorbrennöl (Solaröl) getrieben, hatte jedoch eine viel niedrigere Kompression (6:1) als ein Dieselmomtor. Er wurde angelassen, indem eine kleine Menge Benzin mit Hilfe einer kleinen Pumpe in das Ansaugrohr gespritzt wurde. Sobald der Motor startete, ging er mit Brennöl (geschickte Fahrer konnten den Motor direkt mit Brennöl anlassen).

Die Hesselmanmotoren waren betriebssicher und verbrauchten weniger Kraftstoff als die entsprechenden Vergasermotoren. Rohöl war nur halb so teuer wie Benzin, und die Betriebskosten waren deshalb viel niedriger. Dank des niedrigen Kompressionsverhältnisses konnte man den Hesselmanmotor auch ankurbeln, was bei einem Dieselmotor unmöglich war. Bei einem solchen mußten auch Anlasser und Elektrosystem viel kräftiger sein.

Für die Tests wurden anfangs 4-Zylinder Scania-Vabis Motoren benutzt, die 1927 alternativ mit entsprechenden Vergaservarianten gefahren wurden, und ab 1930 auch einer der Omnibusse der Straßenbahngesellschaft. Während eines Probemonats konnte man konstatieren, daß der Hesselmanmotor im Durchschnitt 0,27 l Brennöl pro Kilometer verbrauchte, während der entsprechende Vergasermotor 0,448 l Benzin verbrauchte. 1931 wurden auch zehn 6-Zylinder Probemotoren geprüft.

Eine Reihe schwedischer Unternehmen, u.a. Volvo (ab Herbst 1933), Scania-Vabis und Tidaholm, sowie eine Reihe ausländischer Unternehmen erhielten das Recht, die Hesselmankonstruktion in Lizenz herzustellen, die sich bei Motoren von verschiedenen Herstellern anwenden ließ.

Scania-Vabis Motoren basierten auf den gewöhnlichen 4- und 6-Zylinder Vergasermotoren, die laut der Lizenz modifiziert wurden und deren Leistung zwischen 50 PS (4-Zylinder) und 115 PS (6-Zylinder) lag. Insgesamt wurden in den Jahren 1932–38 475 Motoren hergestellt, von denen 355 in Fahrzeuge eingebaut wurden.

Die Hesselmankonstruktion hatte jedoch einige Schwächen. U.a. war es schwierig, eine ausreichend hohe Arbeitstemperatur zu erhalten, wenn der Motor nicht voll belastet war, die Zündstifte verrußten leicht und waren schnell verbraucht und der Abgasrauch war unangenehm, insbesondere beim Kaltstart.

Die größte Omnibusinnovation wurde im Januar 1932 vorgestellt. Es handelte sich um eine Weiterentwicklung und Vereinfachung von Frank Fageols kompliziertem Twin-Coach Omnibus, den Scania-Vabis 1929 studiert hatte.

Scania-Vabis hatte außer dem gewöhnlichen Omnibustyp mit vorstehender Motorhaube auch Omnibusse des sog. Londontyps hergestellt, d.h. mit einem Fahrerhaus, das sich auf der rechten Seite des Motors befand (Halbfahrerhaus- oder Trucktyp).

Der Bedarf an größeren Omnibussen erhöhte sich schnell in Schweden, aber ein Problem war der Hinterachsdruck, der von den Behörden auf 4 t gesetzt war, sowie die niedrige zulässige Höchstgeschwindigkeit. Erst 1931 wurde die Höchstge-

Von Scania-Vabis angewandte Hesselmanmotoren 1931–38

Typ	Zyl.maße	Hubraum	Leist/Drehz.	Jahr	Vermerke
1562	6x100x136	6,408	?	1931	Probeserie
1547	4x100x136	4,273	50/	1932	
1566	6x105x136	7,066	80/2.000	1932–35	
15622	6x105x136	7,066	80/2.000	1933–36	Für „Bulldogge"
15621	6x100x136	6,408	70/2.000	1934	
15623	6x100x136	6,408	70/2.000	1934–35	Für „Bulldogge"
16621	6x110x136	7,755	110/2.200	1935–38	
16625	6x110x136	7,755	110/2.200	1935–38	Für „Bulldogge"
16624	6x110x136	7,755	115/2.200	1936–38	Kopfeinspritzung

schwindigkeit für Omnibusse auf 40 km/h erhöht, wodurch Omnibusse im Fernlinienverkehr eingesetzt werden konnten, und man begann jetzt auch reine Touristenomnibusse zu bauen.

Eine größere Omnibuskarosse würde unfehlbar zu einem höheren Hinterachsdruck führen, und bei einem Omnibus mit normaler Plazierung des Motors war es kaum möglich, die Belastung auf die Vorderachse zu übertragen.

In den 20er Jahren hatte man in den USA Omnibusse mit flacher Front und besserer Ausnutzung des Fahrgastraums entwickelt, und in den 30er Jahren auch einige mit dem Motor (oder den Motoren) unter dem Fußboden. Omnibusse mit dem Motor vorn und flacher Front zu bauen, war an sich kein Problem, aber bei der herkömmlichen Plazierung des Motors (hauptsächlich hinter der Vorderachse) verbrauchte er viel Platz im Omnibus. Solche Omnibusse (halb frontgebaut oder falsche Bulldogge) wurden Anfang der 30er Jahre vereinzelt sowohl in als auch außerhalb Schwedens hergestellt. Oberleitungsbusse (die nicht das Problem mit dem vorderen Motor hatten) hatten schon lange eine flache Frontpartie.

Um die wirklichen Vorteile der flachen Front zu erhalten, bedurfte es radikaler Eingriffe. Entweder mußte man den Motor so plazieren, daß er nicht so viel Platz vom Fahrgastraum wegnahm, oder

Ein typischer Scania-Vabis 6-Zylinder Lastwagen von Anfang der 30er Jahre, vermutlich aus der Serie 324. Ab Anfang 1931 erhielten manche Lastwagentypen mechanische 4-Radbremsen mit Bosch-Dewandre Vakuumservo.

man mußte die Vorderachse weiter nach hinten setzen, was im Prinzip zu demselben Ergebnis führte, jedoch einen kürzeren Achsabstand und damit eine leichtere Manövrierbarkeit gab.

Der von Scania-Vabis entwickelte Bulldoggenbus war ein frontgebautes Omnibusmodell, d.h. die Vorderachse befand sich unter dem hinteren Teil des Motors, und die Karosse war bis ganz nach vorn gebaut, auch auf der linken Seite. Im Prinzip hätte man Türen vor der Vorderachse anbringen können (wie bei dem Twin-Coach Omnibus), aber dafür sollte es noch eine Weile dauern. Der Scania-Vabis 6-Zylinder Motor 1461/1561 war bereits ziemlich schmal, einige Modifizierungen machten ihn noch schmaler, und dank einer neu ausgeformten Ölwanne konnte er über der Vorderachse eingebaut werden (in dieser Ausführung war die Typenbezeichnung 1464/1564).

Der Vorteil mit der Frontbaukonstruktion war nicht nur eine besser ausgenutzte Grundfläche, sondern man konnte auch bei begrenztem Achsabstand das Gewicht der Passagiere (das hauptsächlich die Hinterachse belastete) durch den Motor kompensieren, wodurch man eine gleichmäßigere Verteilung des Achsdrucks erhielt. Das war wichtig, denn auf vielen kleineren Straßen hatte man in Schweden eine Begrenzung des Achsdrucks.

Eine Folge der neuen Konstruktionsart war ein

DIE FAHRZEUGE VON SCANIA

Die Anzahl verkaufter Omnibusse von herkömmlichem Torpedotyp (Haubenmodell) sank gegen Mitte der 30er Jahre. Hier Omnibusse Typ 8406 mit Motor 1561 auf einem Omnibusausflug. Sie hatten ein abnehmbares Winterdach, das im Sommer durch ein herunterklappbares Verdeck ersetzt wurde.

ungefähr auf das Doppelte erhöhter Vorderraddruck, wodurch man u.a. die Lenkwinkel anpassen mußte. Um beim Omnibus die Lenkkräfte zu reduzieren, benutzte man im Vorderwagen konische Rollenlager als Traglager.

Der Motor war in der Karosse plaziert, unter einer doppelwandigen Motorhaube aus Aluminium (innen mit Asbest, außen mit Kork isoliert) und der Fahrer saß rechts neben dem Motor. Auf der anderen Seite befand sich ein längsgehender Sitz mit Platz für drei Personen (ein Traum für jeden automobilinteressierten Jungen!)

Um einen niedrigen Einstieg in den Omnibus zu erhalten, war der Rahmen heruntergebogen. Die Seitenträger waren 280 mm hoch, und der Rahmen war sehr drehsteif. Am vorderen Teil des Rahmens befanden sich ausliegende Konsolen, auf welchen die Karosse ruhte. Der Achsabstand war 4,90 m und die Gesamtlänge war 7,63 m.

Der 6-Zylinder Oberventilmotor 1564 entwickelte bei Leichtbentylbetrieb 100 PS bei 2.200/min. Er hatte einen Motorblock aus Gußeisen, abnehmbare Zylinder aus Gußeisen, Gußeisenkolben, Ventilsitze mit Einsätzen aus Spezialgußeisen und ein Schaftgehäuse aus Aluminium. Die Motoren konnten mit verschiedenen Kompressionsverhältnissen geliefert werden, entsprechend den Wünschen des Bestellers. Die Änderungen erfolgten durch Variation der Kolbenhöhe oder durch Montieren einer Scheibe zwischen Motorblock und Schaftgehäuse.

Der Motor hatte eine kräftige, siebenfachgelagerte Kurbelwelle, voll ausgewuchtet und versehen mit Vibrationsdämpfern. Die Nockenwelle wurde durch ein Getriebe mit schrägen Zähnen getrieben, das auch den Generator antrieb. Um der Konstruktion einen so lautlosen Lauf wie möglich zu geben, waren die Zahnräder der Kurbelwelle aus Stahl, die der Nockenwelle aus Gußeisen und die des Generators aus Bronze.

Eine Zahnrad-Ölpumpe kam zum Einsatz und sämtliche Ölkanäle im Schaftgehäuse bestanden aus eingegossenen Kupferrohren. Die Schmierung des Fahrgestells erfolgte von einem gemeinsamen, direkt hinter dem Block angebrachten Behälter; die Vorderachszapfen wurden separat geschmiert. Die Motoren waren meistens mit Scania-Vabis eigenem Vergaser, konstruiert von August Nilsson, versehen, und hatten Magnetzündung mit Zündungsregelung auf dem Lenkradrohr. Die Wasserzirkulation im Motor erfolgte mit Hilfe einer Zentrifugalpumpe. Der Kühler war umschlossen vom vorderen Teil der Motorhaube und völlig von der Karosse abgetrennt.

Der Motor mit dem Getriebe hatte 3-Punktaufhängung und Gummiisolierung zum Rahmen. Er

Scania-Vabis Omnibusse 1922–44 (hergestellt in Södertälje)

Serie	Motor	Achsabstand	Jahr	T	HH	FB	B	Vermerke
225	1544	3,3	1925–26	12	-	-	-	Modifiziertes pb-Fahrgestell, Post
315	1544	4,0	1925–27	9	-	-	-	Modifiziertes CLb-Fahrgestell, Post
324	1441, 1442, 1544, 1461	3,4–3,7	1922–28	47	-	-	-	Modifiziertes lb-Fahrgestell, Post
374	1441, 1442, 1444	3,6–3,7	1923–24	12	-	-	-	
375	1546, 1544	4,0–5,2	1923–28	190	-	-	-	38 mit 1546-Motor (älteren Typs)
810	1461, 1561	3,7–3,9	1928–29	28	-	-	-	Sämtliche für die Post
811	1561, 1664	3,8–4,5	1929–44	88	-	-	112	112 Radiobusse, übrige Post
820	1544, 1464, 1564, 1561	4,1–4,2	1929–42	5	-	-	71	
830	1544, 1564, 15622, 1461, 1561	4,6–4,9	1928–34	59	-	-	101	
831	1464, 1564, 1568, 1664, 15622	4,6–4,7	1933–44	-	-	3	236	
840	1544, 1461, 1561	5,0–5,3	1928–36	241	-	-	-	
841	1461, 1561, 15621, 1566	5,0	1932–37	-	1	34	104	
842	1564, 1568, 1664, 16641, 16624	5,0–5,3	1936–44	-	-	-	545	73 O-Busfahrgestelle
850	1561, 1566, 1568, 15622	5,5–5,9	1930–35	-	156	1	28	
851	16641, 16621, 1568, 1664, 16625	5,5–5,9	1934–44	-	46	-	335	
852	D801	5,5–5,9	1940–41	-	-	-	10	9 O-Busfahrgestelle
860	1664, 16641	6,1	1936–38	-	-	-	11	

T=Torpedobus, **HH**=Halbfahrerhausbus, **FB**=Falsche Bulldogge, **B**=Bulldogge. Die angegebenen Motortypen (in fallender Reihenfolge) waren am gewöhnlichsten, aber auch andere kamen vor. Die Serienbezeichnungen wurden durch Typennummern komplettiert, z.B. 3751, 3752.

war so montiert, daß er mit Hilfe von Gleitschuhen und Schienen leicht vorwärts gezogen werden konnte. Die Kupplung war eine mehrscheibige Trockenlamellenkupplung (später einscheibig) und das 4-Gang-Getriebe hatte ein Gehäuse aus Leichtmetall und geschliffene Zahnräder. Vom Getriebe erfolgte die Kraftübertragung mittels seriengeschalteter Kardanwellen, von denen die hinterste in ein Rohr eingekapselt war, das die Reaktionskräfte aufnahm. Die Achsen waren durch Gummiaufhängung isoliert. Die Hinterachsen waren völlig entlastet, und alle Belastung außer der Drehkraft wurde vom Achsgehäuse aufgenommen, das aus drei Teilen bestand.

Die Vorderachse war in I-Sektion gepreßt, und die Lenkung Typ Schraube und Schnecke mit selbsthemmender Funktion. Der Omnibus hatte mechanische 4-Radbremsen mit inneren Backen mit Vakuumservo Typ Bosch-Dewandre. Jede Bremse hatte zwei Backen, 3 Zoll breit vorn und 6 Zoll breit hinten.

Scania-Vabis Konstrukteure hatten seit Anfang der 20er Jahre daran gearbeitet, das Federsystem für Omnibusse, die sog. Progressivfederung, weiterzuentwickeln. Diese war mit der Zeit immer komplizierter geworden, und alle Federn waren halbelliptisch (oder besser gesagt gerade) und hatten eine kontinuierliche progressive Wirkung, d.h. die zunehmende Biegung der Feder verringerte sich kontinuierlich mit steigender Belastung, anstatt wie bei herkömmlichen Federn ungefähr konstant zu sein. Dies erreichte man durch Ausformung und Lagerung der Federenden dergestalt, daß die arbeitende Federlänge sich bei zunehmender Biegung verkleinerte. Die Federenden waren nicht mit Federösen und Bolzen am Rahmen befestigt (außer dem Vorderende der vorderen Federn) sondern in einer bestimmten Kurve gegen geformte Blöcke gelegt, so daß die Grenzlinie der Anliegefläche sich mit steigender Biegung immer mehr dem Mittelpunkt der Federn näherte. Die Federn wurden dadurch kontinuierlich steifer.

Die Räder waren Tellerräder und die Reifen Ballonreifen (oft hatte man doppelte Hinterräder). Der Kraftstofftank war außen auf dem einen Seitenträger montiert und faßte gewöhnlich 175 l. Die Elektroausrüstung war nach Wunsch des Kunden entweder Bosch oder Scintilla.

Die ersten Bulldoggenbusse (8305) wurden im Februar 1932 in Verkehr genommen. Es handelte sich um sechs Exemplare, die man an die Omnibusgesellschaft der Mälarinseln geliefert hatte, und die mit „Stahlkarossen System Patent Arquint", gebaut von Svenska Maskinverken in Södertälje, ausgerüstet waren. (Der deutsche Ingenieur Arquint in München besaß ein Patent auf Karossen, gebaut aus schlanken Teilen, die bessere Sicherheit und die Möglichkeit zu größeren Fensterscheiben gaben als Karossen auf Holzgestell). Daß das Debüt gerade auf dieser Linie erfolgte, war sicher kein Zufall: Stockholms Enskilda Bank stand sowohl hinter Scania-Vabis als auch hinter der Omnibusgesellschaft.

Omnibusse Typ Halbfahrerhaus (oder Trucktyp) waren in England üblich, wurden aber auch in Schweden gebaut. Alle Karossen wurden seit Mitte der 20er Jahre von selbständigen Unternehmen gebaut. Ein 8501 wird von Svenska Maskinverken karossiert, 1930.

Omnibusse des Sedantyp, d.h. mit Eingang durch mehrere Türen auf der Seite, kamen manchmal in der Provinz zum Einsatz. Hier ein Bus der Serie 840 (8406) für 28 Passagiere mit einem 6-Zylindermotor 1561 von 100 PS. Der Omnibus wurde auf der Stockholm-Ausstellung 1930 gezeigt.

Bereits im September 1932 konnte Scania-Vabis in einer Annonce mitteilen, daß man bereits rund 50 Omnibusse des neuen Typs verkauft habe und daß sie oft „Bulldoggenbusse" genannt würden. Dies scheint ein von Kunden und Publikum spontan erfundener Spitzname gewesen zu sein, auf den die Fabrik selbst nicht gekommen wäre. Seitdem ist die Bezeichnung als Fachausdruck für Omnibusse mit flacher Front und vorderem Karossenüberhang benutzt worden (bei einer echten Bulldogge soll der Motor über oder vor der Vorderachse liegen).

Scania-Vabis Bulldoggenbus wurde bald ein großer Erfolg und führte zu Scania-Vabis erster großer Omnibusexpansion in den 30er Jahren. Der Konkurrent Volvo hatte kein richtiges Omnibusfahrgestell bis 1934 (wo Volvos B1 eingeführt wurde), sondern man benutzte Lastwagenfahrgestelle, die bei weitem nicht denselben Fahrkomfort boten wie die Scania-Vabis Omnibusse.

Die Omnibusse mit vorstehender Motorhaube wurden immer weniger geliefert, mit Ausnahme der Busse für die Post und für die Stockholmer Straßenbahngesellschaft. Letztere blieb standhaft bei den Halbfahrerhausbussen, von denen die letzten 1937 geliefert wurden. Die letzten Haubenbusse

Der amerikanische Twin-Coach-Bus, der 1929 in den USA gekauft wurde, fungierte als Ideenquelle für den „Bulldoggenbus". Man vermied jedoch die komplizierte Plazierung der Motoren in der Mitte, einer für jedes Hinterrad. Auch die kleine gestreifte Markise wurde nicht auf die schwedischen Omnibusse übertragen.

wurden 1938 an die Post geliefert.

Die Scania-Vabis Bulldoggenbusse waren mehrere Jahre vor ihrer Zeit, und natürlich wurde die neue Konstruktion bald kopiert. Bereits 1932 annoncierte General Motors in Schweden Bedford-Omnibusse mit frontgebauter Karosse, und Järbo Karosserifabrik baute Omnibusse mit flacher Front auf Lastwagenfahrgestellen von Volvo. Diese (ebenso wie einige Tidaholm-Busse von 1933) waren jedoch keine echten Bulldoggen, denn ihnen fehlte der Vordermotor und der vordere Überhang. Auch Scania-Vabis lieferte in den 30er Jahren verschiedene falsche Bulldoggenbusse.

Es besteht kein Zweifel darüber, daß Scania-Vabis im Hinblick auf Bulldoggenbusse in Europa führend war, aber natürlich waren die Konkurrenten nicht weit weg. In einigen Ländern dauerte der Übergang lange, denn es war natürlich einfacher und billiger, Haubenbusse auf Lastwagenfahrgestelle zu bauen (auch wenn die meistens nicht hierfür vorgesehen waren und deren Federung für die Passagiere nicht immer angenehm war).

Die Bedeutung, die die Bulldoggenbusse bald erhielten, zeigen die Verkaufszahlen der 30er Jahre. Scania-Vabis lieferte Fahrgestelle für 1.108 Bulldoggenbusse, 38 falsche Bulldoggenbusse, 203 Busse Typ Halbfahrerhaus, 163 Haubenbusse und 86 spezialgebaute Haubenbusse für die Post.

Die Bulldoggenbusse gingen auch zum Export in die skandinavischen und die baltischen Länder. Bereits Anfang 1933 wurde ein Bulldoggenbus mit Karosse von Hägglund & Söner nach Reval (heute Tallinn) in Estland geschickt, wo er auf einer Ausstellung eine Goldmedaille erhielt. Er ging dann auf seiner Demonstrationsfahrt weiter nach Lettland und Litauen und vielleicht auch nach Polen. Diese Reise führte zu verschiedenen Aufträgen, und u.a. in Tallinn waren die Omnibusse oft zu sehen. Mehrere baltische Touristenbusunternehmen benutzten Scania-Vabis Omnibusse für ihre Fernfahrten auf den Kontinent.

1933 kam eine längere Variante mit 5,9 m Achsabstand, die bis zu 60 Fahrgäste aufnehmen konnte, und 1934 kam ein dritter Haupttyp mit Achsabstand 4,2 m für 35 Fahrgäste. Dieser Omnibustyp wurde auch mit 4-Zylindermotor geliefert (da der Motor kürzer war, konnte man ein gewöhnliches Getriebe benutzen, wo der Schalthebel hinter der Motorhaube herausragte und links vom Fahrer vorwärts gewinkelt war).

1933 wurde eine größere Version des 6-Zylindermotors eingeführt, bei der man erneut den Zylinderdurchmesser um 5 mm erhöht hatte. Der Hubraum war 7,07 l und die Leistung 95/110 PS. Bezeichnung 1565 (1568 in Bulldoggenausführung, 1566 als Hesselmanmotor und 15622 in dessen Bulldoggenversion, die ungefähr gleichzeitig introduziert wurde).

Scania-Vabis konstruierte auch einen frontgebauten 4,5 l Lastwagen (3451), der im Sommer 1932 vorgestellt wurde. Eigentlich war es eine falsche „Bulldogge", denn der Motor befand sich in seiner alten Lage hinter der Vorderachse (er läßt sich auch als ein Halbfahrerhauswagen beschreiben, bis nach vorn ausgebaut, auch links – alle Scania-Vabis Wagen waren bis 1944 rechtsgelenkt). Achsabstand 3,3 m. Dieser Wagen war der Prototyp der frontgebauten Lastwagen, mit deren Serienherstellung man in diesem Jahr begann.

Die Nummernbezeichnung für die Scania-Vabis

Die ersten Bulldoggenbusse für die Omnibusgesellschaft der Mälarinseln geliefert 1932 mit Karossen von Svenska Maskinverken, Södertälje. Typ 8305 mit 6-Zylinder 1564-Motor von 100 PS. Achsabstand 4,9 m. Ein „echter" Bulldoggenlastwagen (Einstieg vor dem Rad) wurde 1931 auf dem gleichen Fahrgestell gezeichnet, jedoch nie gebaut.

Lastwagen war während der 30er Jahre ziemlich unübersichtlich, kann jedoch grob in Serien eingeteilt werden. In den Katalogen benutzte man oft die Lastkapazität als Bezeichnung (3-Tonner, 4-Tonner usw.) und der gleiche Fahrgestelltyp konnte mit verschiedenen Achsabständen und mit 4- oder 6-Zylindermotor vorkommen. Die Lastwagen wurden während der 30er Jahre nur unbedeutend entwickelt, und die wichtigsten Innovationen waren die frontgebauten Wagen und die immer größeren Wagen für den Fernverkehr.

1933 stellte Scania-Vabis den ersten Fernlaster vor (oder Fernverkehrslastwagen, wie man sie damals nannte), von dem es eine Reihe Untertypen gab, Haubenmodelle und „falsche Bulldoggen". Die meisten waren für 6–7 t Last konstruiert. Laut den damaligen Straßenbestimmungen gab es nur wenige Landstraßen, die Lastwagen mit 10 t Gesamtgewicht zuließen. Alle Wagen hatten doppelte Hinterachsen, mit Antrieb an der hinteren (Vakuumservobremsen an allen Rädern), und einige waren auf Omnibusrahmen gebaut. Durch die Plazierung der Mitlaufachse vor der getriebenen Hinterachse konnte man das Gesamtgewicht von den 8–9 t der zweiachsigen Lastwagen auf 10–11 t erhöhen. Von den Haubenwagen der Serie 355 lieferte man 27 Exemplare (1933–36), und von den frontgebauten 14 Exemplare (1933–34). Die Lastwagen wurden mit Vergasermotor von 6,4 oder 7,1 l oder mit Hesselmanmotor von 7,1 l geliefert. Die 4-Gang-Getriebe waren noch völlig unsynchronisiert. Eine Reihe dieser imposanten Wagen waren mit Schlafkabine ausgerüstet und einige wurden auch mit Holzgasaggregat geliefert.

1934 erhielten die frontgebauten Lastwagen ein moderneres Fahrerhaus mit abgerundeten Formen, wo der vordere Teil des Kühlerpakets nicht mehr herausragte. Der Motor war jetzt vorgezogen (echte Bulldogge) und der vordere Überhang war so groß, daß die Tür vor dem Vorderrad plaziert werden konnte. Diese Wagen gab es in verschiedenen Ausführungen bis 1939. Zuerst kam eine 4-Zylinder-Variante (3457) und dann auch 6-Zylindermotoren in verschiedenen Größen.

Der Vorteil dieser frontgebauten Lastwagen war, daß man einen bedeutend größeren Lastraum bei einem gegebenen Achsabstand erhielt, und gleichzeitig konnte der Vorderachsdruck besser ausgenutzt werden. Daß der Motor im Fahrerhaus erschien, fanden viele Fahrer sehr gut, denn hierdurch erhielten sie gratis Wärme. Außerdem erhielt man einen viel bequemeren Fahrersitz.

Weder die 3-achsigen Lastwagen noch die Bulldoggenlastwagen waren besonders beliebt; die letzteren weil sie trotz der besseren Verteilung des Raddrucks bei der Schneeräumung weniger effektiv waren. Während der 30er Jahre stellte man insgesamt 87 Bulldoggenlastwagen her (davon sieben auf Omnibusrahmen), verglichen mit 868 Haubenwagen.

Scania-Vabis nahm auch langwierige Experimen-

Die vielen Vorteile der Bulldoggenbusse im Vergleich mit den herkömmlichen Bussen hatte zu schnell steigenden Lieferungen geführt. In der Mitte auf diesem Bild aus Växjö zwei neue Scania-Vabis Busse; der vordere ist einige Monate älter, der hintere möglicherweise ein anderes Fabrikat.

Ein großer Vorteil der Konstruktion war, daß der Motor (hier 1564) verhältnismäßig leicht vorgezogen werden konnte.

te mit Petroleumvergasern vor. In dieser Krisenzeit versuchte man, neue konkurrenzfähige Wagen zu entwickeln, aber die Resultate waren nicht gut, und man konzentrierte sich deshalb darauf, einen gut arbeitenden Dieselmotor zu entwickeln.

In den Jahren 1932–36 stellte Scania-Vabis auch eine Reihe von Lastwagen mit Motoren für den Betrieb mit Holzkohle Typ Svedlund her, dies aufgrund eines staatlichen Erlasses, zur Unterstützung der einheimischen Industrie die Steuern bei diesen Wagen um 50 % zu senken. Das Interesse war jedoch gering, da die finanziellen Vorteile die Nachteile nicht aufwogen.

1933 verschwand Scania-Vabis größter einheimischer Konkurrent auf dem Gebiet schwere Fahrzeuge. Tidaholms Bruk (350 Mitarbeiter) wurde stillgelegt. Die Firma wurde von dem Kreuger-Krach härter getroffen, und am 1.Juli kam man überein, daß Scania-Vabis verschiedene Maschinen und Teile übernehmen sollte. Auch eine Reihe der Mitarbeiter fanden Platz in Södertälje.

Scania-Vabis erklärte sich bereit, unter bestimmten Voraussetzungen den Verkauf von Ersatzteilen zu übernehmen. Der Verkauf von Teilen und

Nach einigen Jahren erhielten die Bulldoggenbusse abgerundete Formen. Hier ein 8416 mit 16641-Motor, geliefert 1936. Vorn wie immer das Fahrradgestell.

Bereits in den 30er Jahren wurden eine Reihe von Omnibussen exportiert, u.a. dieser 8416, der seine Karosse 1935 in Holland erhielt und dann in Maastricht verkehrte.

der Service wurde später dem ehemaligen Chef von Tidaholms Stockholmer Büro überlassen.

Eine Reihe von Tidaholms tüchtigen Konstrukteuren traten bei Scania-Vabis ein mit einer wichtigen Ausnahme: der Motorkonstrukteur Gotthard Österberg ging zu Volvo, wohin er Tidaholms letzte Konstruktion, einen 6-Zylinder Oberventilmotor von 6,7 l mitnahm. Dieser war dann die Einleitung zu Volvos Erfolgen mit schweren Lastwagen.

Im Sommer 1935 begann man die an die Stockholmer Straßenbahngesellschaft gelieferten Omnibusse mit Lysholm-Smith halbautomatischen Getrieben auszurüsten. Diese waren ein Vorgänger der späteren automatischen Getriebe und eine schwedische Erfindung der Ingenieure Alf Lysholm und Jan G. Smith (der Mann, der auch großenteils hinter Volvos ÖV4 stand). Sie hatten ihr Getriebe in Zusammenarbeit mit AB Ljungströms Ångturbin in Stockholm konstruiert. Es war im Prinzip das erste „Automatgetriebe" für schwere Fahrzeuge und erwies sich als ein großer Erfolg, vor allem in England, wo es 1936 in den Stadtbussen eingeführt wurde.

Das Lysholm-Smithgetriebe war hydraulisch und hatte eine vom Fahrer bedienbare Direktschaltung, sowie ein Zahnradgetriebe für den Rückwärtsgang. Das Heraufschalten der Antriebskraft des Motors erfolgte durch eine vom Motor getriebene Zentrifugalpumpe, die eine Trippelturbine von Radialtyp mit drei Schaufelrädern und zwei festen Leitschienenkränzen speiste. Im hydraulischen Teil wurde Petroleum als Flüssigkeit benutzt.

Der Fahrer hatte einen Schalthebel mit zwei Lagen und startete den Omnibus mit eingeschaltetem hydraulischen Teil. Wenn der Omnibus eine Geschwindigkeit von ca. 30 km/h erreicht hatte, führte man den Schalthebel in die zweite Lage, und damit trat die mechanische Direktschaltung in Kraft. Wenn die Geschwindigkeit sank, brauchte man nur den Hebel in die Hydrauliklage zu führen. Ein Kupplungspedal war nicht vorhanden.

Ein Scania-Vabis Omnibus mit diesem Getriebetyp war mehrere Jahre lang probegefahren worden, und man konnte feststellen, daß er ca. 0,385 l/

km forderte gegenüber 0,41 l/km bei einem gewöhnlichen Schiebergetriebe. Ab 1936 waren auf lange Zeit alle an die Straßenbahngesellschaft gelieferten Omnibusse mit diesem Getriebe ausgerüstet.

Die letzte Entwicklung des alten 6-Zylindermotors kam 1936, als man wiederum den Zylinderdurchmesser um 5 mm erhöhte, wodurch man einen Hubraum von 7,75 l erhielt. Die Leistung war bei Vergaser- und Hesselmanausführung 110/120 PS bei 2.200/min. Die Bezeichnung des Vergasermotors war 1665 und die des Hesselmanmotors 16621 in Normal- und 16625 in Bulldoggenausführung.

In den 30er Jahren kamen im Ausland in Lastwagen und Omnibussen Dieselmotoren immer mehr vor (die ersten Personenwagen kamen 1936 von Hanomag und Mercedes-Benz). In Schweden wurden Dieselomnibusse in größerem Umfang von der Malmöer Straßenbahngesellschaft eingeführt, die Anfang 1935 15 Omnibusse mit Fahrgestellen von

Scania-Vabis verkaufte auch in den 30er Jahren viele Feuerwehrwagen, u.a. diese nach Stockholm 1934.

Die ersten Lastwagen mit flacher Front waren keine echten Bulldoggen, sondern hatten den Motor an seiner üblichen Stelle. Er nahm viel Platz im Fahrerhaus, das eigentlich nur ein Halbfahrerhaus mit Aufbau auf der linken Seite war. Der Wagen ist ein 4,5 Tonner, Modell 3451, verkauft 1932.

Lindholmen-Motala und 6-Zylinder Dieselmotoren vom Vorkammertyp, 95 PS, von Daimler-Benz kaufte. Diese Omnibusse hatten einen auf der Seite plazierten Mittelmotor, wodurch die Eingangstür vor der Vorderachse plaziert werden konnte.

Oberingenieur August Nilsson, der einsah, daß die Hesselmanmotoren gewisse Mängel hatten, interessierte sich mehr und mehr für Dieselmotoren. Er studierte regelmäßig ausländische Fachzeitschriften und machte ab und zu Auslandsreisen, ohne jedoch seine Mitarbeiter zu unterrichten, wo er gewesen war oder was er studiert hatte.

Bei der Rückkehr von seinen Reisen war Nilsson im allgemeinen voller Ideen, die zu Konstruktionsaufträgen im Zeichenbüro führten. Ohne Zweifel kam er persönlich als Erster mit Ideen zu neuen Konstruktionen, die sich in einem Wechselspiel zwischen ihm und den Konstrukteuren herauszukristallisieren pflegten. Er erwartete eigentlich nicht, daß diese mit eigenen Ideen kommen sollten

DIE FAHRZEUGE VON SCANIA

und sah nur ungern, daß jemand eigene Initiativen entwickelte oder seine Vorschläge in Frage stellte. Das führte u.a. dazu, daß einige qualifizierte Ingenieure, die man angestellt hatte, um die Hesselman- und Dieselmotoren zu entwickeln, nach kurzer Zeit kündigten.

Bei einer Englandreise (wo sich der Dieselmotor besonders rasch verbreitete) hatte Nilsson in London die Gelegenheit gehabt, eine Reihe verschiedener Konstruktionen probezufahren, und er hatte auch einen Motor mit nach Hause genommen. Nach einiger Zeit war er jedoch damit nicht zufrieden und fuhr nach Deutschland, wo er Motoren mit bedeutend weicherem Lauf fand. Seiner Ansicht nach gab die Direkteinspritzung einen zu harten Gang und der Vorkammermotor war vozuziehen.

Dieser große 6-Tonner (3651) mit 1565-Motor wurde im September 1933 geliefert. Er war auf ein Omnibusfahrgestell gebaut (man sieht es an dem über den Vorder- und Hinterachsen aufgebogenen Rahmen).

Ein Wagen aus der Serie 324 (32411) versehen mit einer dritten Achse. Dieser war vermutlich viel in Betrieb, bevor er zum Umbau zurückkam.

Das Ergebnis von Nilssons Reisen war ein Lizenzabkommen mit der deutschen Firma Magirus AG in Ulm über Hilfe beim Aufbau der neuen Herstellung, sowie dem gegenseitigen Austausch von Erfahrungen. Magirus benutzte nur Vorkammerdiesel in ihren Lastwagen und Omnibussen, die Firma wurde jedoch bereits im Frühjahr 1936 von Humboldt-Deutz-Motoren AG in Köln aufgekauft.

1936 konnte Scania-Vabis aufgrund dieser Zusammenarbeit eine neukonstruierte 6-Zylinder Motorfamilie vorstellen, die als Vergaser-, Hesselman- und Dieselmotor verfügbar war. Man hatte das Ziel, den neuen Motor kürzer als sein deutsches Vorbild zu machen, was u.a. dazu führte, daß die Kurbelwelle kürzer und die Lager kleiner konstruiert wurden als in irgendeinem anderen Dieselmotor, von dem Nilsson wußte. Um die verringerte Lagerfläche zu kompensieren, benutzte man Bleibronzelager anstatt der gewöhnlichen Weißmetalllager. Die kurze Kurbelwelle erhielt auch keine Probleme in Form von Torsionsschwingungen.

Die Außendimensionen stimmten im großen und ganzen mit denen der früheren 6-Zylindermotoren überein, und die neuen Motoren konnten deshalb als Austauschmotoren in die früher gelieferten Fahrgestelle eingebaut werden. Die neuen Motoren hatten viel kräftigere Komponenten als die früheren – u.a. hatte die siebenfachgelagerte Kurbelwelle einen Rahmenlagerdurchmesser von 80 und einen Kurbelwellenlagerdurchmesser von 70 mm gegenüber den früheren 70 bzw. 58 mm.

Die neuen Motoren hatten dieselben Zylindermaße und denselben Hubraum wie die letzte Version des älteren Typs (6x110x136 mm, 7,75 l), jedoch eine höhere Leistung, 140 PS bei 2.200/min (Leichtbentyl), 120 PS bei 2.000/min (Diesel) und 115 PS bei 2.200/min als Hesselmanmotor mit Kopfeinspritzung.

Ein wenig verwirrend ist, daß die Nummernbezeichnung für diesen Motortyp niedriger ist als die der letzten Entwicklung des alten Motors: der Vergasermotor der neuen Serie hieß 1664, der Hesselmanmotor 16624 und der Dieselmotor 16641.

Scania-Vabis Dieselmotor erwies sich als eine gute Kombination von niedrigem Gewicht, hoher Leistung und niedrigem Kraftstoffverbrauch. Au-

Scania-Vabis Lastwagen 1925–44 (hergestellt in Södertälje)

Serie	Gesamtgew.	Motor	Achsen	Achsabstand	Jahr	T	FB	B	Vermerke
314	4,2–4,7	1444, 1544	4x2	3,7	1925–27	58	-	-	
324	6,1–7,8	1544, 1461, 1561	4x2	3,8–4,6	1928–34	391	-	-	
325	5,2–7,8	1544	4x2	3,7–4,5	1925–36	458	-	-	
335	7,8–10,0	1565, 1664, 1665, 16641, B801, D801	4x2, 6x2	3,3–5,0 (+1,1/1,2)	1931–44	1.291	-	-	
345	9–10,5	1464, 1544, 1564, 15622, 16641	4x2, 6x2	3,3–4,6 (+1,1)	1932–39	-	10	62	
355	11,6–12	1561, 1565, 1566, 1567	6x2	3,3–3,95 (+1,2/1,3)	1933–34	27	14	-	
365	ca 10	1565	4x2	4,6	1933	-	1	-	
400	ca 10	1566	6x2	4,1 (+1,2)	1934	1	-	-	

T=Torpedolastwagen, **FB**=Falsche Bulldogge, **B**=Bulldogge.
Außer diesen wurden leichte Lastwagen auf Personenwagenfahrgestellen der 313-Serie (1916–17) und Feuerwehrwagen in den Serien 253, 254 und 255 hergestellt (1916–35). Die angegebenen Motortypen (in fallender Reihenfolge) waren am gewöhnlichsten, aber auch andere kamen vor.

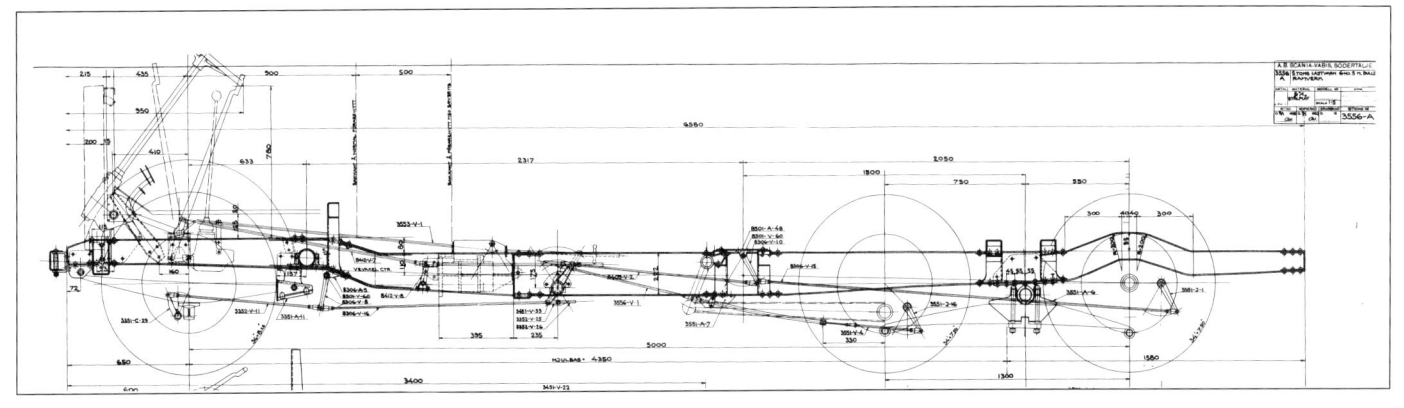

ßerdem war er in verschiedener Hinsicht mehreren ausländisch Fabrikaten überlegen. Ein Vorkammerdiesel, eine ursprünglich schwedische Konstruktion von Diplomingenieur Harry Leissner, wurde 1909 vom Konstrukteur der Firma Benz in Mannheim, Prosper L'Orange entwickelt und patentiert. Im Vorkammerdiesel spritzt man den Kraftstoff nicht direkt in den Zylinder, sondern in eine kleine Vorkammer des Zylinders. Auf diese Weise erfolgt die Verbrennung in zwei Etappen, was sie vollständiger und nicht so hart macht. Vorkammermotoren hatten damals einen bedeutend weicheren Gang als solche mit Direkteinspritzung, der Wirkungsgrad war jedoch schlechter aufgrund der Verluste in der Vorkammer.

Der Motor war sehr leicht, da man in großem Umfang Leichtmetall benutzt hatte, z.B. für die Kolben, was auch für den Hesselmanmotor der 30er Jahre zutraf; hingegen hatten die Vergasermotoren mit wenigen Ausnahmen Kolben aus Gußeisen. Der Motorblock war jedoch aus Gußeisen. Der Motor war sehr kompakt, ein wichtiger Punkt, wenn er in einen kleinen Raum einmontiert werden sollte, z.B. bei einem Bulldoggenomnibus. Aus diesem Grunde brauchte man keine besondere Version für derartige Montagen herzustellen. Komplett mit Generator, Anlasser, Wasser und Öl wog der Motor in Dieselausführung ca. 600 kg.

Die Motoren waren in spezialkonstruierten Gummiblöcken aufgehängt, und da sowohl der Motor als auch die Zwischenachse des Fahrgestells Schwingungsdämpfer hatten, erhielt man einen für einen Dieselmotor ungewöhnlich leisen Gang.

Das Besondere mit diesem Motortyp war, daß man ihn umbauen konnte z.B. von Vergaser- in Dieselbetrieb oder umgekehrt. Im Hinblick auf die hohen Ansprüche, die z.B. an die Lagerflächen in einem Diesel gestellt werden, war der Motor von Anfang an für Dieselbetrieb konstruiert. Der neue Motor hatte nur wenige „Kinderkrankheiten" und wurde schnell allgemein beliebt.

1938 war das letzte Jahr, wo Scania-Vabis Hesselmanmotoren in Fahrzeugen benutzte (einige Motoren wurden auch in den 40er Jahren geliefert), da man nunmehr einen gut arbeitenden Dieselmotor hatte. Volvo hingegen konnte erst nach dem Krieg einen Dieselmotor herstellen und benutzte Hesselmanmotoren bis in die 50er Jahre.

1936 lieferte Scania-Vabis fünf sehr lange Omni-

Die Serie 355 enthielt große 3-achsige Lastwagen, die ersten „Fernlaster", die Scania-Vabis baute. Sie waren als falsche Bulldoggen und als Haubenmodelle erhältlich. Die Zeichnung und das obere Bild zeigen einen 3556 mit Fahrerhaus für Schlafliege und links Platz für Holzgasaggregat, 1933 geliefert. Der untere Wagen ist ein 35511 mit kurzem Fahrerhaus, 1934 verkauft.

busfahrgestelle mit Achsabstand 6,1 m und Gesamtlänge 11,5 m an die Stockholmer Straßenbahngesellschaft. Die Busse hatten Platz für 62 Fahrgäste, 44 Sitzplätze und 18 Stehplätze. Einer dieser Busse war mit dem neuen Dieselmotor, zwei mit Hesselmanmotoren und zwei mit Vergasermotoren für Bentylbetrieb ausgerüstet und alle hatten das Lysholm-Smith halbautomatische Getriebe. Insgesamt wurden elf solche Riesenbusse geliefert. 1939 gab es sechs Standardbulldoggenfahrgestelle mit Achsabständen 4,2 bis 6,1 m.

Da Schweden Linksverkehr hatte, waren alle Scania-Vabis Fahrzeuge rechtsgelenkt, aber im Herbst 1937 begann man, dieselben für Linkslenkung zu zeichnen. Man erwartete einen Übergang zum Rechtsverkehr. Derartige Fahrzeuge wurden jedoch erst nach dem Krieg geliefert.

Scania-Vabis letzte Motorkonstruktion in den 30er Jahren war eine neue Motorfamilie mit 4-, 6- und 8-Zylinder Obervenlilmotoren, die zu Anfang die Zylindermaße 110x136 mm hatten und deren Hubraum 5,17, 7,75 und 10,34 l war. Sie waren als Vergaser- und Dieselmotor verfügbar und die verschiedenen Motorgrößen hatten eine Reihe gemeinsamer Teile wie Zylinderköpfe, Kolben, Kurbelwelle, Lager und Abgasrohr, wodurch man die Herstellung bedeutend besser rationalisieren konnte.

Zum Unterschied von den früheren Motortypen hatten diese Motoren eine in einem Stück mit dem Motorblock gegossene obere Schaftgehäusehälfte und nasse Zylinderbüchsen. Die Leichtmetallteile waren wie früher in Silumin gegossen. Die Zylinderköpfe waren paarweise für zwei Zylinder ausgeführt.

Dieser Motortyp wurde oft Royal-Motor genannt, was darauf zurückzuführen sein soll, daß August Nilsson auf jeden verkauften Motor eine „Royalty" (eine Tantieme) erhielt. Diese wurde nach der Anzahl Zylinder berechnet. Je mehr Zylinder, desto höher die „Royalty"!

Keiner dieser Motoren wurde in den 30er Jahren in Landstraßenfahrzeuge eingebaut, 1939 lieferte man jedoch den 8-Zylindermotor in Vergaser- und Dieselausführung als separaten Motor.

1936 war der Jahresumsatz wieder auf die Höhe angestiegen, auf der er sich vor dem Kreuger-Krach befand, und der Anteil exportierter Fahrzeuge war in den 30er Jahren rasch angestiegen. Bereits 1931 hatte man eine Reihe von Fahrzeugen für den Straßenbau nach Rumänien geliefert und 1933 die ersten wirklich großen Omnibusfahrgestelle nach Norwegen. Danach gingen eine große Anzahl Omnibusfahrgestelle dorthin, vor allem für Verkehrslinien in und um Oslo herum. Auch Lastwagen und Motoren wurden in die skandinavischen Nachbarländer exportiert. Omnibusfahrgestelle mit Achsabstand 5,9 und 6,1 m wurden auch an baltische Omnibusgesellschaften geliefert. An die Straßenbahngesellschaft in Helsinki gingen 1938–40 eine

Echte Bulldoggenlastwagen (mit vorderem Motor) begann man 1934 zu liefern. Oben links Typ 3457 mit 4-Zylindermotor 1544 geliefert August 1934. Rechts ein 4 t 34511 mit 6-Zylindermotor 1564, geliefert 1935.

Die Stockholmer Straßenbahngesellschaft kaufte 1937–38 eine große Anzahl Omnibusse Typ 8423 mit Hesselmanmotoren und 2-stufigem halbautomatischem System Lysholm-Smith. Diese Busse gab es noch lange nach dem Krieg.

große Anzahl Omnibusse für Holzgasbetrieb, und außerdem wurden Fahrzeuge und Motoren nach Holland, Brasilien und Argentinien geliefert.

Die Karossen für die Omnibusfahrgestelle wurden meistens von AB Svenska Maskinverken, AB Hägglund & Söner und AB Svenska Järnvägsverkstäderna hergestellt.

Mitte der 30er Jahre hatte die vermehrte Herstellung dazu geführt, daß die Serien für viele Komponenten größer wurden, jedoch konnte man rein finanziell nur geringen Nutzen daraus ziehen. Große Serien führten zwar zu geringeren Umstellungskosten, aber das Akkordsystem nahm keine Rücksicht auf die Herstellungsmenge. Die fachkundigen Arbeiter konnten auch selbst Arbeitsmethoden und einfache Spezialwerkzeuge entwickeln. Nachdem die Akkordbezahlung pro hergestellte Einheit erfolgte, stiegen die Löhne, und viele der relativ ziemlich gut bezahlten Scania-Vabis Arbeiter fanden, daß sie nicht die ganze Arbeitszeit für produktive Arbeit anzuwenden brauchten. Es wurde immer schwerer, den Fertigungstakt der Nachfrage anzupassen, und die Lieferzeiten wurden manchmal unverantwortlich lang.

Die Geschäftsführung sah sich gezwungen, radikale Maßnahmen zu ergreifen, um den Arbeitstakt zu erhöhen, die steigenden Löhne anzuhalten und die Herstellungskosten zu senken.

Scania-Vabis war jedoch ein typisches „Werkmeister-Unternehmen" mit einer kleinen Produktionsleitung und nur wenigen qualifizierten Technikern. Der Produktionsverantwortliche, August Nilsson, war zwar ein tüchtiger Techniker, hatte aber ein viel größeres Interesse für die Produktentwicklung als für die Produktionsleitung.

Das Ergebnis war, daß die Werkmeister nach eigenem Gutdünken unter Hinweis auf die langen Serien den Akkord senkten, und daß die Werkstattleitung eine Senkung des Stundenlohns für ältere Arbeiter durchsetzte, was jedoch keine Lösung der wirklichen Probleme war.

Der Widerstand gegen Akkordsenkungen und allzu viele Überstunden (1935 waren es 40.000 Arbeitsstunden) war natürlich stark, jedoch ver-

Links der letzte Vergasermotortyp 1664 von 7,75 l und 140 PS (für Leichtbentyl), dessen Produktion 1936 begann.

Rechts der erste Dieselmotor Typ 16641 auf dem Prüfstand im Februar 1936.

1936–38 stellte man elf Omnibusse Typ 8601 mit Achsabstand 6,1 m und Motor vor der Vorderachse her. Hier einer der fünf, die an die Stockholmer Straßenbahngesellschaft geliefert wurden. Sechs Fahrgestelle gingen nach Estland.

besserte sich die Konjunktur, und damit konnte man neues Personal einstellen. Diese jungen, oft unqualifizierten Arbeiter hatten dem Werkmeister nichts entgegenzusetzen, und die qualifizierte Arbeit wurde auf gewissen Gebieten durch routinemäßige Fließbandarbeit ersetzt.

1937 wurde ein neuer Werkstattchef eingestellt, der schnell die Ordnungsregeln für die Werkstätten verschärfte (es gab verschiedene Probleme), oft in Zusammenarbeit mit der Gewerkschaft, die auch eigene Initiativen ergriff, um die Ordnung zu verbessern. Der neue Chef hatte gute Kenntnisse von anderen Unternehmen und wußte z.B. daß Volvo nur eine geringe Herstellung von Teilen hatte und sich auf Montage von eingekauften Teilen, die außerdem oft standardisiert waren, einrichten mußte. Man führte bei Scania-Vabis auch Arbeitsstudien ein, und die Entwicklung ging auf ein Industrieunternehmen mit Massenherstellung zu.

Ende der 30er Jahre hatte man eine Reihe von Konstrukteuren eingestellt, die sich mit der Produktentwicklung beschäftigten. Trotz der vielen Erfolge seit den 20er Jahren hatten viele der alten

DIE FAHRZEUGE VON SCANIA

Konstrukteure keine formelle Qualifikation und eine sehr geringe Grundausbildung; die Produktentwicklung war in hohem Grade von August Nilsson dominiert. Dieser konnte sich jedoch nur schwer mit den Konsequenzen von Expansion und Rationalisierung solidarisieren und war auch verschiedentlich mit dem Werkstattchef und Lindmark in Konflikt geraten. Er konnte nicht gut zusammenarbeiten und delegieren, aber noch war er wichtig für die Firma.

Ab Mitte der 30er Jahre hatte man begonnen, die Fabrik bei Scania-Vabis auszubauen. 1936 war eine neue Härterei mit u.a. elektrischen Öfen für die Härtung von gegossenen Teilen für die Dieselmotoren hinzugekommen und 1937–39 errichtete

Die meisten Scania-Vabis Lastwagen gingen an öffentliche Besteller. Ab 1936 führte man einen schwach rückwärts geneigten Kühler ein, und auch bei Haubenmodellen hatte man den Motor weiter vorn.

Die Post kaufte bis 1938 Haubenbusse. Dieser 8115 wurde 1938 geliefert und hatte eine ungewöhnliche Kühlermaskierung.

man eine neue Montagehalle für Motoren und Fahrgestelle – mit einem Proberaum für Motoren – zusammengebaut mit dem Ersatzteillager.

Trotzdem waren große Teile der Fabrik noch unmodern, Teile des Maschinenparks verschlissen und die Verwaltung- und Servicefunktionen unterdimensioniert. Man hatte nämlich seit dem Neustart Anfang der 20er Jahre außer der Vergrößerung der Fabrik keine großen Investitionen getätigt. Die Firma hatte jedoch Umsatz und Rentabilität stetig erhöht, hatte ein gutes Produktprogramm und einen guten Ruf.

Wirtschaftlich gesehen waren die 30er Jahre ein großer Schritt vorwärts für Scania-Vabis. Der Umsatz war von 4,7 Millionen Kronen im Jahre 1932 auf 10,0 Millionen 1939 angestiegen. Als Resultat der internationalen Krise waren jedoch 1933 und 1934 Verlustjahre. Die Belegschaft bestand 1939 aus 109 Angestellten und 509 Arbeitern.

Volvo war inzwischen ein großer Hersteller geworden und 1938 wurden in Schweden 103 Lastwagen und 189 Omnibusse von Scania-Vabis, verglichen mit 2.860 Lastwagen und 288 Omnibussen von Volvo zugelassen. 1939 lieferte Scania-Vabis 234 Omnibusfahrgestelle, 73 Lastwagen und 115 separate Motoren (29 Omnibusfahrgestelle, 14 Lastwagen und 4 Motoren wurden exportiert).

Scania-Vabis wird beschrieben als „eine in gewisser Hinsicht altmodische mechanische Werkstatt mit fast handwerksmäßiger Herstellung in sehr verschlissenen Räumen, aber mit guter Einträglichkeit".

Gunnar Lindmark war der Ansicht, daß die Zeit reif sei für eine Expansion und ein Herstellung in größeren Serien. Die Besitzer (die Familie Wallenberg und Stockholms Enskilda Bank) hatten seit der Rekonstruktion Anfang der 20er Jahre keine finanziellen Einsätze geleistet, und bis 1937 hatte man den Ausbau und die Maschinenkäufe fast völlig durch eigene Einkünfte finanziert (im Kontrast zu Volvo, die sich sehr anstrengten, um ihre Tätigkeit auszubauen). Kein Vertreter der Besitzer hatte einen Platz im Aufsichtsrat bis Juli 1937, als Bankdirektor Marcus Wallenberg Jr. bei der Hauptversammlung in den Aufsichtsrat gewählt wurde. Das war die Einleitung der Wallenberg-Dominanz, die die Firma prägen sollte, sowie zu einer offensiven Anstrengung, das Unternehmen in einen modernen Großkonzern zu verwandeln.

Als ein Glied dieser Anstrengung hatten die Wallenbergs den Rationalisierungsexperten Carl Bertel Nathhorst, früher Oberingenieur bei AB J.C. Ljungman in Malmö, berufen, der im Februar 1939 als Verkaufsingenieur und stellvertretender Geschäftsführer angestellt wurde. Im Januar 1940 übernahm er den Posten als Geschäftsführer von Gunnar Lindmark.

Der damals 64jährige Lindmark hatte einen großen Teil seiner Zeit in Stockholm zugebracht und war für die meisten Mitarbeiter unbekannt. Er hatte jedoch durch sein weites Kontaktnetz und sein Verhandlungsgeschick große Bedeutung für die Entwicklung des Unternehmens und war ein wichtiger Teil der gesamten Verkaufsorganisation (die jedoch während der 30er Jahre mit verschiedenen Händlern auf Provisionsbasis ausgebaut wurde).

Gleichzeitig erweiterte man den Aufsichtsrat auf vier Personen, und Oberingenieur August Nilsson wurde in den Aufsichtsrat gewählt. Carl-Bertel Nathhorsts Aufgabe war nun, finanziell unterstützt von der Wallenbergsphäre die befindliche Tätigkeit zu systematisieren, zu vereinfachen, zu verbilligen und zu expandieren – eine Aufgabe die von dem neuen, nur 33jährigen Geschäftsführer Zielbewußtheit und Ausdauer forderte.

Typ 33515 wurde bis 1944 in mehreren hundert Exemplaren verkauft. Die neue Ausformung der Motorhaube fand man nach dem Krieg in modifizierter Form wieder.

Ende der 30er Jahre gab es regelmäßigen Fernlastverkehr. Der Wagen aus der Serie 345 hatte eine Nutzlast von 5,5 t.

Scania-Vabis

ALS CARL-BERTEL NATHHORST Anfang 1939 den Posten als Direktoriatsassistent antrat, hatte die Geschäftsführung von Scania-Vabis bereits seit einiger Zeit eine Kapazitätserhöhung geplant. Marktanalysen hatten ergeben, daß eine großangelegte Herstellung von Lastwagen und Omnibussen wirtschaftlich sein würde, und man hatte weiterhin beschlossen, daß Scania-Vabis auch auf dem Gebiet der kleineren Lastwagen den Wettbewerb aufnehmen solle, einem Gebiet wo Volvo in den 30er Jahren sehr erfolgreich war.

Nathhorsts erste Aufgabe war, einen Generalplan auszuarbeiten. Dieser sollte Vorschläge hinsichtlich erforderlicher Investitionen in Anlagen und Maschinen enthalten, sowie auch Unterlagen für den Beschluß zum Aufbau von effizienten Verkaufs- und Serviceorganisationen. Nathhorst griff seine Aufgabe auf ganz andere Art an, als man es von der bisherigen Geschäftsleitung gewohnt war. Er formulierte umgehend einige wichtige Hauptpunkte, die er als für das kommende Jahrzehnt unumgänglich bezeichnete: Konzentration auf Fahrzeuge für schwere Transporte, technische Entwicklung und technisches Bewußtsein, Standardisierung der Komponenten, hohe Qualität, ein starker Unternehmensgeist und Ausrichtung auf den Export.

1940–1949

Die alte Montagehalle 1941. Alle neuen Lastwagen wurden mit Holzgasaggregat ausgerüstet. Vorn die Montage eines der neuen 8-Zylinder Lastwagen, wahrscheinlich für die Meiereizentrale.

Die neue und die alte Zeit. Links Carl-Bertel Nathhorst, der neue Geschäftsführer mit hoher theoretischer Ausbildung und voller Zukunftsideen, rechts Oberingenieur August Nilsson, größtenteils selbstgelernter Techniker der alten Schule und verantwortlich für den größten Teil der Konstruktionen seit den 20er Jahren.

Die Konzentration auf Fahrzeuge für schwere Transporte bedeutete eine Hinwendung zu mehr Lastwagen auf Kosten der Omnibusse; technisches Bewußtsein sollte zu einer regelmäßigen und genauen Verfolgung der Marktentwicklung anregen. Und zum ersten Mal wurde hervorgehoben, wie wichtig es sei, standardisierte Komponenten als ein Teil der Geschäftsidee aufzunehmen.

Am überraschendsten waren jedoch die beiden letzten Punkte seiner Programmformulierung. Die Gesellschaftsstruktur dieser Zeit in den kleineren Fabriksorten, insbesondere wenn sie, wie in Södertälje, von einem großen Arbeitsplatz geprägt war, zeichnete sich durch eine gegenseitige Abhängigkeit von einander aus. Keiner konnte ohne den anderen auskommen – nicht die Fabrik und nicht die dort wohnenden Menschen. Nathhorst war seiner Zeit ein Stück voran mit seinem Hinweis, daß die Menschen die bedeutendsten Ressourcen des Unternehmens darstellten und daß die Zusammenarbeit zwischen dem Unternehmen und seinen Mitarbeitern ein wichtiger Schlüssel zum Erfolg sei.

Der Export hatte praktisch seit über 20 Jahren brach gelegen. In den 10er Jahren hatte er sich manchmal um 10% herum bewegt (allerdings galt es damals kleinen Stückzahlen). Die Ausrichtung auf den Export war demnach etwas Neues, Gewagtes für eine so kleine Industrie – selbst heute würde man einen derartigen Beschluß als gewagt bezeichnen.

Gleichzeitig mit dem Beschluß, die Fabrik für 3,75 Millionen Kronen auszubauen und weitere 68.000 m² Baugelände zu kaufen, brach der Zweite Weltkrieg aus. Man beschloß jedoch, trotzdem den eingeschlagenen Weg fortzusetzen, und im Frühjahr 1940 wurde der Ausbau zu einer Verdoppelung der Werkstattfläche begonnen. Man schloß den Neubau direkt an die alte Werkstatt an, so daß man eine einzige große Werkstatthalle erhielt. In dieser neuen Halle lagen die Maschinenwerkstatt, die Montagewerkstatt und der Prüfstand für Motoren.

Anläßlich des 50-jährigen Jubiläums von Scania-Vabis 1941 wurden die neuen Räumlichkeiten eingeweiht. Ungefähr gleichzeitig hatte man die Gewißheit gewonnen, daß die zivile Produktion sich durch den Krieg beträchtlich verringert hatte. Die Herstellung von Omnibussen, die seit 1933 dominierte, hatte fast aufgehört, und die Verteilung Omnibusse/Lastwagen bei der Produktion kehrte sich um (360 bzw. 1.067 in den Jahren 1940–44). Mit Ausnahme von 1947 produzierte man seit den Kriegsjahren mehr Lastwagen als Omnibusse.

Der Mangel an importiertem Kraftstoff zwang eine schnelle Umstellung auf Holzgas hervor, wenn man den Verkehr überhaupt in Gang halten woll-

Ein Omnibus aus der Serie 851. Wie viele andere Busse mit Svedlunds Holzgasaggregat im Schlepp. Da brauchte man die Karosse nicht umzubauen und entging der Gefahr, daß Kohlenoxid in den Bus eindringt. Die Leiter und das Geländer auf dem Dach waren für die Kohlensäcke.

Oberleitungsbusse erschienen während des Krieges in den großen Städten. Scania-Vabis lieferte Rahmen, Achsen und Räder.

te. Die Lastwagenparks waren zur Hauptsache benzingetriebene Fahrzeuge, und als die Kraftstoffzufuhr aus dem Ausland abgeschnitten wurde, mußte stengstens Kraftstoff gespart werden. Bereits im September 1939 wurde das Benzin rationiert. Nur in Ausnahmefällen erhielten Lastwagen im Fernverkehr eine Zuteilung. Ferntransporte wurden weitmöglichst auf die Eisenbahn oder den Schiffsverkehr umgelenkt.

Als Deutschland nach der Besetzung von Dänemark und Norwegen im April 1940 auch den Skagerrak absperrte, wurde jeglicher Kraftstoffimport nach Schweden abgebrochen, und Schweden mobilisierte. Holzgas war das einzige Mittel, um überhaupt die Lastwagen fahren zu können. Der Staat genehmigte den Fuhrbesitzern Anleihen für den Kauf von Holzgasaggregaten.

Von April bis November 1940 wurden 16.000 Lastwagen für Holzgasantrieb umgebaut, Ende Mai 1941 waren es 31.000 und 1942 fast 35.000, d.h.

DIE FAHRZEUGE VON SCANIA

über 90% aller Fahrzeuge in Schweden fuhren mit Holzgas. Die gewöhnlichsten Aggregate waren Svedlund (für Holzkohle) und Imbert (für Holzklötze), und sie wurden in die Lastwagen einmontiert oder auf einem Schleppwagen an die Busse angehängt. Zwar verringerte sich die Motorleistung um 40%, aber ein geschickter Fahrer konnte das teilweise kompensieren.

In den Kriegsjahren konnte Scania-Vabis auf seine früheren Erfahrungen in bezug auf Kraftstoffe zurückgreifen.

Die Anpassung der Motoren an verschiedene Kraftstoffe war verhältnismäßig einfach, und die befindlichen Fahrzeuge erhielten oft aufmontierte Holzgasaggregate.

Viele Lastwagen und eine große Anzahl von

Zwei Lastwagen aus der Serie 335, die 1941–42 den 8-Zylinder Motor 801 von 10,3 l in Vergaser- oder Dieselausführung erhielten (alle waren umgebaut für Holzkohle).

Nur ein Omnibus (Typ 8524) erhielt den Motor D801; Achsabstand 5,9 m und 41 Sitzplätze, sowie Fünfgang-ZF-Getriebe. Das Svedlunds-Aggregat war in den Gepäckwagen eingebaut.

Personenwagen wurden auch für militärische Zwekke angefordert, aber viele wurden abgemeldet und abgestellt, da die knappen Mittel für Fahrzeuge mit größerer Transportleistung benötigt wurden. Durch das Fehlen von Personenwagen wurden Omnibusse zu einer Mangelware, und die vorhandenen wurden ausgiebig benutzt, trotz schwerem Mangel an Reifen.

Ein spezielles Projekt in den Jahren 1940–41 war die Herstellung von Oberleitungsbussen, eine Zusammenarbeit von Scania-Vabis, Motala Verkstad, Asea und Hägglund & Söner. Scania-Vabis lieferte 82 Fahrgestelle ohne Motoren und die Busse konnten während des Krieges in Stockholm und Göteborg einen Teil der Motorbusse ersetzen, die wegen Kraftstoffmangel nicht gefahren werden konnten.

1941 und 1942 diskutierte man in der Leitung von Scania-Vabis Betriebs- und Personaleinschränkungen. Die Nachfrage nach Lastwagen und separaten Motoren erhöhte sich jedoch dank der Militärbestellungen und die Produktion verblieb fast auf derselben Höhe. In den folgenden Jahren erhöhte sich die Produktion sogar durch die Herstellung von militärischen Spezialfahrzeugen.

Scania-Vabis verwandelte sich ebenso wie viele andere Unternehmen während des Krieges zu einer reinen Verteidigungsindustrie. 1942 hatte diese Herstellung bereits einen beträchtlichen Umfang, und 1943 nahm sie die gesamte Kapazität in Anspruch.

Der Export lag während des Krieges aus natürlichen Gründen brach, auch in die Nachbarländer. 1942 wurden jedoch überraschend 25 Lastwagen an eine Firma in Istanbul geliefert. Diese Wagen, sowie 5 Omnibusse mit derselben Destination im Jahre 1944, wurden durch ein Europa im Krieg in die Türkei gefahren.

1940 begann man in Landstraßenfahrzeugen die neuen Royalmotoren anzuwenden, eine Serie 4-, 6- und 8-Zylinder Kopfventilmotoren in Vergaser- oder Dieselausführung, Leistung 80 bis 160 PS.

Zum ersten Mal hatten die Konstrukteure von Scania-Vabis sich auf eine hochgradige Standardisierung der Komponenten eingestellt, was die Fertigungsökonomie verbesserte und die Ersatzteilhaltung vereinfachte. Eine Menge Teile, z.B. Kopfventile, Zylinderfutter, Kolben, Pleuelstangen und Lager waren identisch für die verschiedenen Motorgrößen. Der 8-Zylindermotor wurde ab 1939 in Triebwagen und Rangierlokomotiven benutzt. Die 4- und 6-Zylinder-Varianten begann man erst 1941 herzustellen. Parallel mit dieser Motorserie stellte man auch ältere Motortypen her, z.B. den 4-Zylinder-Vergasermotor mit Wurzeln in den 20er Jahren und den 6-Zylinder-Vergasermotor von Mitte der 30er Jahre.

Der 8-Zylindermotor 801 mit 10,3 l Hubraum wurde 1941–42 in sechzehn große 10 t Lastwagen eingebaut, acht mit dem Benzin- oder Leichtbentylmotor 801 für Holzgas und acht mit dem Dieselmotor 801, umgebaut für Holzgas. Die Leistung war bei sämtlichen Motoren 120 PS bei 2.300/min aufgrund des schlechteren Verbrennungswertes beim Holzgas.

1941 wurde ein Motor D801 in Holzgasausführung in das letzte Vorkriegsbusmodell 8524 (Achsabstand 5,9 m) mit 41 Sitzplätzen eingebaut. Erst 1944 wurden 4- und 6-Zylindermotoren aus dieser Motorfamilie in Zivilfahrzeuge eingebaut.

Der Einheitsmotor war ursprünglich für zivilen Gebrauch in Omnibussen und Lastwagen vorgesehen, einschließlich einer Serie von kleineren Lastwagen, die die 4-Zylindervariante erhalten sollten. Er paßte jedoch großenteils den Anforderungen des Militärs, auch wenn er für Spezialfahrzeuge modifiziert werden mußte.

Für die Koordinierung der Scania-Vabis Konstruktionen zeichnete in großem Umfang Dipl.Ing. Ruben Forslund verantwortlich, der bereits im Februar 1940 für eventuelle Herstellung von Kriegsfahrzeugen angestellt wurde. Der 40-jährige Forslund hatte u.a. in der amerikanischen Autoindustrie gearbeitet, bevor er 1932 nach Schweden zurückkehrte, um den Posten als Chef für Volvos Experiment- und Forschungstätigkeit anzutreten. 1938 wechselte er zu AB Landsverk in Landskrona über, wo er als Oberingenieur die Hauptverantwortung für die Entwicklung von Panzerwagen hatte.

Seine Kenntnisse in bezug auf Panzerwagen erwiesen sich als sehr wertvoll. Bereits im September 1940 bat nämlich die Armeeverwaltung, ihn auf kürzere Zeit als technischen Sachverständigen „ausleihen zu dürfen", als man in Fragen von Lizenzherstellung von ausländischen Panzerwagen verhandelte. Im Herbst 1940 hatte Schweden nur 64 kriegsfähige Panzerwagen, und von diesen waren nur 16 mit Kanonen bestückt, der Rest hatte nur zwei Maschinengewehre. Man hatte bereits 90 St. 10,5 t Panzer Typ TNH von der Böhmisch-Mährischen Maschinenfabrik AG (früher Ceskomoravska-Kolben-Danek) in Prag bestellt, die Lieferungen waren jedoch von Deutschland bei der Besetzung der Tschechoslowakei gestoppt worden.

Die Armeeverwaltung erhielt von deutscher Seite die Genehmigung zur Lizenzherstellung dieses

Die großen und widerstandskräftigen Lastwagen der Serie 335 hatten gewöhnlich einen 6-Zylinder Vorkammerdiesel (16641) oder einen Vergasermotor (1664), beide mit 7,75 l. Das Foto ist von 1945; das Holzgasaggregat gehört der Vergangenheit an und der Lastwagen machte pro Woche zwei Fahrten Stockholm–Malmö–Stockholm.

Der Panzer m/41 S1, mit einer 37 mm Kanone und zwei Maschinengewehren bewaffnet, hatte einen 1664-Motor. Der spätere S2 erhielt einen 603-Motor in Vergaserausführung.

Panzertyps, und Scania-Vabis erhielt den Auftrag, gegen Entgelt alle Zeichnungen und technischen Spezifikationen, die bei einem Angebotsverfahren erforderlich waren, zu übersetzen.

Für diese Arbeit wurde ein weiterer Konstrukteur, Harry Joss, eingestellt. Er war Diplomingenieur und hatte früher in Prag bei den Skoda-Werken gearbeitet und dort an der Konstruktionsarbeit des infragestehenden Panzerwagens teilgenommen. Da Scania-Vabis und die beiden genannten Personen bereits einen guten Einblick in die Einkaufsarbeit der Armeeverwaltung gewonnen hatten, hatte man naturgemäß einen Vorsprung, als bekanntgegeben wurde, daß die Herstellung sämtlicher Panzerwagen an einen schwedischen Hersteller gehen sollte. Dieser sollte seinerseits die Verantwortung für erforderliche Einkäufe bei Zulieferern übernehmen.

Im Frühjahr 1941 wurde das Angebotsverfahren durchgeführt. Trotz des Vorsprungs, den Scania-Vabis gegenüber den Mitbewerbern hatte, waren es hektische Monate.

Im Sommer 1941 erhielt Scania-Vabis einen ersten Auftrag auf 116 St. 10,5 t Panzerwagen Typ

DIE FAHRZEUGE VON SCANIA

m/41 S1 mit einer 37 mm Kanone und zwei 8 mm Maschinengewehren. Diese wurden 1942–43 zu einem Preis für 136.000 Kronen pro Stück an das Regiment P3 in Strängnäs geliefert. Eine zweite Lieferung von 40 Panzern ging 1943 an P4 in Skövde und 1944 erhielten P2, P3 und P4 die restierenden Panzerwagen.

Die Panzerwagen m/41 S1 waren mit dem 6-Zylindermotor 7,8 l Typ 1664 ausgerüstet, der bei Motylbetrieb (50% Benzin, 50% Motorspiritus) 145 PS bei 2.300/min entwickelte. Derselbe Motor gelangte auch bei den Panzern m/38, m/39 und m/40 zur Anwendung, die jedoch von einer anderen Firma hergestellt wurden. Der spätere m/41 S2 wurde in 104 Exemplaren mit dem 8,5 l Motor B603/2 mit 165 PS bei 2.300/min geliefert und gab eine Höchstgeschwindigkeit von 50 km/h auf Straßen. Die übrigen 36 wurden als Sturmartilleriewagen geliefert.

Das Nachbarunternehmen und ehemaliger Konkurrent AB Maskinverken (früher Södertelge Verkstäder) hatte während der 30er Jahre Omnibuskarossen für Scania-Vabis hergestellt, und man beabsichtigte, diesen Kontakt auch bei der Panzerherstellung auszunutzen. Das Unternehmen wurde jedoch 1941 von einem schweren Brand betroffen, und Scania-Vabis kaufte anstatt dessen das Unternehmen, wo ein großer Teil der Panzermontage vorgenommen wurde.

Die Panzer forderten einen perfekt arbeitenden Vergaser in jeder Lage des Fahrzeugs. August Nilsson konstruierte für Scania-Vabis einen „Fallvergaser für geländegängige Fahrzeuge", der sehr effektiv war und patentgeschützt wurde.

Die Herstellung von Panzerwagen war auch das Tor zu anderen Bestellungen, z.B. 300 Panzerwagenmotoren für Volvo und Landsverk.

Anfang 1943 begann die Konstruktion von Sturmartilleriewagen, ein neuer Typ für die schwedische Armee. In Europa hatte man in den ersten Kriegsjahren große Erfolge mit Wagen, die im Prinzip aus Kanonen auf Panzerfahrgestellen bestanden. Die Armee ließ Scania-Vabis einen Panzer m/41 umbauen, so daß dieser mit einer 7,5 cm Kanone bestückt werden konnte (später montierte man 10,5 cm Kanonen). Im März 1944 wurde ein Vertrag über 18 solche Sav m/43 abgeschlossen.

Diese wurden von November 1944 bis Januar 1945 geliefert, und Ende 1945 bestellte die Armee weitere 18 St. Sav m/43. Der letzte dieser Wagen wurde im November 1947 geliefert, und war bis 1973 im Betrieb. Die Fahrzeuge waren mit B603/2-Motoren mit 165 PS bei 2.300/min ausgerüstet, demselben Motor wie im Panzer m/41 S2. Ihre Höchstgeschwindigkeit war ca 43 km/h auf Landstraßen, und sie konnten ohne Tanken ca. 180 km fahren. Kraftstoffverbrauch auf Landstraßen ca. 1,2 l/km. Insgesamt wurden 256 Fahrzeuge mit Raupenketten bei Scania-Vabis bestellt.

Im September 1943 erhielt Scania-Vabis eine Bestellung über 300 St. geländegängige Lastfahrzeuge mit 4-Radantrieb und einem leicht gepanzerten Fahrerhaus auf der Pritsche. Nach und nach wurde die Konstruktion dahingehend geändert, daß die Wagen mit Spezialkarossen aus Panzerblech für den Transport von Soldaten ausgerüstet wurden. Man plante, diese geländegängigen Lastwagen den Panzern folgen zu lassen, um Panzerinfanteristen an ihren Standort zu transportieren. Scania-Vabis ging von dem geländegängigen Lastwagen-Fahrgestell Serie F10 mit 4-Radantrieb und einem Achsabstand von 3,8 m aus, das auch vom Militär bestellt worden war. Die Panzerwagen F11-0 waren ausgerüstet mit 5,7 l Vergasermotor B402/1 mit 115 PS bei 2.300/min, unsynchronisiertem Viergang-Getriebe mit Dreistufen-Verteilergetriebe und Gesamtgewicht 8,5 t.

Das Panzerblech schützte zwei Mann im Fahrerhaus und in dem hinteren gepanzerten Raum ohne Dach hatten elf Soldaten Platz. 1943–46 wurden 262 solche Wagen zu einem Preis von gut 50.000 Kronen pro Stück geliefert. Die Militärbezeichnung war SKP m/42 für Scania-Vabis-hergestellte Fahrzeuge und VKP m/42 für Karossen auf Volvo-Fahrgestell (Volvo montierte von Scania-Vabis konstruierte Karossen auf sein Lastwagen-Fahrgestell TLV142 mit 4-Radantrieb und Vergasermotor von 105 PS). Die Verkürzung war als S(cania) K(arosse) P(anzer) zu verstehen, auch wenn viele meinten, das K bedeutete „Kulspruta" = Maschinengewehr.

Der Sturmartilleriewagen Sav m/43 hatte zum Unterschied von den Panzern keinen beweglichen Turm. Anfangs wurden 7,5 cm Kanonen montiert, später 10,5 cm. Die letzten Fahrzeuge waren noch 1973 im Dienst.

Noch länger lebten die legendarischen SKP-Wagen. Sie sind noch immer in aktivem Dienst und werden noch bis ins nächste Jahrhundert Dienst leisten. Hier in der ursprünglichen Ausführung ohne hinteres Dach.

Es wird behauptet, daß der amerikanische Panzergeneral Patton bei einem Besuch in Strängnäs 1945 sehr imponiert über die SKP-Wagen war und voller Lob, daß man mit so geringen Mitteln ein so effizientes Fahrzeug hatte konstruieren können.

Diese sehr langlebigen SKP-Wagen wurden mehrfach umgebaut und erhielten Mitte der 50er Jahre eine bessere Bewaffnung. 1971 wurden sie mit einem neuen Bremssystem versehen und weitere zehn Jahre später wurden sie nochmals modernisiert. Motoren und Getriebe sind jedoch noch immer die ursprünglichen.

Die SKP-Wagen sind verschiedentlich bei den schwedischen UN-Truppen zur Anwendung gelangt und gehören noch heute zur Verteidigungsbereitschaft auf der Insel Gotland und in Stockholm.

Scania-Vabis lieferte auch gewöhnliche Lastwagen an die Armee, z.B. in den Jahren 1940–41 142 Stück (die meisten Typ 33517), sowie Fahrgestelle für Bergungswagen.

Auch eine Reihe von Militäromnibussen wurden hergestellt, u.a. 112 Fahrgestelle für Radiobusse Typ 8116 (Militärbezeichnung TMR) mit dem 6-Zylinder-Vergasermotor 1664 und einer Karosse von Hägglund & Söner. Diese wurden in den Jahren 1942–44 sowohl an die Armee wie an die Flugwaffe geliefert, und viele waren bis in die 70er Jahre im Betrieb. Außerdem lieferte Scania-Vabis natürlich eine große Anzahl separater Motoren für die verschiedensten Zwecke an die Landesverteidigung. Auch die finnische Armee erhielt Lastwagenlieferungen.

Die Herstellung für militärische Zwecke war motiviert durch den rückläufigen zivilen Markt und man sah sie in erster Linie als einen Ersatz. Sie erhöhte jedoch den Umsatz. 1939–44 stieg der Verkauf von 10 auf 36 Millionen Kronen, und 1943 bedeuteten die Militärlieferungen 84% des Umsatzes und 98% des Gewinns. Außerdem zahlte der Staat einen Teil als Vorschuß, was für die Liquidität sehr günstig war. Hierdurch war man in der Lage, die Investitionen wie ursprünglich geplant durchzuführen.

Nach dem Krieg gelangten viele Scania-Vabis Lastwagen für strapazenreiche Expeditionen im kriegsverheerten Europa zum Einsatz, u.a. für das Rote Kreuz.

Die schwedische Landesverteidigung kaufte während des Krieges 112 mobile Radiostationen, die auf Fahrgestelle Typ 8116 mit 1664-Motoren gebaut wurden. Sie hatten unsynchronisierte Viergang-Getriebe und Druckluftbremsen System Kuntze-Knorr.

Carl-Bertel Nathhorst betonte in seinem Memorandum von 1939 die Bedeutung von qualifizierten Angestellten in der Produktionsleitung. Zwar hatte der Krieg zu einer gewissen Verschiebung der Rationalisierungs- und Großbetriebspläne geführt. Ende des Krieges hatte man jedoch eine kompetente und verjüngte Leitung.

Unter den Angestellten hatte sich sowohl die Qualifikation als auch die Anzahl Angestellte erhöht. 1940 begann man, junge Diplomingenieure und Diplomkaufleute anzustellen, die mit der Erneuerung der verschiedenen Funktionen von Produktion und Produktentwicklung bis zu Verwaltung, Rechnungswesen und Verkauf betraut wurden.

Mit der erhöhten Personalstärke im Verwaltungsbereich brauchte man neue Lokalitäten, und 1942 wurde beschlossen, für 1,2 Millionen Kronen eine neue Hauptverwaltung zu bauen.

Während des Krieges waren viele der Arbeiter einberufen worden, aber aufgrund der besonderen Art der Arbeit konnte man oft die Zurückstellung des in der Produktion benötigten Personals erhalten. Von 1939 bis 1945 erhöhte sich die Zahl der

Arbeiter von 641 auf 1.068. Zum ersten Mal befanden sich Frauen in der Mitarbeiterschar (im Juli 1943 hatte Scania-Vabis 34 Arbeiterinnen).

Auf die Initiative von Nathhorst hatte Scania-Vabis 1941 eine 4-jährige Berufsausbildung in praktischer und theoretischer Werkstattarbeit eingeleitet, um den eigenen Bedarf an Facharbeitern zu sichern. 1947 wurde die Ausbildung in 3 Jahre umgeändert. Die Schule besteht auch heute noch.

Bereits Ende 1943 konnte Scania-Vabis die Vorbereitungen für die Friedensproduktion treffen, und im Aufsichtsrat hatte man die Pläne hinsichtlich eines geeigneten Produktsortiments besprochen. Nachdem man die Anlagen in Södertälje plangemäß ausgebaut hatte, war die Produktionskapazität bedeutend größer als früher. Man rechnete damit, bei Kriegsende 1.500 Fahrgestelle und 2.000 Motoren pro Schicht und Jahr herstellen zu können.

Neue Fahrgestelltypen für sowohl Lastwagen als Busse wurden benötigt, und bei der Entwicklungsarbeit von Omnibussen war man bereit, mit den großen schwedischen Omnibuskunden zusammenzuarbeiten.

Man benötigte auch eine effiziente Verkaufs- und Serviceorganisation. In den 20er und 30er Jahren wurden viele Fahrzeuge an institutionelle Kunden wie die Armee, staatliche und kommunale Organe und kommunale Transportunternehmen verkauft. Außerdem erfolgten viele Bestellungen im Angebotsverfahren, wodurch die Hauptverwaltung auch die Hauptverantwortung hatte. Aus diesem Grunde hatte man keine Wiederverkäuferorganisation für Service und Reparaturen und für aktiven Verkauf im Außendienst benötigt.

In der neuen Montagehalle wurden hier bei Kriegsende die ersten Exemplare der F10-Serie mit 4-Radantrieb und der neuen Kühlermaskierung gebaut. Vorn ein letzter Wagen mit dem alten Kühler.

Bereits Anfang der 40er Jahre hatte Nathhorst einen kompetenten Verkaufschef angestellt, der früher bei General Motors, Ford und Volvo gearbeitet hatte, und der sich um den Aufbau des Wiederverkäufernetzes sehr verdient machte.

Im Herbst 1943 gingen die Militäraufträge aufgrund der Kriegsentwicklung zurück. Aus diesem Grunde mußte einer Reihe von Arbeitern wegen Arbeitsmangel gekündigt werden. Die Arbeiter betrachteten das als eine Provokation und als einen Plan der Geschäftsleitung, Facharbeiter durch billige, ungelernte Arbeitskraft zu ersetzen, was das bisherige Zusammengehörigkeitsgefühl beeinträchtigte.

Es gab jedoch tiefere Gründe für die Mißstimmung. Die Umstellung auf Serienarbeit mit monotoner Fließbandarbeit hatte dazu geführt, daß eine Reihe der alten Facharbeiter gekündigt hatten, und die Zurückbleibenden meinten, ihr Status sei gesunken. Außerdem wollte man Kompensation haben für die Entbehrungen der Kriegsjahre, Überstunden, Schichtarbeit und eine ungünstige Lohnentwicklung.

Diese Situation galt nicht nur für Scania-Vabis. Im Herbst 1944 verschärfte sich die Lage zwischen den Tarifpartnern immer mehr, und bei den Tarifverhandlungen 1945 ließ sich die Kluft nicht mehr überbrücken. Anfang Februar 1945 gingen 120.000 Werkstattarbeiter in Streik, den „Metallstreik" der bis Juli dauern sollte.

Für die Leitung und die überbelasteten Angestellten bei Scania-Vabis kam dieser Streik fast wie ein Geschenk des Himmels. Alle Fertigung wurde unmittelbar eingestellt, aber die Ersatzteilversorgung konnte bis auf weiteres fortlaufen. Hierdurch erhielt man ganz neue Voraussetzungen für die Umstellung auf zivile Produktion, und der Vorstand forderte, daß alle Konstruktionsarbeit zum Sommer abgeschlossen sein sollte, eine Forderung die zu vielen Überstunden führte.

Durch den Streik erhielt man auch die Möglichkeit, die erforderlichen Änderungen in den Werkstätten vorzunehmen und die notwendigen neuen

Vergasermotoren, in Gebrauch während der 40er Jahre						
Typ	Zyl. dim.	Hubraum	Leistung/Umdr.	Jahr	Vermerke
1664	6x110x136	7.755	140/2.200	1936–44	
B402	4x114x136	5.650	105/2.300	1943–49	115 hk i F11-0 (SKP)
B603	6x115x136	8.476	165/2.300	1942–44	Kraftstoff Motyl 50
B604/606	6x115x136	8.476	165/2.300	1944–49	
B801	8x110x136	10.340	160/2.000	1941–42	Holzgas

Die Bezeichnung B (Benzinmotor) wurde in der Firma nicht benutzt

Vorkammerdieselmotoren, in Gebrauch 1936–51						
Typ	Zyl. dim.	Hubraum	Leistung/Umdr.	Drehmom.	Jahr	Vermerke
16641	6x110x136	7.755	120/2.000	45/1.200	1936–44	
D402	4x115x136	5.650	90/2.000	33/1.200	1944–49	
D604/606	6x115x136	8.476	135/2.000	49/1.200	1945–50	
D801	8x110x136	10.340	160/2.000	57/1.200	1941–42	Holzgas
D802	8x115x136	11.300	180/2.000	66/1.200	1946–51	

Maschinen anzuschaffen. In vieler Hinsicht stärke Scania-Vabis seine Stellung während des Streiks. Man erhielt eine Atempause und die Möglichkeit, die Umstellung von militärer zu ziviler Produktion durchzuführen. Als der Streik beendet war, waren die Auftragsbücher gefüllt und man hatte die Lieferbereitschaft bedeutend erhöhen können. Optimismus und Zuversicht strömten durch das Unternehmen, und das Verhältnis zwischen Geschäftsführung und Arbeitern verbesserte sich zusehends.

Zu dieser Entwicklung hatte die Leitung aktiv beigetragen durch eine Verbesserung von Arbeitsmilieu, Arbeiterschutz und einer wohlwollenden Einstellung in Verhandlungsfragen.

Im April 1946 verließ August Nilsson seinen Posten als Oberingenieur, und damit konnte man durchgreifende Änderungen in der ganzen Produktion durchführen. Zwar verblieb er Mitglied des Aufsichtsrats, aber sein allmächtiger Einfluß auf die Produktion hörte auf. Dreißig Jahre lang hatte er persönlich alle Einzelheiten gelenkt und kontrolliert. Sein Einsatz hat in hohem Grade zu den Erfolgen beigetragen, aber seine Arbeitsphilosophie war nicht mehr gangbar.

Die Pläne eines zivilen Produktprogramms galten anfangs Lastwagen und Omnibussen mit 4-, 6- und 8-Zylinder Vergaser- und Dieselmotoren aus der Serie Royalmotoren; da jedoch die Entwicklung parallel mit der Modifizierung des militärischen Produktsortiments betrieben werden mußte, traten bedeutende Verspätungen ein.

Das Wiederverkäufer- und Servicenetz, das man benötigte um auf dem privaten Markt Erfolg zu haben, befand sich im Aufbau. Der neue Verkaufschef stellte fest, daß viele Autohändler, die Scania-Vabis Produkte verkaufen wollten, auch ein komplettierendes Programm von Personenwagen verlangten. Man benötigte ein größeres Verkaufsvolumen und ein breiteres Sortiment als Scania-Vabis eigene Produkte.

Bereits vor dem Krieg hatte Nathhorst eingesehen, daß man die Lastwagen mit einem Personenwagen komplettieren sollte. Damals hatte er insbesondere an Volkswagen gedacht, den er 1938 in Deutschland gesehen hatte. Ende des Krieges erwog man, sich um die Citroën-Agentur zu bewerben, aber gelegentlich einer Reise in die USA 1945 gelang es Nathhorst, einen Vertrag zu unterzeichnen, durch welchen Scania-Vabis die gesamte Produktion von Willys-Overland, einschließlich des berühmten Friedensjeeps, erhielt.

Nach einer gewissen Zeit konnte man auch mit Volkswagen übereinkommen, und im Mai 1948 wurde Scania-Vabis Generalagent für Volkswagen; später kam auch die Agentur für Porsche hinzu. Scania-Vabis hatte die Generalagentur bis 1968, wo man eine separate Gesellschaft bildete, Svenska Volkswagen AB, die später in V.A.G. Sverige AB umgebildet wurde und heute zum Saab-Scania-Konzern gehört.

Die Einkünfte aus dem Volkswagenverkauf waren während der 50er Jahre von größter Bedeutung für Scania-Vabis, während die Personenwagen

Frühes F11-Fahrgestell mit 4-Zylinder Dieselmotor, für Holzgas.

Probefahrt in schwerbefahrbarem Gelände mit einem frühen F11.

Die kleine Vorkammer, wo der Kraftstoff eingespritzt wurde.

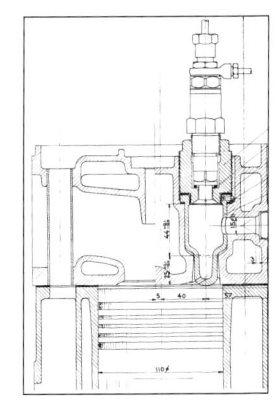

von Willys-Overland eher Kopfzerbrechen verursachten (Konstruktion und Ausführung hielten keine hohe Güteklasse und paßten nicht zu Scania-Vabis Image als Hochqualitätsfabrikat) und die Bedeutung des Jeeps nahm bald ab. Um zu einem größeren Personenwagen Zugang zu haben, erwog man Anfang der 50er Jahre Studebaker zu verkaufen, aber dieses alte, feine Autofabrikat war schon wirtschaftlich nicht mehr stabil.

Nach dem Krieg war die Nachfrage nach Lastwagen in Schweden und den Nachbarländern groß, und es war wichtig, schnell in Gang zu kommen, bevor ausländische Konkurrenten mit ihrer zivilen Herstellung auf den Markt kamen. Von den 63.000 Lastwagen, die 1939 in Schweden registriert waren, waren 1944 nur noch rund 38.000 in Gebrauch, und von diesen waren viele in sehr schlechter Verfassung. 1949 gab es rund 80.000 Lastwagen. Auch die Größe der Lastwagen erhöhte sich nach dem Krieg, da ein größeres Lastvermögen eine bessere Wirtschaftlichkeit ergab.

Ende 1944 nahmen die Militärbestellungen ab, und gleichzeitig konnte man die ersten Wagen an

| DIE FAHRZEUGE VON SCANIA |

einen eifrig wartenden zivilen Markt verkaufen. Die Verspätung der großen Lastwagen und Omnibusse war ein wirkliches Problem, und man versuchte (u.a. während des Metallstreiks) die Konstruktionsarbeit zu beschleunigen.

Vom 25.August bis 3.September 1944 arrangierte Scania-Vabis eine große Freiluftausstellung in Stockholm. Dort führte man sein Sortiment von militären und zivilen Fahrzeugen vor, u.a. einen geländegängigen Lastwagen mit aufgeschnittenem Motor und Fahrgestell. Volvo hatte gleichzeitig eine Ausstellung in der Kgl. Tennishalle, wo man seinen neuen Personenwagen PV444 vorstellte.

1944 wurden die neuen 2-achsigen F10 und L10 Dieselbaureihen mit dem 4-Zylinder Vorkammerdieselmotor D402, Hubraum 5,7 l und 90 PS (F10 auch mit entsprechendem Vergasermotor mit 105 PS) und einem Gesamtgewicht von 8,5 t vorgestellt. Diese Lastwagen waren zum Unterschied von al-

Die Scania-Vabis Ausstellung 1944 erhielt den Namen „Sexpo" und hatte dieses als Symbol.

Die kräftigen Lastwagen mit 4-Radantrieb der Serie F10 wurden u.a. für Holztransporte benutzt. Der Lastwagen links ist ein Prototyp (FS24) mit 6-Zylinder Motor, verlängertem Rahmen und Nachlaufachse.

Das Telegrafenamt benutzte einige F11-Wagen für Kabelzihen in sehr schlechtem Gelände.

len früheren linksgelenkt. Beide Baureihen erhielten auch eine stärkere Variante, 2F10 bzw. 2L10, und wurden von Herbst 1944 bis 1949 in 729 bzw. 1669 Exemplaren herstellt.

Die Lastwagen hatten zum ersten Mal eine Kühlermaskierung, die den Kühler verbargen und den Lastwagen ein elegantes und charakteristisches Aussehen verliehen.

Nach Kriegsende erfolgte der nächste Schritt in der Weiterentwicklung des Gewichts. 1946 wurden die Lastwagen-Baureihen L20 und LS20 introduziert. L20 war 2-achsig und hatte ein Gesamtgewicht von 10–11 t, während LS20 für schwere Transporte ein Doppelachsaggregat hatte (mit Nachlaufachse in Scania-Vabis eigener Konstruktion) und ein Gesamtgewicht von 15 t. Das Modell war der Vorgänger der zukünftigen Fernlaster. Die Baureihe L20/LS20 wurde in vier Achsabständen von 3,4 bis 5,0 m geliefert. Der LS23 mit dem längsten Achsabstand hatte das imposante Ladevermögen von 10,2 t (einschl. Ladepritsche). Die Lastwagen waren mit dem 6-Zylinder Royalmotor D604 mit 8,5 l Hubraum ausgerüstet.

Das unsynchronisierte Getriebe war anfangs 4-gängig, aber ab 1948 konnte es mit einem Zusatzgetriebe komplettiert werden, um die Anzahl Gänge zu vergrößern. 1949 entwickelte man die Zahnradtechnik weiter, und die geraden Zähne des Getriebes wurden durch schräge Zähne ersetzt (anfangs nur im dritten Gang, dem am härtesten belasteten). Hydraulische Servobremsen waren in der Baureihe L20 Standard (sie kamen jedoch auch bei 2F10 und 2L10 vor).

Die Lastwagen wurden als nackte Fahrgestelle geliefert und hatten meistens kein Fahrerhaus; der Kunde konnte dies selbst von einem Hersteller vor Ort bestellen, oft zusammen mit dem Oberbau der Ladepritsche. Scania-Vabis konnte jedoch nunmehr auch ein eigenes Original-Fahrerhaus in blechverkleideter Holzkonstruktion anbieten. Der Komfort für den Fahrer wurde langsam verbessert.

Das Omnibusprogramm bestand aus zwei Standard-Baureihen B10 und B20, und einem besonderen Omnibustyp für die Stockholmer Straßenbahngesellschaft, dem Dieselmotorbus B31 und dem O-Bus T31 (beide gehören zur Baureihe B30).

Die Baureihe B10 war ausgerüstet mit dem 4-Zylinder Vorkammerdiesel D402, 5,7 l Hubraum, 90 PS, anfangs mit einem Motorblock aus Silumin, ab Februar 1948 jedoch aus Gußeisen. Die ersten Busse dieses Typs waren im November 1945 lieferfertig. Der Bustyp war mit zwei Achsabständen, 4,7 m (B15) und 5,3 m (B16) erhältlich, und er hatte 34 bzw. 39 Sitzplätze plus Stehplätze. Das zulässige Gesamtgewicht war 8,5 bzw. 9,0 t. Das Viergang-Getriebe war noch unsynchronisiert und die Bremsen mit Vakuumservo ausgerüstet. Von November 1945 bis November 1949 wurden 672 Fahrgestelle der Serie B10 hergestellt.

Die Baureihe B20 war mit dem 6-Zylinder Vorkammerdiesel D604 mit 8,5 l Hubraum ausgerüstet, anfangs mit Siluminblock, aber ab Februar 1948 mit Block aus Gußeisen. Die Lieferungen begannen im Februar 1946. Die Baureihe B20 hatte drei Achsabstände, 4,7 (B20), 5,3 (B21) und 5,9 m (B22). Der größte Bus hatte 46 Sitzplätze und eine Anzahl Stehplätze. Das Gesamtgewicht war 10,0, 11,0 bzw. 12,0 Tonnen. Das Viergang-Getriebe dieser Busse war unsynchronisiert. Genau wie bei dem kleineren Bus konnte der vordere Querbalken des Fahrgestells leicht demontiert werden, um ein Auswechseln des Motors zu erleichtern.

Diese beiden Konstruktionen waren fast identisch, auch wenn die Komponenten der Baureihe B20 aufgrund des Gesamtgewichts kräftiger waren. Bei der Baureihe B20 war der zulässige Höchstdruck der Vorderachse 4,6 Tonnen und der Hinterachse 7,0 Tonnen Die entsprechenden Werte für die Reihe B10 waren 3,4 bzw. 6,0 Tonnen. Februar 1946–Dezember 1948 stellte man die Baureihe B20 und April 1948–Januar 1950 die Baureihe 2B20 mit einem 4-Stufen Leyland-constant-mesh-Getriebe her.

B10 und B20 bildeten die Einleitung zu Scania-Vabis Omnibusexport in größerem Umfang, denn 1946 erhielt man eine Bestellung auf 300 Omnibusfahrgestelle mit Karossen von Hägglunds von der holländischen Staatseisenbahn. Der Grund zu die-

Ein L13 mit Nachlaufachse für Harry Johanssons Holzfuhren. Zu der Zeit war das Holzfahren eine anstrengende Arbeit für mehrere Arbeiter – die heutigen leichtmanövrierten Hydraulikkräne lagen noch weit in der Zukunft.

Auch wenn die L10-Serie eigentlich nicht für Fernfahrten vorgesehen war, gingen verschiedene Lastwagen im Fernverkehr, manchmal wie hier mit einer Ryhds-Doppelachse ausgerüstet.

Der Lastwagen, der nie als Serie hergestellt wurde. Gemäß dieser Broschüre sollte die Serie F20 ab 1945 mit einem 6-Zylinder Dieselmotor und Achsabstand 3,8 und 4,2 m geliefert werden.

sem Riesenauftrag soll gewesen sein, daß man während des Krieges Scania-Busse Kennengelernt hatte und so imponiert von der Konstruktion und Festigkeit der Busse war, daß man sich nach dem Krieg an Scania-Vabis wandte, als man seinen Fuhrpark erneuern wollte.

Der Auftragseingang für Lastwagen und Omnibusse hatte 1945–46 alle Erwartungen übertroffen, aber die Lieferkapazität war ziemlich schlecht, u.a. aufgrund von Störungen bei der Materialversorgung. Verschiedene Teile, die man früher aus Deutschland und England gekauft hatte, z.B. Getriebe, elektrische Teile und das Einspritzsystem für Dieselmotoren, waren entweder von schlechterer Qualität oder konnten nicht geliefert werden. Man sah sich gezwungen, Einspritzausrüstungen von drei verschiedenen Lieferanten auszunutzen. Die früher in Deutschland eingekauften Getriebe wurden durch bei Scania-Vabis hergestellte Getriebe ersetzt, die jedoch mit einer Reihe von Problemen behaftet waren. Von den 1.552 für 1946 bestellten Fahrzeugen konnten nur 699 Lastwagen und 403 Omnibusse, insgesamt 1.102 Fahrzeuge, geliefert werden.

Bereits 1944 hatte die Stockholmer Straßenbahngesellschaft einen Vertrag auf Lieferung von Dieselomnibussen und einem neuen O-Bustyp unterzeichnet. Die Straßenbahngesellschaft hatte eine Anzahl von Wünschen geäußert, u.a. sollte man die Karossen leicht abheben können, so daß man ohne Schwierigkeiten Überholungsarbeiten ausführen und bei der Renovierung die Karossen für verschiedene Fahrgestelle benutzen konnte. Die Karosse sollte selbsttragend sein, d.h. sie sollte so dimensioniert sein, daß der Rahmen des Fahrgestells viel leichter sein konnte. Die Grundkonstruktion sollte derart sein, daß Fahrgestell und Karosse sowohl für Diesel- als auch für O-Busse benutzt werden konnten. Viele Konstrukteure waren mit dieser qualifizierten Arbeit beschäftigt, u.a. ein neuangestellter Ingenieur mit Erfahrung von Flugzeugkonstruktionen.

Im Februar 1946 war der Dieselbus B31 fertig für Produktion. Er war mit dem 8-Zylinder Vorkammerdiesel D802, 11,3 l und 180 PS ausgerüstet und hatte ebenso wie die Vorkriegsbusse der Straßenbahngesellschaft ein halbautomatisches Lysholm-Smith-Getriebe. Die Version 2B31 hatte ein englisches Leyland-Getriebe. Im April 1949 wurden die Busse anstatt dessen mit einem Viergang Wilson Planetengetriebe ausgerüstet und erhielten die Bezeichnung 3B31. Die Omnibusse waren mit Bosch Druckluftbremsen ausgerüstet. Von

Ein klassisches Bild aus der Zeit der schwedischen Kies-Landstraßen: Ein L22er des schwedischen Weg- und Wasserwerks sprenkelt Sulfitlauge aus um den Straßenstaub zu binden.

Ein L20 mit Achsabstand 3,4 m als Betonfahrzeug.

1946–49 wurden 160 Busse B31/2B31, drei 2B31 und 50 3B31 geliefert. Der O-Bus T31 wurde im März 1947 in Produktion genommen und bis Februar 1951 in insgesamt 122 Exemplaren hergestellt.

Die Karossen hatten eine hintere Plattform mit Schaffner, doppelte Einstiegstüren und zwei seitliche Ausstiegstüren hinter der Vorderachse. Achsabstand 5,5 m, 25 Sitzplätze und 42 Stehplätze.

1946 bauten Scania-Vabis und Hägglunds & Söner für die Stockholmer Straßenbahngesellschaft Schwedens größten Omnibus, einen Aufliegerbus (B32), dessen Sattelzugmaschine einen 8-Zylinder D802 Motor von 180 PS hatte. Das ganze Fahrzeug war 15 m lang, 3,6 m hoch und hatte mit 82 Fahrgästen ein Gesamtgewicht von 17,5 t. Die Karosse hatte vier Falttüren, zwei zum Einsteigen und zwei zum Aussteigen. Eine Neuigkeit war auch, daß Schaffner und Fahrer durch eine Lautsprecheranlage mit den Fahrgästen sprechen konnten. Der Auflieger hatte vorn ein erhöhtes Dach, und aufgrund dieses Puckels erhielt der Bus den Spitznamen „das Kamel". Der Bustyp verschwand ziemlich schnell, aber die Sattelzugmaschine wurde als Abschleppwagen für die Straßenbahngesellschaft umgebaut und war bis in die 60er Jahre im Betrieb. Auch das Fernfahrunternehmen Linjebuss und die Armee erprobten zur gleichen Zeit derartige Aufliegerbusse.

In den Jahren 1946–48 hatte Scania-Vabis große Probleme mit sowohl Lastwagen wie Bussen, insbesondere den an die Straßenbahngesellschaft gelieferten. Es handelte sich um ernsthafte Qualitätsprobleme, sowohl an Motoren als auch an verschiedenen Fahrgestellkomponenten.

Den Einheitsmotor hatte man ursprünglich mit einem Motorblock aus Silumin konstruiert, um ein möglichst niedriges Gewicht zu erhalten. (Dieselmotoren müssen robuster gebaut werden als Vergasermotoren, wodurch man ein höheres Gewicht erhält.) Das Material hatte den seinerzeit gestellten Beanspruchungen widerstanden, aber die erhöhte Leistung bei der zweiten Generation Motoren (10 PS bei dem 4-Zylinder und 20 PS bei dem 8-Zylinder) führte zu Schwierigkeiten. Man erhielt Festigkeitsprobleme, die man nicht unmittelbar lösen konnte, und 1948 begann man die Motoren mit Blöcken aus Gußeisen zu liefern. Eine niedrigere Leistung war nicht denkbar, den der Trend ging in Richtung immer stärkere Motoren. Außerdem hatte man Probleme mit einem großen Zylinderverschleiß, festgebrannten Kolbenringen und Rißbildung in Kolben und Zylinderköpfen.

Vorkammerdieselmotoren entsprachen außerdem nicht länger den Anforderungen, die an Leistung, Betriebsökonomie und Zuverlässigkeit gestellt wurden, und man sah sich gezwungen, umgehend eine neue Motorgeneration zu entwickeln. Glück im Unglück war jedoch, daß es auch Volvo nicht gelang, seinen neuentwickelten Dieselmotor mit Direkteinspritzung zu akzeptabler Funktion zu bringen. Volvo sah sich gezwungen zu retirieren und einen Vorkammerdieselmotor herzustellen, der jedoch erst 1946 geliefert werden konnte, und der auch eine Reihe von Kinderkrankheiten aufwies; auch dieser Motor konnte erst 1950 durch einen Dieselmotor mit Direkteinspritzung ersetzt werden.

Die Vierzylindermotoren waren offenbar unglücksverfolgt. Hier hatte Scania-Vabis auch Probleme mit den Pleuelstangendeckeln, was darauf zurückzuführen war, daß man gegossene Deckel aus ungeeignetem Material benutzte. Dies hatte seinerseits zum Grund, daß ein Gießereichef ein zu großes Vertrauen in die Haltbarkeit gegossener Produkte setzte.

Auch die im eigenen Hause hergestellten Getriebe machten Kopfzerbrechen. Sie waren desselben Typs, den man früher aus Deutschland importiert hatte, hielten jedoch der erhöhten Motorleistung nicht stand. Scania-Vabis leitete eine Entwicklungsarbeit ein, und 1952 konnte man beginnen, ein ganz neues Getriebe für Lastwagen und Busse herzustellen.

Bei den Fahrgestellen war die Vorderradnabe ein ernsthaftes Problem. Dies veranlaßte u.a. ein Ausrücken zur Omnibushalle der Straßenbahngesellschaft, wo eine Gruppe der erfahrensten Scania-Vabis Fahrgestellmonteure während eines Wochenendes alle gegossenen Vorderradnaben gegen geschmiedete auswechselten. Auch Bremsen, Rahmen und andere Komponenten wiesen Rißbildung und andere Qualitätsmängel auf. Durch den schwereren Motor (das Gewicht erhöhte sich

Ein L21 mit Schlafkabine mit einem Fruehauf-Auflieger für Transport von Stückgütern zwischen Stockholm und Paris.

Der klassische schwedische Lastzug Ende der 40er Jahre, ein großer LS23 mit einem einachsigen Anhänger. Noch waren viele Scania-Vabis Lastwagen mit dem Firmenzeichen auf den Türen versehen.

von 475 auf 520 kg als man den Siluminblock gegen einen aus Gußeisen auswechselte) erhielt man auch Probleme mit den Vorderwagen. Das ließ sich jedoch durch kräftigere Federn lösen.

Es gab eine Reihe von Ursachen für diese Probleme. Man hat in einigen Teilen Material mit mangelhaften oder unvollständig bekannten Eigenschaften benutzt. Die Abmessungen in gewissen Teilen basierten nicht auf Berechnungen sondern auf Erfahrung, was in einigen Fällen zu Unterdimensionierung und in anderen zu allzu groben Teilen führte. Die neuen Produkte waren auch nicht genügend erprobt und waren aufgrund von Zeitmangel praktisch direkt vom Reißbrett in die Serienproduktion gegangen.

Die Lage wurde bald kritisch, und Wiederverkäufer und Servicepersonal mußten ihr Äußerstes tun, um Scania-Vabis guten Ruf aufrechtzuer-

Lastwagen 1944–49							
Serie	Gesamtgewicht	Motor	Achse	Achsabst.	Jahr	Anzahl	Vermerke
F10	8,5	D402, B402	4x4	3,8–4,2	1944–48	684	+262 F11-0
2F10	8,5	D402, B402	4x2	3,4–4,6	1948–49	45	
L10	8,5	D402, B402	4x2	3,8–4,2	1944–46	589	
2L10	8,5–9	D402	4x2	3,4–4,6	1946–49	1.080	
L20	10–11	D604	4x2	3,4–5,0	1946–49	1.212	
LS20	15–16	D604	6x2	3,4–5,0 (+1,2)	1947–49	280	

halten. 1946 und 1947 waren die Qualitätsprobleme und die Beanstandungen die alles überschattenden Fragen im Aufsichtsrat, und man sah sich zu außerordentlichen Maßnahmen gezwungen, um den Fehlern abzuhelfen ohne daß die Kunden von den Kosten getroffen wurden. Die akuten Probleme resultierten auch darin, daß ein großer Teil der Neuentwicklung niedergelegt werden mußte. Ein geplanter leichter Lastwagen von 2,5 t wurde auf die Zukunft verschoben.

1947 war es gelungen, die Anzahl Beanstandungen auf im Durchschnitt neun pro Wagen zu senken und diese Zahl konnte im großen und ganzen jedes Jahr halbiert werden, bis man 1951 weniger als eine Beanstandung pro Wagen hatte. Die Gesamtkosten für die Richtigstellung dieser Probleme sollen bei drei Millionen Kronen gelegen ha-

Die 4-Zylinder Omnibusse der Serie B10 wurden oft von kleineren Omnibusgesellschaften benutzt.

„Das Fabeltier", ein kombinierter Omnibus-Lastwagen, der im nördlichen Schweden vorkam. Hier ein B15 im Besitz der Post, mit Boxer-Karosse von SKV, gebaut aus wasserdichtem Kiefernplywood mit Aluminiumverkleidung.

ben, eine beträchtliche Summe im Hinblick darauf, daß der Nettoerfolg während dieses Zeitabschnitts im allgemeinen auf etwas über einer Million Kronen pro Jahr gelegen hat.

Auch die Hägglunds-Karossen der Busse für die Straßenbahngesellschaft wiesen Probleme auf, und man entdeckte nach einer Zeit Rißbildung in den Gerippen um die Türöffnungen herum, u.a. bei der hinteren Plattform. Scania-Vabis und Hägglunds waren verschiedener Ansicht, worauf diese Schäden zurückzuführen seien; beide behaupteten, der Fehler läge bei der Gegenpartei. Laut Scania-Vabis war das Gerüst der Karosserie unterdimensioniert, und Hägglunds war der Ansicht, daß der Fehler im Rahmen und in einem neuen Federungssystem (einer Kombination von Blattfedern und Gummipuffern) zu suchen sei. Die Konstruktion sämtlicher Busse wurden geändert und ein finanzielles Übereinkommen zwischen den beiden Unternehmen getroffen.

Danach leisteten diese Busse viele Jahre getreuen Dienst in Stockholm. Sie wurden allgemein „die Hochhäuser" genannt und waren beliebt, da sie zur Hauptverkehrszeit sehr viel mehr Passagiere aufnehmen konnten, als sich die Konstrukteure gedacht hatten.

Eine neue Motorgeneration mußte aus verschiedenen Gründen auf das Einheitsmotorprogramm gebaut werden und forderte eine Standardisierung von Komponenten und Teilen. Mit den befindlichen Problemen gab es keine Möglichkeit, schnell eine neue Motorgeneration auszuarbeiten.

Einer der führenden Hersteller von Dieselmotoren mit Direkteinspritzung war zu der Zeit Leyland Motors Ltd. in England. Durch Nathhorsts Vermittlung wurde ein Zusammenarbeitsvertrag für die Zeit 1.Januar 1947–31.Dezember 1951 über einen offenen Austausch von technischer Dokumentation auf den Gebieten Produktentwicklung und Produktion unterzeichnet. Auf diese Weise erhielt Scania-Vabis Zugang zu Leylands Konstruktionen von Dieselmotoren mit Direkteinspritzung, die man hinsichtlich Verbrennungskammern und Einspritzungssystem im Prinzip kopierte und mit den eigenen Vorkammermotoren kombinierte.

Aus diesem Grund ging die Entwicklungsarbeit ziemlich schnell, und bereits 1949 konnten 4- und 6-Zylindermotoren und im Jahre darauf der 8-Zylindermotor eingeführt werden. Es zeigte sich, daß diese neuen Motoren sogar besser waren als die Vorbilder in bezug auf Kraftstoffökonomie und Zuverlässigkeit. Die Motorkrise war überwunden.

Um die hohe Qualität und Betriebssicherheit der Motoren hervorzuheben, formulierte Scania-Vabis den Begriff „400.000-Kilometer-Motor". Alle, die ohne größere Motorreparaturen 400.000 Kilometer, d.h. zehnmal um die Erde gefahren waren, erhielten ein Diplom, ein Wappen für den Kühler und einen Globus. Viele zufriedene Fahrer konnten diese Auszeichnung entgegennehmen, und man erzählt sich, daß der Servicechef einmal ein Telegramm erhielt mit dem Text „Bin 400.000 km gefahren. Wie öffnet man die Motorhaube?"

Omnibusse 1945–51						
Serie	Motor	Achsabst	Gesamtgew.	Jahr	Anzahl	Vermerke
B10	D402	4,7–5,3	8,5–9	1945–49	672	
B20/2B20	D604	4,7–5,9	10–12	1946–49	1.332	
B30/2B30/3B30	D802	5,5	13,2	1946–49	214	B32 3,4 m
T30	elmotor	5,5	13,5	1947–51	122	
P20	0.600	5,5–6,8	11,6–14	1948–50	7	P27, P29
SX	D402/611	?	?	1949–50	2	SX1, SX2

Innerhalb der Serien wurden die verschiedenen Achsabstände in den Bezeichnungen angegeben, z.B. B15 und T31.

Der Zusammenarbeitsvertrag mit Leyland war auch von gewisser Bedeutung im Hinblick auf die Entwicklung von Omnibussen bei Scania-Vabis in den Jahren 1947–49. Im Herbst 1947 fuhr eine Delegation des schwedischen Konstruktionsbüros nach England um zu untersuchen, ob Leylands 6-Zylinder „Horizontalmotor" Typ 0.600 mit 9,83 l und 125 PS sich in schwedischen Bussen anwenden ließ. Es handelte sich um einen neukonstruierten Dieselmotor mit Direkteinspritzung, der für stehende Montage und für unterliegende Mittelmontage vorlag. Nachdem u.a. die Leitung der Verkehrsgesellschaft Stockholm-Björknäs-Värmdö (BSBV), einer von Scania-Vabis größten Kunden, für diese Lösung Interesse gezeigt hatte, beschloß man im Herbst 1947 100 Dieselmotoren zu bestellen. Jedoch wurden nur sieben von diesen in Busse einmontiert, fünf für die Straßenbahngesellschaft in Helsingborg und zwei für BSVB.

Ein luxuöser Reisebus aus den 40er Jahren auf B22-Fahrgestell und mit ASJ-Karossen. Neu waren die großen Dachfenster und die bequeme Einrichtung.

Eine zeittypische schwedische Omnibusstation, hier in Mariestad. Der Omnibus ist ein B22 mit Karosse von Hägglund & Söner mit den typischen Fahrradgestell vorn.

Ein farbiger Katalog auf Englisch über die Serie B20 von 1945.

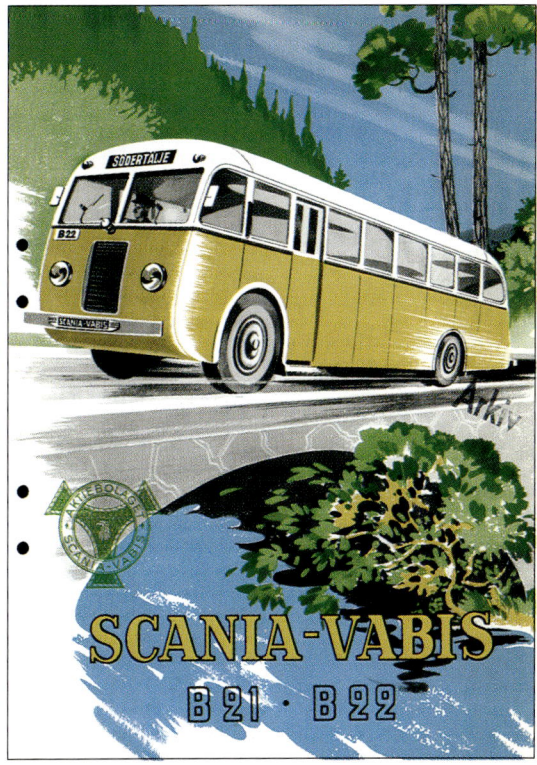

Der Hauptteil des Auftrags wurde annulliert, denn Scania-Vabis wandte sich bald von dem Gedanken an den „Pfannekuchenmotor" ab.

Die Busse, die 1948–49 nach Helsingborg geliefert wurden, waren vom Typ P27 (P = Pfannekuchenmotor, sie hießen früher B27), hatten einen Leylandmotor Typ 0.600/26 und eine Karosse von Hägglunds. Das Fahrgestell mit 5,5 m Achsabstand war eine Neukonstruktion mit dem Motor zwischen den Achsen unter dem Fußboden. Der Bus hatte einen Überhang vorn von bis zu 2,3 m, man konnte also den Einstieg dort plazieren; die Karossenkonstruktion war selbsttragend und bei zwei Bussen waren die Federn in Gummiblöcken aufgehängt, die man nicht zu schmieren brauchte. Außerdem waren Motor und Zubehör leicht von der Seite des Busses zu erreichen. Die Busse waren betriebssicher und völlig zur Zufriedenheit des Käufers.

Scania-Vabis setzte eine zeitlang die Experimente mit Mittelmotorfahrgestellen fort, u.a. auf Wunsch des verantwortlichen Einkäufers bei BSBV. Im Herbst 1948 begann man die Konstruktionsarbeit an einem größeren Omnibusfahrgestell (P29), und Anfang 1950 waren diese beiden Fahrgestelle mit Leylandmotoren und einem Achsabstand von 6,8 m fertig. Sie erhielten Karossen von Svenska Karosseriverkstäderna in Katrineholm (SKV) und wurden Mitte 1950 an BSBV geliefert. Der Kunde war zufrieden und war der Ansicht, daß er den Beweis erhalten habe, daß der Mittelmotor die beste Lösung für große Busse im Stadt- und Vorortverkehr sei.

SKV hatte bereits 1948 vorgeschlagen, einen Stadtbus mit Einmannbedienung und einem längsgestellten Heckmotor zu bauen (diese Konstrukti-

Die Omnibusse B31 (links) mit einem 8-Zylinder Motor und einem Lysholm-Smith-Getriebe, die in Stockholm ab 1946 verkehrten, erhielten schnell den Spitznamen „Hochhaus". Die Karosse war von Hägglund & Söner (150 St.) oder von ASJ (60 St.).

Da das Karossengerippe des B31 selbsttragend war, konnte man den Rahmen viel leichter machen als bei gewöhnlichen Omnibussen. Der große Motor forderte eine lange Motorhaube, die den Innenraum beeinträchtigte (rechts).

on kam in amerikanischen Bussen vor).

Bei Scania-Vabis war man unsicher, ob ein längs- oder quergestellter Motor am besten wäre, und man beschloß, zwei Probebusse mit quergestelltem Motor zu bauen, einen 4-Zylinder und einen 6-Zylinder (SX1 bzw. SX2). Der SX1 erhielt einen Vorkammerdiesel Typ D402 mit 90 PS, zusammengebaut mit Kupplung und Getriebe (amerikanischen Ursprungs). Der Bus erhielt eine Boxerkarosse von SKV und wurde der Omnibusgesellschaft im Landgebiet Stockholm (SLO) für Probefahrten in Stockholms nördlichen Vororten übergeben.

Der SX2 erhielt einen Dieselmotor mit Direkteinspritzung Typ D611 mit 135 PS und eine Karosse von Hägglunds und wurde im November 1950 der Eisenbahngesellschaft zu Probefahrten übergeben.

Busse mit längsgestelltem Motor wurden nicht hergestellt. Allerdings baute SLO in eigener Regie einen Motala-Bus, der ursprünglich einen stehenden Mittelmotor hatte, in einen Heckmotorbus mit

Ein einziges Exemplar (B32) wurde 1946 von diesem Auflieger gebaut, der den Spitznamen „Kamel" erhielt.

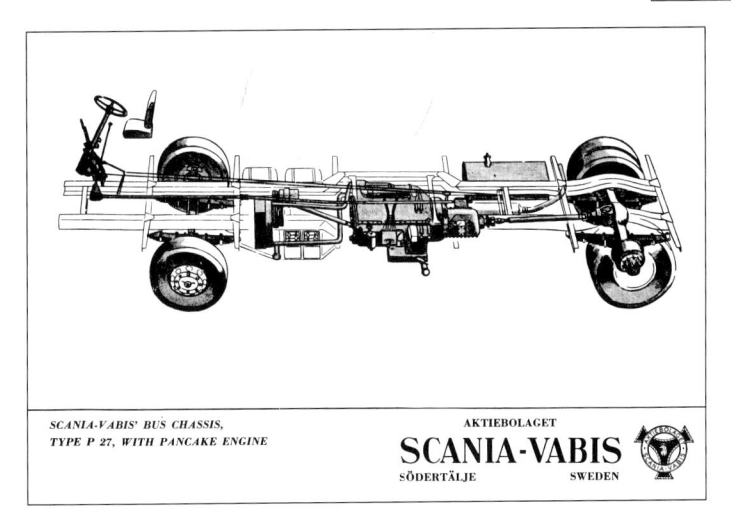

einem längsgestellten 4-Zylinder Dieselmotor von Scania-Vabis um.

Unter den großen Omnibuskunden erhielt die Stockholmer Straßenbahngesellschaft den größten Einfluß, was dazu führte, daß Scania-Vabis Impulse in anderen Ländern, u.a. den USA zu finden suchte. 1949 unternahm man eine Studienreise in die USA, die ihr Gepräge auf die Omnibusherstellung der 50er Jahre setzen sollte. Anstatt die Experimente mit Mittelmotorbussen fortzusetzen, entwickelte Scania-Vabis ein neues Programm für Bulldoggenbusse mit kräftigem vorderen Überhang und Einstieg vor der Vorderachse. Diese Omnibusse erhielten Motoren aus dem neuen Motorprogramm mit Direkteinspritzung, das 1949 introduziert wurde.

Das Maßnahmenprogramm von Carl-Bertel Nathhorst war Ende der 40er Jahre in allen wesentlichen Teilen durchgeführt. Seine Bedeutung für die Entwicklung bei Scania-Vabis ist oft betont worden, und es besteht kein Zweifel, daß das Unternehmen sich unter seiner Leitung aus einem kleinen Spezialisten für die Herstellung hochqualifizierter Fahrzeuge in kleinem Umfang in ein hochtechnologisches Unternehmen mit Massenproduktion entwickelt hatte.

Von allen Visionen und Plänen, die Nathhorst gern in kurzen Sätzen formulierte war der wichtigste Satz „Völlig entscheidend für das Überleben ist, daß Scania-Vabis seine Produkte exportieren kann."

Zwar belief sich der Export 1947–48 bereits auf etwa 20%, jedoch hatte man noch keine zielgerichtete Tätigkeit in Form einer Exportabteilung. Erst in den 50er Jahren erfolgte der große Exportanstieg, der Scania-Vabis in ein Weltunternehmen verwandelte.

Fünf Omnibusse Typ P27 mit einem 6-Zylinder Mittelmotor (Pfannekuchenmotor) von Leylands wurden nach Helsingborg verkauft.

SX2 war ein Exeperimentbus mit quergestelltem 6-Zylinder Motor und einer Hägglund-Karosse.

Der Omnibusexport erhielt Ende der 40er Jahre einen Aufschwung. Hier eine Lieferung für Holland 1947.

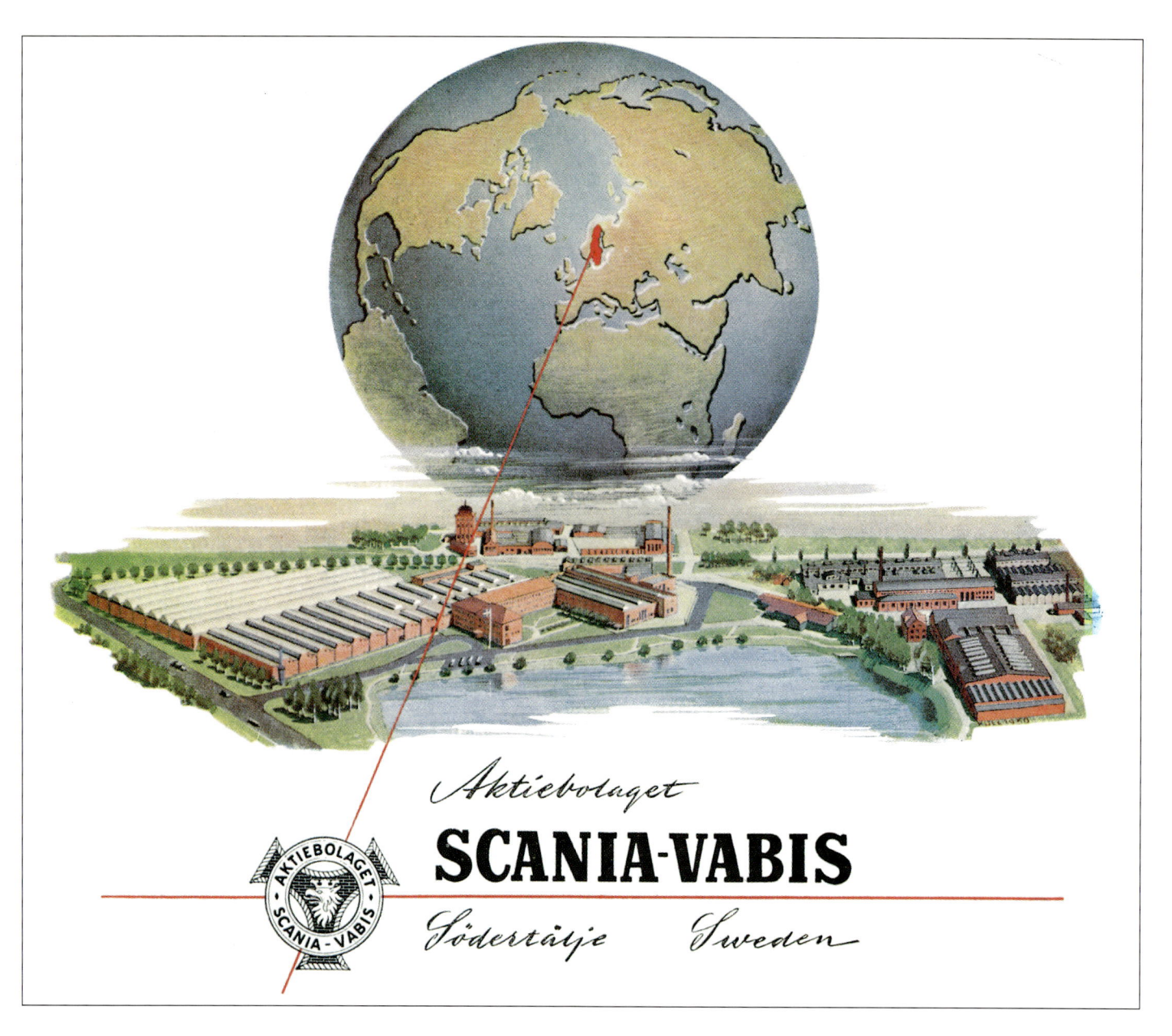

Scania-Vabis

1950–1959

Diese Zeichnung von Anfang der 50er Jahre zeigt die neue Ausrichtung auf den Export.

Fast 1.400 „400.000 km" Wappen konnten ausgeteilt werden.

WÄHREND DER 40ER JAHRE hatte sich Scania-Vabis unter der Leitung von Carl-Bertel Nathorst in ein modernes Maschinenbauunternehmen verwandelt. Eine seiner tragenden Ideen war, die Kompetenzen im ganzen Unternehmen zu vertiefen, und aus diesem Grunde wurden viele Ingenieure auf Studienreisen in die USA geschickt, um dort die neuesten technischen Errungenschaften zu studieren. Auch sollten keine wichtigen technischen Beschlüsse gefaßt wurden, ohne daß fachkundige Mitarbeiter sich geäußert hatten.

Ein weiterer Eckstein war die Komponenten-Philosophie. Diese war ja bereits von August Nilsson formuliert worden und im Einheitsmotor aus dem Jahre 1939 zum Ausdruck gekommen und wurde durch weitere Standardisierung noch verfeinert. Motoren und Fahrgestelle sollten soweit wie möglich auf einer begrenzten Anzahl von Komponenten mit möglichst vielen gemeinsamen Teilen basieren. Trotz der Standardisierung stellte man jedoch noch immer über 4.000 Einzelteile selbst her.

Ende der 40er Jahre begann man die Schwierigkeiten bei Motoren und Getrieben in den Griff zu bekommen, aber es stand längst nicht alles zum besten. Die 1948 eingerichtete Kontrollabteilung konnte sich nur mit der Fertigungsqualität befassen, (die normalerweise nur einen geringeren Teil der „Fehlerkosten" verursachte). Die schnell wachsende Versuchsabteilung griff jedoch systematisch die Qualitätsprobleme an, die auf weniger geeignete oder nicht genügend ausprobierte Konstruktionen zurückzuführen waren.

Was helfen aber hochwertige Produkte, ein rationeller Produktionsapparat und kompetentes Personal – wenn man nicht genügend Stückzahlen verkaufen kann.

Scania-Vabis, früher eher technisch orientiert, war Ende der 40er Jahre gezwungen, das schwedische Händlernetz auszubauen. Anfang der fünfziger Jahre hatte man 40 Wiederverkäufer, etwa 20 Niederlassungen und fast 300 spezialausgerüstete Vertragswerkstätten in Schweden.

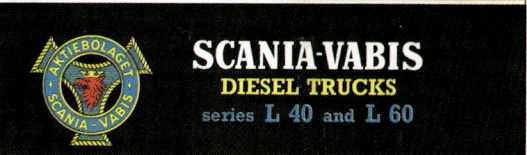

Während der 50er Jahre wurde die Agentur für andere Fabrikate ein wichtiger Teil der Tätigkeit von Scania-Vabis. 1950 erfolgte der Durchbruch des VW-Verkaufs, der in diesem Jahr fast die Hälfte des gesamten Verkaufs von gut 110 Millionen Kronen darstellte. Die Nachfrage war anfangs bedeutend größer als das Angebot, und die Wiederverkäufer kämpften um die Zuteilungen. Volkswagen entwickelte sich zu einer großartigen Hilfe wo es galt, neue qualifizierte Wiederverkäufer und Werkstätten zu gewinnen, auch im Kampf mit Volvo, deren Wiederverkäufer schon immer Personenwagen als Komplement hatten, und noch besser wurde die Lage, als VW Lieferwagen, Transporter und Kleinbusse hinzukamen.

Ab 1950 gehörte auch der Sportwagen Porsche zum VW-Sortiment. Auch Willys-Overlands Jeeps waren anfangs interessant, aufgrund von Qualitätsproblemen fanden jedoch Personenwagen dieses Fabrikats niemals Anklang.

Lastwagen aus der Serie LS60 beim Schneeräumen in Stockholm.

Drucksachen über die Serien L40 und L60 waren in mehreren Sprachen vorhanden, u.a. Englisch, Deutsch, Spanisch und Französisch.

Ein L61 mit zwei Tankaufliegern von je 8.100 Litern. Bruttogewicht insgesamt 26.700 kg, maximaler Achsdruck 6 t.

Direkt nach dem Krieg gab es eine Menge überflüssige amerikanische Lastwagen, die billig verkauft wurden und demnach ziemlich große Marktanteile gewannen. Ende der 40er Jahre führte Schweden jedoch Importbegrenzungen ein, und damit erhielten Scania-Vabis und Volvo eine dominierende Stellung auf dem Markt für schwere Kraftfahrzeuge. Erst 1954 hatten ausländische Lastwagenhersteller zum ersten Mal wieder die Möglichkeit, sich auf dem schwedischen Markt zu betätigen. Bemerkenswert für diese Zeit ist auch, daß eine Verschiebung hin zu immer schweren Fahrzeugen mit immer stärkeren Motoren begann.

1950 plante man den Bau einer 12.000 m² großen Maschinen- und Montagehalle, und mit der Ingebrauchnahme dieser Halle traten große Veränderungen ein. Motorgetriebene Montagebänder wurden eingeführt, nicht nur für die Montage von Teilaggregaten wie Vorder- und Hinterachsen, sondern auch für die Montage ganzer Fahrgestelle. Bald wurden auch ein technisches Büro und ein Materiallabor fertiggestellt. 1955 stand eine 4.000 m² große

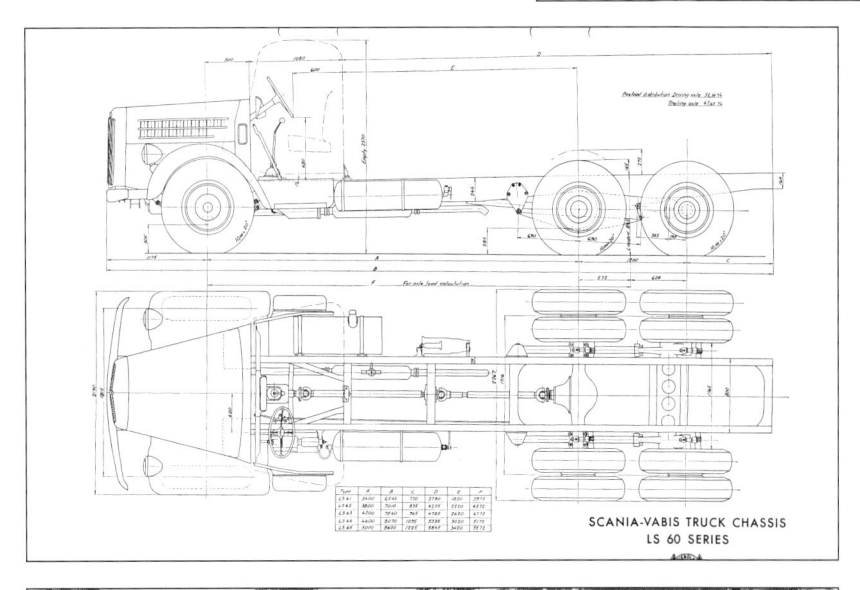

Omnibus- und Ausrüstungswerkstatt fertig, die auch eine Lieferabteilung mit Schlußkontrolle sämtlicher Fahrzeuge enthielt.

1957 konnte man eine neue 10.000 m² große Getriebewerkstatt mit 300 Maschinen einweihen, wo 250 Mitarbeiter mit der Fertigung von synchronisierten Hauptgetrieben, Zusatzgetrieben, kompletten Hinterachsgetrieben und Zahnrädern für den Nockenwellenantrieb beschäftigt waren.

Eines stand klar: Scania-Vabis mußte einen großen Teil seiner Produktion exportieren, um die äußerst aufwendige Produktentwicklung zu decken und auf Sicht überleben zu können. Glücklicherweise erzeugte die VW-Agentur in den fünfziger Jahren gute Gewinne, wodurch man den weniger günstigen einheimischen Verkauf der Lastwagen und Omnibusse aufwiegen und den Ausbau und die Internationalisierung von Scania-Vabis Haupttätigkeit finanzieren konnte.

Bereits gegen Ende der 40er Jahre hatte man intensiv auf den Auslandsverkauf gesetzt, und um 1950 betrug der Export ca. 20 % der Produktion.

Viele der Exportgeschäfte der 40er Jahre waren mehr oder weniger durch Zufall zustande gekommen. Eine besondere Exportabteilung wurde erst 1951 gebildet, bis dahin war der Export eine Frage für die Verkaufsabteilung. Aber nun setzte man das Ziel, vor Mitte der 50er Jahre einen Exportanteil von 50 % der Produktion zu haben.

Die Entwicklung von Scania-Vabis unter der Leitung von Nathhorst war außerordentlich erfolgreich. Nathhorst war jedoch ein sehr selbständiger Geschäftsführer, der nicht immer so hellhörig war, wie es der Aufsichtsrat und die Besitzer wünschten. Das Verhältnis zwischen Marcus Wallenberg und Nathhorst verschlechterte sich zusehends, und als Nathhorst verstand, daß er nicht den erhofften Besitzereinfluß erhalten würde, trat er bei der Hauptversammlung 1951 von dem Posten als Geschäftsführer zurück.

Nathhorsts Nachfolger war während einer kurzen Zeit Henning Throne-Holst, und 1953 übernahm Gösta Nilsson, der frühere Oberdirektor bei Vattenfall, die Geschäftsführung von Scania-Vabis, die er bis 1969 innehaben sollte.

Die Hochkonjunktur der Nachkriegszeit hatte sich für Scania-Vabis als sehr günstig erwiesen, sowohl auf dem einheimischen Markt als auch auf dem Weltmarkt, und sie wurde durch den Koreakrieg 1950–51 weiterhin verstärkt. Dank der Marshallhilfe war der Wiederaufbau Europas in Gang gekommen, und die Importbegrenzungen ver-

Die Serie LS60 war sehr kräftig und in fünf Achsabständen erhältlich, von 3,4 bis 5,0 m. Die Länge des Fahrgestells für das längste Modell (LS65) war 8,6 m.

Ein LS65 mit zeittypischem Zubehör. Der 1-achsige Anhänger scheint auf eine Hinterachse von einem abgelegten Lastwagen gebaut zu sein.

schwanden nach und nach. Der Bedarf von schweren, widerstandskräftigen Kraftfahrzeugen für Bauarbeiten und Transporte auf schlechten Straßen war groß auf dem Weltmarkt, und da die schwedischen Lastwagen für die damals noch ziemlich schlechten schwedischen Straßen gebaut waren, hatten sie einen gewissen Vorsprung vor den kontinentalen Mitbewerbern.

Die schwedischen Straßen erfuhren jedoch nach dem Krieg eine Verbesserung. 1951 wurde der zulässige Achsdruck auf den größeren Straßen auf 6 t erhöht; 1955 wurde die Grenze wiederum erhöht, auf 7 t auf den wichtigsten Straßen, wobei auf gewisse Straßen sogar 8 t zugelassen wurden. Im Ausland waren die Bestimmungen wesentlich großzügiger, Belgien und Frankreich hatten z.B. eine Grenze von 13 t. In Schweden setzte man sich vielerseits dafür ein, die Grenzen zu erhöhen, und Scania-Vabis bereitete die Herstellung von immer schwereren Lastwagen vor.

Als Gösta Nilsson 1953 die Leitung übernahm, war Scania-Vabis in einigen wenigen Jahren auf dem Marktsegment schwere dieselgetriebene Lastwagen zu einem ebenbürtigen Mitbewerber von Volvo herangewachsen und hatte auch bedeutende Marktanteile für sich gewonnen. Während der Jah-

St.Eriks Brauerei in Stockholm fuhr ab 1952 diesen L43 für Verteilung von Bier nach Nynäshamn und in Stockholm. Der Lastwagen konnte 120 Bierkästen laden, d.h. 6.300 Flaschen. Gesamtgewicht 9,5 t.

re 1946–54 hatte man den Umsatz von Lastwagen und Omnibussen verdreifachen können, und 1954 lieferte Scania-Vabis gut 1.800 Lastwagen für den schwedischen Markt.

Eine wichtige Veraussetzung der Erfolge der 50er Jahre war der Dieselmotor mit Direkteinspritzung, der in dem neugegründeten Motorlabor als Resultat einer kurzlebigen Zusammenarbeit mit der Englischen Firma Leyland entwickelt wurde.

Der Motortyp basierte auf dem Einheitsmotor von 1939, hatte jedoch u.a. einen neu entwickelten Zylinderkopf. Bereits 1946, also vor Beginn der Zusammenarbeit mit Leyland, hatte man Experimente mit Direkteinspritzung eingeleitet. Als man den ersten Probemotor 1947-48 auf dem Prüfstand laufen ließ, zeigte er einen sehr niedrigen Kraftstoffverbrauch. Man prüfte den Motor 200.000 km in einem zu diesem Zweck hergestellten Wagen, dann wurde er 1949 im ordentlichen Betrieb in Lastwagen eingesetzt. Ende desselben Jahres konnte dann der Motor nach erstaunlich wenigen „Kinderkrankheiten" in Produktion gehen.

Im Vergleich zu den Vorkammerdieselmotoren hatte der neue Motor mit Direkteinspritzung einen kleineren Brennraum. Der Kraftstoff wurde direkt durch die vier Löcher der Einspritzdüse in den Zy-

DIE FAHRZEUGE VON SCANIA

Der neue 6-Zylindermotor D610/620 baute noch auf dem "Einheitsmotor" von 1939, hatte jedoch Direkteinspritzung erhalten. Wie früher waren viele Teile, z.B. Zylinderköpfe, Ventilmechanismus, Kolben, Zylinderfutter und Lager gemeinsam für die 4-, 6- und 8-Zylinder Motortypen. Die 8-Zylindermotoren kamen nur in den Metropolbussen und vereinzelt in anderen Fahrzeugen zur Anwendung.

linder gespritzt und dort nahezu vollständig verbrannt und die Kraftstoffökonomie verbesserte sich erheblich. Anfangs entwickelte sich störender Abgasrauch, aber bereits bei der Vorstellung hatte man dieses Problem gelöst. Man hatte besondere Mühe darauf verwandt, den Motor widerstandskräftig zu machen, insbesondere im Hinblick auf Zylinder, Kolben und Ventile.

Durch eine Verbesserung von Brennraum und Einspritzsystem der Leyland-Motoren war es Scania-Vabis gelungen, Motoren mit langer Lebensdauer, niedrigem Kraftstoffverbrauch (niedriger als dem der Leyland-Motoren) und geringen Wartungskosten zu bauen.

Der neue Motor war deutlich besser als der frühere Vorkammerdiesel und ging unter dem Namen „400.000-Kilometermotor" – Scania-Vabis belohnte Fahrer und Lastwagen die 400.000 Kilometer ohne Reparaturen gefahren waren mit Diplom und Wappen für den Kühler. Über 1.350 solche Belohnungen konnten während der ersten Hälfte der 50er Jahre verteilt werden, und in vielen Fällen waren die Lastwagen mehr als 600.000 Kilometer

ohne Motorrenovierung gefahren.

In den Omnibussen mit Dieselmotor, die die Stockholmer Straßenbahngesellschaft vor dem Krieg für den Ortsverkehr im Betrieb hatte, mußte man Motorblock und Kolben alle 60.000 Kilometer neu bohren oder auswechseln und nach 180.000 Kilometern eine gründliche Motorüberholung vornehmen. Als man nach dem Krieg zu losen Zylinderfuttern überging, ließen sich die Intervalle für Kolben- und Futterwechsel auf 120.000 bzw. 240.000 Kilometer erhöhen. Die neuen Motoren mit Direkteinspritzung verringerten also die Wartungskosten beträchtlich.

Jedoch gab es auch gewisse Probleme mit der neuen Motorgeneration. Der Vierzylindermotor erhielt nicht ganz zu Unrecht den Spitznamen „Rüttelvierer", denn er war mit störenden Vibrationen behaftet, und die neuen Fünfgang-Getriebe und Hinterachsgetriebe waren nicht kräftig genug, wenn die starken Motoren bis zu ihrer vollen Leistung ausgenutzt werden sollten.

Die Bezeichnungen der drei neuen Motoren waren D420, D610/620 und D 810/820. Von allen gab es mehrere Varianten, z.B. in der Baureihe D420 den D421 für Omnibusse, D422 für Lastwagen, D426 für Schiffe, alle hatten jedoch die gleichen Abmessungen und die gleiche Leistung. Der Unterschied zwischen der Baureihe D610 und D620 lag in der Anordnung der Einspritzpumpe auf der rechten oder linken Seite.

Auch andere Komponenten wurden nach und nach erneuert, u.a. die älteren, auf der Konstruktion des deutschen ZF-Werks (Zahnradfabrik Friedrichshafen) basierenden Getriebe. Bis 1928 hatte Scania-Vabis Getriebe in eigener Regie hergestellt, dann kaufte man ZF-Getriebe. Das ZF-Werk wurde jedoch während des Krieges völlig ausgebombt.

Aus diesem Grunde begann Scania-Vabis, eigene Getriebe nach der Vorlage von ZF herzustellen. Diese waren jedoch für die höhere Motorleistung der Nachkriegszeit unterdimensioniert; das galt auch für die Hinterachsgetriebe. Die nächstliegenden Probleme suchte man durch Materialveränderungen, Modifizierungen und Zusatzgetriebe zu lösen, in gewissen Fällen durch Kaufen kräftigerer Schlußgetriebe von auswärts. Anfang der 50er Jahre kopierte Scania-Vabis die Schlußgetriebe von Mack, die für den Bedarf der Omnibusse und leichteren Lastwagen ausreichten. Für die schweren Lastwagen mußten eine zeitlang komplette Schlußgetriebe von der amerikanischen Firma Timken gekauft werden.

Zum Jahreswechsel 1949/50 wurden die früheren Lastwagen-Baureihen 2L10/2F10 und L20/LS20 durch die neu entwickelten Varianten der Baureihen F40/L40 und L60/LS60 ersetzt. Der Unterschied war, abgesehen von Motoren und Getrieben, nicht sonderlich groß. Die erste Zahl der Bezeichnung gab nunmehr die Anzahl Zylinder an.

Der 5,7 l Vierzylindermotor D422 mit Direkteinspritzung hatte eine Leistung von 90 PS und war für die Lastwagen L40 und F40 vorgesehen,

Dieselmotoren mit Direkteinspritzung 1950–59						
Serie/Typ	Zylind.maß	Hubraum	Leist./Drehz.	Drehmom.	Jahr	Vermerke
D420	4x115x136	5.650	90/2.000	34/1.200	1949-54	
D610/620	6x115x136	8.476	135/2.000	51/1.200	1949-57	
D810/820	8x115x136	11.300	180/2.000	68/1.200	1950-54	
D440	4x115x150	6.232	100/2.200	38/1.200	1953-59	
D630/640	6x115x150	9.348	150/2.000	58/1.200	1954-59	
D847	8x115x150	12.464	200/2.200	77/1.200	1956	Probemotor LA82
D7	6x115x115	7.167	120/2.400	49/1.200	1959-63	
D10	6x127x135	10.261	165/2.200	63/1.200	1958-63	

die von Dezember 1949 bis März 1953 (L40) bzw. Februar 1950 bis März 1950 (F40) gebaut wurden. Das Getriebe (K40) hatte viergänge, war unsynchronisiert und basierte auf dem früher zur Anwendung gelangten deutschen Getriebe.

Ein neuessynchronisiertes Fünfgang-Getriebe (G450/G650) wurde im April 1950 im eigenen Hause konstruiert. Bereits im Juni lagen fertige Zeichnungen vor, und im November konnte das erste Getriebe in einen Probewagen einmontiert werden. Im Juli 1951 konnten die Lieferungen dieses neuen Getriebes beginnen, das sowohl in Lastwagen als auch in Omnibussen zur Anwendung gelangte.

Der erste Gang (noch immer unsynchronisiert), hatte eine niedrigere Übersetzung als der erste Gang des früheren Viergang-Getriebes, und das Getriebe wurde auch in einer Ausführung hergestellt, wo der fünfte Gang als Overdrive ausgelegt war, wodurch die Ökonomie bei Überlandfahrten verbessert wurde. Die Lastwagen konnten auch mit Zweigang-Zusatzgetriebe ausgerüstet werden, damit erhielt man zehn Vorwärtsgänge.

Die Baureihe L40 wurde mit drei Achsabständen von 3,8 bis 4,6 m und in Gesamtgewichten von 9 bis 9,5 (später 10) t in insgesamt 2.337 Exemplaren hergestellt.

Die Baureihe F40 mit Vierrad-Antrieb, von der nur 26 Exemplare hergestellt wurden, hatte zwei verschiedene Achsabstände.

Der 6-Zylinder-Motor D622 mit 135 PS wurde in den L60/LS60 eingebaut, von denen 3.939 bzw. 1.124 Exemplare hergestellt wurden. S bezeichnete wie früher eine Nachlaufachse, was die LS-Wagen dreiachsig machte mit Antrieb an der vorderen Hinterachse. Bis August 1951 hatten diese Wagen ein unsynchronisiertes Getriebe (K45), dann erhielten sie das neue synchronisierte Fünfgang-Getriebe G650. Das Bremssystem glich dem der kleineren Lastwagen, hydraulisch mit Vakuumservo, war jedoch kräftiger.

Die L60 Lastwagen wurden in fünf Achsabständen hergestellt, von 3,4 bis 5,0 m, und hatten ein Gesamtgewicht von 10 bis 12 t (da mit u.a. verstärkter Vorderachse und verstärkten Federn). Die LS-Lastwagen hatten die gleichen Achsabstände wie die L-Modelle, jedoch ein Gesamtgewicht von 15 bis 16 t.

Der 8-Zylindermotor D 810 von 11,3 l war mit seinen 180 PS bei 2000/min zu groß für die Anwendung in Lastwagen. Das Interessante bei diesem Motor war jedoch, daß er bereits von Anfang an für Turboaufladung ausgelegt war. 1951 wurde dieser Motortyp, ausgerüstet mit einem großen Turbokompressor von der Schweizer Firma Brown-Boveri, in Serienproduktion genommen und gab eine Leistung von 205 PS. Vermutlich der erste serienmäßig hergestellte turboaufgeladene Dieselmotor der Welt.

Die Turbotechnik war damals noch eine Neuigkeit, insbesondere für Dieselmotoren, und die meisten Konstrukteure waren der Ansicht, daß Turboaufladung nur zu Problemen führen würde,

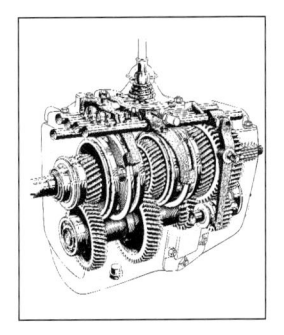

Das neue Fünfgang-Getriebe war viel kräftiger als die früheren Getriebe und hatte Synchronisierung bei allen Gängen außer dem ersten. Alle Vorwärtsgänge lagen in konstantem Eingriff und wurden mit Klauenkupplungen eingelegt.

Der Überhang vorn war sehr kräftig bei den fünf Lastwagen LS85 mit 8-Zylindermotor, die als Experiment hergestellt wurden.

u.a. kräftigem Verschleiß von Zylinder, Kolben und Lager. Anfangs wurden deshalb die turboaufgeladenen Motoren nur für Schiffe und Triebwagen eingesetzt, wo die Drehzahl ziemlich konstant und ziemlich niedrig war. Erst 1961 setzte Scania-Vabis überladene Motoren für Lastwagen ein.

1951–55 stellte Scania-Vabis als Experiment fünf 3-achsige Lastwagen LS85 mit nicht turboaufgeladenen D811-Motoren her (eigentlich ein Omnibusmotor), die eine sehr lange Motorhaube erhielten. Man baute sie auf LS60-Fahrgestelle, die man um 30 cm verlängert hatte; die Gewichtsverteilung erwies sich jedoch bei dem schweren Motor als ungünstig.

Ein deutlich erkennbarer Trend während der 50er Jahre war, daß das Ladevermögen der Lastwagen immer mehr an Bedeutung gewann. Die Hauptnachfrage verschob sich von Wagen mit einer Kapazität von 3–4 t auf 5–6 t. Scania-Vabis arbeitete deshalb intensiv an der Entwicklung kräftigerer Lastwagen und Motoren mit höherer Leistung während man gleichzeitig die zu schwach werdenden Teile verstärkte.

Im Frühjahr 1953 präsentierte man die letzte Entwicklung des Einheitsmotors von 1939. Der Hub der 4-, 6- und 8-Zylindermotoren wurde von 136 auf 150 mm erhöht und die Baureihen wurden umbenannt in D440 mit 6,2 l und 100 PS, D630/D640 mit 9,3 l und 150 PS und D847 mit 12,5 l und 200 PS, alle bei 2.200/min. Die letzten Motoren dieser Fa-

Lastwagen 1950–1963

Serie	Gesamtgewicht	Motor	Achse	Achsabst.	Jahr	Anzahl	Vermerke
L40	9–9,5	D422	4x2	3,8–4,6	1949–53	2.337	
F40	8,5	D422	4x4	3,8–4,2	1950	26	
L60	10–12	D622	4x2	3,4–5,0	1949–54	3.939	
LS60	15–16	D622	6x2	3,4–5,0	1944–54	1.124	Einschl.5 LS85
L51	10–11,5	D442	4x2	3,8–5,0	1953–59	9.067	
L71	12–13,5	D642	4x2	3,4–5,0	1954–58	5.543	
LS71	16–18	D642	6x2	3,8–5,0	1954–58	2.231	
L55	12–12,3	D7	4x2	3,4–5,4	1959–62	6.402	
LS55	16–16,3	D7	6x2	3,8–5,0	1959–62	721	
L75	13–15,5	D10, DS10	4x2	3,4–5,4	1958–63	10.610	DS10 Febr.-61
LS75	17–20	D10, DS10	6x2	3,8–5,0	1958–63	4.350	DS10 Febr.-61
LT75	22	D10, DS10	6x4	3,4–5,0	1958–63	310	DS10 Febr.-61

milie wurden 1959 hergestellt, aber bereits vorher waren sie aus Lastwagen und Omnibussen verschwunden und gelangten hauptsächlich im stationären Einsatz zur Anwendung.

Der erste Lastwagen einer neuen Generation aus dem Werk Södertälje war der L51 Drabant, mit dessen Serienherstellung im April 1953 begonnen wurde. Hier benutzte Scania-Vabis zum ersten Mal einen Namen zusammen mit der Nummernbezeichnung, womit Volvo bereits 1951 beim Titan-Modells begonnen hatte; weiterhin gab die erste Zahl der Bezeichnung nicht mehr die Anzahl Zylinder an.

Als Motor erhielt dieser Lastwagen den 4-Zylindermotor D442 mit 100 PS und als Getriebe das Fünfgang-Getriebe, das bereits im Vorläufer L40 zur Anwendung gelangte, und das mit dem Zusatzgetriebe T1 komplettiert werden konnte, wodurch man die doppelte Anzahl Gänge erhielt.

Die Nutzlast betrug 5,5 bis 6 t, und der Lastwagen eignete sich für die meisten mittelschweren Transportaufgaben in der gefragtesten Gewichtsklasse, d.h. über 5 t. Die Nachfrage nach dieser Gewichtsklasse hatte sich in der Zeit 1950–61 mehr als verfünffacht. Das Gesamtgewicht dieser Lastwagen lag zwischen 10 und 11,5 t, und das Modell wurde in vier Achsabständen hergestellt. Der Achsabstand wurde nunmehr durch eine Zusatzzahl (Achsabstand in Dezimetern) in der Bezeichnung angegeben. Die kürzeste Variante, L5138, hatte demnach einen Achsabstand von 3,8 m und die längste, L5150, einen Achsabstand von 5,0 m.

Der L51 wurden in mehrere Länder exportiert, u.a. nach Holland, Norwegen und Belgien.

Im April 1954 wurde der L71/LS71 Regent, ein „großer Bruder" des L51, vorgestellt, der bis August 1958 bzw. April 1958 in fast 7.800 Exemplaren hergestellt wurde, und der mit dem 6-Zylindermotor D642 mit 150 PS ausgerüstet war. Auch dieses Modell hatte das Fünfgang-Getriebe G650, das in Kombination mit einem Zusatzgetriebe 45% mehr Zugkraft in den unteren Gängen ergab. Alle L71 Lastwagen erhielten ab Sommer 1954 ein modifiziertes Fünfgang-Getriebe (G660), und ab Oktober 1956 konnte dieser Lastwagentyp alternativ mit einer neukonstruierten Hinterachse mit kräftigem Doppelgetriebe ausgerüstet werden (das jedoch auch nicht problemfrei war).

Die 2-achsige L71-Baureihe wurde in fünf Achsabständen von 3,4 bis 5,0 m hergestellt, wo die Bezeichnungen wie bei der Baureihe L51 aufgebaut waren. Gesamtgewicht 12 bis 13,5 t.

Der 3-achsige LS71 Regent wurde in vier Achsabständen von 3,8 bis 5,0 m gebaut, alle mit Nachlaufachse. Diese Lastwagen hatten ein Gesamtgewicht von bis zu 16 t, das man jedoch mit speziellen hinteren Federn bis auf 18 t erhöhen konnte.

Die Lastwagen L51 hatten wie früher Servobremsen, aber die Baureihe L71/LS71 wurde von Anfang an mit Druckluftbremsen von Westinghouse ausgerüstet. Hierdurch konnten Anhänger ver-

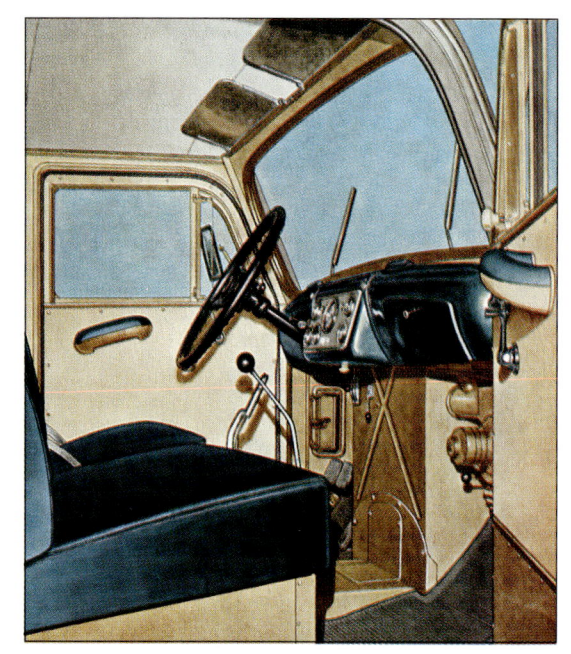

Die L71/LS71 Regent-Lastwagen waren das Beste und Stärkste was es gab und machten das Fabrikat auf vielen Exportmärkten bekannt.

Der kleinere L51 Drabant wurde für die verschiedensten Zwecke benutzt. Dieser Lastwagen enthielt 200 Ferkel.

Das L71-Fahrerhaus hatte Platz für drei Personen und für die damalige Zeit so ungewöhnliche Details wie Armlehnen, Heizung und Gummimatten.

schiedener Art zur Anwendung gelangen. Ab Oktober 1955 konnten die Lastwagen der Baureihe L71 auch mit Servolenkung ausgerüstet werden, die das Fahren schwerer Lasten erleichterte und in Kombination mit Druckluftbremsen die Sicherheit erhöhte. Nach Ansicht der Fahrer war die Servolenkung besonders wertvoll beim Rücksetzen mit einer vollbeladenen Lastzugkombination, was ohne Servo die Armmuskeln sehr forderte.

Zusatzausrüstungen wie Kräne, Hub- und Kippvorrichtungen gehörten mehr und mehr zur Normalausrüstung, und da galt es, den Motor möglichst einfach zum Treiben dieser Vorrichtungen ausnutzen zu können. Das Fünfgang-Getriebe des L71 Regent hatte deshalb einen eingebauten Nebenantrieb für 25 PS, der den Anschluß der Ausrüstung wesentlich vereinfachte.

Das Fahrerhaus konnte der Kunde von einem Hersteller seiner Wahl kaufen, gewöhnlich kam es jedoch von AB Be-Ge Karossfabrik in Oskarshamn. Dieses Fahrerhaus wurde bereits in der Fabrik montiert, jedoch als Zusatzausrüstung.

Die Entwicklungsarbeit an den Motoren ergab den völlig neu konstruierten 6-Zylinder Dieselmotor mit Direkteinspritzung D10 von 10,3 l und 165 PS bei 2.200/min, der im Februar 1958 zur Produktion gegeben wurde. Der Motor hatte ein für seine Zeit sehr hohes Drehmoment, 63 kpm. Im Vergleich zu den früheren Motoren war der neue Motor kräftiger und hatte ein neues Schmiersystem mit Zyklonreinigern, die mit 5.000/min rotierten und durch Ausnutzung der Zentrifugalkraft alle fremden Partikeln aus dem Schmieröl entfernten, bevor dieses zu den Schmierstellen gepreßt wurde. Das äußere Wasserrohr war verschwunden und durch Kanäle im Zylinderkopf ersetzt. Durch eine neue Auslegung der Ansaugkanäle im Zylinderkopf erhielt man eine kräftige Rotation der Luft, und hierdurch wiederum eine bessere Mischung von Luft und Kraftstoff. Der Motor war von Anfang an für Überladung konstruiert, und bei Berechnung der Festigkeit hatte man den hohen Druck und die Temperaturen, denen ein Turbomotor ausgesetzt wird, berücksichtigt. Bereits 1958 war der DS10 mit 205 PS mit Aufladung versehen, jedoch wurden die Turbomotoren erst 1961 in Lastwagen eingebaut.

Im Mai 1958 konnte man eine moderne Baureihe schwerer Lastwagen vorstellen, die den steigenden Anforderungen des Marktes entsprachen. Die Baureihe L71 wurde durch die neue Baureihe L75 ersetzt, die einen D10 Motor hatte und als L75 (2-achsig), LS75 (3-achsig mit Nachlaufachse) und ab August auch als LT75 (3-achsig mit Doppelachsaggregat) hergestellt wurde.

Die Konstruktion des Fahrgestells war eine deutliche Verbesserung gegenüber der früheren Konstruktion, mit gleichhohen Seitenträgern (250x86x7 mm mit einem inneren Verstärkungsträger von 236x75x4 mm). Das neue Fahrgestell war vorn bei der Motorpartie breiter und hinter dem Fahrerhaus etwas schmaler als vorher (wo die Träger den ganzen Weg parallel liefen). Die Vorderachse war

Erst als die L75 Serie im Frühjahr 1958 eingeführt wurde, erhielt der L51 Drabant eine Nummernbezeichnung auf der Seite der Motorhaube. Die L71-Serie hatte nie diese Zahlen.

Ein LS7150 Regent von 1955, der für Mehltransporte auf der Strecke Stockholm-Sundsvall benutzt wurde.

bedeutend kräftiger, ebenso die Federn, die jedoch vorn weicher und zwecks verlängerter Lebensdauer mit Gewinde-Federbolzen versehen waren.

Alle drei Varianten hatten das Fünfgang-Getriebe G660 (wo die vier höchsten Gänge synchronisiert waren) und auf Bestellung konnte das neue synchronisierte Zweigang-Zusatzgetriebe T2 eingebaut werden, das beim niedrigsten Gang die Kraft um etwa 40% erhöhte und womit man insgesamt zehn Gänge erhielt. Das Zusatzgetriebe hatte die gleichen Synchronisierungsteile wie das Hauptgetriebe und separate Schmierung. Ein Nebengetriebe konnte rechts oder links vom Hauptgetriebe montiert werden.

Die L75/LS75 Lastwagen hatten Hinterachsen mit Einfachgetriebe oder Doppelgetriebe, während der 3-achsige LT75 zwei Doppelgetriebe hatte. Das Doppelachsaggregat war so ausgelegt, daß 53% der

Belastung auf den Triebrädern ruhte. Die Laufräder waren auf Gleichgewichtsarmen gelagert, die ihrerseits auf einer gemeinsamen Achse gelagert waren, wodurch eine Radgestell-Hebevorrichtung (um die Räder bei Leerlauf anzuheben) leicht montiert werden konnte. Hierdurch sparte man die Reifen und erhöhte den Bodendruck der treibenden Räder.

Die Doppelgetriebe, die man früher von auswärts bezogen hatte, stellte man nunmehr in Södertälje her. Ab August 1959 konnte man alle Varianten mit der druckluftgesteuerten Differentialsperre liefern, die bei LS und Wagen mit Doppelgetrieben Standard war. Alle Varianten hatten weiterhin als Standard neue direktwirkende Druckluftbremsen von Bendix-Westinghouse und als alternative Ausrüstung Servolenkung (Gemmer). Etwas später konnten die 75-Lastwagen auch mit Motorbremse geliefert werden, d.h. einer Drossel im Abgasrohr, die auf den Auslaß der Abgase wirkte während gleichzeitig die Einspritzpumpe die Kraftstoffzufuhr sperrte. Hierdurch erhielt man einen kräftigen Bremseffekt, ohne daß man die Radbremsen zu benutzen brauchte.

Der L75 wurde in sechs Achsabständen hergestellt von 3,4 bis 5,4 m, der LS in vier Achsabständen von 3,8 bis 5,0 m (plus 125 cm für die Nachlaufachse) und der LT75 in fünf Achsabständen von 3,4 bis 5,0 m (plus 132 cm für eine zusätzliche Antriebs-Hinterachse). Der L75 hatte ein Gesamtgewicht von 13 bis 15,5 t, der LS75 von 17 bis 20 t und der LT75 mit Doppelachsaggregat von bis zu 22 t. Von diesen Lastwagen wurden bis 1963 insgesamt 15.270 Stück hergestellt.

Eine Neuigkeit für Europa war der Zusammenbau von Fahrerhaus, Motorhaube und Kotflügel zu einer Einheit mit Gummiaufhängung, die an vier Stellen am Fahrgestell befestigt war. Demzufolge konnte der Rahmen um 10 Grad gedreht werden, ohne daß das Fahrerhaus hiervon beeinflußt wurde. Das Fahrerhaus hatte mehr Platz, war besser gegen Schall und Vibrationen isoliert, hatte einen ebenen Fußboden und ein wirkungsvolles Heizungs-

Der letzte L71-Lastwagen verließ die Montagestraße am 21. August 1958. Die Serie L75 war bereits im Mai desselben Jahres in Produktion gegangen.

Ein LS75 in Holland 1959.

1950–1959

und Frischluftsystem. Der Fahrersitz ließ sich einstellen und konnte auch auf Bestellung gegen einen federnden, stoßdämpfenden Sitz ausgetauscht werden.

Eine Neuigkeit des Vorderteils waren die versenkten Scheinwerfer. Außerdem forderte die Konstruktion des Fahrerhauses eine neue Motorhaube. Man mußte von der geteilten Haube mit Seitenöffnung zu einem Typ mit Öffnung aufwärts/rückwärts übergehen. Der Abstand zwischen der Hinterkante des Fahrerhauses und dem Mittelpunkt der Vorderachse war kleiner geworden, wodurch man eine starke Lastfähigkeit und eine günstige Verteilung der Last zwischen den Achsen erhielt.

Zum ersten Mal saßen die Instrumente in einem Lastwagen von Scania-Vabis direkt vor dem Fahrer und nicht in der Mitte, und das alte Bremspedal, wo der Fahrer den Fuß heben mußte, war verschwunden. Gekommen war eine Fußplatte in der gleichen Höhe wie das Gaspedal.

Der L75 war die Basis für eine Serie von Lastwagen mit verschiedenen Bezeichnungen (L76, L110, L 111), die 22 Jahre lang hergestellt wurden, bis

1956 gingen die Hälfte aller Fahrgestelle in den Export. Nach Argentinien wurden bereits im ersten Jahr über 600 Lastwagen exportiert. Mit der Serie L75 befestigte Scania-Vabis seine Stellung.

Der DLT75, ein 15 t Kipper mit Doppelachsaggregat. Es gab auch einen 2-achsigen 10 t Kipper, den DL75.

Der neukonstruierte D10-Motor entwickelte 165 PS.

Die LT75-Modelle hatten eine kräftige tandemgetriebene Doppelachskonstruktion.

August 1980. Zwar wurden sie mit der Zeit stärker und bequemer, aber ihr Aussehen behielten sie bei.

Die Baureihe L75 entsprach den höchsten Anforderungen ihrer Zeit im Hinblick auf Ladevermögen und Transportökonomie. Eigentlich konnten nur die entsprechenden Modelle von Volvo, L395 und L495 den Wettbewerb aufnehmen.

In der neuen Motorfamilie gab es auch den kleineren D7-Motor von 7,2 l und 120 PS bei 2.400/min und einem Drehmoment von 43 kpm bei 1.200/min. Dieser Motor hatte vieles gemeinsam mit den größeren Motoren und wurde für die neue Baureihe L55 (Ersatz von L51) benutzt, die im Juni 1959 vorgestellt und bis 1962 in insgesamt 6.402 Exemplaren hergestellt wurde. Dieser Lastwagen war auch in der 3-Achs-Version LS55 erhältlich, von der man 721 Stück herstellte, jedoch nicht in der Version mit Doppelachsaggregat. Die Spezifikation erinnerte an das größere Modell, aber der L55 hatte entweder ein Einfachgetriebe hinten oder ein Doppelgetriebe in Kombination mit dem Fünfgang-Getriebe G650.

L55 wurde in sechs Achsabständen 3,4–5,4 und

DIE FAHRZEUGE VON SCANIA

Eine leichtere Version des L75 war der L55, der ab 1959 den früheren L51 Drabant ersetzte, und der mit dem neuen 7,2 l Motor D7 von 120 PS ausgerüstet war.

Die Fahrerhäuser mit 4-Punktaufhängung der Serien L55 und L75 waren bedeutend bequemer als die früheren, und die Instrumente befanden sich vor dem Fahrer.

Ein LS55 mit Leichtmetalltank für Verteilung an Tankstellen in Stockholm.

LS55 in vier 3,8–5 (plus 125 cm für die Nachlaufachse) gebaut. Gesamtgewicht 12,3 bzw. 16,3 t.

Die früheren Omnibusserien B10 und 2B20 hatte man zu Anfang der 50er Jahre in B40 und B60 weiterentwickelt. Die kleinere Baureihe B40 wurde in zwei Achsabständen (B41 mit 4,7 und B42 mit 5,3 m) für 33 bzw. 39 Sitzplätze in den Jahren 1950–53 hergestellt. Die Omnibusse hatten den 4-Zylindermotor mit Direkteinspritzung D421 mit 90 PS und anfangs ein unsynchronisiertes Viergang-Getriebe, erhielt jedoch ab Herbst 1951 das neue Getriebe G50 mit dem fünften Gang als Overdrive. Ebenso wie die Lastwagen hatte der Omnibus vakuumhydraulische Servobremsen.

Die größere Baureihe B60 (1950–54) war mit dem 6-Zylindermotor D611 mit 135 PS und anfangs mit einem unsynchronisierten Viergang-Getriebe von Leyland ausgerüstet, erhielt jedoch ab September 1951 das gleiche Fünfgang-Getriebe wie das kleinere Modell. Der B60 wurde in drei Achsabständen gebaut, B61 mit 4,7 m, B 62 mit 5,3 m und B63 mit 5,9 m, mit 34 bis 46 Sitzplätzen. Trotz seiner hohen Leistung hatte der neue Motortyp einen niedrigen Kraftstoffverbrauch, nur 0,18 l/km.

Von seiten der Kunden war der Wunsch nach einen Omnibus mit Motor- und Fahrerplatz weiter vorne und der Möglichkeit zum Einsteigen vor der Vorderachse und „Einmann-Bedienung" zum Ausdruck gekommen. Scania-Vabis konstruierte daraufhin die Variante BF60 (F = Vorderbau). Die Techniker waren eigentlich nicht besonders interessiert an diesem Bustyp, aber der holländische Importeur A.V. Beers demonstrierte mit Hilfe eines umgebauten B60-Fahrgestells, daß ein Omnibus mit Vorderbau ganz einfach herzustellen war. Auch einige BF40 wurden gefertigt.

Der weiter vorn eingebaute Motor und die verlängerte Vorderpartie ermöglichte eine Eingangstür vor der Vorderachse. Vorderpartie, Vorderachse und Steuervorrichtung waren kräftiger, im übrigen waren die meisten Komponenten identisch mit der Baureihe B60. Die Baureihe BF60 (1950–54) wurde in drei Längen hergestellt, die größte war 12,1 m (bis zu 52 Sitzplätze). Der Fahrer konnte kassieren wenn die Fahrgäste einstiegen, man konnte daher die Kosten für den Schaffner einsparen. Die Einzelbedienung machte schnell Schule im Stadt- und Vorortsverkehr, und die BF-Busse waren beliebt weil sie für so viele Fahrgäste Platz hatten. Der Motor vorne ergab außerdem eine gute Gewichtsverteilung, und nutzte man den Achsdruck voll aus, konnte z.B. der Nachfolger B71 bis zu 35% mehr Fahrgäste aufnehmen als irgendein anderer schwedischer Omnibus.

B60 und BF60 erhielten ab Herbst 1951 ein doppeltes Vakuum-Servo-Bremssystem.

Ein etwas anderer Omnibus war der B80, entwickelt aus dem B60, mit dem 8-Zylindermotor D811 mit 11,3 l Hubraum und 180 PS. Man baute fünf Busse Typ B83 mit Achsabstand 5,9 m und Halbstockkarosse für den Reiseverkehr.

Im September 1953 wurde der B40 durch den B51 ersetzt, der in bezug auf Achsabstand die gleichen Varianten hatte. Als Motor hatte er einen D441 mit 110 PS, und es gab drei Getriebealternativen, Viergang, Fünfgang mit dem fünften Gang als Direktgang oder als Overdrive. Die Busse hatten Bendix Vakuum-Servobremsen. Der B51 wurde bis August 1958 in zwei Achsabständen, 4,7 und 5,3 m, gebaut. Man entfernte sich von dem früheren Bezeichnungssystem und fügte nunmehr den Achsabstand in Dezimeter zur Fahrgestellbezeichnung (z.B. 5147). Das Gesamtgewicht war in beiden Fällen 10,5 t und die zulässige Anzahl Fahrgäste 35–39 Personen.

Auf die gleiche Weise wurde im März 1954 der B60 durch den B71 ersetzt (der bis November 1958 gebaut wurde). Er war mit dem 6-Zylindermotor D631 mit 150 PS ausgerüstet und hatte das gleiche Getriebe wie der B51. Als Zusatzausrüstung konnten die Busse mit Druckluftbremsen anstatt Vakuumservobremsen versehen werden. Das Hinterachsgetriebe war neu und viel kräftiger. Der Achsabstand war der gleiche wie beim Vorgänger.

Auch dieser Omnibus hatte eine Variante mit einem vorderen Motor, BF71. Als er eingeführt wurde wählte die schwedische Eisenbahngesellschaft (Schwedens größte Omnibusgesellschaft) zu 80% den Scania-Vabis BF für ihren Vorortsverkehr.

Der BF71 wurde von März 1954 bis August 1956 gebaut. Achsabstände 4,8, 5,5 und 6,1 m, Höchstzahl Fahrgäste 72 und Gesamtgewicht 13,5 t.

Die Techniker bei Scania-Vabis hatten 1954 begonnen, eine weiterentwickelte Variante der BF-Busse zu konstruieren, die nicht auf den gewöhnlichen B-Fahrgestellen basierte. Es hatte sich nämlich herausgestellt, daß der entscheidende Faktor beim Kauf von Omnibussen die höchste zulässige Anzahl Fahrgäste war.

Das Resultat war der BF73 (ein Zwischenmodell in Erwartung des D10-Motors, der mit der Baureihe L75 im Jahre 1958 kam). Der neue Omnibus

Ein Omnibus aus der Serie B60 (B63 mit 5,9 m Achsabstand) mit einer Anderthalbstockkarosse, der im Fernverkehr ging. Das Bild ist außerhalb des Hotels Kystens Perle südlich von Helsingör in Dänemark aufgenommen.

Ein B41 (Achsabstand 4,7 m) mit einer Hägglunds-Karosse im schwedischen Laxå.

wurde im Oktober 1956 vorgestellt und bis Dezember 1958 gebaut. Motor Typ D635 mit 9,3 l und 150 PS kombiniert mit einem synchronisierten Viergang- oder Fünfgang Getriebe oder einem Wilson-Getriebe. Achsabstand 5,3 m, 54,8 m und 6,3 m.

Der große Unterschied war der Rahmen, der wie früher niedrig gebaut war, aber jetzt Ausleger erhalten hatte, d.h. man hatte die Querträger des Rahmens über die Seitenträger hinaus verlängert. Früher mußten die Oberbauhersteller eigene Querträger auf den Rahmen legen, um den Oberbau zu tragen, jetzt konnte man den Boden des Oberbaus direkt auf den Rahmen legen. Außerdem hatte man die drei Druckluftbehälter auf der Innenseite der

Seitenträger montiert, was die Herstellung des Oberbaus erleichterte und viel Stauraum zwischen den Achsen ergab. Gesamtgewicht 14,5 t und Höchstanzahl sitzende Fahrgäste 52.

Der BF73 war der erste Frontmotorbus von Scania-Vabis mit Servolenkung, die im Hinblick auf den hohen Vorderachsdruck wirklich notwendig war. Viele Busfahrer hatten früher die Frontmotorbusse mißbilligt, weil sie so viel Armkraft

Die B60-Fahrgestelle wurden in verschiedene Länder exportiert und für viele Zwecke benutzt. Ganz oben links eine luxuöse und zeittypische Omnibuskarosse aus Portugal und ganz oben rechts eine schwedische Standardkarosse von Hägglunds auf einem B63-Omnibus. Darunter links ein B63 mit in Damaskus gebauter Karosse, der als Postbus zwischen Damaskus und Aleppo in Syrien ging. Rechts ein BF61 mit einer Hägglundskarosse.

Ebenso wie die Drucksachen über die Lastwagen gab es Omnibusreklame in vielen Sprachen. Außer auf Englisch, Deutsch, Französisch u.a. auch auf Spanisch und Portugiesisch und in einer einfacheren Version auf Arabisch.

forderten, um den Bus bei niedriger Geschwindigkeit zu lenken. Servolenkung, starkes Ansprechen der Räder, Druckluftbremsen und ein synchronisiertes Getriebe machten den BF73 fahrleicht und sicher, und die Fahrer erhielten eine gewisse Kompensation für ihre Doppelarbeit als Fahrer und Schaffner.

Dank der Plazierung des Motors vor der Vorderachse konnte das BF73-Fahrgestell bei zulässigem Achsdruck mehr Fahrgäste aufnehmen als Busse mit anderer Plazierung des Motors, und das machte den BF73 natürlich beliebt bei den Verkehrsgesellschaften, die den Bus außerdem sehr robust und zuverlässig fanden.

Als 1959 ein neues Omnibusprogramm vorgestellt werden sollte (B und BF) beschloß man, die Rahmenkonstruktion des BF73 weiterzuentwickeln.

Die Frontmotor-Omnibusse hatten, abgesehen von den Rahmen, vieles gemeinsam mit den Lastwagen – eine Folge von Scania-Vabis Komponentenphilosophie. Außer diesen herkömmlichen Omnibussen stellte man auch fortschrittliche ganzgebaute Omnibusse amerikanischen Ursprungs her.

Diese Entwicklung stammte von der Studienreise einer Delegation der Stockholmer Straßenbahngesellschaft im Jahre 1948. Bei der Gelegenheit hatte man u.a. eine Probefahrt in einem der neuen Busse gemacht, die Mack Manufacturing Corporation für den Stadtverkehr in New York hergestellt hatte. Das Neue war, daß Fahrgestell und Oberbau in einer Einheit gebaut waren, und daß er einen starken quergestellten Heckmotor (bis zu 200 PS) und ein hydraulisches Automatikgetriebe hatte. Große Türen für schnelles Ein- und Aussteigen und Finessen wie Servolenkung, einen großen Radausschlag und ein fortschrittliches Heizungs- und Lüftungssystem zeichneten diesen neuen Bustyp aus. Der einzige Nachteil war sein kräftiger Bau, der ihn ziemlich schwer machte. Der Bus konnte 135 Fahrgäste aufnehmen, davon 50 sitzende, was nach Ansicht der Besucher für Stockholm paßte.

Das Resultat dieser Reise war eine Anfrage bei Scania-Vabis und Volvo, 200 Stück eines solchen Busses anzubieten.

Scania-Vabis schickte Anfang 1949 einige Techniker in die USA, um die amerikanischen Ideen zu studieren. Die Straßenbahngesellschaft verlangte jedoch eine so schnelle Lieferung, daß man es als unmöglich beurteilte, eine eigene Konstruktion auszuarbeiten. Carl-Bertel Nathhorst fuhr deshalb in die USA um die Voraussetzungen für ein Lizenzabkommen zu untersuchen. Bereits am 10. April 1949 wurde ein Vertrag unterschrieben, laut welchem Scania-Vabis das alleinige Recht zur Herstellung des Mack C50 Omnibusses in Europa, sowie zum Verkauf desselben in der ganzen Welt außer den USA erhielt. Mack kaufte später eine große Anzahl 6-Zylinder Scania-Vabis-Motoren für ihre Lastwagen, da diese viel stärker waren als Macks eigene.

Ein Mack-Omnibus wurde importiert und 18 Monate lang von Scania-Vabis und der Straßenbahngesellschaft ausprobiert, und am 31. Mai 1951 konnte Scania-Vabis der Straßenbahngesellschaft ein Angebot auf 200 komplette Dieselbusse unterbreiten. Man hatte vorsichtshalber auch Berechnungen gemacht für eine Variante mit herkömmlichem Rahmen und separatem Oberbau, hergestellt von entweder ASJ in Linköping oder Hägglund & Söner i Örnsköldsvik.

Bereits am 19. Juli desselben Jahres erhielt Scania-Vabis den Auftrag, den größten, den man bis dahin erhalten hatte. Das war die Einleitung zu einer völlig neuen Omnibusepoche bei Scania-Vabis – die Epoche der ganzgebauten Busse.

Der Nachfolger des B40 war der B51. Hier ein B5153 mit vor Ort hergestellter Karosse in New Delhi, Indien.

Fünf Omnibusse der B60-Serie erhielten 8-Zylinder-Motoren und wurden B83 genannt. Sie wurden als Fernverkehrsbusse im Ausland benutzt. Aus diesem Grund hatten sie nur eine Tür links.

Die Omnibusse B71 waren gewöhnlich in vielen Großstädten, und in Athen gab es Ende der 50er Jahre rund 600 Scania-Vabis Omnibusse. Hier ein B71 mit griechischer Karosse.

Der C50 Metropol war ein für schwedische Verhältnisse sehr großer Omnibus mit einem Achsabstand von 6,9 m und einer Gesamtlänge von 12,1 m. Der Achsdruck hinten war 10,5 t und das Gesamtgewicht 16,5 t – eigentlich zu viel für Stadtverkehr. Aus diesem Grunde fand man keine anderen Käufer als die Straßenbahngesellschaft, obgleich Scania-Vabis versuchte, Kunden in u.a. Amsterdam, Rotterdam und Helsinki zu finden. Die meisten fanden ihn zu schwer und zu teuer.

Der Omnibus war ausgerüstet mit dem geraden 8-Zylinder D821-Motor von 11,3 l Hubraum und 180 PS, eine Entwicklung des Einheitsmotors von 1939, jedoch mit Direkteinspritzung. Der Motor war ein quergestellter Heckmotor und trieb durch ein Winkelgetriebe ein 2-Stufen-Automatgetriebe von Spicer. Die amerikanischen Mackbusse hatten einen 6-Zylinder Lanova Vorkammer-Dieselmotor. Die Busse hatten ein vollhydraulisches System für Bremsen, Lenkung, Gasregelung, Schaltung, Automatikgetriebe, Türöffnung, Scheibenwischer, Heizung und Kühlerjalousie.

Neu war auch die Einmannbedienung, obgleich er mehr Fahrgäste aufnehmen konnte als die früheren Scania-Vabis-Busse. Durch die doppelten Eingangstüren gingen die Fahrgäste am Fahrer vorbei während man durch eine große Doppeltür mitten im Bus ausstieg.

Als die Omnibusse zu verkehren begannen, entstand anfangs große Verwirrung, da die Stockholmer gewohnt waren, hinten einzusteigen, bei einem Schaffner zu zahlen und dann nach vorne durchzugehen. Es dauerte auch eine Weile bis alle verstanden, daß man zum Aussteigen auf die Stufe beim Ausstieg hinuntergehen mußte, und daß man selbst die Türöffnung hervorrufen konnte.

Zu den Überraschungen gehörte auch, daß der Bus so leise war. Der 8-Zylinder-Motor war kaum zu hören. Nicht einmal auf dem Platz direkt über dem Motor war das Geräusch unangenehm.

Der Metropol war der erste schwedische Omnibus, wo der Oberbau mit seiner aufgeschweißten Bodenplatte eine selbsttragende Einheit darstellte, an welcher die übrigen Komponenten befestigt wurden. Zwar hatte Scania-Vabis alle Zeichnungen von Mack erhalten, jedoch mußten Abmessungen und Toleranzen auf das mm-System umgerechnet werden und die Konstruktion der Standardherstellung von Scania-Vabis angepaßt werden. Die Oberbauherstellung war neu bei Scania-Vabis, und man richtete eine besondere Karosseriewerkstatt in den von Svenska Maskinverken nach dem Krieg übernommenen Räumlichkeiten ein, wo die Karossen zusammengeschweißt werden konnten.

Der erste Omnibus wurde im Januar 1953 gelie-

Frontlenkerfahrgestelle, die eine Tür vor der Vorderachse ermöglichten, wurden durch die Verbreitung der Einmannbedienung immer beliebter. Die Motorhaube hatte einen extra schalldämpfenden Schutz erhalten (oben links).

Der BF73 wurde 1956 eingeführt und war eine weiterentwickelte Variante des BF-Omnibusses (oben rechts).

Das BF73-Fahrgestell (unten links) hatte den Motor ganz vor der Vorderachse und war (u.a. durch die Ausleger der Querträger) leichter zu karossieren als die früheren Fahrgestelle. Rechts ein B71-Fahrgestell mit normalmontiertem Motor, der keine Tür vor der Vorderachse zuließ (das linksgelenkte Fahrgestell war für den Export vorgesehen).

fert, und danach lieferte man im Durchschnitt zehn Busse pro Monat. 1953 und 1954 stellte Scania-Vabis 200 Busse her, 199 für die Stockholmer Straßenbahngesellschaft und einen für die Verkehrsgesellschaft Jönköping-Huskvarna. Obgleich der Omnibus sehr sicher und der Kunde zufrieden war, erfolgten keine weiteren Bestellungen. Der Bus war für den schwedischen Markt zu groß. Die Konstruktion war ursprünglich für gerade, breite amerikanische Straßen gedacht, und in Stockholm war er zu groß – jedenfalls glaubten die Behörden, der kräftige Achsdruck schadete Straßen und Brücken.

Alle diese Omnibusse waren in Gebrauch bis zum Übergang zum Rechtsverkehr 1967. Man beurteilte einen Umbau für Rechtsverkehr als zu teuer, und sie wurden deshalb ausrangiert. Sie waren jedoch noch lange nicht verschlissen, und viele wurden in anderen Ländern wieder in Betrieb genommen, wohin sie als Entwicklungshilfe versandt wurden.

Die Straßenbahngesellschaft wollte jetzt für den Innenstadtverkehr einen kleineren und kürzeren Bus mit max. 8 t Achsdruck haben. Schon in demselben Jahr wo die Metropolbusse gebaut wurden kam eine neue Anfrage, diesmal nach einem etwas kleineren Innenstadtbus. Laut den Vorgaben sollte der Achsdruck max. 8 t und das höchste zulässige Gesamtgewicht 14 t sein (der Metropol hatte 10 bzw. 16,5 t).

Scania-Vabis unterbreitete der Gesellschaft daraufhin ein Angebot auf einen verkürzten schwedischen Metropol, der den Namen C70 Capitol erhielt. Als Alternative gab es den leichteren C70S mit u.a. schwächeren Achsen, Rädern und Bremsen und besonders konstruiert für einen Achsdruck von max. 8 t und ein Bruttogewicht von 14 t.

Um der gewünschten Fahrgastkapazität zu entsprechen, hatte die schwerere Capitolvariante einen etwas höheren Achsdruck und ein etwas höheres Gesamtgewicht als man von seiten der Behörden wünschte. Nach Ansicht von Scania-Vabis ließ sich dies durch Vorteile in bezug auf Lebensdauer, Betriebssicherheit und Wartung motivieren – im Hinblick auf Ersatzteile wäre es günstig, wenn der Metropol und der Capitol denselben Typ von Achsen und Bremsen hätten. Der Achsabstand war 6,12 m und die Gesamtlänge mit doppelter Vordertür 10,7 m, und die Vorderräder gaben denselben Ausschlag wie beim Metropol, 52°.

Anstatt des großen 8-Zylindermotors gelangte jetzt der modernere 6-Zylindermotor D647 mit 9,3 l Hubraum und 150 PS zur Anwendung, ebenfalls ein quergestellter Heckmotor. Das vollautomatische Dreigang-Getriebe war von Svenska Rotormaskiner konstruiert.

Scania-Vabis versprach, daß die Lieferungen in der rekordkurzen Zeit von 10 Monaten nach Bestellung beginnen könnten. Im September 1954 bestellte die Stockholmer Straßenbahngesellschaft eine Serie von 181 Bussen in der leichteren Ausführung, C70/1 Capitol (die S-Bezeichnung für diese Variante war inzwischen verschwunden). Der Auftrag wurde in scharfem Wettbewerb mit u.a. Volvo, Büssing, Magirus und Mercedes-Benz hereingeholt. Diese erste Serie wurde von Dezember 1955 bis Dezember 1958 hergestellt.

Gleichzeitig bestellte die Straßenbahngesellschaft 20 Busse mit einem Mittelmotor von Volvo.

Die Metropol-Omnibusse waren ein ganz neues Bild im Stockholmer Verkehr, und die Fahrgäste mußten sich daran gewöhnen, vorn einzusteigen. Die Omnibusse waren jedoch zu groß für den Innenstadtverkehr.

Bereits 1949 fuhr dieser Mack C50 auf Probe in Stockholm, wo er mit seinem amerikanischen Aussehen Aufmerksamkeit erregte. Die Metropolbusse unterschieden sich nur wenig von ihrem Vorbild.

Aus diesem Grunde fuhr der Chef von Scania-Vabis Omnibusabteilung nach England, um sich über die Erfahrungen der Stadtverkehrsgesellschaften mit Mittelmotorbussen, die in England recht gewöhnlich waren, zu informieren. Die englischen Experten meinten, Busse mit Heckmotoren wären die Busse der Zukunft sowohl im Stadt- als auch im Linienverkehr, jedoch eher auf lange Sicht. Sie hatten Recht mit beidem.

Den Capitol C70 gab es in zwei Varianten, den fortschrittlicheren C70/1 mit seinem vollautomatischen Dreigang-getriebe und umfassenden hydraulischen System, sowie den etwas einfacheren C70/3 mit druckluftgesteuerten Bremsen und Türen, einem druckluftgesteuertem Viergang-Wilson-Planetengetriebe mit hydraulischer Kupplung und einfacher Servolenkung (ZF Gemmer anstatt Bendix). Mit diesen Änderungen sank der Preis

DIE FAHRZEUGE VON SCANIA

beträchtlich, wodurch Scania-Vabis hoffte, auch andere Omnibusunternehmen zu interessieren.

Im November 1956 ging die erste Probefahrt eines C70/3 Testbusses vonstatten, der nach Jönköping verkauft wurde, und dem zwei weitere Busse folgten. Die schwedische Eisenbahngesellschaft bestellte bald 15 Busse, und unter den übrigen Käufern befanden sich Verkehrsgesellschaften in Gävle, Jönköping, Uddevalla, Mölndal, Kalmar, Trollhättan und Södertälje. Ein Omnibus wurde nach Norwegen und einer nach Argentinien exportiert, und der Omnibustyp wurde 1956 in Brüssel als der „Omnibus der Zukunft" ausgestellt. Die letzte Lieferung eines C70/3 erfolgte 1958, als 59 Stück hergestellt wurden.

Ende der 50er Jahre wollte man gleichzeitig mit dem neuen 6-Zylindermotor D10 auch verschiedene Getriebealternativen, sowie Druckluftsysteme als Standard für Bremsen und Türbedienung anbieten können. Die Techniker waren auch sehr interessiert an der Luftfederung, die sie gelegentlich ihrer Reisen in die USA studiert hatten, wo GMC und Mack zu diesem System übergegangen waren.

Die Karosse der Metropolbusse war selbsttragend und sehr kräftig. Der quergestellte Motor war etwas rückwärts geneigt, und auf der linken Seite lag das hydraulische Automatikgetriebe (oben und unten links).

Dank des großen Radausschlags (52°) konnten sich die über 12 m langen Omnibusse leicht im Verkehr bewegen (oben rechts).

Das führte zu einer Entwicklung des C70 Capitol, der jetzt C75 genannt wurde, und der im Sommer 1958 mit Luftfederung auf Probefahrt gehen konnte. Die Luftfederung war Ringbalgtyp, jedoch ging man bald zum Rollenbälgen von Firestone über. Der neue Omnibus war in drei Varianten erhältlich, C75/1 mit Luftfederung und Dreigang-Automatgetriebe, D75/2 mit Blattfederung und mechanischem Viergang-Getriebe, sowie C75/3, der mit beiden Federungen erhältlich war und ein Viergang-Wilsongetriebe hatte. Außerdem wurden die Busse in drei Breiten hergestellt, 2,35, 2,45 und 2,50 m.

Dieser Omnibus war mit einem D10-Motor mit 10,3 l Hubraum und 165 PS ausgerüstet, hatte meistens ein synchronisiertes mechanisches Viergang-Getriebe mit dem vierten Gang als Direktgang und einem mechanischen Fernschaltregler mit Druckluftservo. Die Busse hatten Druckluftbremsen, Servolenkung, selbsttragende Karosse, Achsabstand 6,12 m und Gesamtlänge 10,7 m. Das Gesamtgewicht mit 75 Fahrgästen war 14,5 t und bis zu 79 Fahrgäste konnten mitfahren.

1959 fuhr die Straßenbahngesellschaft probeweise einen Bus mit Luftfederung. Jedoch wurden erst in den 60er Jahren Busse dieser Art geliefert.

Ganzgebaute Omnibusse 1953–62

Serie	Motor	Achsabst.	Gesamtgewicht	Jahr	Anzahl	Vermerke
C50	D821	6,9	16,5	1953–54	200	
C70	D647	6,1	15,0	1955–58	244	Einschl. 4 C71
C75	D10	6,1	13,3–14,5	1959–62	118	

Frontmotor fahrgestelle Omnibusse 1950–58

Serie	Motor	Achsabst.	Gesamtgewicht	Jahr	Anzahl	Vermerke
B40	D421	4,7–5,3	8,5–9	1950–53	305	
BF40	D421	4,7–5,3	8,5–9	1950–51	33	
B60	D611, D621	4,7–5,9	10–12,5	1950–54	1.362	
BF60	D611, D621	4,8–6,1	12,6–13,5	1950–54	288	
B80	D811	5,9	?	1952–53	5?	In B60-Serie enthalten
B51	D441	4,7–5,3	10,5	1953–58	891	
B71	D631, D641	4,7–5,9	12,5	1954–58	1.838	
BF71	D631, D641	4,8–6,1	12,5–13,5	1954–56	307	
BF73	D635, D648	5,3–6,3	14,5	1956–58	483	

In der zweiten Hälfte der 50er Jahre wurden auch eine Reihe von Fahrgestellen für den Capitol-Bus entwickelt, z.B. das C70/3V (V = linksgelenkt), ausgerüstet mit einem Motor D647 und einem Viergang-Planetengetriebe von Wilson. Der Vorschlag setzte eine halb selbsttragende Karosse voraus, was seinerseits ein Fahrgestell forderte, das schwächer war als das für einen herkömmlichen Rahmenbus. Der Bus war u.a. für Export nach Norwegen vorgesehen, erwies sich jedoch als zu teuer für den gedachten Käufer, Bergens Sporvejer.

Im Herbst 1958 wurden vier Schalenbusse (ohne äußeres Blech) des Typs C71 nach Israel verkauft. Eigentlich handelte es sich um eine schalenfertige Version des C70/3 (Capitol mit Wilson-Getriebe und Druckluftbremsen und nur vorderem und hinterem Karossengerüst). Die Karosse sollte in Israel gebaut werden.

Es bestanden auch Pläne, durch den Generalagenten in Argentinien einen auf den Capitol basierten Intercity-Bus, IC75/2V, in Fahrgestellversion mit vorn und hinten aufgeschweißten Teilen des Karossengerüstes zu verkaufen. Die Karossen sollten dann in Argentinien fertiggebaut werden. Jedoch wurden bereits 1959, nach Lieferung von nur 12 Bussen, die Lieferungen gestoppt – Grund: Importverbot. Es war ein neuer Minister gekommen!

In den 50er Jahren hatten sich Produktion und Export von Lastwagen mehr als verdreifacht und das Volumen der Omnibusse war um ca. 50% angestiegen. Das Wichtigste war jedoch, daß das Omnibusprogramm eine durchgreifende Verwandlung erfahren hatte. Ein für Europa völlig neues Omnibuskonzept war entstanden mit wichtigen Verbesserungen wie Druckluftbremsen, Luftfederung und Servolenkung.

Nach dem Krieg war der bescheidene Export hauptsächlich in Schwedens Nachbarländer gegangen, im Jahre 1945 nur 13% von gut 20 Millionen Kronen.

Der Capitol C70/1 wurde an die Stockholmer Straßenbahngesellschaft in fast 200 Exemplaren verkauft. Er sah aus wie ein verkleinerter Metropol (allerdings mit anderen Fenstern).

Der erste große Auslandsauftrag waren die 280 Omnibusfahrgestelle, die ab 1946 an die holländischen Staatseisenbahnen geliefert wurden. Dieser Auftrag der noch erweitert wurde, war für Scania-Vabis das Tor zum Kontinent, man nahm Verbindungen mit Agenten auf und kontraktierte diese für mehrere Märkte.

Gleich nach dem Krieg waren Holland und Belgien die wichtigsten außernordischen Märkte. Bereits vor Kriegsende hatten Belgiens, Hollands und Luxemburgs Exilregierung einen Zollvertrag unterzeichnet, der 1948 zu einer Zollunion führen sollte. Die Beneluxländer waren damit ein Freihandelsgebiet, das für die Umwelt verhältnismäßig offen war. Scania-Vabis war früh am Platz und schuf sich einen Boden, bevor die Großunternehmen auf dem Kontinent sich von den Kriegsverheerungen erholen konnten. Insbesondere die Autoausstellungen in Amsterdam und Brüssel waren gute Gelegenheiten für Scania-Vabis, seine Produkte

Der einfachere C70/3 gelangte in mehreren schwedischen Städten zur Anwendung. Die schwedische Eisenbahngesellschaft kaufte 15 Stück.

auszustellen und die Konkurrenten auf dem Weltmarkt kennenzulernen.

Die Exportanstrengungen gaben jedoch erst Anfang der 50er Jahre sichtbaren Erfolg. Erst 1950 stellte man einen Exportchef an, der die Verantwortung für den Export vom Verkaufschef für den schwedischen Markt übernahm. 1954 arbeiteten etwa 25 Personen in der Exportabteilung.

Bereits 1951 machte der Export gut ein Viertel von Scania-Vabis gesamter Produktion von Lastwagen, Omnibussen und separaten Motoren aus. Die wichtigsten Exportmärkte waren die nordischen Nachbarländer, die Küstenländer des Östlichen Mittelmeeres, die Beneluxländer und Südamerika.

1954 lieferte man gut 2.900 Lastwagen, davon über 1.800 auf dem schwedischen Markt. Von knapp 700 Omnibussen und gut 500 separaten Motoren verblieben gut die Hälfte in Schweden. Holland, Belgien, Norwegen und Syrien waren die größten Exportkunden; kleinere Lieferungen gingen an

Alle nordischen Länder waren wichtige Exportmärkte für Scania-Vabis. Oben links ein LS65 für Transport von Lebensmitteln Dänemark–Holland.

Der südamerikanische Markt wuchs in den 50er Jahren schnell. Die Zugmaschine dieses Riesenbusses ist auf ein Fahrgestell B71 gebaut.

In Südamerika (unten) und in den östlichen Mittelmeerländern war es nicht ungewöhnlich, Omnibuskarossen auf Lastwagenfahrgestelle zu bauen (L71).

Dänemark, Finnland, Brasilien und Spanien.

1958 wurde der Romvertrag unterzeichnet, und die Europäische Wirtschaftsgemeinschaft (EWG, später EG) wurde gegründet. Die sechs Ursprungsländer (Belgien, Frankreich, Italien, Luxemburg, Holland und die BRD) stellten einen gemeinsamen Zolltarif gegenüber der Umwelt auf, und es war offenbar, daß Scania-Vabis sich in diesem Gebiet niederlassen mußte.

Der Exportverkauf entwickelte sich in den 50er Jahren fast explosionsartig trotz weichender Konjunktur in der zweiten Hälfte des Jahrzehntes. Hierzu trug der aktive Ersatzteilverkauf entscheidend bei – 1959 zeichnete dieser für fast 28% des gesamten Exportes, der seinerseits 57% des Gesamtverkaufs ausmachte.

Auch der Inlandsmarkt vergrößerte sich in den 50er Jahren. Zu Anfang war er noch von Importrestriktionen geschützt, aber auch als diese verschwanden, dominierten Scania-Vabis und Volvo den Markt für schwere Fahrzeuge.

Auch wenn die Expansion auf einem ziemlich geschützten und im Wachsen begriffenen Markt erfolgte, hatte Scania-Vabis Ende der 50er Jahre ein sehr konkurrenzstarkes Produktsortiment und hatte bedeutende Marktanteile von Volvo gewinnen können. Ende der 50er Jahre waren Scania-Vabis schwedische Marktanteile 40-50%, und in dem Segment der schwersten Lastwagen sogar 70-75%. Ende des Jahrzehntes stagnierte jedoch der einheimische Markt, und der Export wurde immer wichtiger.

Bereits in der ersten Hälfte der 50er Jahre hatte der südamerikanische Kontinent das Interesse mehrerer schwedischer Unternehmen gefangen. U.a. LM Ericsson, Sandvik und Atlas-Copco machten große Anstrengungen, um sich auf einem Markt zu etablieren, von dem man ein starkes Ansteigen erwartete. Mehrere dieser Unternehmen hatten bereits eine weltumspannende Tätigkeit, und Brasilien war für die meisten der Ausgangspunkt.

1953 gesellte sich Scania-Vabis zu ihnen. Vielleicht ein gewagter Schritt im Hinblick darauf, daß der Export bislang hauptsächlich auf die nordischen Länder und Holland begrenzt war. Nur einige wenige Hersteller von Nutzfahrzeugen waren

damals in Südamerika vertreten. Ford und GMC verkauften Lastwagen, meistens leichte. Aus Europa waren nur Daimler-Benz, Fiat und Scania-Vabis dort, und im Segment schwere Lastwagen waren sie lange allein.

Bereits Mitte der 50er Jahre hatte sich Brasilien zu einem wichtigen Exportmarkt entwickelt, insbesondere für schwere Lastwagen, aber auch für Omnibusse. Es zeigte sich, das Scania-Vabis Omnibusse die schwer befahrbaren Straßen in Brasiliens Dschungel und Berglandschaft leichter bewältigten als die der Konkurrenten. 1954 hatte Scania-Vabis eine Art Vertretung in den meisten südamerikanischen Ländern.

Die ersten Jahre führte der brasilianische Importeur Vemag nur den L71 Regent ein, da dieser sich besonders gut für die harten Betriebsverhältnisse eignete. 1956 nahm man den Zusammenbau des Omnibus-Fahrgestells B71 auf (der Motortyp, Getriebe und Hinterachse mit dem L71 gemeinsam hatte). In den ersten Jahren wurden 50 Stück B71 in Argentinien und 18 in Brasilien verkauft, aber die Nachfrage erhöhte sich und 1956 befanden sich über 600 Scania-Vabis in Argentinien. 1957 startete man eine Montagefabrik für Motoren in Ipiranga außerhalb von São Paolo, und nach einigen Jahren begann man dort auch die Lastwagen L75 und die Busse B75 zu montieren.

Die Erfolge in Südamerika ließen Scania-Vabis eine Internationalisierung der Herstellung einlei-

1950 exportierte Scania-Vabis 161 Fahrgestelle, aber bereits 1956 hatte sich diese Zahl auf 2.175 erhöht, und das Fabrikat wurde auf vielen Märkten zu einem Faktor, mit dem man rechnen mußte. Ganz oben links ein L71 mit einem imponierenden extra Kühlerschutz und schwerer Last in Syrien, ganz oben rechts ein L51 mit verchromtem Kühlerschutz in der Schweiz und darunter links ein BF41-Omnibus aus Holland (der Markt, der in erster Linie zum Anwachsen der BF-Busse beitrug) und ein L55 in Kuwait.

ten. Eine weiter Expansion verlangte oft Herstellung innerhalb der Landesgrenzen, und die Unternehmensleitung sah sich deshalb gezwungen, neue Strategien zu entwickeln.

Scania-Vabis beschloß einen kraftvollen Einsatz und etablierte 1957 die brasilianische Tochtergesellschaft Scania-Vabis Motores i São Bernado außerhalb von São Paolo. Die ersten in Brasilien hergestellten Motoren konnten 1959 geliefert werden, und im Laufe des Jahres konnte man ca 100 D10-Motoren pro Monat an Vemag liefern, die die kompletten Fahrgestelle baute. Getriebe, Hinterachsen etc. kamen aus Schweden. 1962 war die komplette Produktionsanlage für Lastwagen- und Omnibusfahrgestelle fertig.

Das brasilianische Unternehmen hatte anfangs viel Hilfe von schwedischen Technikern, die neueingestelltes Personal, oft völlig ohne Vorkenntnisse, ausbilden sollten.

Zum Unterschied gegenüber dem südamerikanischen Markt galten die Lieferungen an die Länder am östlichen Mittelmeer, dem Mittleren und Fernen Osten eher einzelnen Großaufträgen als einer kontinuierlichen Expansion durch Wiederverkäufer. In den 50er Jahren war z.B. Syrien eines der Länder, das zeitweise die Exportstatistik anschwellen ließ. 1954 wurden 204 Lastwagen und 29 Busse dorthin geliefert, ein Verkauf entsprechend 20% des Jahresexportes. Bald hörten die Lieferungen nach Syrien jedoch auf.

Scania Vabis wird Scania

1960–1969

WÄHREND DER 60ER JAHRE verdoppelte sich der Gütertransport innerhalb Schwedens, insbesondere stiegen Lastwagen-Ferntransporte. Ende des Jahrzehntes waren die Gütertransporte per Lastwagen ungefähr ebenso groß wie die per Eisenbahn. Außerdem verfünffachte sich der Lastwagen-Fernverkehr zwischen Schweden und dem Kontinent.

Zu Anfang der 60er Jahre stieg die Produktion bei Scania-Vabis ziemlich schnell. 1960 hatte man zum erstenmal 6.000 Fahrzeuge hergestellt, 1961 stellte man über 7.000 her und 1964 hatte man die 8.000 Marke überschritten. Dann ging es noch schneller, und 1966 stellte man über 11.000 Fahrzeuge her.

Scania-Vabis hatte seine Grundstücksfläche durch den Kauf eines Grundstücks von ca. 350.000 auf 1.450.000 m² vergrößert, und in der ersten Hälfte der 60er Jahre begann man, dieses Grundstück zu bebauen. Man baute u.a. ein Zentrallabor, eine Rahmenwerkstatt und eine neue Hauptverwaltung. Gegen Mitte der 60er Jahre baute man auch eine neue Fahrgestellwerkstatt mit einer Fläche von 41.000 m², die mit der fortschrittlichsten Technik ihrer Zeit ausgerüstet war.

Grundsätzlich sollten Transportvorrichtungen und Reservevorräte unter dem Dach plaziert werden, um den Boden für Verarbeitung und Montage zu freizugeben.

Die Innovation der 60er Jahre waren die Frontlenker-Lastwagen, die ersten seit der 30er Jahre. Die runde LB76-Serie wurde 1963 vorgestellt, ein nicht ganz gelungenes Zwischenmodell, das 1968 durch die sehr erfolgreiche Serie LB110 ersetzt wurde, die Scania auf vielen wichtigen Märkten half. Das LB110-Modell auf dem Bild ist eines der ersten und hat die Scheinwerfer im Stoßfänger und den Namen Scania in dünnen gesperrten Buchstaben.

Durch die ganze Werkstatt lief eine 425 m lange Montagestraße. Die Rahmen wurden am einen Ende in die Deckentransportvorrichtung eingehängt für einen fünfstündigen Transport durch die Montage. Ein Programmwerk kontrollierte, welcher Lastwagen gefertigt werden sollte und führte automatisch die Rahmen mit dem richtigen Abstand vorwärts. Sie durchliefen Arbeitsstationen für Montieren von Federn und Achsen, und die Fahrgestelle wurden dann für Montage der Kraftstoffbehälter, Druckluftbehälter usw. gesenkt. Darauf folgte die Spritzlackierung, und nach Montieren der Räder konnten die Fahrgestelle auf einen 130 m langen Lamellentransporter gesenkt werden, der sie zu den Arbeitsstationen für u.a. Motor-, Getriebe- und Fahrerhausmontage führte.

Während der Zeit, wo man die Fahrgestellwerkstatt baute, war die Nachfrage stark rückläufig. Es begann 1966 mit einem weichenden schwedischen Markt. Der Orderstock sank um 40% verglichen mit dem Vorjahr. Im folgenden Jahr ging auch der Exportmarkt zurück, und der Orderstock sank um weitere 40%. Man verminderte die Produktion und führte Anstellungsstopp ein, setzte jedoch die Arbeit mit der neuen Fahrgestellwerkstatt fort, und während sich der Verkauf noch im Abwärtstrend befand, tätigte man große Investitionen außerhalb von Södertälje.

1966 kaufte Scania-Vabis die Firma Be-Ge Karosserifabrik in Oskarshamn (mit Tochterfabriken in Västervik und in Meppel in Holland). Diese Firma stellte seit 1946 Fahrerhäuser her und lieferte seit 1947 an Scania-Vabis. Ihr blechverkleidetes Holzfahrerhaus war nach dem Krieg schnell marktführend geworden, und Mitte der 60er Jahre war 85% der Arbeiten für Scania-Vabis. Außerdem wurden Fahrerhäuser ein immer wichtigerer Teil des Lastwagens. Alle diese Erwägungen führten zum Kauf der Fabrik, die einen neuen Namen erhielt: Scania Hytter AB (Hytter = Fahrerhäuser).

In Luleå in Nordschweden wurde 1967 eine Werkstatt für Herstellung von u.a. Rahmenträgern errichtet. Das bedeutete, daß Scania-Vabis die Herstellung von den Unterlieferanten in Zentraleuropa zurückholte. Man hatte eigentlich geplant, in Södertälje auszubauen, aus regionalpolitischen Gründen war man jedoch gezwungen, die Herstellung nach Nordschweden zu verlegen. Bald stellte man dort auch Hinterachsbrücken her, und die Werkstätten wurden dreimal ausgebaut.

Ende der 50er Jahre hatte Scania-Vabis zwei neue Lastwagenbaureihen vorgestellt, L75 mit einem 6-Zylinder D10 Motor mit 165 PS (1958) und L55 mit einem 6-Zylinder D7 Motor mit 120 PS (1959). Diese Lastwagentypen waren beide fortschrittlich und erfolgreich, und Scania-Vabis ging mit guten Voraussetzungen in die 60er Jahre.

Das erste neue Lastwagenmodell, das Scania-Vabis in den 60er Jahren vorstellte, war der LA82, den man im September 1960 herzustellen begann. Er war für die schwedische Landesverteidigung vorgesehen und erhielt die Bezeichnung Ltgb 957. Seine charakteristische und abfallende Motorhaube gab ihm sofort den Spitznamen "Ameisenbär". Der Wagen war eine Neukonstruktion in mehr oder weniger allen Teilen. Man hatte die Arbeit 1954 begonnen, und im Mai 1956 wurden zwei Prototypen erprobt. Es war einer der größten in Schweden hergestellten Lastwagen mit einem Nutzgewicht von 11 t. Sein Gesamtgewicht war 15,9 t im Gelände und 18,9 t auf der Landstraße. Der Lastwagen konnte 5 t auf der Ladepritsche tragen und gleichzeitig ein schweres Artilleriegschütz von 10 t ziehen.

Nachdem man in den beiden Prototypen von LA82 einen 8-Zylindermotor erprobt hatte, beschloß man, den turbogeladenen DS10-Motor mit 220 PS (oben links) in den serien hergestellten Lastwagen anzuwenden. Imposant sind Getriebe und Verteiler für den Allradantrieb.

Der Prototyp erhielt den Spitznamen "Ameisenbär" aufgrund seiner langen, abfallenden Frontpartie (oben rechts). Die später seriengefertigten Lastwagen hatten eine kürzere Haube (unten).

Die Prototypen hatten den geraden 8-Zylindermotor D847 von 12,5 l und 200 PS, die letzte Entwicklungsphase des alten Einheitsmotors. In den 440 Exemplaren, die an die schwedische Landesverteidigung geliefert wurden, saß jedoch der 6-Zylinder 10 l Dieselmotor DS 10 mit Turbo und einer Leistung von 220 PS (höher als in den Motoren, die bald in die 75 Baureihe einmontiert werden sollten). Der Lastwagen hatte ein Doppelachsaggregat und Dreiachsantrieb.

Differentialsperre, Ladewinde mit 10 t Zugkraft zum Bergen, hydraulische Servolenkung, Druckluftservo für die Kupplung und ein Zehngang-Getriebe mit eingebautem Verteilergetriebe verliehen dem Wagen seine guten Geländeeigenschaften.

Auf Landstraßen hatte der Ameisenbär eine Höchstgeschwindigkeit von 75 km/h und konnte 8 t Last auf der Ladepritsche und 20 t im Schlepp haben. Auf dem vorderen Teil der Ladepritsche konnte man eine Personalkabine montieren, z.B.

für die Soldaten, die das Artilleriegeschütz im Schlepp bemannen sollten. Das Dach des Fahrerhauses war für die Montage eines Maschinengewehrs vorbereitet.

Der Ameisenbär lebte lange. In den Jahren 1983 bis 1987 wurden die 300 am besten beibehaltenen Exemplare renoviert und für neue Aufgaben umgebaut. Sie sollten in erster Linie bis zum Jahr 2005 als Brückengeländewagen funktionieren. Sie wurden von den Ingenieurtruppen für den Transport von Elementen für Pontonbrücken benutzt, welche mit Hilfe eines besonderen Lastwechslers zu einer schwimmenden Brücke im Wasser ausgelegt wurden.

Im Februar 1961 wurde auch in der Baureihe 75 die Turboaufladung eingeführt, die bei diesem Motortyp die Zusatzbezeichnung Super erhielt. Die abgasgetriebene Turbine erhöhte die Leistung des DS10-Motors auf 205 PS und das Drehmoment auf 76 kpm.

Turboaufladung war keine Neuigkeit; Volvo hatte z.B. 1954 seinen 6-Zylinder Dieselmotor mit Turboaufladung und 185 PS für Lastwagen vorgestellt und Scania-Vabis hatte bereits 1951 turbogeladene Motoren in den Triebwagen. Mehrere Hersteller auf dem Kontinent hatten auch Überladung von Dieselmotoren für Lastwagen erprobt, die jedoch nicht zuverlässig waren. Turbomotoren hatten deshalb auf dem Kontinent einen schlechten Ruf und die Entwicklung hatte stagniert. Es galt also die Kunden zu überzeugen, daß die schwedischen Motoren problemfrei waren. Als dies bewiesen war, hatten die beiden schwedischen Lastwagenhersteller einen Vorsprung gewonnen, der bis lange in die 70er Jahre anhalten sollte.

In der Serie 75 wurde 1961 die turbogeladene Variante DS10 vorgestellt. Die Lastwagen mit diesem Motor hatten ein "Super"-Schild am Kühler. Der Lastwagen oben ist ein LT75S (S=Super) mit tandemgetriebenem Doppelachsaggregat.

Bereits im November 1962 wurde die Baureihe L55 von der L56 abgelöst, die als Motor eine Entwicklung des D7 Motors mit längerem Hub hatte, der bei einer Leistung von 140 PS bei 2.400/min die Bezeichnung D8 erhielt. Die Baureihe wurde bis 1968 in 8.113 bzw. 1.003 Exemplaren hergestellt und war mit dem synchronisierten Fünfgang-Getriebe G650-2 (ab Herbst 1964 G500) ausgerüstet. Der L56 hatte ein Gesamtgewicht von 12,6 t (später 13 t) und hatte den gleichen Achsabstand wie sein Vorläufer. Diese Lastwagen hatten eine wichtige Neuheit: Zweikreis-Druckluftbremsen mit doppelten Kreisen, von denen der eine die Vorderräder und der andere die Hinterräder bediente, sowie Feststellbremse mit Druckluftservo (die handgepumpt werden konnte, wenn der Druck zu niedrig war). Motorbremse für Fußbedienung war als

Der DS10-Motor war der erste turbogeladene Motor, den Scania-Vabis in einen Lastwagen einbaute. Zum Unterschied von anderen Lastwagenherstellern, die ohne nähere Erprobung diese Technik benutzten, hatte Scania-Vabis Erfahrung von Turboladung seit 1951.

1960–1969

Zubehör erhältlich. Servolenkung war in diesen Wagen Standard (auf einigen Märkten war als Alternative eine mechanische Lenkung erhältlich), sowie auch ein federnder Fahrersitz.

Der dreiachsige LS56 hatte ein Gesamtgewicht von 16,6 t, und auch dieser Lastwagen hatte die gleichen Achsabstände wie sein Vorgänger, der LS55. Mitte 1963 erhielt die Baureihe 56 zwei neue Hinterachstypen, der eine ein Doppelgeschwindigkeitsgetriebe, und Differentialsperre von Scania-Vabis Konstruktion. Ansonsten waren die Änderungen gering.

Auch die Baureihe 75 wurde erneuert, und im Januar 1963 wurde die Baureihe L76 vorgestellt, bei deren Motor sowohl Hublänge als auch Zylinderdurchmesser vergrößert und die Ansaugkanäle verbessert waren. Dieser D11-Motor von 190 PS war Standard, die Lastwagen waren jedoch auch mit dem DS11 mit Turboaufladung und einer Leistung von 220 PS erhältlich. (S = Super). Die L76/LS76 hatten die gleichen Achsabstände wie die entsprechenden Wagen der Baureihe 75, d.h. sechs bei L76 und vier bei LS76, Zweikreis-Druckluftsystem und Servo-Feststellbremse. Gesamtgewicht 16–21,3 t. Der doppelachsige LT76 Super (nur mit Turboaufladung) hatte erst ein Gesamtgewicht von 22,25 t, das 1964 auf 22,5 t erhöht wurde. Wie früher gab es eine spezielle Kipperversion, DL76, jedoch nur ohne Turboaufladung.

Zunächst waren die Lastwagen mit dem Fünfgang G660-Getriebe ausgerüstet, im Prinzip das gleiche wie bei der Baureihe 75, jedoch hatte man die seitliche Hebelbewegung durch Änderung der Hebelübersetzung im Getriebe um 50% verringert, so daß man im Fahrerhaus mehr Platz erhielt. Die Wagen konnten bis April 1964 mit dem Zusatzgetriebe T2 ausgerüstet werden.

Die Techniker hatten noch immer gewisse Probleme mit den Getrieben, die die Achillesferse der immer schwereren Lastwagen mit immer stärkeren Motoren waren, und man betrieb eine intensive Entwicklungsarbeit, um diesen konstruktionstechnischen Schwächen abzuhelfen. Auch die Hinterachsgetriebe wurden verstärkt, nachdem

Ende 1962 kam die Serie L56 mit Zweikreis-Druckluftbremsen, einem Kreis für die Vorderräder und einem Kreis für die Hinterräder.

Die Serie L76 mit dem D11-Motor unterschied sich im Aussehen kaum von der L75, jedoch war die Leistung auf 190 PS erhöht (220 PS bei der turbogeladenen Superversion). Der Kühltransportlastwagen hat eine lange Schlafkabine (unten links).

Um das imposante LS76-Fahrgestell fotografieren zu können, hat der Fotograf im Hafen von Södertälje einen Hubkran besteigen müssen (unten rechts).

sich Festigkeitsprobleme gezeigt hatten, wenn man die Motorleistung bis aufs Letzte ausnutzte.

Im Januar 1963 konnte Scania-Vabis die ersten Frontlenker seit den 30er Jahren vorstellen. Die Baureihe 76 erhielt zusätzlich die Modelle LB76, LB76 Super, LBS76 und LBS76 Super (B=Bulldogge). Abgesehen von Unterschieden des Fahrerhauses und den erforderlichen Modifizierungen, um dem Fahrer vorn Platz zu bereiten, bestanden keine größeren Unterschiede im Vergleich zu den Haubenwagen L76. Die Frontlenker hatten jedoch eine kräftigere Vorderachse, da diese mit einem größeren Teil des Gewichts belastet wurde. Der 2-achsige LB76 hatte ein Gesamtgewicht von 16,5 t, das 1964 auf 19 t erhöht werden konnte, wenn man die kräftigsten Komponenten benutzte. Der LBS76 und der LBS76 Super hatten ein Gesamtgewicht

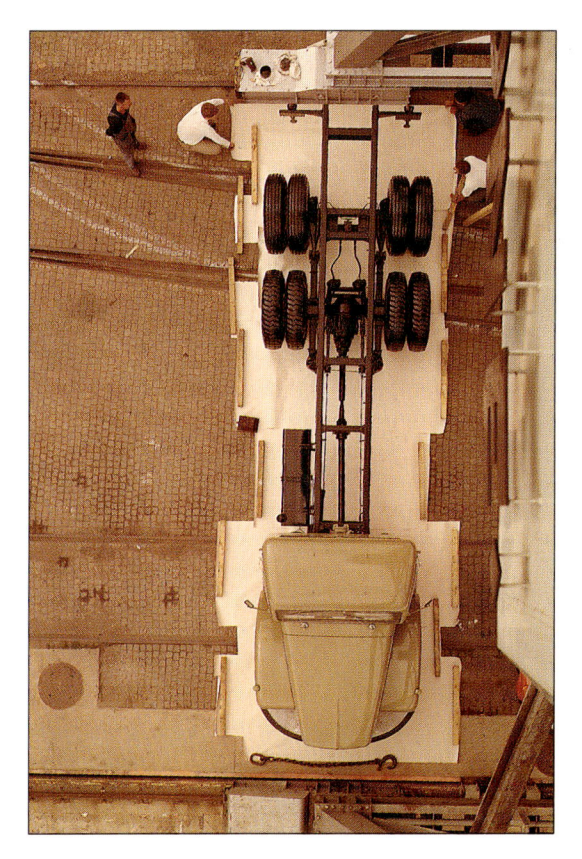

DIE FAHRZEUGE VON SCANIA

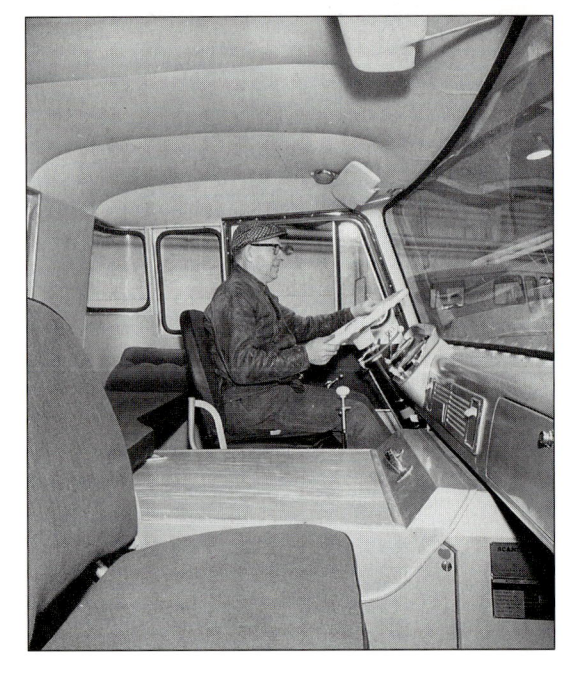

Die Serie LB76 war auf ein nur wenig modifiziertes Fahrgestell L76 gebaut, und der Motor nahm deshalb viel Platz im Fahrerhaus und die Schlafliege war ziemlich schmal (unten links).

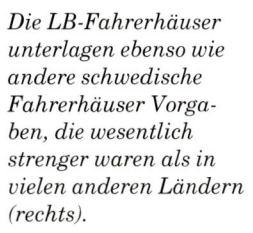

Die LB-Fahrerhäuser unterlagen ebenso wie andere schwedische Fahrerhäuser Vorgaben, die wesentlich strenger waren als in vielen anderen Ländern (rechts).

Der LB76 war ein imposanter Lastwagen, der schnell für Ferntransporte ziemlich gewöhnlich wurde. Beide Wagen sind mit Turbomotoren ausgerüstet, was aus dem Super-Schild auf dem Grill hervorgeht (links und oben).

Zwei Entwicklungsstufen (unten). Ein schwedischer Testwagen, gebaut 1958 auf einem gewöhnlichen L75, und eine in Holland gebaute Konvertierung eines L75 in einen Frontlenker von 1960.

von 22 t. LB76 und LBS76 hatten weniger Achsabstände, 3,45 bis 5 m. Zweikreis-Druckluftbremsen und Servolenkung waren Standard.

Der Grund dafür, daß Scania-Vabis die Herstellung von Frontlenkern wieder aufnahm, waren die Längenbegrenzungen auf 15,0 bzw. 18,0 m (Sattelzug bzw. Gliederzug), die aufgrund des wachsenden Lastwagen-Fernverkehrs in den meisten europäischen Ländern eingeführt wurden, und die Begünstigung der Eisenbahn. Diese Begrenzungen forderten kürzere Lastwagen mit Frontfahrerhäusern. Das Lastvolumen innerhalb der Längengrenzen konnte in vielen europäischen Ländern bis zu 7 m³ erhöht werden.

In Schweden hatten die Diskussionen über die Fahrzeuglänge gerade begonnen, jedoch kam erst 1966 eine strikte Längenbegrenzung auf 24 m. Obgleich im Hinblick auf die schwedischen Bestimmungen die Frontlenker nicht unbedingt erforderlich waren, wurden diese schnell beliebt.

In Schweden hatte man 1961 Festigkeitsvorgaben für Lastwagen-Fahrerhäuser eingeführt, die u.a. durch Schlagtests mit Pendel geprüft wurden. Anfangs führte man die Tests in Scanias Zentrallabor aus, später wurde jedoch die staatliche Maschinenprüfungsanstalt in Alnarp mit allen Fahrerhausprüfungen betraut. Die modernen schwedischen Stahlfahrerhäuser bestanden alle Prüfungen. In Europa gab es jedoch verschiedene Hersteller, die behaupteten, Schweden wolle in erster Linie seine eigene Lastwagenindustrie schützen. Scania-Vabis hatte jedoch schon früher in seiner Werbung die Sicherheit der schwedischen Fahrerhäuser betont, was ohne Zweifel zu den wachsenden Exporterfolgen beigetragen hat.

Im Schweden erhielt der LB76 anfangs den Spitznamen "Sommer-Scania", nachdem man, um nicht zu ersticken, an warmen Sommertagen bei anstrengenden Fahrten die Vorderhaube abnehmen mußte. Das Kühlerpaket ließ sich ausschwenken zwecks besserer Zugänglichkeit.

Weniger beliebt war das Zehngang-Getriebe mit doppelten Schalthebeln, das eine besondere Technik beim Schalten erforderte. Die Handbremse hatte Druckluftservo. Finessen wie Differentialsperre, Druckluftbremsen und synchronisiertes Getriebe gehörten zur Standardausrüstung.

Die Frontlenker der Baureihe 76 wurden auch für Rechtslenkung ausgeführt, da man 1966 auf dem britischen Markt Einstieg gewonnen hatte.

Die rechtsgelenkten LB76/LBS76 erhielten von Anfang an (1966) eine druckluftgesteuerte Feststellbremse in Form der in den USA entwickelten Federbremse, die die früheren Handbremsen mit Druckluftunterstützung ersetzte. Die Linkslenker wurden im folgenden Jahr geändert. Die Federbremsen arbeiteten im Prinzip wie eine umgekehrte Druckluftbremse, d.h. die Bremse wurde gelöst, indem man dem Zylinder Druckluft zuführte, während eine kräftige Feder auf die Bremsen wirkte, wenn kein Druck im Federbremszylinder war. Die Handbremse wurde leicht mit einem kleinen Hebel auf dem Armaturenbrett bedient. Der Grund für die Änderung der Feststellbremse war, das platzfordernde, schwere und teuere Handbremsensystem mit einem gewöhnlichen Hebel und Druckluftservo zu vermeiden. Mit der Zeit erhielten alle Lastwagen Handbremsen Typ Federbremse.

Mit den 76er Lastwagen, insbesondere den Frontlenkern, konnte Scania-Vabis sich ernstlich für den EG-Markt interessieren. Ein wichtiger Schritt war hier die neue Fabrik in Zwolle in Holland, die 1964 eröffnet wurde.

Im April 1963 stellte man wiederum ein neues Lastwagenmodell, den L66, vor, der einen 6-Zylinder D8-Motor von 140 PS hatte. Sein Gesamtgewicht lag zwischen dem L56 und dem L76 (er war mit dem größeren Motor gebaut). Er war eigentlich für den Export gebaut, wurde jedoch auch in Schweden verkauft. Mit seinem kräftigen Rahmen mit sechs Achsabständen war er speziell für Schachtfahrten und Betontransporte mit einem Gesamtgewicht von bis zu 15,2 t vorgesehen. Das Modell war anfangs mit einem synchronisierten Fünfgang-Getriebe ausgerüstet, wurde jedoch später auch mit Zehngang-Getrieben gebaut. Die Hinterachse hatte wahlweise Einfach- oder Doppelgetriebe.

Im Frühjahr 1964 erhielten die L66, L76, LS76 und LT76 verstärkte Vorderachsen mit Steuerservo,

Ein L66 mit typischer Ausrüstung für Betontransport in einer "Wanne".

Rechtsgelenkte Lastwagen waren eine Notwendigkeit auf dem englischen Markt. L76-Modelle für diesen Markt hatten kleine Positionsleuchten und andere Blinker.

Der ausschwenkbare Kühler erleichterte den Motorservice.

die eine Belastung von bis zu 5,6 t zuließen, und die Doppelachswagen LS76 und LBS76 erhielten eine neue, kräftigere Doppelachskonstruktion für einen Doppelachsdruck von 16,2 t.

Im April 1964 konnte ein neues Fünfgang-Getriebe G600/G601 vorgestellt werden, eine weiterentwickelte und verstärkte Version des älteren G660. Dieses Getriebe bildete den Hauptteil des ebenfalls neuen Zehngang-Splitgetriebes G670/G671, das aus zwei Hauptteilen bestand, einem synchronisierten, hebelbedienten Hauptgetriebe und einem druckluftgesteuerten synchronisierten Planetengetriebe, das mit einem Vorwahlschalter am Schalthebel bedient wurde. Wenn das Kupplungspedal ganz eingedrückt wurde, öffneten sich die Steuerventile und die vorgewählte Lage des Planetengetriebes wurde sofort eingeschaltet. Dieses Getriebe ersetzte das frühere Fünfgang-Getriebe mit Zusatzgetriebe T2 und war bedeutend kräftiger. Außerdem war das neue Getriebe 50 kg leichter als die ältere Kombination und hatte die Möglichkeit zu zwei alternativen Nebengetrieben. Drehzahlmesser wurden nunmehr Standard auf mehr oder weniger allen Märkten, ein Versuch die Kunden zu lehren, daß man optimale Wirtschaftlichkeit nur erreichen konnte, wenn die Motordrehzahl immer in ihrem günstigsten Bereich lag.

Der überladene DS11-Motor erhielt im November 1964 eine erhöhte Leistung von 240 PS bei 2.200/min und ein von 85 auf 92 kpm erhöhtes Drehmoment bei 1.400/min. Dies hatte man durch eine verbesserte Einspritzpumpe erzielen können, die u.a. mit einem kraftstoffsparenden Druckregler ausgerüstet war, der die eingespritzte Kraftstoffmenge so begrenzte, daß sie nicht größer war als was die zugängliche Luft verbrennen konnte.

Im November 1964 kaum ein bedeutend kleinerer Lastwagen heraus, der L36. Der Grund dafür, daß Scania-Vabis sich mit der Gesamtgewichtsklasse 8–12 t befaßte war, daß die übrigen Modelle so groß geworden waren, daß man im unteren Teil des Programms eine Lücke erhalten hatte. Der L36 war z.B. ebenso groß wie der kleinere der beiden Lastwagen von Anfang der 50er Jahre. Hand in Hand mit der Entwicklung der zulässigen Belastungen auf den Straßen waren auch die Lastwagen gewachsen, und das kleinste Modell, der L56, war für den Nahverkehr zu groß geworden.

Scania-Vabis rechnete damit, daß etwa 30% der jährlich neuzugelassenen Lastwagen mit Dieselmotor sich in der Gewichtsklasse des L36 befanden; in den nordischen Nachbarländern war diese Zahl noch höher.

Der L36 war ein Halb-Frontlenker und hatte eine sehr kurze Motorhaube, wodurch er eine größere Ladefläche erhielt als ein ebenso langer herkömmlicher Lastwagen. Außerdem hatte er einen kleinen Wenderadius. Die Konstruktion war besonders dem Warenverteilerverkehr in den Großstädten angepaßt, ein Gebiet auf dem Volvo große Erfolge hatte. Der neue Wagen konnte, abhängig von seinem Aufbau, 5–6 t laden. Der L36 war mit Zweikreis-Druckluftbremsen ausgerüstet, und

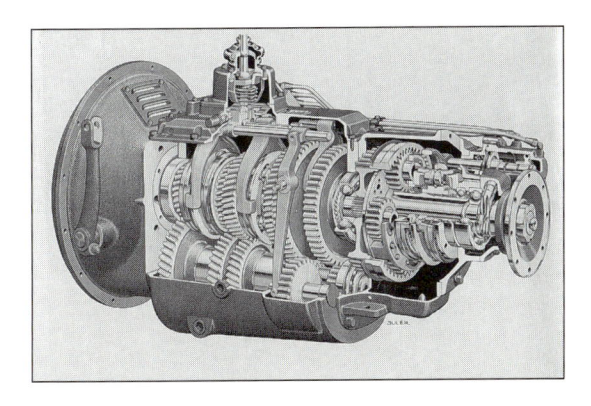

1960–1969

Die erhöhte Leistung des Motors führte dazu, daß Scania-Vabis Probleme mit Getrieben und Hinterachsen erhielt. Das Zehngang-G671-Getriebe mit Planetenteil von 1967 war beträchtlich verstärkt worden (links).

Der neue, kleinere Lastwagen L36 hatte einen D5- oder wie auf dem Bild DS5-Motor (unten links).

Die charakteristische kurze Nasenpartie trug dazu bei, daß man die L36-Modelle sofort erkannte. Diese wurden für verschiedene Aufgaben eingesetzt, hauptsächlich Verteilertransporte (unten).

das hatte kein anderer Wagen in der Größe.

Der L36 konnte mit zwei Varianten des 4-Zylinder D5-Motors mit 5,2 l Hubraum ausgerüstet werden, entweder mit 95 PS oder mit dem turbogeladenen DS5-Motor von 120 PS. Das Drehmoment war 32 bzw. 41 kpm bei 1.200 bzw. 1.500/min. Das Modell wurde in zwei Achsabständen hergestellt und konnte als Alternativausrüstung mit Servolenkung versehen werden (Standard ab 1967). Anfangs hatte der L36 ein Gesamtgewicht von 10,5 t, das jedoch ab November 1965 auf 11,2 t erhöht wurde. Das Fünfgang-Getriebe war bei ZF in Deutschland gekauft, und die Wagen hatten entweder ein Einfachgetriebe oder ein Hinterachs-Doppelgetriebe, beide Scanias eigene Konstruktion. Die Lastwagen konnten auch mit Differentialsperre ausgerüstet werden.

Das Sicherheitsfahrerhaus des L36 mit 3-Punktaufhängung war ganz aus Blech und war das erste, das Scania-Vabis in Übereinstimmung mit den schwedischen Bestimmungen von 1961 ganz selbst konstruiert und hergestellt hatte. Die Inneneinrichtung war bequemer als die vieler Konkurrenten, u.a. hatte sie einen federnden Sitz.

Der 4-Zylindermotor nahm nicht viel Platz unter der kurzen Haube und man hatte gute Sicht, aber das Gehäuse des linken Vorderrads bildete eine kräftige Ausbuchtung im Fahrerhausboden.

Unmittelbar nach der Vorstellung des L36 erhielt Scania-Vabis einen Auftrag auf mehrere hundert Lastwagen von der schwedischen Heeresverwaltung, die u.a. für Instandhaltungstransporte benutzt werden sollten.

Die Leistung des DS11-Motors wurde 1967 wiederum erhöht, nun auf 260 PS bei einem Drehmoment von 108 kpm. Die Änderungen schlossen u.a. eine neue Art von Nockenwelle mit geänderten Ventilzeiten ein, sowie neue Kolben, die das Kompressionsverhältnis von 16:1 auf 15,5:1 senkten. Die Einspritzpumpe war wiederum modifiziert und hatte eine neue Vorrichtung für Kaltstart. Gleichzeitig wurde ein Wechselstromgenerator eingeführt (auch beim D11), der bereits bei Leerlauf auflud und kleiner und leichter als der vorherige war, sowie auch ein wassergekühlter Schmierölkühler.

Das Getriebe wurde verstärkt mit u.a. kräftigeren Zähnen für den Rückwärtsgang (G601 Fünfgang und G671 Zehngang) und einer Modifizierung und Verstärkung der vier niedrigsten Gänge. Auch neue, kräftigere Kardanwellen mit niedrigerem Gewicht und größerer Festigkeit, und kräftigere Kreuzgelenke wurden eingeführt. Alle Teile waren nunmehr von Scania-Vabis konstruiert und hergestellt.

1968 kam das "Programm Scania", zur Hauptsache eine Aktualisierung der älteren Serien, jedoch mit verschiedenen Neuigkeiten.

Sämtliche Serien hatten neue Bezeichnungen, und es wurde ein ganz neuer Warenzeichenname,

Scania, eingeführt (die Muttergesellschaft hieß noch immer Scania-Vabis). Nach langjährigen Diskussionen konnte Scania-Vabis seine Warenzeichen-Streitigkeiten mit Daimler-Benz beilegen. Daimler-Benz hatte behauptet, Scania-Vabis altes Symbol mit Ahnen von Scania in Malmö könnte mit dem Dreispitzen-Stern auf ihren Mercedes-Benz-Lastwagen verwechselt werden. Auf verschiedenen Auslandsmärkten fand man außerdem den langen Namen unpraktisch. Vabis verschwand also aus dem Warennamen, und das „Programm Scania" konnte eingeleitet werden.

Lastwagen und Busse erhielten also neue Bezeichnungen, die das Zylindervolumen der Motoren in Litern widerspiegelten. Der L36 mit einem 5-Liter-Motor wurde L50, der L56 mit einem 8-Liter-Motor wurde L80 genannt, Der LS56 wurde zu LS85, der L66 zu L85 und die Baureihe L76 erhielt die Bezeichnung L110 (11-Liter-Motoren).

Scania do Brasil stellte eine leichtere Variante von L/LS110 her, die L/LS100 genannt wurde (trotz einem Motor von 11 Liter). Später folgte der L/LS101.

Sämtliche Lastwagentypen außer dem L50 erhielten von Anfang an Federbremszylinder im Feststellbremssystem. Dieses Arrangement, das man

Der L80 war im Prinzip ein L56 mit einem 8 l-Motor, ein Modell, das oft in schweren Verteilertransporten eingesetzt wurde (oben links).

Der L50 Super als Zugmaschine für einen Tankzug in Dänemark, eine nicht so gewöhnliche Kombination (oben rechts).

Der L85 war im Prinzip ein L110 mit 8 l-Motor (unten links).

Ein LS85 bei schwerem Kiestransport, eine recht typische Aufgabe für dieses Modell mit dem kräftigen Fahrgestell (unten rechts).

mit dem LB76 eingeführt hatte, war jetzt bei schweren Fahrzeugen allgemein üblich.

Der kleinste Wagen des Sortiments war der L50/L50S Super, eine Weiterentwicklung des L36. Die L50-Wagen waren jetzt für ein Gesamtgewicht bis zu 12 t vorgesehen und hatten zu Anfang den D5-Motor in der gleichen Ausführung wie ihr Vorgänger (95 PS), dessen Leistung jedoch ab April 1970 auf 105 bzw. 120 PS (bei der Version DS5 mit Turboaufladung) erhöht wurde. Die Unterschiede im Vergleich mit dem L36 waren gering; der Wagen hatte eine kräftigere Vorderachse erhalten. 1971 änderte man die Bezeichnung des deutschen Getriebes von S5-35 auf G551, und gleichzeitig wurde die Servolenkung Standard. Das Doppelgeschwindigkeitsgetriebe in der Hinterachse (wodurch der Fahrer 10 Gänge erhielt) war eine gewöhnliche Ausrüstung der L50-Lastwagen bei z.B. Fahren von Kies oder auf Baustellen. Drei Achsabstände, davon einer länger als früher.

1971 erhielten die L50er auch Federbremszylinder, und der Fahrer wurde den großen Handbremshebel los – er wurde durch einen kleinen Hebel auf dem Armaturenbrett ersetzt. Der L50 wurde bis 1975 hergestellt, insgesamt 4.183 Exemplare, ungefähr die Hälfte für den Export.

Im Februar 1968 wurde der L56 durch L80 und L80 Super und der LS56 durch LS85 ersetzt (die Frontlenker LB80 und LB80S wurden in Frühjahr 1969 vorgestellt). Sie waren alle mit dem D8-Motor von 140 PS (ab April 1970 155 PS) versehen. Diesen Motortyp gab es nunmehr auch in der Turboversion DS8 von 190 PS bei 2.400/min und mit Drehmoment 62 kpm bei 1.500/min. Ein synchronisiertes Fünfgang-G500 war Standard, aber das Zehngang-G570 war als Alternative erhältlich. Im September 1968, als das Planetengetriebe Druckluftsteuerung erhielt, wurde die Bezeichnung in G572 geändert. Gleichzeitig wurde eine kräftigere Kardanwelle eingeführt. Die Hinterachse hatte einen neues einfaches Hinterachsgetriebe (R600). 1971 erhielten die Lastwagen das Zehngang-Splitgetriebe GS750.

Den L80 gab es mit fünf Achsabständen, von 3,8 bis 5,4 m, den LB80 mit vier von 3,1 bis 5,4 m und außerdem gab es verschiedene Varianten mit Linkslenkung. L80 und LS80 Super hatten ein Gesamtgewicht von 14,7–16,5 t und LB80/LB80 Super von 16–16,5 t. Der LB80 hatte eine etwas kleinere Version des nach vorn kippbaren Fahrerhauses, das 1968 für den LB110 eingeführt wurde.

Im Februar 1968 wurden auch die Haubenfahrzeuge L85 und L85 Super vorgestellt, aber die entsprechenden LB-Frontlenker kamen erst im November 1969. Die Baureihe 85 hatte das gleiche kräftige Fahrgestell wie die größeren L110-Modelle, sowie Zehngang-Getriebe, Servolenkung und Differentialsperre als Standard. (Eine zeitlang wurden auch Hinterachsen mit Doppelgetriebe geliefert, aber ab 1968 wurden alle durch das neue Hypoidgetriebe ersetzt R751 ersetzt). Das Gesamtgewicht des L85 war 16–19 t, LS85 22–23 t, LB85 16,5–19 t und LBS85 22,5–24 t. Die Lastwagen hatten den turbogeladenen DS8-Motor von 190 PS, der im Mai 1970 mit einer Saugvariante von 155 PS (L85 und LB85) ergänzt wurde. Zunächst gelangte das Zehngang-Getriebe G570 zur Anwendung, später das verbesserte G572. Die Haubenversion gab es mit fünf Achsabständen von 3,8 bis 5,4 m – mehr als bei LB85 und LB85 Super, die nur drei Achsabstände hatten.

Im Februar 1968 wurde eine Modellserie

Die Serie L110 (und Nachfolger L111) wurde in einer großen Anzahl hergestellt. Die Zugmaschine für diesen schweren holländischen Lastzug ist ein L110 Super (oben links).

Ein LT110 Super als Bergungsfahrzeug, eines der kräftigsten, die es zu der Zeit in Schweden gab (oben rechts).

introduziert, die während der ganzen 70er Jahre hergestellt wurde, und die sich als ganz besonders beliebt erwies, das Haubenmodell L110 und der Frontlenker LB110. Diese Wagen waren entweder mit dem D11-Motor von 190 PS oder mit dem turbogeladenen DS11 von 260 PS ausgerüstet. Oft hatten sie das Zehngang-Getriebe G671/G672 in einer Anzahl Ausführungen. Das Hauptgetriebe war fünfgängig, aber mit Hilfe eines angebauten zweigängigen Planetengetriebes konnte man die Gänge verdoppeln. In der Praxis war das Getriebe jedoch neungängig, denn der obere vierte Gang und der untere fünfte lagen so nahe beieinander, daß man sie fast nicht unterscheiden konnte. Die Lastwagen konnten auch mit dem Fünfgang-Getriebe G601 geliefert werden. Die Entwicklung der Hinterachse war die gleiche wie bei der Baureihe 85.

Die Frontlenker hatten einen Achsabstand von 3,1 bis 5 m, und das 2-achsige Haubenmodell L110

Lastwagen 1960–1975							
Serie	Ges. gew.	Motor	Achse	Achsabst.	Jahr	Anzahl	Vermerke
LA82	18,9	DS10	6x6	3,4 (+1,3)	1960–62	440	
L36	10,5–11,2	D5/DS5	4x2	4,2–4,8	1964–68	3.507	
L56	13	D8	4x2	3,4–5,4	1962–68	8.113	
LS56	16,6	D8	6x2	3,8–5,0	1962–68	1.003	
L66	15,2	D8	4x2	3,4–5,4	1963–68	2.177	
L76	16–18	D11/DS11	4x2	3,4–5,4	1963–68	14.384	
LS76	17–21,3	D11/DS11	6x2	3,8–5,0	1963–68	8.408	
LT76	22,5	DS11	6x4	3,8–5,0	1963–68	579	
LB76	16,5–19	D11/DS11	4x2	2,8–5,0	1963–68	2.575	
LBS76	21–22	D11/DS11	6x2	3,5–4,6	1963–68	2.118	
L50	12	D5/DS5	4x2	4,2–5,4	1968–75	4.183	
L80	14,7–16,5	D8/DS8	4x2	3,8–5,4	1968–75	5.625	
L85	16–19	D8/DS8	4x2	3,8–5,4	1968–75	2.355	
LB80	16–16,5	D8/DS8	4x2	3,1–5,4	1968–75	8.552	
LS85	22–23	DS8	6x2	4,2–5,0	1968–75	1.956	
LB85	16,5–19	D8/DS8	4x2	3,4–5,4	1969–75	1.570	
LBS85	22,5–24	DS8	6x2	3,4–5,2	1972–75	692	
L110	16–19	D11/DS11	4x2	3,8–5,4	1968–74	18.365	
LS110	22–23	DS11	6x2	3,8–5,0	1968–74	8.763	
LT110	24–26	DS11	6x4	3,8–5,0	1968–74	3.352	
LB110	17–19	D11/DS11	4x2	3,1–5,0	1968–74	14.338	
LBS110	22,5–23,5	DS11	6x2	3,1–4,6	1968–74	5.681	
LBT110	24,5–26,5	DS11	6x4	3,1–4,6	1969–74	3.455	

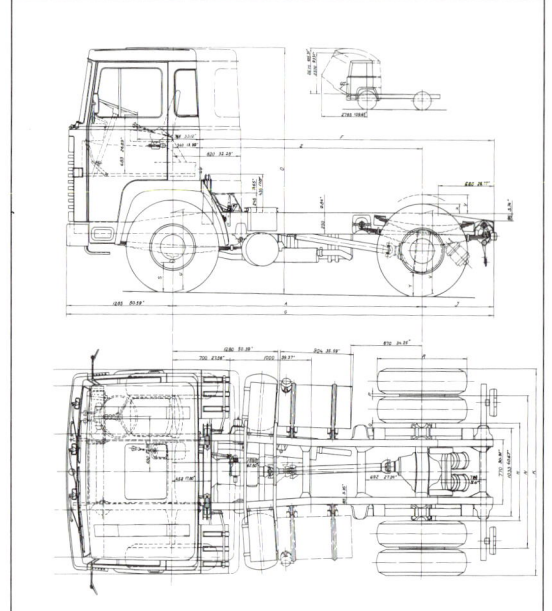

mit seinen 16–19 t Gesamtgewicht hatte fünf Achsabstände von 3,8 bis 5,4 m. Der 3-achsige LS110 mit einer Antriebsachse und einer Nachlaufachse hatte ein Gesamtgewicht von 22–23 t und vier Achsabstände von 3,8–5,0 m. Der LT110 hatte ein Doppelachsaggregat für 24–26 t Gesamtgewicht und vier Achsabstände. Das Doppelachsaggregat hatte anfangs Doppelübersetzungsgetriebe für beide Achsen. Ende 1968 tauschte man diese jedoch gegen Einfachübersetzungsgetriebe und eine durchlaufende Welle in der vorderen Doppelachse, die via eine Kardanwelle die hintere Doppelachse antrieb. Sämtliche Haubenmodelle wurden mit drei verschiedenen Fahrerhäusern gefertigt, einem Normalfahrerhaus mit drei Sitzplätzen, einer längeren Ruhekabine und einer Schlafkabine.

Die Frontlenker LB110 und LBS110 hatten eine Gesamtgewicht von 17 bzw. 22,5 t (auf dem Exportmarkt war das Gewicht höher). Ein halbes Jahr nach dem zweiten Modell, im Januar 1969, kam im Programm Scania der 3-achsige LBT110 Super mit 24,5 t Gesamtgewicht (26,5 t bei Export).

Ein früher LB110 Super in England. Der Name Scania war zu Anfang kräftig gesperrt und mit dünnen Buchstaben geschrieben (oben links).

Zeichnung eines rechtsgelenkten LB110 als Zugmaschine mit kurzem Achsabstand, 3,1 m (oben rechts).

Die Bedienung des Planetengetriebeteils in dem Zehngang-Getriebe wurde im September 1968 auf einen kleinen Schalter auf dem Hauptschalthebel überführt, der das Schalten durch Druckluft besorgte. Er funktionierte als Vorwähler, und das Schalten selbst erfolgte erst wenn das Kupplungspedal eingedrückt wurde, dadurch wurde es leichter, zwei Stufen in einem Moment zu schalten. Rein technisch hatte man das Getriebe mit einer neuen Synchronisierungsvorrichtung von Lamellentyp versehen. Sämtliche Lastwagen erhielten ab 1969 Windschutzscheiben aus Lamellenglas.

Die Fahrerhäuser der Lastwagen erfuhren in den 60er Jahren, der Zeit der Frontlenker mit Kippfahrerhäusern, die größte Entwicklung. Das mit dem LB76 eingeführte Fahrerhaus wurde demnach schnell unmodern. Auf dem Kontinent forderte man Frontlenker mit bequemem Einstieg und leichtzugänglich für Motorservice.

Mehrere Konkurrenten, u.a. Volvo, hatten bereits Anfang der 60er Jahre begonnen Lastwagen mit Kippfahrerhäusern zu liefern; man war jedoch

Das kippbare Fahrerhaus machte Motor und Getriebe leicht zugänglich.

Alle oft vorkommenden Kontrollen konnten bei Öffnen der Frontklappe leicht durchgeführt werden.

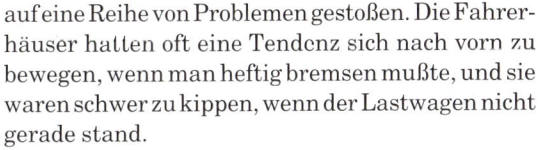

auf eine Reihe von Problemen gestoßen. Die Fahrerhäuser hatten oft eine Tendenz sich nach vorn zu bewegen, wenn man heftig bremsen mußte, und sie waren schwer zu kippen, wenn der Lastwagen nicht gerade stand.

1964 hatte man bei Scania-Vabis trotz gewissem internem Widerstand die Entwicklung eines kippbaren Fahrerhauses begonnen. Die Ideen holte man aus den USA, wo mehrere Fabrikanten funktionierende Kippfahrerhäuser entwickelt hatten, manchmal mit mechanischen Hydraulikpumpen.

Die neuen Fahrerhäuser der Modelle LB110 in Formgebung von dem Engländer Lionel Sherrow sahen viel kräftiger aus als früher. Sie waren ganzgeschweißt und für schnellen und praktischen Service gebaut. Hinter einer großen Frontklappe befanden sich Ölmeßstäbe für Motor und Servolenkung, Öleinfüllstutzen für Motor, Servolenkung und Kupplungsservo, Behälter für Frostschutz für das Bremssystem und außerdem ein Kaltstartregler. Die ovalen Scheinwerfer waren in den Stoßfänger versenkt.

Bei größeren Arbeiten konnte das Fahrerhaus 60° nach vorn gekippt werden. Dies konnte eine Person mit Hilfe einer handgepumpten Hydraulikpumpe und doppeltwirkenden Hydraulikzylindern leicht allein tun, und es dauerte nur ein paar Minuten. Sicherheitshalber wurde das Fahrerhaus auch zurück in seine normale Lage gepumpt, wo es mit zwei kräftigen Sperrvorrichtungen gesperrt wurde. Auf diese Weise war das Fahrerhaus mit Hilfe des Hydraulikzylinders in allen Lagen gesperrt.

Fußboden und Motorhaube waren zu einer Einheit zusammengebaut, wodurch man gute Wärme- und Schallisolierung erhielt. Die Inneneinrichtung des Fahrerhauses war bedeutend luxuöser als früher mit einem neuen Sitz, vorbereiteter Radio- und Lautsprecherinstallation mit fertig gezogenen Leitungen, zentral plazierten Instrumenten usw. Das Fahrerhaus war als Normalkabine und als Schlafkabine mit Platz für zwei Betten, Garderobe und

Ein LB80 mit besonders niedrigem Fahrerhaus für Müllabfuhrfahrzeuge im Großstadtverkehr, wo der Fahrer oft aus- und einsteigen mußte (oben links).

Ein LB80 Super als Verteilerfahrzeug in Stockholm. Diese Serie hatte von Anfang an den Scania-Namen mit großen, dicken Buchstaben (oben rechts).

Ende 1969 kam die LB-Variante der Serie 85. Diese LB85 im Kiestransport haben Supermotoren und waren aufgrund ihres kräftigen Fahrgestells gut geeignet für diese Aufgabe (unten).

Draperie erhältlich. Die Fachzeitschriften priesen den Arbeitsplatz, den Scania seinen Berufsfahrern erbot, und insbesondere außerhalb Schwedens war man erstaunt über die eleganten Fahrerhäuser, die fast als zu luxuös betrachtet wurden.

Servolenkung, Druckluftbremsen und servogestütze Kupplung erleichterten die Arbeit des Fahrers. Eine Frischluftvorrichtung gab ihm die nötige Erfrischung an warmen Sommertagen. Später wurde das Fahrerhaus mit Klimaanlage ausgerüstet, deren Aggregat in der Dachlukenöffnung angebracht war.

Das wichtigste Ereignis der 60er Jahre waren ohne Zweifel der neue turbogeladene V8 Motor DS14 mit Direkteinspritzung und 350 PS und die neue Baureihe 140, die diesen Motor enthielt. Sie wurden Ende 1969 vorgestellt, beeinflußten jedoch erst die 70er Jahre.

1960 wurde die zweite Ausbauetappe der Omnibuswerkstätten eingeweiht. 9.000 m², vorgesehen für den Zusammenbau der Capitolbusse, für neue Frontmotorbusse sowie für Fahrgestellversionen ganzgebauter Busse für den Export. 1964 war die

DIE FAHRZEUGE VON SCANIA

dritte Ausbauetappe von weiteren 4.000 m² beendet, und damit umfaßte die Omnibus- und Ausrüstungswerkstatt insgesamt 17.000 m² in neuen Lokalitäten. In der Omnibuswerkstatt arbeiteten damals etwa 50 Angestellte und rund 400 Arbeiter.

Das große Ereignis der 60er Jahre in Schweden auf dem Gebiet Transport war das Überwechseln zum Rechtsverkehr im September 1967. Seine Aus-

Die B75-Omnibusse waren auf vielen Exportmärkten beliebt. Ein Omnibus aus Argentinien mit vor Ort hergestellter Karosse.

Ein B55 mit holländischer Verheul-Karosse.

wirkung auf die Lastwagen war gering. Fast alle Personen- und Lastwagen hatten bereits das Lenkrad auf der linken Seite. Umsomehr sollte sich die Änderung in der Omnibusbranche bemerkt machen. Bis zur Umstellung galt es, neue Omnibusse zu entwickeln und herzustellen, dann kam eine kurze Periode, wo man ältere Omnibusse umbaute, aber dann eine unnatürliche Ruhe.

Den Beschluß faßte der schwedische Reichstag im Mai 1963, und der bewußte Tag war der 3. September 1967 – eine kurze Zeitspanne für eine so radikale Umstellung.

Der schwedische Ortsverkehr erhielt eine Reihe von Verhaltensmaßnahmen, Busse durften z.B. nur eine kurze Zeit mit der Tür auf der falschen Seite fahren und nur unter der Voraussetzung, daß sie vorn und hinten Stoppsignale hatten. Der Fuhrpark mußte also schleunigst umgebaut oder ersetzt werden.

Der rationelle Geist der 60er Jahre und die niedrigen Kraftstoffpreise ließen Straßenbahnen und alte Omnibusse bei der Umlegung praktisch verschwinden. Die Kosten für eine Änderung des Schienensystems und der Oberleitungen waren zu hoch im Vergleich mit den flexiblen Omnibussen, die man nur auf die andere Straßenseite hinüberzufahren brauchte während der Stunde, wo der ganze Verkehr stillstehen sollte.

Im Hinblick auf den Tag R gab es bezüglich Busse drei Begriffe: vorbereitete Busse, Übergangsbusse und Rechtsbusse. Alte Busse, jedoch nicht allzu alte, konnten mit extra Türen auf der rechten Seite versehen werden. Das Problem war allerdings, daß der Fahrer auf der rechten Seite saß, was die Einmannbedienung erschwerte.

Das Einfachste war natürlich, fertige Rechtsbusse zu kaufen, aber so viel Geld hatten nur die ganz großen Verkehrsgesellschaften.

Im Oktober 1966 kaufte Scania-Vabis die Firma Svenska Karosseri Verkstäderna in Katrineholm, einen von Schwedens größten Karosseriebauern, der schon seit den 20er Jahren die Karossen der Scania-Vabis Omnibusse gebaut hatte. Man beschloß, die Lastwagen in Södertälje expandieren zu lassen. Die Omnibusherstellung wurde also nach Katrineholm überführt, zunächst die ganzgebauten (1967–68) und dann die Montage der Fahrgestelle (1969). Eine Reihe von Angestellten kamen mit, aber keine Arbeiter. Die Verantwortung für die Omnibusse wurde der neuen Tochtergesellschaft Scania-Bussar AB in Katrineholm überlassen.

Der Umzug stärkte die Leistungsfähigkeit der verschiedenen Tätigkeitsgebiete beträchtlich, als die Konjunktur wieder aufwärts ging.

Anfang der 60er Jahre hatte Scania-Vabis ein starkes Omnibusprogramm. Außer B- und BF-Fahrgestellen in den Baureihen 55, 65, und 75 hatte man auch ganzgebaute Busse mit Front- oder Heckmotor, CF65/75 bzw. C75 Capitol. Die Jahresproduktion lag bei etwa 1.000 Omnibussen (ungefähr ein Sechstel des Lastwagenvolumens), und von diesen waren rund 150 ganzgebaut.

Ein Trend in ganz Westeuropa in den 60er Jah-

Frontmotorfahrgestelle Omnibusse 1959–81						
Serie	Motor	Achsabst.	Gesamtgewicht	Jahr	Anzahl	Vermerke
B55	D7	5,3–6,3	12,6	1959–62	775	
B65	D10	5,3–6,3	13–13,5	1959–64	289	
B75	D10	5,3–6,3	13–13,5	1959–64	1.762	
BF75	D10	5,7–6,1	14,5	1959–64	322	
B56	D8	5,3–6,3	12,8–13	1962–68	1.132	
BF56	D8	5,4–5,8	14,5	1964–68	258	
B66	D11	5,3–6,3	13,2	1963	26	
B76	D11	5,3–6,3	13,5–14	1964–68	2.003	
BF76	D11	5,4–5,9	14,8–15,5	1964–68	1.728	
B80/86	D8, DS8	5,3–6,3	13,5–15,5	1968–81	1.152	B80 1968–75
BF80/86	D8, DS8	5,4–6,3	14,8–16,5	1971–75	906	BF80 1971–75
B110/111	D11, DS11	5,3–6,3	14,8–16,5	1968–81	5.379	B110 1968–75
BF110/111	D11, DS11	5,4–6,3	14,8–16,5	1968–81	6.971	BF110 1968–75

ren war eine sinkende Nachfrage nach Frontmotorfahrgestellen für den Ortsverkehr. Die schwedische Eisenbahngesellschaft hatte verstehen lassen, daß der einzige Grund für den Einkauf von Frontmotorbussen ein bedeutend niedrigerer Preis als für Busse mit Mittelmotor unter dem Fußboden sei.

1959 hatte man die Frontmotorbusse erneuert mit dem Fahrgestell BF73 als Basis und sie hatten einen neuen Motor erhalten. Die Fahrgestelle erhielten die Bezeichnung B55 (1959–62), B65, für Export B65L (L=leicht) (1959–64) und B75 (1959–64).

Die Baureihe B55 hatte einen 7 l D7 Motor, die Baureihen 65 und 75 einen 10 l D10 Motor. Beide Motoren waren die Sechser, die man gerade für die Lastwagen introduziert hatte. Der Unterschied zwischen der Baureihe 65 und 75 war hauptsächlich die stärkere Hinterachse des letzteren. Der B75 war in erster Linie für den Exportmarkt vorgesehen und wurde deshalb nur linksgelenkt hergestellt. Aufgrund seiner einfachen und robusten Konstruktion war dieser Bus sehr beliebt auf den Exportmärkten, insbesondere in Südamerika.

1962 wurde B55 durch B56 ersetzt, in der Hauptsache derselbe Bus, jedoch mit einem stärkeren D8 Motor von 140 PS und Zweikreis-Druckluftbremsen. B65 wurde durch B66 ersetzt, Motor D11, 190 PS, und B75 durch B76 mit derselben Spezifikation wie B66 außer der Hinterachse, die alternativ mit einem neuen, leichteren Hinterachsgetriebe oder

Das Scania-Vabis Omnibusprogramm 1964. In der hinteren Reihe von links nach rechts ein ganzgebauter Omnibus Typ CF76 mit D11-Motor, ein ganzgebauter C76 mit quergestelltem D11-Heckmotor von 190 PS, vorgesehen für Stadt- und Vorortverkehr, der ganzgebaute CF76L für Linien- und Reiseverkehr, auch der mit dem D11-Motor von 190 PS. In der vorderen Reihe das BF56-Fahrgestell mit D8-Motor von 140 PS, das B56-Fahrgestell mit einem D8-Motor von 140 PS, das BF76-Fahrgestell mit einem D11, sowie das B76-Fahrgestell mit einem D11 von 190 PS.

mit dem früheren, stärkeren geliefert werden konnte (beide waren konische Einfachgetriebe). Mit der leichteren Hinterachse hießen diese Busse B76L.

BF56 (1964–68) war ein neuer Frontlenkerbus, der die meisten Fahrgestellkomponenten gleich dem B56 hatte, jedoch eine kräftigere Vorderachse, um den hohen Vorderachsdruck zu kompensieren, der sich aus dem nach vorn gezogenen Motor ergab. Höchstanzahl Fahrgäste 75.

Der Frontlenker BF75 wurde in rechtsgelenkter Ausführung überhaupt nicht in Produktion genommen, und auf dem Exportmarkt wurde anstatt dessen das neue Fahrgestell BF75V (links) introduziert, das auf der Rahmenkonstruktion des CF75-Busses basierte. Man war der Ansicht, daß ein rechtsgelenktes Fahrgestell zu stark mit dem ganzgebauten CF75 konkurrieren würde, der rechts- und linksgelenkt hergestellt wurde.

Der größte Frontlenkerbus war der BF76 (1964–68), der den BF75 für Schweden und den BF75V für den Export ersetzte. Das neue Fahrgestell war sehr flexibel in der Plazierung von Türen und Stauraums, und der Bus hatte eine überlegene Fahrgastkapazität bei dem in Schweden zulässigen Achsdruck. Außerdem konnte man die Busse sehr konkurrenzkräftig verkaufen. Der Motor war ein D11 von 190 PS, das Getriebe fünfgängig mit dem fünften Gang als Direktgang oder Overdrive. Mit seinem Gesamtgewicht bis zu 15,5 t konnte der Bus 75 Fahrgäste aufnehmen. In nur vier Jahren wurden 1.728 Stück hergestellt.

DIE FAHRZEUGE VON SCANIA

Nach dem Umzug nach Katrineholm erhielten die Bustypen neue Bezeichnungen, die das Zylindervolumen der Busse wiedergaben. B56/BF56 mit dem 8-Litermotor (D8 oder DS8) wurde B80/BF80, B76/BF76 wurde B110/BF110 (11 l Motor).

Scania-Vabis hatte beschlossen, keinen Bus mit Mittelmotor unter dem Fußboden herzustellen, u.a. aufgrund von Zugänglichkeit, Schallpegel und Fußbodenhöhe. Die Lösung schien ein Fahrgestell (und ein ganzgebauter Bus) mit einem längsgestellten Heckmotor zu sein, eine Konstruktion, die einfacher und billiger ist als ein quergestellter Motor. Die Frage war, welchen Motortyp man anwenden sollte. Der D8 war zu schwach, den überladenen D8 gab es noch nicht.

Man erwog einen längsgestellten D11 im Fahrgestell, aber da kam der Fußboden zu hoch und man verlor Sitzplätze. Man erwog eine Neigung der Motoren um 30, 55 oder 60°. Das Endergebnis war der Vorschlag eines neuen Fahrgestells für Vororts- und Linienverkehr für Heckmotor, einen längsgestellten D11 mit 55° Neigung, Fünfgang-Getriebe und gummigelagerten Blattfedern. Alternativ sollte man die Busse mit einem vollau-

Viele Omnibusfahrgestelle wurden als Basis für Pferdetransportbusse, Möbelbusse, Bibliotheksbusse u.a. benutzt. Dieser BF76 war für Bananentransport gebaut.

Ein BF76 mit in Norwegen gebauter Leichtmetallkarosse außerhalb des Stockholmer Hauptbahnhofs.

Der B110 war ein umgetaufter B76, der 1968 eingeführt wurde und bei seinen vielen Varianten ebenso gut als Vororts- wie auch als Reisebus arbeiten konnte.

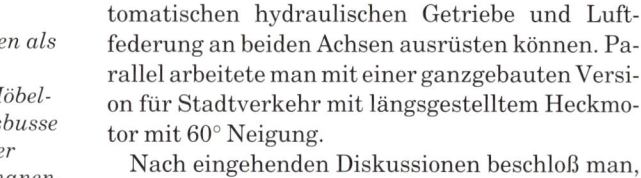

tomatischen hydraulischen Getriebe und Luftfederung an beiden Achsen ausrüsten können. Parallel arbeitete man mit einer ganzgebauten Version für Stadtverkehr mit längsgestelltem Heckmotor mit 60° Neigung.

Nach eingehenden Diskussionen beschloß man, den längsgestellten Motor zu übergeben und entschied sich für einen quergestellten Motor und einen ganzgebauten Bus in Ausführung für den Rechtsverkehr und vorgesehen für Einmannbedienung im Ortsverkehr, den C76.

1968 begann man auch Fahrgestelle unter der Bezeichnung BR110M zu verkaufen. Diese hatten einen quergestellten D11-Motor mit 203 PS und eine ganz neue Fahrgestellkonstruktion. Das Fahrgestell wurde als separater Vorder- und Hinterwagen hergestellt, die durch einem Hilfsträger verbunden waren für den Transport zum Karossenbauer. Dort wurden die Vorder- und Hinterteile in eine selbsttragende Karosse eingebaut, was dem Karossenbauer viel Freiheit gab.

Während des letzten Teils der 50er Jahre war der Auftragseingang auf ganzgebaute Busse unregelmäßig. Auch wenn die Karosseriewerkstatt eine Kapazität für 100–150 Busse pro Jahr hatte, baute man nur den Capitol, vom dem rund 50 Exemplare pro Jahr verkauft wurden. Man begann deshalb zu untersuchen, ob es möglich wäre, ohne große Umstellungen auch einen ganzgebauten Frontmotorbus herzustellen.

Die Vorteile mit ganzgebauten Bussen waren stärkere Konstruktion, niedrigeres Gewicht und niedrigere Fußbodenhöhe plus daß der Käufer einen einzigen Lieferanten hatte, wodurch man kürzere Lieferzeiten erhielt und nur eine einzige Lieferbesichtigung benötigte, sowie natürlich, daß ein weiterer Teil der Arbeit mit dem fertigen Bus im eigenen Hause verblieb. Die meisten Fahrgestellkomponenten für einen ganzgebauten Frontmotorbus konnte man vom BF73 nehmen, der Rahmenkonstruktion, die den Ende der 50er Jahre vorgestellten B- und BF-Bussen zugrunde lag.

Ein wichtiges Argument war, daß das BF73-Fahrgestell um dieselben Kunden konkurrierte wie der

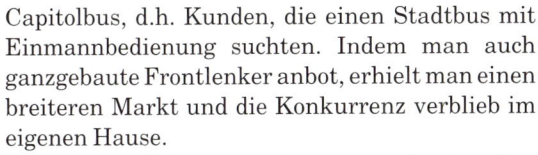

Capitolbus, d.h. Kunden, die einen Stadtbus mit Einmannbedienung suchten. Indem man auch ganzgebaute Frontlenker anbot, erhielt man einen breiteren Markt und die Konkurrenz verblieb im eigenen Hause.

Bereits 1957 hat man einen ganzgebauten Bus auf dem BF73 Fahrgestell geplant, jedoch mit dem neuen D10-Motor. Das Projekt erhielt die Bezeichnung CBF75, und es war beabsichtigt, die Karossenkonstruktion des Capitolmodells zu benutzen, so daß der neue Bus auf derselben Fertigungsstraße und soweit möglich auch in denselben Fixturen hergestellt werden konnte.

Das Ergebnis war der CF65 und CF75, im Prinzip derselbe Bustyp jedoch hatte der CF75 eine kräftigere Hinterachse. Beide waren mit dem D10-Motor von 165 PS ausgerüstet und wurden 1959–60 (CF75) bzw. 1959–63 (CF65) hergestellt.

Dem Aussehen nach unterschieden sie sich ziemlich stark von der amerikanischen Konstruktion, die man so deutlich bei dem Metropol und dem Capitol sah; sie hatten eine viel straffere schwedische Formgebung, von Scania-Vabis eigenen Technikern konstruiert.

Im Sommer 1961 konnte man eine teilweise luftgefederte Version des CF65 vorstellen, die sowohl

Das BR110-Fahrgestell, lieferfertig. Der Hilfsrahmen in der Mitte wurde gekappt, und das Vorder- und Hinterteil wurden vom Karossenbauer in eine selbsttragende Konstruktion eingebaut.

Ein BR110-Omnibus mit einer südamerikanischen Cametalkarosse für Fernverkehr.

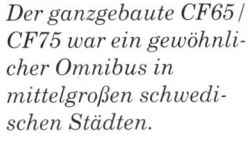

Der ganzgebaute CF65/CF75 war ein gewöhnlicher Omnibus in mittelgroßen schwedischen Städten.

für Stadt- als auch für Landstraßenverkehr vorgesehen war. Der Bus hatte im Prinzip das gleiche Luftfederungssystem wie der Capitol, d.h. Rollenbälge aus nylonverstärktem, synthetischem Gummi, die auf jeder Seite der Hinterachse saßen. Die Betriebserfahrungen während der Erprobung hatten alle Erwartungen übertroffen, und von den Privatkunden wählten 80–90% Luftfederung, auch wenn sie teurer war.

Gleichzeitig konnte man die neue Version CF65L vorstellen, die auch Luftfederung hatte aber den neuen Breitebestimmungen in Schweden, 2,5 m angepaßt war. L bedeutete Fernverkehr, und der Bustyp hatte Flugzeugsitze und einen durchgehenden Stauraum unter dem Boden des Busses.

Der CF65 wurde im Frühjahr 1963 durch den CF66 ersetzt, der verschiedene Vorteile hatte, u.a. ein 100 kg niedrigeres Gewicht, das man durch die Anwendung von Kunststoffmaterial erhielt, auch wenn man aufgrund der Erfahrungen mit den CF-Bussen auf wirklich schlechten Landstraßen im nördlichen Schweden an dem Karossengerippe gewisse Verstärkungen vorgenommen hatte. Wie früher war die schwedische Staatseisenbahn einer der größten Kunden. Außerdem hatte man eine Reihe kleinerer Einzelheiten verbessert, z.B. die Einfassung der Windschutzscheibe, das Heizungssystem, die Klimaanlage, die Schallisolierung usw.

Außer der gewöhnlichen Linienbusausführung gab es den CF66 auch in einer Fernlinienausführung, sowie in Variante mit hinterer Plattform.

Der CF66 war der erste Bus von Scania-Vabis, der für den Rechtsverkehr vorbereitet war, d.h. er

Ganzgebaute Omnibusse 1959–73						
Serie	Motor	Achsabst.	Gesamtgewicht	Jahr	Anzahl	Vermerke
C76	D11	6,1	15,5	1963–64	29	
CF65	D10	5,7–6,1	14,3	1959–63	496	
CF75	D10	5,7–6,1	14,5–15	1959–60	33	
CF66	D11	5,7–6,1	14,3	1963	84	
CF76	D11	5,7–6,1	14,8	1963–66	297	
CR76	D11	5,9	15,5	1966–67	560	
CR110M	D11	5,9	15,3	1968–73	219	
CR110L	D11/DS11	6,95	15,5	1968–72	231	
CR110T	D11	6,95	15,5	1968–69	9	Vetter-karosse

DIE FAHRZEUGE VON SCANIA

hatte ein symmetrisches Karossengerippe, so daß man ziemlich einfach bei Einführung des Rechtsverkehrs die Türen auf der anderen Seite des Busses anbringen konnte. In der Zeit von März–Oktober 1963 wurden 84 Omnibusse geliefert.

Der CF75, CF65 und CF66 waren alle rechtsgelenkte Busse für Linksverkehr. Nach dem Prinzipbeschluß bezüglich Übergang zum Rechtsverkehr begann Scania-Vabis, für den Rechtsverkehr angepaßte, linksgelenkte Busse herzustellen. Ihre Bezeichnung war CF76 und sie wurden 1964–66 geliefert. Die früheren Busse waren sog. Umstellungsbusse mit Türen auf beiden Seiten. Die 1966 hergestellten CF76 waren Rechtsverkehrsbusse mit den Türen nur auf der rechten Seite.

Den CF76 gab es in drei Ausführungen: als Linienbus für den Landstraßenverkehr mit einer Ausgangstür vor der Hinterachse, dieselbe Variante mit zwei Ausgangtüren vor der Hinterachse für den Ortsverkehr und die Fernverkehrsausführung CF76LL. Diese Variante hatte u.a. Luftfederung der Hinterachse, doppelte Kraftstoffbehälter, und besonders viel Stauraum. Es gab auch eine Spezialausführung, genannt CF76LP, mit einer hinteren Plattform für Zweimannbedienung und einem stationären Schaffner. Sämtliche Varianten hatten den D11 Motor von 190 PS, und ihr Gesamtgewicht lag bei 14,8 t.

Während der Zeit 1958–62 waren auf den Exportmärkten Fahrgestelle 386 BF75V geliefert worden, insbesondere nach Norwegen. Diese waren eine Weiterentwicklung der ganzgebauten Busse CF75, jedoch ohne Karosse. Die Herstellung wurde 1962 niedergelegt, da man die Anzahl Bustypen begrenzen wollte.

Der ganzgebaute Capitol mit seinem amerikanischen Ursprung war 1959 in der neuen Version Capitol C75 herausgekommen. Es war der erste europäische Bus, der mit Luftfederung und Rollenbälgen ausgerüstet war, einem aus den USA stammenden System. Die Konstrukteure hatten mehrere Jahre lang solche Systeme geprüft, u.a. auf einer Rüttelbahn, und man war erstaunt über die guten Ergebnisse. Nicht nur die Passagiere empfanden die Federung als sehr viel angenehmer als die gewöhnliche Blattfederung, sondern es zeigte sich, daß auch der Bus und die Straßenoberfläche geschont wurden. Nachdem die Beanspruchungen der Fahrgestellkomponenten sich verringerten, konnte man sogar eine Reihe von Komponenten schwächer machen und auf diese Weise Gewicht sparen, ohne an Qualität zu verlieren.

Der Capitol C75 konnte mit Luftbälgen rundherum als Alternative zu den gewöhnlichen Blattfedern geliefert werden (die ganzgebauten Frontmotorbusse CF65/75 hatten nur an der Hinterachse Luftfederung).

1961 kaufte die Stockholmer Straßenbahngesellschaft 30 Omnibusse Capitol C75/1 mit Luftfederung und vollautomatischem Getriebe und behauptete, nie ein besseres Federungssystem gehabt zu haben. Die Beanspruchungen der Karosse waren in manchen Fällen bis zu 50% geringer als

Ein CF76 als Umstellungsbus für den Rechtsverkehr. Der Omnibus hatte eine einzige Tür mitten auf der linken Seite, die nach der Umstellung zugebaut wurde.

Die IC75/76-Fahrgestelle wurden 1959-65 in 135 Exemplaren nach Argentinien verkauft. Sie erhielten vor Ort hergestellte Karossen und wurden im Fernverkehr eingesetzt.

Die IC75/IC76 Omnibusse waren im Grunde Capitolbusse ohne Karosse, und nur das vordere und hintere Karossengerippe war vor der Lieferung fertiggebaut (links).

TGOJ in Eskilstuna hatte mehrere BF110-Omnibusse, die für den Fern- und Linienverkehr zur Anwendung gelangten. Diese Omnibusse hatten oft nur eine einzige Tür (rechts).

bei konventioneller Federung. Als jetzt die ganzgebauten Busse Luftfederung erhielten zeigten die Omnibusverkehrsgellschaften sowohl in Schweden als auch im Ausland ein außerordentliches Interesse, und Scania-Vabis neue Federung erhielt große Aufmerksamkeit.

Die nächste Variante des Capitol kam 1963 und wurde C76 genannt. Eine verbesserte Luftfederung war Standard, der Bus hatte den stärkeren D11 Motor mit 190 PS und konnte mit einem halb- oder vollautomatischen Getriebe geliefert werden.

Dank der erhöhten Anwendung von Leichtmetall und Kunststoff in nichttragenden Karossenteilen konnte man das Gewicht um ca. 500 kg verringern. Der Schallpegel innen konnte auch kräftig gesenkt werden, und um auch den Schallpegel außen zu senken, hatte man das Auspuffrohr oben am Dach eingeführt, das außerdem den Rauch von der Straße fernhielt. Durch einen Ejektor im Motorraum wurden die Abgase vor dem Ausblasen mit frischer Luft gemischt, wodurch man den Schallpegel senkte sowie den Rauch und Gehalt von Verunreinigungen und Giftgasen verringerte.

Nach der Lieferung von 25 Exemplaren des C76/1 mit vollautomatischem Zweigang-ZF Hydraulikmedia-Getriebe an die Stockholmer Straßenbahngesellschaft und 4 C76/3 mit dem Viergang-Wilson-Getriebe nach Jönköping wurde die Produktion im Dezember 1963 eingestellt. Insgesamt hat Scania-Vabis 391 Omnibusse der verschiedenen Capitol-Varianten gebaut.

Diese waren ebenso wie der größere C50 Metropol

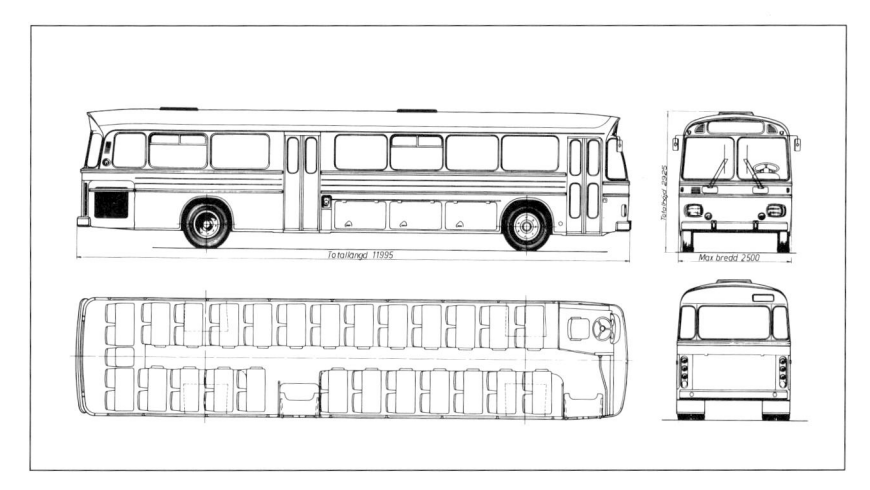

Die CR76-Omnibusse waren mit selbsttragender Konstruktion gebaut und hatten einen quereingebauten und 20° geneigten D11-Motor. Die Herstellung begann im Sommer 1966 (links).

Motor und Getriebe waren beim CR76 leicht erreichbar dank der großen Klappe hinten; außerdem konnte man den Kühler ausschwenken (rechts).

bis zur Umlegung zum Rechtsverkehr 1967 im Dienst; dann wurden sie ausrangiert und als Entwicklungshilfe u.a. nach Pakistan geschickt. Viele von den späteren Wagen wurden jedoch für den Rechtsverkehr umgebaut und waren bis Anfang der 80er Jahre im Betrieb.

Von den 50 Bussen Capitol IC75/2V, die 1958–59 nach Argentinien verkauft werden sollten, hatte man nur zwei liefern können, bevor der Import gestoppt wurde. Erst im März 1962 konnte man mit der Lieferung einer neuen Bestellung von 60 Bussen Typ IC76/2V anfangen (derselbe Typ, jedoch mit dem stärkeren D11 Motor von 165 PS). Nach Karossierung vor Ort gelangten diese Busse im Reise- und Fernlinienverkehr in Argentinien zur Anwendung. Insgesamt wurden während der Jahre 1959–65 135 Omnibusse der Typen IC75/IC76 nach Argentinien geliefert.

Nach der abgeschlossenen Lieferung erhielt man von Argentinien eine Anfrage, ob Scania-Vabis beabsichtige, einen Intercity-Omnibus von 12 m Länge mit Heckmotor und Luftfederung zu bauen, als einen Ersatz der soeben gelieferten IC76-Fahrgestelle.

Im Hinblick auf den bevorstehenden Rechtsverkehr war Scania-Vabis interessiert, einen neuen, wettbewerbsstarken Heckmotorbus zu bauen, und nach langen Diskussionen mit örtlichen Verkehrsgesellschaften, insbesondere in Stockholm, erschien der neue ganzgebaute CR76, im Prinzip eine Weiterentwicklung des Capitol, jedoch mit vielen neuen Konstruktionszügen. Er hatte die gleichen Achsen

DIE FAHRZEUGE VON SCANIA

mit Rädern und Bremsen, sowie Motor mit Hilfsaggregat wie der Capitol. Der Bus war jedoch gemäß neuen Konstruktionsprinzipien gebaut, wo man insbesondere darauf bedacht war, ein niedriges Gewicht und eine niedrige Bodenhöhe zu erhalten, und er war den schwedischen Normen für Ortsverkehr angepaßt.

Bereits vor dem Umzug nach Katrineholm hatte man bestimmt, daß die Produktion von ganzgebauten Bussen nur einen einzigen Bustyp enthalten sollte, und die Produktion des Frontmotorbusses CF76 wurde deshalb niedergelegt. Der Heckmotorbus CR76 ging im Sommer 1966 in Produktion, anfangs in Södertälje.

Da die Karosse selbsttragend war, konnte man die kräftigen Rahmenseitenträger zwischen den Achsen eliminieren, wodurch man viel Gewicht einsparen konnte (der Bus war 700–1.300 kg leichter als die entsprechenden älteren Busse). Sein Arbeitsgewicht war 8,0/8,4 t für die kürzere bzw. längere Variante und sein Gesamtgewicht mit 75 Fahrgästen 13,5/15,5 t.

Die Karosse bestand aus einer völlig selbsttragenden Konstruktion, wo auch die Außenverkleidungen aus Leichtmetall dazugehörten (der Metropol und der Capitol hatten einen besonderen Unterrahmen, der zusammen mit dem Karossengerippe eine selbsttragende Einheit bildete). Das Gerippe aus Querträgern in Bodenrahmen und Spant ergaben zusammen mit dem um die ganze Karosse laufenden Kollisionsschutz aus Stahlblech eine ebenso starke Karosserie wie eine Karosse mit Rahmenträgern. Die Beanspruchungen waren gleichmäßig verteilt, und jeder einzelne Teil hatte eine Festigkeitsfunktion.

Die Abwesenheit von Rahmenträgern und der Heckmotor ergaben einen sehr niedrigen Boden, nur 64 cm über der Erde (20 cm niedriger als beim Capitol), sehr bequem zum Aus- und Einsteigen.

Der Motor war ein quergestellter D11 mit 20° Neigung, und dessen Plazierung in Kombination mit einer umfassenden Isolierung des Motorraums, effizienten Schalldämpfern und leisegehendem, temperaturabhängigem Gebläse gaben dem Bus einen sehr niedrigen Schallpegel. Da Motor, Getriebe und Hilfsaggregat dank der großen Klappen von drei Seiten zu erreichen waren und der Kühler sich ausschwenken ließ, wurden Servicearbeiten sehr erleichtert. Der Motor war so eingestellt, daß er die geringstmögliche Rauchentwicklung erzeugte, der Schalldämpfer war spezialkonstruiert und die Abgase wurden mit Frischluft gemischt am Dach in die Luft abgegeben.

Der Bus hatte das neue von Scania-Vabis konstruierte vollautomatische Hydraulikgetriebe HR500, in zwei Stufen, einer kombinierten hydraulisch-mechanischen und einer ganz mechanischen. Das Schalten zwischen diesen erfolgte bei einer bestimmten Geschwindigkeit, die beim Heraufschalten variieren konnte abhängig vom Gasgeben. Eine Reihe von Bussen wurden mit dem vollautomatischen Zweigang-ZF-Getriebe geliefert.

Der Bustyp hatte Luftfederung an beiden Achsen (zwei Bälge vorn und vier hinten) und wodurch er einen weichen und schonenden Gang erhielt. Die Bälge waren nahe der Räder angebracht, um den Bus so krängungsfrei wie möglich zu machen,

Drei CR110L, die 1969 an TGOJ in Eskilstuna geliefert wurden.

Ein CR110L, wie der Zeichner ihn sich dachte, bevor die Herstellung eingeleitet war.

da sonst die stehenden Fahrgäste im Stadtverkehr klagten. Durch Niveauregulierungsventile konnte man die freie Höhe über der Erde konstant halten, unabhängig von der Belastung. Die Servolenkung ergab einen großen Radausschlag, und der Bus war mit einem Zweikreissystem für die Druckluftbremsen und druckluftgesteuerter Feststellbremse ausgerüstet.

1966–67 (die Herstellung hörte im Oktober 1967 auf) konnte Scania-Vabis 500 komplette ganzgebaute CR76-Busse an 25 Städte in Schweden liefern (u.a. 130 an Malmö, 75 an Göteborg und 40 an Helsingborg), und außerdem gingen einige Busse zum Export in die nordischen Nachbarländer. Insgesamt wurden etwa 3.000 Rechtsbusse in Schweden in Verkehr genommen, von denen ca. 2.000 von Scania-Vabis hergestellt waren.

Im Hinblick darauf, daß es sich um einen ganzgebauten Bus handelte, der in den meisten Ländern auf beschwerende Importhemnisse stieß, sowie um eine neue Konstruktion, müssen diese Zahlen als außerordentlich gut bezeichnet werden.

Merkwürdigerweise ging keiner dieser so geglückten und verschleißkräftigen Busse an die Stockholmer Straßenbahngesellschaft, die sowohl Scania-Vabis als auch Volvo den Rücken gekehrt und vor der Umstellung zum Rechtsverkehr 550 komplette Busse aus dem Ausland (von Leyland und Büssing) bestellt hatte. Auch wenn sich dies später als ein Mißgriff herausstellte, war es ein beunruhigender Faktor im Hinblick auf ganzgebaute Busse.

Im Juni 1967 kam auch ein besonderer CR76L heraus (der jedoch schon vor seiner Lieferung in CR110L umbenannt wurde), vorgesehen für Landstraßen- und Vorortverkehr, jedoch auch für Bestellungs- und Reiseverkehr. Er hatte 53 Sitzplätze und 24 Stehplätze und war außer mit dem vollhydraulischen Getriebe HR500 mit einem mechanischen Fünfgang-Getriebe erhältlich. Auch dieses Modell war völlig luftgefedert.

1968 wurde der CR76 gemäß den neuen Modellbezeichnungen in CR110M für Stadtverkehr bzw. CR110L für Linienverkehr umbenannt. Der CR110L hatte einen Achsabstand von 6,95 m, die M-Variante 5,9 m, und er war 12 m lang. Der D11 Motor hatte 190 PS, aber viele für den Stadtverkehr gelieferte CR110M-Busse hatten eine reduzierte Leistung von 170 PS.

Im Herbst 1968 kam eine weitere Version, der CR110T. Dies war eine Variante des CR110L, zwar ganzgebaut, jedoch nicht von Scania-Bussar. Die Karosse war von der Fahrzeug und Karosseriefabrik Walter Vetter in Fellbach bei Stuttgart gebaut. 1968–69 wurden 9 Busse geliefert.

Nach dem großartigen Spurt vor dem Rechtsverkehr kam eine Zeit der Prüfungen. Der schwedische Omnibusmarkt war gesättigt, und da die Lebensdauer der Omnibusse lang war, sah man keine Möglichkeit, schnell einen wachsenden Markt zu erhalten. Die „Hochhäuser" Typ B31, die Scania-Vabis 1956–49 an die Stockholmer Straßenbahngesellschaft verkauft hatte, waren

Der CR110T hatte eine Karosse von der deutschen Firma Walter Vetter. Der ganzgebaute Omnibus wurde in den Jahren 1968–69 in 9 Exemplaren hergestellt.

Der CR110M wurde in 219 Exemplaren gebaut und war für den Stadtverkehr vorgesehen; eigentlich war er ein CR76 mit neuer Bezeichnung.

20 Jahre lang im Stockholmsverkehr.

Die Hoffnungen auf einen steigenden Export von ganzgebauten Bussen erfüllten sich nicht, und der Export wurde allgemein durch hohe Importabgaben und Transportkosten erschwert. Außerdem war das Prinzip mit dem Mittelmotor, das u.a. von Leyland und Volvo benutzt wurde, eine zeitlang dominierend bei Stadtbussen aufgrund seiner größeren Flexibilität beim Karossenbau, insbesondere der Plazierung der Türen und der hinteren Plattform.

Auch die Lastwagen waren von einem Rückgang betroffen. 1966 wurde der schwedische Markt von einer kräftigen Konjunkturflaute getroffen. Diese fiel jedoch mit dem Spurt bei den Bussen vor der Rechtsverkehrumstellung zusammen, und man

Dieselmotoren 1958–84						
Serie/Typ	Zyl.maße	Hubraum	Leist/Drehz.	Drehmom.	Jahr	Vermerke
D5	4x115x125	5.193	90/2.400	32/1.200	1964–75	Ab 1970 105 PS
DS5	4x115x125	5.193	120/2.400	41/1.500	1965–75	
D7	6x115x115	7.167	120/2.400	43/1.200	1959–63	
D8	6x115x125	7.790	140/2400	47/1.200	1961–84	
DS8	6x115x125	7.790	190/2.400	62/1.500	1968–84	
D10	6x127x135	10.261	165/2.200	63/1.200	1958–63	
DS10	6x127x135	10.261	200/2.200	76/1.400	1961–63	
Bezüglich D9, D11 und D14 Motoren siehe Seite 228.						

konnte deshalb seine Produktionskapazität trotzdem ausnutzen.

Die Erholung ging langsam, und als man die Rechtsbusse geliefert hatte, war die Belegschaft bei Scania-Vabis um mehrere hundert Personen zu groß. Ein unerwartet hoher natürlicher Abgang im Herbst 1967 rettete die Situation.

Im Schatten der Krise setzte die Expansionspolitik fort. Man rechnete damit, daß die Nachfrage nach Lastwagen vor Ende des Jahrzehnts kräftig steigen würde, und daß die Herstellung von Omnibussen zu Anfang der 70er Jahren in größerem Umfang wieder anlaufen würde.

Für die schwedische Omnibusindustrie waren die 60er Jahre eine Vitaminspritze. Sowohl Technik wie Produktion waren einer gründlichen Überholung unterzogen worden, und die schwedische Omnibusherstellung hatte einen großen Schritt vorwärts gemacht.

Die 50er und 60er Jahre waren für Scania-Vabis eine erfolgreiche Zeit. Während der Periode 1954–66 befand sich Scania-Vabis in ständiger Expansion, und der Umsatz erhöhte sich von knapp 250 auf gut 900 Millionen Kronen. Der Verkauf von Last-

Ein LB76 auf Fernfahrt. Die englischen Fahrer waren begeistert von diesem Modell (links).

Scania-Vabis übernahm während der 60er Jahre Krupps, Büssings und Henschels Händler in der BRD. Es wurden rund 100 Lastwagen pro Jahr verkauft. Auf dem Bild ein L76 (rechts).

Während der 60er Jahre begann Scania-Vabis, an den Fernen Osten zu verkaufen. Ein BF76 in Südkorea im Jahre 1976, mit norwegischer Karosse (links).

Die ersten Probewagen Typ LBS110 gingen Ende der 60er Jahre nach Australien (rechts).

wagen stieg auch ständig, und die Anzahl gelieferte Lastwagen hast sich fast vervierfacht, von 2.932 auf 10.095. Mitte der 60er Jahre lieferte Scania-Vabis 3.000–4.000 Lastwagen jährlich an den schwedischen Markt. Die Anzahl der gelieferten Busse verdoppelte sich von knapp 700 auf knapp 1.400 und der Umsatz der eigenen Produkte erhöhte sich von gut 150 auf gut 550 Millionen Kronen.

Der Export hatte sich so schnell erhöht, daß man zu Ende des Jahrzehnts über 60% der Produktion außerhalb von Schweden verkaufte. Man hatte einige wichtige Meilensteine hinter sich gebracht. 1965 stellte man über 10.000 Fahrzeuge her, 1966 passierte man die Marke von 10.000 Mitarbeitern, und in demselben Jahr lieferte man den 100.000. Lastwagen. Ende der 60er Jahre gingen allerdings Volumen und Mitarbeiterzahl vorübergehend zurück, da die Konjunktur für Lastwagen rückläufig war. Jedoch konnte man die Rentabilität aufrecht erhalten.

Wie ein Blitz aus heiterem Himmel kam am 20. Dezember 1968 die Neuigkeit, daß Saab und Scania-Vabis fusionieren wollten. Beide Unternehmen gehörten der Wallenbergsphäre an, und hinter der

Fusion lagen mit Sicherheit viele verborgene Motive, sowohl die Koordinierung als auch die Finanzierung betreffend. Das Erstaunlichste war vielleicht, daß Saab Scania-Vabis kaufte, ein Unternehmen, das die größeren Aktivposten, den größeren Umsatz, die bessere Wirtschaftlichkeit und mehr Mitarbeiter hatte als Saab.

Das Resultat der vielerorts nicht besonders beliebten Fusion war die Bildung von Saab-Scania AB. Der neue Konzern bestand aus vier Bereichen, Lastwagen, Flugzeuge, Computer und Elektronik.

Der Bereich Kraftwagen gestaltete sich zu einer ziemlich selbständigen Einheit, es war jedoch beabsichtigt, daß Saabs Personenwagenherstellung mit Scanias Tätigkeit zusammenschmelzen sollte, ein Plan, der nicht leicht durchzuführen war, da es sich um zwei ganz verschiedene Unternehmenskulturen handelte. Das Resultat war auch fast versäumbar. Die Fusion führte jedoch dazu, daß Saabs Personenwagenmotoren ab 1973 in Södertälje hergestellt wurden und daß eine Reihe von Scanias Motorkonstrukteuren an der Entwicklung derselben teilnahmen.

Auch beim Export waren die Koordinationsgewinne nicht besonders groß, da Scanias schwere Fahrzeuge und Saabs Personenwagen ganz verschiedene Zielgruppen bedienten.

Der Bereich Kraftwagen wurde 1972 in einen Bereich Scania und einen Bereich Personenwagen aufgeteilt. Der Bereich Scania enthielt Scania-Vabis früheres Gebiet, war jetzt jedoch auch für Motoren und Getriebe für Saab Personenwagen verantwortlich.

Das Schlußresultat war also fast eine Wiederauferstehung der alten Firma Scania-Vabis, jedoch in neuer Form. Das Unternehmen war ganz von Personen aus der alten Firma beherrscht und wurde jetzt vom Bereichschef Ingvar Eriksson geleitet. Der Bereich Scania konnte ein ziemlich selbständiges Leben führen und bewachte auch seine Unabhängigkeit, was zu einer Reihe von Reibungen mit der Konzernleitung und ihrem Chef, Kurt Mileikowsky führte.

1962 wurde eine Fabrik in São Bernardo do Campo in Brasilien eröffnet, wo Ende der 60er Jahre rund 1.000 Fahrzeuge pro Jahr gefertigt wurden. Wichtige südamerikanische Märkte waren auch Agentinien, Ecuador und Peru.

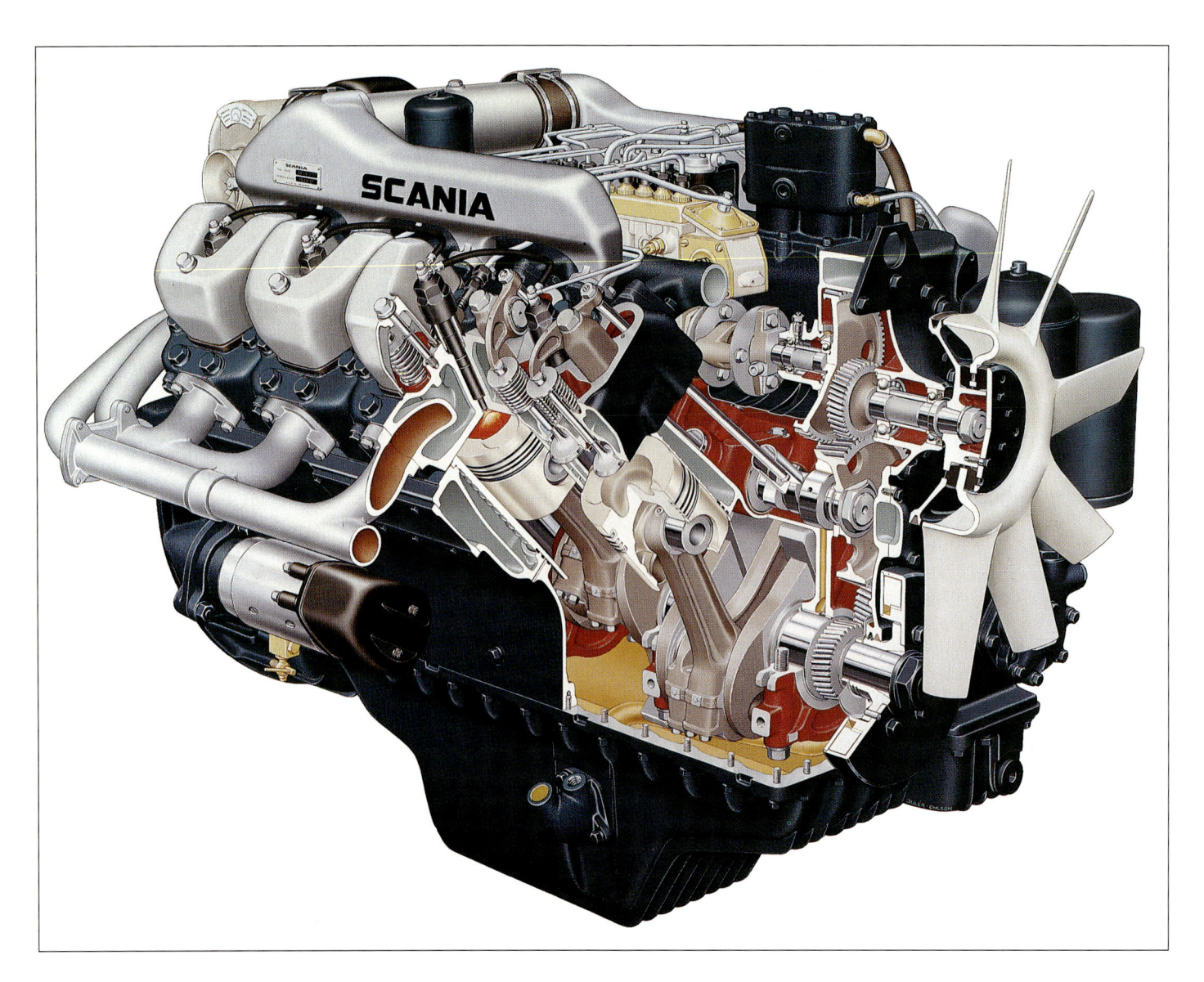

Scania

1970–1979

ANFANG DER 70ER JAHRE vermehrte sich der Lastwagenfernverkehr mehr und mehr und lag bald auf demselben Niveau wie die Eisenbahntransporte. Der Standard der schwedischen Landstraßen hatte sich erheblich verbessert, und Schweden hatte international gesehen ein gut entwickeltes Landstraßennetz und verhältnismäßig großzügige Bestimmungen hinsichtlich Länge, Breite, Achsdruck, Doppelachsdruck und Gesamtgewicht der Lastwagen.

Die Lastwagenentwicklung der 70er Jahre trug drei Kennzeichen: erhöhte Leistung, niedrigerer Kraftstoffverbrauch und reinere Abgase.

Mit dem Ausbau des Straßennetzes und der Tatsache daß Transporte in vielen europäischen Ländern von der Eisenbahn auf Lastwagen überführt wurden, stiegen Bruttogewicht und Achsdruck, und der immer schnellere Verkehrsrhythmus machte eine erhöhte Leistung erforderlich, wollten nicht die Fernlaster einen Pfropfen im Verkehr bilden.

Die Scania-Entwicklung der 70er Jahre wurde bereits im Juli 1969 mit der Vorstellung des neuen V8-Motors DS14 von 350 PS eingeleitet – damals

Als Scania im Sommer 1969 seinen neuen V8-Motor mit 350 PS vorstellte, war er Europas stärkster Lastwagendiesel. Der Motor war äußerst sicher und hatte ein großes Entwicklungspotential.

Europas stärkster Lastwagendiesel.

In den USA gab es bereits stärkere Lastwagenmotoren (die meisten jedoch benzingetrieben) und man war überzeugt, daß bald die Anforderungen auch in Europa heraufgeschraubt würden. In der Bundesrepublik hatte man bereits angekündigt, daß man 1972 eine Mindestforderung von 8 PS pro Tonne Bruttogewicht auf den eigenen Landstraßen fordern würde. Das bedeutete eine Niedrigstleistung von 304 PS für einen 30 t Gliederzug, ein großer Schritt in einer Zeit, wo viele internationale Fahrer mit 200 PS fuhren.

Scanias Motorkonstrukteure setzten das Ziel auf ca. 350 PS, und man konzentrierte die Motorentwicklung auf "Fahrbarkeit", was u.a. bedeutete, daß man Schaltungen durch den ganzen Geschwindigkeitsbereich benötigte, daß der Motor auch bei niedrigen Drehzahlen eine zufriedenstellende Zugkraft haben sollte und daß im ganzen Drehzahlbereich genügend Überschußleistung vorhanden sein sollte.

Bereits Anfang 1962 hatten Scania-Vabis Techniker beschlossen, den V-Motor zu entwickeln. Die

Motorexperten wollten einen kompakten, leistungsstarken Motor mit niedriger Drehzahl haben. Die Wahl stand anfangs zwischen einem Sechs- oder Achtzylinder-Reihenmotor und einem V8. Der Achtzylinder-Reihenmotor entfiel aufgrund seiner großen Länge, obgleich man gute Erfahrungen von früheren Achtzylinder-Reihenmotoren hatte, die u.a. in Triebwagen und in Metropolbussen vorkamen. Ein längerer 6-Zylindermotor als der bereits befindliche 11 Liter-Motor könnte Platzschwierigkeiten unter den soeben entwickelten Frontlenker-Fahrerhäusern haben, und die Techniker fürchteten auch, daß die thermische Belastung für die damaligen Kolben zu groß sein könnte. Bei einem V8-Motor hingegen könnte man leicht die gleichen Frontlenker-Fahrerhaustypen benutzen wie beim 11 Liter-Motor. Außerdem bedeutete der Winkel von 90° zwischen den Zylindern, daß man seine Höhe begrenzen konnte. Ein V8-Motor mit diesem Winkel bot eine dem Reihensechszylinder gleichwertige Laufkultur, gab jedoch dank seiner dichteren Kraftimpulse gleichmäßigere Kraft ab.

Die Techniker arbeiteten mehrere Jahre lang an einem V8-Prototyp von 14,2 l, denn man war der Ansicht, daß ein solcher ein großes Potential für Weiterentwicklung habe. Nachdem der Motor bereits von Anfang an für Turboaufladung dimensioniert war, rechnete man damit, die Grundkonstruktion auf lange Zeit beibehalten zu können.

Das Projekt war eine Herausforderung, da die V-Motoren im Hinblick auf Festigkeit empfindlich und außerdem schwerer zu gießen waren als Reihenmotoren. 1966 begann man mit einer Erprobung des Motors im Labor und auf der Landstraße. Die Motorleistung von fast 350 PS war für die damalige Zeit sehr imponierend und würde Scania die Spitzenposition in der zwischen den europäischen Lastwagenherstellern stattfindenden Jagd nach Leistung sichern. Es war ein großer Schritt von dem 6-Zylinder-Reihenmotor DS11 von 260 PS.

Der serienhergestellte DS14 Motor erhielt die Zylindermaße 127 x 140 mm und hatte einen Hubraum von 14,2 l und eine Leistung von 350 PS bei 2.300/min. Das maximale Drehmoment war 125 kpm bei 1.400/min und der spezifische Kraftstoffverbrauch 216 g/kWh.

Der Motor hatte einen robusten Aufbau um mechanischen und thermischen Beanspruchungen zu widerstehen. Er hatte feuchte Zylinderfutter, und jeder Zylinder hatte einen separaten Zylinderkopf, mit 8 kräftigen Bolzen angezogen, anstatt wie gewöhnlich einen gemeinsamen Kopf für eine Gruppe von Zylindern. Eine Stahlpackung gab gute Dichte zwischen Zylinderkopf und Block.

Die Turbotechnik, die Scania bereits in den 50er Jahren entwickelt hatte – Jahrzehnte bevor sie bei Personenwagen ein Begriff wurde – wurde jetzt für alle drei Grundmotortypen benutzt. Durch eine spezielle Konstruktion des Schaufelrades im Kompressorteil war die abgasgetriebene Turbine so effizient geworden, daß sie für beide Zylinderreihen ausreichte.

Sämtliche Einlaßrohre lagen zwischen den

Gelegentlich der Einführung der Serie 140 erhielten die Lastwagen der Serie LB110 den Namen Scania mit großen Buchstaben an der Front. Noch lagen die Scheinwerfer im Stoßfänger. Der kräftige LBS110 Super wurde für den Schlammtransport benutzt.

Im Herbst 1973 erhielten die Scheinwerfer eine geschütztere Lage. Dieser linksgelenkte LB110 mit Schlafkabine wurde von der englischen Roadships Ltd. für Ferntransporte auf dem Kontinent benutzt.

Zylinderreihen, während die Abgasrohre auf der Außenseite gezogen waren. Die Ansaug- und Abgasventile waren aus speziallegiertem Stahl mit besonders hoher Wärmebeständigkeit hergestellt, und die Ventilteller waren stellitbeschichtet. Die Kolben waren aus einer Leichtmetallegierung und die Einspritzdüsen waren neu mit 5 Löchern, die den Kraftstoff effizienter feinverteilten. Der Motor war außerdem mit einem automatischen Rauchbegrenzer versehen. Die Kurbelwelle war 5-fach gelagert und ausgewuchtet mit Hilfe von Gegengewichten, die an die Kurbelwellenkröpfung geschraubt waren. Die Rahmenlagerdeckel aus Schmiedestahl waren mit horizontalen und vertikalen Bolzen befestigt, bezeichnend für Scanias fachkundige Motortechniker.

Durch eine leiselaufende Übertragung von geschmiedeten, schräggeschnittenen Zahnrädern am Vorderende der Kurbelwelle wurden Schmierölpumpe, Druckluftkompressor, Einspritzpumpe und Hydraulikpumpe für die Servolenkung, Wasserpumpe und Gebläse getrieben. Die Kanäle des Kühlsystems waren dem Bedarf jedes einzelnen Zylinders angepaßt und alle Zylinder hatten separate Kühlflüssigkeitskanäle, um eine genau gleich effiziente Kühlung zu erhalten. Die Schmierung erfolgte ausschließlich durch in den Block gebohrte Kanäle. Die äußeren Rohre waren ganz verschwunden. Ebenso wie die übrigen Motoren hatte der V8-Motor den sehr effizienten kombinierten Zyklon- und Zentrifugal-Ölreiniger. Sämtliche Scania-Motoren hatten außerdem einen Ölkühler Typ Wärmeaustauscher, der mit Hilfe der Motor-Kühlflüssigkeit allzu kaltes Öl erwärmte und allzu kaltes Öl abkühlte. Die Kupplung war Zweischeiben-Trockenlamellentyp.

Der neue Motortyp gelangte zuerst in der neuen Frontlenker Baureihe 140 zur Anwendung, die im Sommer 1969 und auf dem internationalen IAA-Salon in Frankfurt vorgestellt wurde (2-achsig LB, 3-achsig LBS mit Nachlaufachse und 3-achsig mit Doppelachsaggregat LBT). Die Wagen hatten das gleiche Kipper-Fahrerhaus wie das im Februar 1968 für die Baureihe LB110 vorgestellte und waren, abgesehen vom Motor und einem kräftigeren Rahmen, diesem sehr ähnlich.

Der neue V8-Motor gab Scania einen besonders guten Ruf, und das kraftvolle Grollen entwickelte sich zu einem Statussymbol an sich, genauso wie das kleine V8-Symbol auf dem Grill. Es dauerte jedoch nicht lange, bevor die Käufer einsahen, daß der größte Vorteil des neuen Motors seine außerordentliche Eignung für wirklich schwere Lasten und sein überraschend niedriger Kraftstoffverbrauch im Verhältnis zu der hohen Leistung waren. Seine guten Eigenschaften bei niedrigen Drehzahlen verbesserten auch den Fahrkomfort, senkten den Schallpegel und verringerten den Bedarf an Herabschalten bei Steigungen. Daß der Motor sehr verschleißstark war, entdeckte man naturgemäß erst sehr viel später.

Scania hatte jedoch noch immer gewisse Proble-

Abgesehen von der Typenbezeichnung sahen der LB110 und der LB140 gleich aus, aber das imponierende Grollen hinter dem Frontgitter verriet dem Kenner den V8-Motor.

Da man das Fahrerhaus nach vorn kippen konnte, waren Motor und Getriebe leicht zu erreichen. Das Turboaggregat war am hinteren Teil des Motors montiert.

Das neue Hypoidgetriebe R751 war sehr kräftig und hatte u.a. ein in drei Rollenlagern gelagertes Antriebskegelrad; das eine Lager war am Zentrum des Tellerrades auf der Innenseite der Zähne plaziert.

me mit den Getrieben, die nach wie vor das schwächste Glied in den immer schwereren Lastwagen mit immer stärkeren Motoren waren. Die Getriebe hatten konstruktionstechnische Schwächen, die sich in dem anspruchsvollen Marktsegment, in dem man konkurrierte, bemerkbar machten. In gewissem Umfang galt dies auch für die Hinterradgetriebe.

Ein neues Hinterradgetriebe Typ Hypoidgetriebe führte zu einer erhöhten Momentübertragung, und gleichzeitig erhielt man eine leichtere Konstruktion. Dieses Hinterradgetriebe R751 wurde 1971 bei den Lastwagen der Baureihe 140 eingeführt. Es war bereits eine zeitlang in den Lastwagen L85 und L110 zur Anwendung gelangt und war leichter und stärker als das alte Doppelgetriebe (45 kg leichter).

Zu ungefähr der gleichen Zeit konnten die Baureihen 110 und 140 mit einer neuen kräftigeren Hinterachse mit Zweigang-Herabschaltung, die zweite mit Hilfe von Radnabenübersetzung, versehen werden. Das Herabschalten erfolgte zuerst durch einen konischen Einfachgang im Zentrum der Hinterachse und dann durch ein zylindrisches Planetengetriebe in der Radnabe, wodurch man eine geringere Beanspruchung der Antriebsachsen erhielt. Die Hinterachse war wie andere Scania-Hinterachsen mit Differentialsperre ausgerüstet. Sie erhielt die Bezeichnung RP755 (später in RP750 geändert). Der LBT110 und der LBT140 hatten die Doppelachskonstruktion, wo die hintere Achse durch eine Kardanwelle von der vorderen angetrieben wurde.

Im Herbst 1971 erhielten alle Fahrgestellvarianten kräftigere Rahmen mit Ausnahme der Baureihen L50 und 140, die diese schon von Anfang an hatten. Die Höhe der Seitenträger wurde von 250 auf 270 mm, und die Flanschbreite auf 90 mm erhöht. Außerdem erhöhte man die Dicke der

Seitenträger um 1 mm für die Baureihen L80 und LB80 und um 2,5 mm für die übrigen Baureihen. Der LBT110 und LBT140 hatten außerdem einen inneren Seitenträger aus 8 mm Blech. Die Trägerhöhe am Vorderende des Rahmens war 20 mm höher, was in Kombination mit der erhöhten Dicke von 7 auf 9,5 mm die Tendenz zu Schwanken des Fahrerhauses verringerte und die Befestigungen für z.B. einem Schneepflug kräftiger machte.

Da man auch Änderungen der Befestigungen der Querträger sowie der Plazierung von Kraftstoff- und Druckluftbehältern einführte, erleichterte man die Montage verschiedener Aufbaukonstruktionen. Für den LB85 wurde ein weiterer Achsabstand eingeführt.

Die Baureihen 110 und 140 erhielten eine neue Doppelachskonstruktion in zwei Varianten, die eine für 16,5 t und Landstraßentransporte, die andere für 20 t und wirklich schwere Transporte. Die Doppelachse war auf neue Art am Rahmen befestigt, wodurch der Rahmen eine bessere Flexibilität erhielt. Die Federn waren breiter aber weniger der Anzahl nach. Die neue Doppelachse war 100 kg leichter als die frühere.

Eine sehr wichtige Veränderung war, daß die Lastwagen neue Getriebetypen erhielten. Die Serien L80 und L85 wurden mit entweder einem Fünfgang-Getriebe G750 oder einem Zehngang-Splitgetriebe GS750 ausgerüstet. Das G750 war ganz neu konstruiert und kürzer und kompakter als das frühere Getriebe und hatte viel kräftigere Zahnräder. Eine effiziente Rotorpumpe für das Schmieren hatte die siebenfache Leistung der früheren Plungepumpe.

Die größeren Baureihen 110 und 140 erhielten im Juli 1971 ein neues Zehngang-Rangegetriebe GR860, das das frühere Zehngang-Getriebe G672 ersetzte. Es hatte ein fünfgängiges Hauptgetriebe und ein elektrisch gesteuertes Planetengetriebe, das die Anzahl Schaltstufen durch einen unteren und einen oberen Geschwindigkeitsbereich verdoppelte. Die fünf unteren Gänge wurden mit dem Planetengetriebe im unteren Geschwindigkeitsbereich geschaltet und die nächsten fünf auf die gleiche Art mit dem Planetengetriebe im Hochgeschwindigkeitsbereich. Das Getriebeprinzip unterschied sich von dem früheren dadurch, daß die Gänge in einer Folge lagen und nicht in jeder Lage

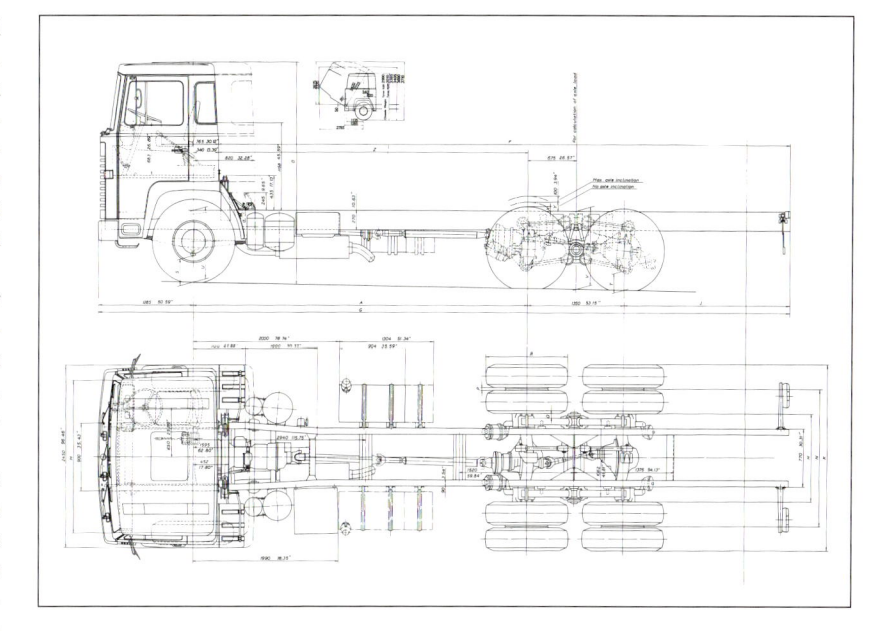

Zeichnung über einen rechtsgelenkten LBT140 mit dem neuen, kräftigeren Rahmen, der im Herbst 1971 herauskam.

Die tandemgetriebenen Doppelachsaggregate für LBT110 und LBT140 waren weiter entwickelt und konnten mit Radnabenübersetzung ausgerüstet werden.

GR860 war ein Rangegetriebe mit einem Fünfgang Grundgetriebe und einem elektrisch getriebenen Planetengetriebeteil.

hohe und niedrige Stufen hatten. Man konnte die Schaltstufen sehr viel gleichmäßiger machen, und das Getriebe war mit einer Sperrvorrichtung versehen, die verhinderte, daß man in den unteren Gangbereich herunterschalten konnte, wenn die Geschwindigkeit zu hoch war. Der erste Gang war viel niedriger als früher und gab dem Lastwagen eine 30% erhöhte Zugkraft in diesem Gang. Das Getriebe war viel leichter handzuhaben, denn der Fahrer hatte mit Hilfe der fünf Lagen des Schalthebels zehn Gänge zu seiner Verfügung.

Das Bremssystem hatte ebenfalls eine Verbesserung erfahren; die 3-Achsmodelle hatten gröbere Leitungen und Nippel bekommen und die Reaktionszeit konnte verkürzt werden. Die Druckluftbehälter waren senkrecht auf der Außenseite des Rahmens angebracht, und die drei Kreise vorn, hinten und Handbremse hatten je einen Behälter. Die Handbremse war mit einem Sperrventil versehen, so daß sie nicht gelöst werden konnte, bevor der Druck im System hoch genug war.

Der Scania L50 erhielt im Sommer 1971 ebenso wie die schweren Lastwagen Federbremszylinder an der Hinterachse, und die übrigen Modelle erhielten als Standard Federbremszylinder auch an der Vorderachse. Die Handbremse wirkte da auf alle vier Räder.

Eine wichtige Verbesserung war, daß alle Modelle mit lastfühlenden Bremsventilen ausgerüstet wurden, die die Bremskraft auf die Hinterachse der Last des Wagens anpaßten.

Auch der Bequemlichkeit des Fahrers wurde Rechnung getragen; die LB-Modelle erhielten Bostrom-Sitze, deren Federung sich leichter auf das Gewicht des Fahrers einstellen ließ.

Im Februar 1972 kamen Haubenwagenvarianten der Baureihe 140 heraus (L140/LS140), die ursprünglich nur als Frontlenker-Fahrgestell gebaut wurde.

Aus Tradition wollten u.a. die Fahrer von Forstfahrzeugen Haubenwagen haben. Die neuen L-Modelle wurden daher oft als Forstlastwagen benutzt, wo es ein Gefühl der Sicherheit gab, auf schmalen, eisigen und engen Waldwegen einen Motor vor sich zu haben. Sie wurden jedoch auch beliebt als Baustellenfahrzeuge, als Tankwagen, als Zugmaschine und als Bergungsfahrzeuge.

Die Lastwagen hatten mit ihrer breiten abschüssigen Motorhaube und deutlichen Kotflügeln ein viel kräftigeres Aussehen als die früheren Haubenwagen. Die Haube war mit den Kotflügeln in einem Stück gebaut und aus glasfaserarmiertem Kunststoff hergestellt. Die gesamte Haube mit Kotflügeln war balanciert und konnte in einem Winkel von 70° nach vorn gekippt werden, so daß man leicht Motor und Vorderachse erreichen konnte.

Das neue Fahrerhaus mit 3-Punkt-Aufhängung war aus dem Frontlenker-Fahrerhaus entwickelt und war bequem und luftig, womit man früher bei Haubenwagen nicht verwöhnt war.

Der L140 und LS140 wurden mit einer 7 t Vorderachse ausgerüstet, wodurch sie ein Gesamtgewicht von 17 t bei dem 2-achsigen und von 23 t bei dem 3-achsigen Wagen erhielten. (Für Exportwagen galt 19,5 bzw. 24 t). 1973 wurde das Gesamtgewicht auf 24 t erhöht indem die Wagen mit einer 17 t

Die Haubenwagen der Serie 140 kamen Anfang 1972 und hatten mit ihrer breiten, abschüssigen Motorhaube ein viel kräftigeres Aussehen als ihr Vorgänger. Hier ein LS140 Super mit Radnabenübersetzung an der Antriebsachse.

Die Haubenwagen erhielten im Herbst 1973 ein verbessertes Fahrerhaus mit übersichtlichem Armaturenbrett.

Ab Januar 1975 erschien das Scania-Firmenzeichen und V8 auf einer platte.

Motorhaube und Kotflügel bildeten bei der Serie 140 eine Einheit, die leicht aufgeklappt werden konnte.

Doppelachse ausgerüstet wurden, um noch besser die hohen Belastungen, die insbesondere bei Forsttransporten entstanden, bewältigen zu können.

Technisch gesehen unterschieden sich die Haubenwagen nicht von den Frontlenkern. Sie waren jedoch auf einigen Exportmärkten mit einer nicht turobaufgeladenen Variante des V8 Motors (D14 mit 275 PS, demselben Motortyp wie im Omnibusfahrgestell BR145) erhältlich. Bereits von Anfang an erhielten die Wagen das neue synchronisierte Zehngang-G860-Getriebe. In der Hinterachse saß normalerweise ein Hypoidgetriebe mit Einfachreduktion; für die schwersten Transportaufgaben konnte dieses jedoch durch eine Übersetzung in zwei Stufen in Form einer Hinterachse mit Radnabenreduktion ersetzt werden. Die Baureihe L140 wurde von den Jahren 1972 bis 1976 seriengefertigt.

1972 kam noch ein neues Modell heraus, der LBS85. Rahmen und Achsen waren vom LBS110/140, das Fahrerhaus vom Scania LB80, und der Wagen hatte einen überladenen DS8-Motor von 190 PS und das Zehngang-Splitgetriebe GS750. Der Lastwagen in erster Linie für kurze und mitellange Transporte von z.B. Öl, Stückgut oder Müll vorgesehen und konnte mit Einfachgetriebe für Landstraßentransporte oder Hypoidgetriebe für anspruchsvolle Baustellentransporte geliefert werden.

Im Herbst 1973 erhielten die Haubenmodelle verbesserte Fahrerhäuser mit u.a. einem neukonstruierten und gepolsterten Armaturenbrett, Zweispeichen-Lenkrad, einem bequemen Sitz, neuer Verkleidung, elektrisch betriebenen Scheibenwischern, besserer Klimaanlage und einer sehr effizienten Geräuschisolierung. Außerdem erhielten alle Wagentypen auf vielen Märkten Scheinwerferwischer und bei den Frontlenkern 110 und 140 erhielten die Scheinwerfer eine höhere Plazierung.

Im September 1974 wurden die ersten Lastwagen im „Neuen Programm Scania" vorgestellt, und weitere Modelle kamen während der folgenden zwei Jahre heraus. Sie ließen sich leicht von den Frontlenkern der früheren Modelle unterscheiden, da Scania im Januar 1975 sein neues Firmenzeichen in kräftigen Buchstaben unter der Windschutzscheibe anbrachte.

Die Lastwagen im „Neuen Programm Scania" hatten die Modellbezeichnung mit der Schlußzahl 1 anstatt 0 bzw. 6 anstatt 5.

Der 8 Liter-Motor D8/DS8 hatte eine beträchtliche Weiterentwicklung erfahren und war praktisch fast ein neuer Motortyp. Er hatte einen neuen kräftigeren Motorblock, neue paarweise angeordnete Zylinderköpfe, die mit 10 Bolzen befestigt waren und eine solide Stahlpackung, die von einer Kante des Zylinderfutters dichtungsdeformiert wurde. Jeder Zylinder hatte separate Abgaskanäle und neue Ventilzeiten ergaben einen besseren Gasaustausch. Ein temperaturgeregeltes Gebläse war als Zubehör erhältlich. Der Motor hatte einen etwa 4% niedrigeren spezifischen Kraftstoffverbrauch und eine 10% höhere Leistung.

Der D8 ohne Turbo hatte jetzt 163 PS und der Turbomotor DS8 205 PS; das Drehmoment war auf 70 kpm erhöht. Der Motor hatte auch im Hinblick auf den Schallpegel und die Abgaszusammensetzung deutliche Verbesserungen erfahren, und er erfüllte mit Abstand die Vorgaben, die 1975 in Kalifornien an diese Motoren gestellt wurden.

Der DS8-Motor hatte ein neues Überladungsaggregat und alle Varianten hatten eine neue Einspritzpumpe, ein effizienteres Schmiersystem, ölgekühlte Kolbenspitzen und ein keilförmiges Antriebsende der Pleuelstange. Die Ausrichtung war, den neuen D8/DS8 Motoren dieselbe Lebensdauer zu geben wie den größeren DS11 und DS14 Motoren.

Sämtliche Frontlenker- und Haubenwagen mit dem 14 Liter Motor erhielten im Januar 1975 beträchtlich modernisierte und verbesserte Fahrerhäuser, wo Wände, Decke und Türen mit Wärme- und schallisolierendem Kunststoff verkleidet waren. Der Fahrersitz war elektrisch erwärmt und das neue Armaturenbrett reflexfrei und mit leicht erreichbaren Reglern versehen. Man führte auch ein besonderes De-Luxe Fahrerhaus für bequeme Fernfahrten ein mit Stoffpolsterung, Teppichboden, Radio, Stereospieler und vielen anderen Finessen. Die Polsterung des De-Luxe Fahrerhauses war blau (die übrigen waren braun), es erhielt deshalb schnell den Namen „Blue Cab".

Auch die Frontlenker veränderten ihr Aussehen. Das Scania-Firmenzeichen erschien im Januar 1975 ebenso wie bei den T-Modellen auf einer Platte, und die Modellbezeichnung wurde von der Mitte des Grills an einen Platz oberhalb des Stoßfängers verschoben. (Oben links und rechts).

Im Neuen Programm Scania im Herbst 1974 erschien die Serie 111. Hier der LB111 mit einer langen Schlafkabine im Hamburger Hafen.

Im „Neuen Programm Scania" war ab September 1974 die Baureihe 111 enthalten (L111/LS111/LT111/LB111/LBS111 und LBT111, der in zwei Varianten erhältlich war.

Der D11-Motor war nunmehr laut der neuen „Philosophie der niedrigen Drehzahl" entwickelt worden, eine Entwicklung die viel für die Zukunft von Scania bedeuten sollte. Die Techniker hatten die Eigenschaften und die Drehmomentkurve des Motors so angepaßt, daß der gesamte Drehzahlbereich gesenkt wurde und das maximale Drehmoment bei einer niedrigeren Drehzahl erreicht werden konnte. Der grundlegende Gedanke war, einen Motor mit einem ausgeprägt hohen Drehmoment mit einer relativ hohen Hinterachsübersetzung zu kombinieren, wodurch man die Motordrehzahl niedrig halten konnte.

Mit Ausgangspunkt von der Normalgeschwindigkeit auf der Landstraße hatte man versucht, die Gesamtübersetzung von Motor und Lastwagen so einzustellen, daß der Motor so wirtschaftlich wie möglich arbeiten konnte. Nur die Übersetzung zu senken, würde zu einem kraftlosen Wagen führen, der zwar bei normaler Geschwindigkeit sparsam war, aber sofort herabgeschaltet werden mußte, wenn nicht alles ganz glatt ging. Von der niedrigsten Drehzahl des Motors sollte die Drehmomentkurve ansteigen bei Absinken der Drehzahl – je mehr desto besser.

Die Philosophie der niedrigen Drehzahl hatte auch andere Vorteile. Da der Motor bei niedrigerer Drehzahl arbeitete, verringerten sich der Verschleiß, die Unterhaltskosten, der Schallpegel und die Schaltarbeit.

Die Ideen waren an und für sich nicht ganz neu – die amerikanische Firma Mack war vermutlich die erste, die infolge der beunruhigend hohen Geschwindigkeiten die Vollast-Drehzahl begrenzte, In Europa war jedoch Scania zweifelsohne an der Spitze mit diesen Gedanken. Keine andere Firma hat in gleichem Maße auf dieses erfolgreiche Prinzip setzen wollen.

Die Leistung war jetzt 203 bzw. 280/296 PS bei den D11 und DS11, eine Erhöhung um 25–30 PS (für verschiedene Märkte wurden verschiedene Leistungszahlen angegeben je nach Berechnungsweise). Außerdem war der Kraftstoffverbrauch gesunken und die Abgase waren reiner geworden.

Die Haubenwagen der Serie 111 behielten ihr früheres Aussehen von der Serie 110 bis 1980, als die Serie 2 kam, dadurch unterschieden sie sich von den Haubenwagen der Serie 140. Haubenwagen waren beliebt bei "Forstfahrern", die auf schmalen, glatten Wegen fahren mußten.

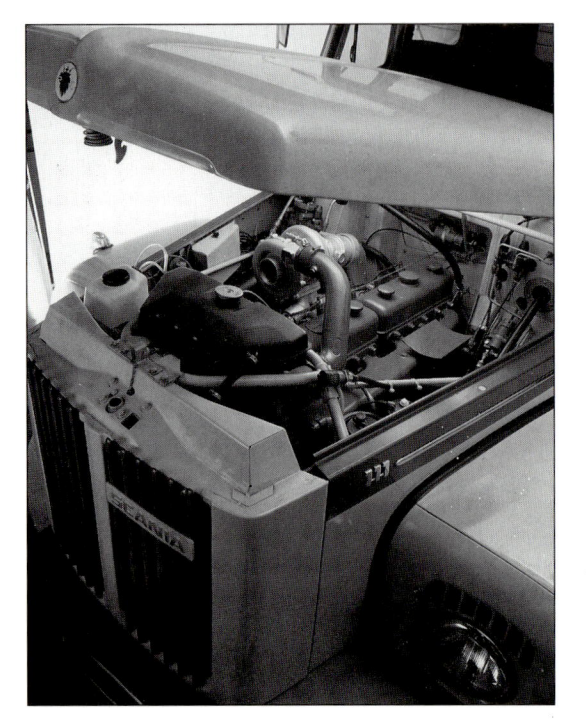

Mit der Alligatorhaube der Wagen Serie 111 konnte man Motor und Getriebe nicht so gut erreichen wie mit der aufklappbaren Frontpartie der Serie 140. Das "Kühlerzeichen" zeigte den schonischen Greif, der seit der Malmözeit zum alten Scania-Zeichen gehörte.

Ab Mai 1977 konnten alle Käufer die Variante von 305 PS erhalten, die mit einer speziellen Einspritzpumpe dem Deutschlandmarkt angepaßt war.

Ein weiteres Beispiel der konsequenten Entwicklung der Lastwagen war die Feststellbremse dieses langlebigen Modells (das 1958 als L75 vorgestellt, dann in L76 und L110 weiterentwickelt, und bis 1981 mit der letzten Version der Serie 111 hergestellt wurde). Anfangs war die Bremse mechanisch und mit einem Bodenhebel bedient, den man mehrmals anziehen mußte bevor die Bremskraft ausreichend war, eine sog. mechanische Mehrschlagbremse. Der L76 hatte eine Einschlag-Handbremse mit Druckluftservo erhalten und beim L110 kamen die Federbremszylinder hinzu, die noch für die Lastwagen der 90er Jahre bezeichnend waren.

1975 begann die Herstellung der kompletten Vorder- und Hinterachsen und Kardanwellen in der Scaniafabrik in Falun, vormals AB Svenska Järnvägsverkstäderna, die bis Anfang der 70er Jahre das rollende Eisenbahnmaterial hergestellt hatte und 1973 eine Tochtergesellschaft von Saab-Scania wurde.

Im März 1975 änderte man die Bezeichnung der Baureihe 80 in 81 (L81/LB81) und die Baureihe L85 in L86 (L86/LS86/LB86/LBS86), wo der letztere ein robusteres Fahrgestell hatte. Ab August 1976 gab es eine weitere Variante, den LBT86.

Das Fahrgestell LB81 eignete sich für eine Reihe von Aufgaben und wurde hergestellt für Verteilung von Palettengut, Futter, Müll, Heizöl, Milch und Brauereiwaren und kam oft mit Ladepritschen verschiedener Größe und mit Behältern vor. Die Benutzung als Verteiler-Lastwagen in dichtem Verkehr und auf kurzen Strecken wurde dadurch erleichtert, daß der Wagen ab 1976 mit einem automatischen Viergang-Allison-Getriebe (GA651) ausgerüstet werden konnte. Eine kräftige Fünfgang-Version (GA652) kam auch bald für Baureihe LB86/LBS86 (jedoch nicht alle Varianten).

Ab April 1975 stellte man ein Haubenfahrzeug mit Doppelachsantrieb der Baureihe 140 her, den LT145 mit vier Achsabständen von 3,8 bis 5,4 m,

Ab 1976 konnten die Wagen LB81 mit einem Viergang-Automatikgetriebe ausgerüstet werden, wodurch die Wagen sich noch besser für den Verteilerverkehr in Städten eigneten.

Der kräftige LB86 wurde oft für schwere Baustellentransporte benutzt. Dieser LB86 war als Wassertankwagen für die Feuerwehr im Einsatz.

Der LS86 mit niedrigem Achsabstand. Die Ausnutzung der Farben lassen den Wagen sehr groß erscheinen.

der für wirklich schwere Transporte vorgesehen war und der einen Vorderachsdruck von 7 t, einen Doppelachsdruck von 24 t und ein Gesamtgewicht von 30 t hatte. Ein Teil der gelieferten Lastwagen waren mit verstärktem Rahmen und kräftigen Achsen versehen und wurden für die allerschwersten Transportaufgaben benutzt. Es gab ein Beispiel, daß er für Anhänger mit bis zu 8 Achsen und 8 Rädern an jeder Doppelachse, insgesamt 64 Räder, benutzt wurde, wodurch der Lastzug eine Gesamtlänge von 70 m erhielt. Die Lastkapazität war 200 t!

Im Zusammenhang mit der Vorstellung der Lastwagen-Baureihe L141 und des Modells LT146 im „Neuen Programm Scania" im Dezember 1976 wurde der V8-Motor denselben Entwicklungsstufen unterzogen, die man 1974 bei dem 6-Zylinder D11/DS11 vorgenommen hatte.

Die Techniker waren einen Schritt weiter gegangen, um den Motortyp in den unteren Geschwindigkeitsbereichen noch stärker zu machen. Der Motortyp hatte anfangs traditionsgemäß keine besonders niedrige Drehzahl (max. 2.300/min). Scania akzentuierte seine Philosophie der niedrigen Drehzahl, von der man bereits 1974 gesprochen hatte, als es sich um den 6-Zylinder 11 l-Motor handelte.

DIE FAHRZEUGE VON SCANIA

Diese Weiterentwicklung führte dazu, daß der DS14 eine erhöhte Motorleistung von bis zu 375 PS erhielt. Die beste Zugkraftdrehzahl lag zwischen 1.300 und 1.600/min; die maximale Drehzahl wurde deshalb auf 2.000/min gesetzt. Das Drehmoment war um 21% auf 151 kpm bei 1.300/min (gegenüber früher 1.500/min) erhöht, während die Drehzahl für den niedrigsten spezifischen Kraftstoffverbrauch (211 g/kWh) von 1.600 auf 1.500/min gesenkt worden war. Dies hatte man u.a. durch eine neue Konstruktion der Zylinderköpfe erzielt, die einen besseren Füllungsgrad ergab und durch Einlaßkanäle von Spiraltyp, die die Ansaugluft in eine starke Verwirbelung im Verbrennungsraum versetzten. Außerdem hatte der Motor eine neue Einspritzpumpe, neue Ventile und Ventilsitze, neue Kolben, eine neue Nockenwelle und einen neuen Ventilmechanismus erhalten. Um seine Lebensdauer zu verlängern, hatte man die Kühlung der Kolben dadurch verbessert, daß Schmieröl auf die Unterseite der Kolben gespritzt wurde.

Mit diesem neuen Motortyp war Scania wieder an der Spitze bei der Motorleistung für schwere Standardlastwagen. Einige Fahrer empfanden trotzdem den neuen V8 als schwächer als den älteren, obgleich er in jeder Hinsicht bessere Zahlen aufwies. Es war schwierig, Verständnis für die neue Fahrtechnik zu erzielen, nachdem hohe Drehzahl und starkes Motorgeräusch oft mit guter Zugkraft verbunden wurden. Man hörte ja, daß dieser Motor nicht so viel konnte!

Die Haubenwagen und die Frontlenker der Serie 141 hatten einen ganz verschiedenen Charakter.

Der LT145 (oben rechts) und der Nachfolger LT146 (unten) waren besonders kräftige Versionen mit tandemgetriebenen Doppelachsaggregaten, vorgesehen für wirklich schwere Transporte.

Scania übernahm nunmehr die Verantwortung, die Fahrer zu lehren, was die Philosophie der niedrigen Drehzahl bedeutete, was man mit Hilfe eines Slogans „Grün fahren!" zu erzielen suchte. Dies wurde mit einer neuen Symbolsprache auf dem Drehzahlmesser verbunden, wo ein grünes Feld den günstigsten Drehzahlbereich angab.

Eine praktische Demonstration an einer Steigung, wie sich das Drehmoment tatsächlich erhöhte, die Drehzahl absank, und wie der Wagen die Steigung ebenso gut bei einem höheren Gang bewältigen konnte, war oft ausreichend als Beweis. Daß man den Motor nicht so viel hörte wie vorher war etwas, woran sich die Fahrer gewöhnen mußten, aber etwas was der Beifahrer im allgemeinen sehr schätzte.

Die niedrige Arbeitsdrehzahl wirkte sich außerdem günstig auf die Betriebswirtschaftlichkeit aus, sowohl im Hinblick auf Kraftstoffverbrauch als auf Lebensdauer. Die Millionen-Kilometer-Grenze im Fernverkehr mit Scanias 14 l-Motor zu bewältigen wurde plötzlich normal.

Der einzige Nachteil mit der Philosophie der niedrigen Drehzahl war, das der Durchschnittsverbrennungsdruck sich erhöhte, wenn der Motor mehr bei niedriger Drehzahl arbeitete; er war jedoch von Anfang an hierfür konstruiert, und Scanias Techniker erhielten deshalb keine Probleme.

Die Typbezeichnung der Fahrgestelle mit dem neuen DS14-Motor war 141 bzw. 146 für die kräftigere Version mit dem Doppelachsantrieb (Gesamtgewicht 30 t). Die Baureihe 141 wurde als Frontlenker (LB141) und 3-achsig (LBS141) sowie mit Doppelachsantrieb (LBT141) hergestellt. Außerdem gab es drei Haubenmodelle, L141, LS141 und LT146, das letztere mit Doppelachsantrieb für extra schwere Transporte.

Sämtliche Modelle waren in Einzelheiten verbessert, insbesondere in bezug auf den inneren Schallpegel.

1970–1979

1975 begann Scania wiederum, neukonstruierte geländegängige Lastwagen für die schwedische Landesverteidigung zu liefern. Sie trugen die Bezeichnung Scania SBA111 und SBAT111.

Scanias Vertrag mit der schwedischen Landesverteidigung war einzigartig. Der Preis der neuen geländegängigen Lastwagen sollte dadurch bestimmt werden, was sie in Betrieb und Unterhalt kosten würden. Niedrige Unterhaltskosten würden bedeuten, daß der Staat einen höheren Preis pro Wagen bezahlte und umgekehrt. Aus natürlichen Gründen wurden deshalb die Wagen von der Landesverteidigung besonders intensiv getestet.

Die Wagen waren gebaut um in sehr schlechtem Gelände fahren, und bei voller Last 60% Steigung und 40% seitliche Neigung bewältigen zu können. Ihre freie Höhe über dem Boden war 40 cm und die Wagen konnten über 60 cm diagonale Hindernisse klettern und dennoch mit allen Rädern Bodenkontakt haben, sowie über Gewässer mit 80 cm Wassertiefe waten.

Komfort und einfacher Service waren wichtige Forderungen. Sie hatten ein gut isoliertes Frontlenker-Fahrerhaus, und Fahrersitz und Beifahrersitz waren fast ebenso bequem wie in zivilen Versionen. Das ganze Fahrerhaus konnte nach vorn gekippt werden und es war möglich, den ganzen Motor in vier Stunden auszuwechseln.

Die Wagen sollten mit Automatikgetriebe ausgerüstet sein. Dieses war sechsgängig und ermöglichte ein Fahren in Geschwindigkeiten von 3–80 km/h. Mit einem besonderen Fußregler konnte der Fahrer außerdem eine leichte Bremswirkung einschalten, die ein Fahren mit großer Genauigkeit in besonders schwerem Gelände zuließ.

Die geländegängigen Wagen wurden in zwei Versionen geliefert; der SBA111 war 2-achsig mit dem 6-Zylinder D11-Motor von 220 PS und Lastkapazität 4,5 t; der Wagen konnte im Gelände einen 6 t Anhänger ziehen. Der SBAT111 war 3-achsig mit überladenem DS11-Motor mit 300 PS, Lastkapazität auf der Ladepritsche 6 t (spätere Versionen bis zu 8,5 t) und zog außerdem einen 12 t Anhänger, auch im Gelände. Beide Typen hatten Antrieb an sämtlichen Achsen und Radnabenübersetzung.

Bei der Konstruktion hatte Scania danach gestrebt, so viele Teile wie möglich gleich und damit zwischen den beiden Typen austauschbar zu machen. Dies galt z.B. für die Achsen.

Die Spezifikationen der Landesverteidigung forderten besondere Lösungen. Die Ladepritsche hatte eine besondere Befestigung um eben zu sein, auch wenn der Rahmen bei Geländefahren kräftig gedreht wurde. Die Motoren hatten immer spezielle Ölpumpen, die Betrieb in kräftigen Steigungen zuließen.

Die geländegängigen Wagen waren vor allem für Transport der Artillerie mit dazugehörigem Personal und Ausrüstung vorgesehen. Die Soldaten saßen dann in einer gedeckten, erwärmten Kabine auf der Ladepritsche, während das Artilleriegeschütz im Schlepp gezogen wurde.

Insgesamt wurden 2.700 SBA111/SBAT111 an die schwedische Landesverteidigung geliefert, und man rechnet damit, daß dieser Lastwagentyp bis zum Jahre 2020 im Betrieb sein kann. 700 Wagen wurden für den Export hergestellt, u.a. wurden 660 nach Indien und 34 nach Finnland geliefert, und die Wagen kamen auch in einer Reihe von Spezialversionen vor, u.a. als Rettungswagen für die Flugwaffe und als spezialgebaute Schneeschleuder.

Ein 2-achsiger SBA111 mit einem D11-Motor von 220 PS und ein 3-achsiger SBAT111 mit einem DS11-Motor von 300 PS.

Lastwagen 1969–81 (SBA/SBAT-90)

Serie	Gesamtgewicht	Motor	Achse	Achsabst.	Jahr	Anzahl	Verm.
L140	17,5–19,5	D14/DS14	4x2	4,2–5,4	1972–76	415	D14 Export
LS140	23–24	D14/DS14	6x2	4,2–5,4	1972–76	1.653	D14 Export
LB140	17–19	DS14	4x2	3,1–5,0	1969–76	3.695	
LBS140	23,5	DS14	6x2	3,1–4,6	1969–76	5.132	
LBT140	26,5	DS14	6x4	3,1–4,6	1969–76	1.171	
LT145	30,0	DS14	6x4	3,8–5,4	1975–76	114	
L81	16,5	D8/DS8	4x2	3,8–5,4	1975–80	3.339	
LB81	16,5	D8/DS8	4x2	3,1–5,8	1975–81	12.749	
L86	16,5–19	D8/DS8	4x2	4,2–5,4	1975–80	739	
LS86	23	D8/DS8	6x2	4,2–5,0	1975–80	575	
LB86	17–19	D8/DS8	4x2	3,4–5,0	1975–81	1.732	
LBS86	23,5	D8/DS8	6x2	3,4–5,2	1975–81	1.652	
LBT86	24,8	DS8	6x4	3,8	1976–81	156	
L111	16,5–19	D11/DS11	4x2	3,8–5,4	1974–80	30.510	
LS111	23	D11/DS11	6x2	3,8–5,0	1974–80	5.258	
LT111	26	DS11	6x4	3,8–5,4	1974–80	10.519	
LB111	17–19	D11/DS11	4x2	3,1–5,4	1974–81	20.961	
LBS111	23,5	D11/DS11	6x2	3,1–4,6	1974–81	6.487	
LBT111	20–26,5	DS11	6x4	3,1–4,6	1974–81	2.260	
LBFS111	29–30	DS11	8x2	5,9	1978–80	39	
L141	17,5–19,5	DS14	4x2	3,8–5,0	1976–80	151	
LS141	23,5–24	DS14	6x2	3,8–5,4	1976–80	1.316	
LB141	17–19	DS14	4x2	3,1–5,0	1976–81	9.227	
LBS141	23,5–26,5	DS14	6x2	3,1–4,6	1976–81	6.052	
LBT141	23–30	DS14	6x4	3,1–4,6	1976–81	1.126	
LT146	30–36	DS14	6x4	3,8–5,4	1976–80	313	
SBA111	13,4	D11	4x4	4,0	1975–90	1.803	
SBAT111	16,9–19,0	DS11	6x6	3,6+1,5	1975–90	1.608	

Außer diesen Lastwagen wurden für einige Märkte Lastwagen mit vorgezogener Vorderachse, LK-Wagen, in den Serien 111 und 140 und 141 hergestellt.

Die Herstellung hörte 1990 auf, wo man 1.803 SBA111 und 1.608 SBAT111 geliefert hatte.

Fahrzeugtechnisch wurden die zivilen Lastwagenfahrgestelle im Takt mit den Forderungen an Systemtransporte und Wechselaufbauten weiterentwickelt. 1975 wurde als Alternative zu der herkömmlichen Federung die Luftfederung an der Hinterachse bei gewissen Fahrgestell-Längen von LB81 und LB111 vorgestellt, oft kombiniert mit einer vorderen Hubvorrichtung, die ein schnelles und einfaches Handhaben abstellbarer Lastträger ermöglichte.

1978 wurde Luftfederung als alternative Ausrüstung auch bei den LB141, LBS111 und LBS141 eingeführt, wo diese auch die Doppelachshubvorrichtung steuerte. Gleichzeitig wurden bei mehreren Fahrerhäusern eine hintere federnde Fahrerhausaufhängung eingeführt, was den Komfort beträchtlich verbesserte, insbesondere bei kurzen Achsabständen.

Eine weiter Variante der Baureihe 111 wurde 1978 eingeführt, die LBFS111, ein Frontlenker mit zwei lenkbaren Vorderachsen (8x2). Die Ölgesellschaften und andere Verteiler wollten mehr Ge-

1975 wurde bei einigen Modellen Luftfederung an der Hinterachse eingeführt (hier LB81), und 1978 auch bei größeren Lastwagen.

Der LBSF111, eine Lastwagenversion mit zwei lenkbaren Vorderachsen, mit größerer Lastkapazität bei derselben Gesamtlänge.

Als der V8-Motor in Brasilien eingeführt wurde, entwickelte man eine besondere LK-Version mit 415 mm vorgezogener Achse, damit der zulässige Vorderachsdruck nicht zu hoch würde. Der gleiche Typ wurde auch für den australischen Markt hergestellt.

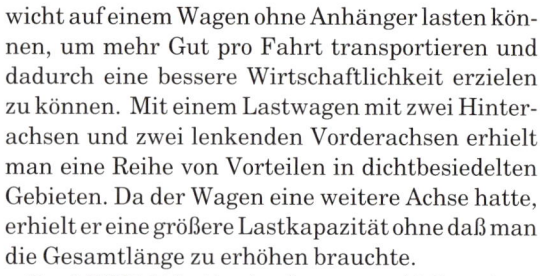

wicht auf einem Wagen ohne Anhänger lasten können, um mehr Gut pro Fahrt transportieren und dadurch eine bessere Wirtschaftlichkeit erzielen zu können. Mit einem Lastwagen mit zwei Hinterachsen und zwei lenkenden Vorderachsen erhielt man eine Reihe von Vorteilen in dichtbesiedelten Gebieten. Da der Wagen eine weitere Achse hatte, erhielt er eine größere Lastkapazität ohne daß man die Gesamtlänge zu erhöhen brauchte.

Der LBFS111 hatte eine Länge von 10,5 m, einen Achsabstand von 5,90 m und ein Gesamtgewicht von 30 t (in Schweden 29 t). Er konnte 20 m^3 Heizöl und 14,5 t als Stückgut- und Wechselaufbauwagen laden.

Weitere Vorteile mit dem Modell waren seine gute Stabilität, seine gute Lenkfähigkeit und sein kurzer hinterer Überhang, was Sicherheit für andere Verkehrsteilnehmer bedeutete.

Der einzige eigentliche Nachteil außer dem ziemlich hohen Preis war, daß sein Wenderadius im Vergleich mit einem gewöhnlichen 3-achsigen Lastwagen ungefähr 1 m größer war.

Von August 1978 bis November 1980 wurden nur 39 Exemplare hergestellt, von denen 22 zum Export gingen.

1978 wurde eine weitere Standardfarbe der Fahrerhäuser, beige, eingeführt; früher kam nur hellgrau oder paprikarot vor. Für die schwersten Lastwagen wurde als Alternative eine stärkere Hinterachsbrücke mit einem neuen Hinterachsgetriebe, RP830 mit Radnabenübersetzung, eingeführt.

Der DS11 Motor wurde im Oktober 1979 laut denselben Prinzipien wie der V8 Motor modifiziert, d.h. er wurde weiterhin der Philosophie der niedrigen Drehzahl angepaßt durch u.a. eine neue Einspritzpumpe, effizientere Dichtung zwischen Zylinderfutter und Motorblock und sog. 3-Ringkolben, d.h. zwei Kompressionsringe und ein Ölring, eine Konstruktion, die geringere Friktionsverluste und niedrigeren Ölverbrauch ergab. Der neue Typ hatte ein fast 5% höheres Drehmoment als der frühere, 120 kpm bei 1.300/min. Die Leistung war 280 oder 305 PS (die erstere mit reineren Abgasen), der Unterschied war, daß man sie bereits bei 2.100/min gegenüber früher 2.200/min erreichte – die Leistung war außerdem etwas höher bei den mittleren Drehzahlen.

Die Philosophie der niedrigen Drehzahl, funktionierte über Erwarten, und es kamen immer mehr Berichte, daß Motoren 1 Million Kilometer gefahren waren, etwas was man vor nur 15 Jahren als völlig unmöglich bezeichnet hätte.

Auch die Getriebe wurden modifiziert und verstärkt, um die erhöhte Motorleistung zu bewältigen. G760, GS760 und GR860 erhielten deshalb ab Mai 1979 die neuen Bezeichnungen G770, GS770 und GR870.

Omnibusfahrgestelle mit Frontmotor hatten sich auf dem Europamarkt außerhalb des Nordens als schwerverkäuflich erwiesen, was dazu führte, daß der ganzgebaute Frontmotoromnibus CF76 im Jahre 1966 niedergelegt wurde.

Zurück blieben die Frontmotorfahrgestelle B80/BF80 (B80 von 1968, BF80 von 1971), sowie B110/BF110. B80 hatte drei Achsabstände (BF80 zwei) und wurde ab Herbst 1974 nur mit dem D8-Motor von 155 PS hergestellt. Später kam er auch als Super-Version mit dem DS8-Motor von 190 PS vor (auf manchen Märkten wurde 202 angegeben). Der B110/BF110 wurde in drei Achsabständen hergestellt.

Sämtliche B80- und B110-Varianten wurden bis 1974 hergestellt, wo sie von dem B86/BF86 mit dem D8- oder DS8-Motor in drei Achsabständen und dem B111/BF111 mit dem D11 oder (ab 1978) mit dem DS11-Motor mit zwei bzw. drei Achsabständen ersetzt wurden. Sämtliche Busse hatten ein mechanisches Fünfgang-Getriebe oder ein Vier- alternativ Fünfgang-Wilson-Getriebe. Gleichzeitig mit dem Modellwechsel wurden kräftige Verbesserungen vorgenommen hinsichtlich des inneren Schallpegels, und die Busse erhielten eine neue Instrumentierung.

Die meisten Frontmotorbusse (2.400 Stück) wurden in Brasilien hergestellt, während der Export aus Schweden hauptsächlich Montagesätze darstellte.

Seit das Interesse des Marktes an Frontmotorfahrgestellen gesunken war, hatte Scania Ende der 60er Jahre fast die Kontrolle des Linien- und Reisebusmarktes verloren. Unter den erwogenen Alternativen befand sich ein Linien- und Reisebusfahrgestell mit einem längseingebauten 6-Zylinder-Heckmotor mit 60° Neigung. Die Kraftübertragung wurde da einfach und fast lastwagenähnlich, mit anderen Worten wie gemacht für die Komponentenstandardisierung. Hinsichtlich der Leistung genügte der turboaufgeladene 6-Zylinder DS11-Motor. Er nahm jedoch zuviel Platz, wenn er nicht geneigt werden konnte. Der D8-Motor benötigte Turbo, damit die Leistung für Fernverkehrsbusse ausreichend war. Spezialentwickelte Omnibusmotoren wurden jedoch nicht besprochen, und die Alternativen wurden immer wieder untersucht, jedoch ohne Ergebnis.

Die neuen Modelle BR85 und BR145, die 1971 eingeführt wurden, retteten die Situation und gaben Scania die Konkurrenzkraft in diesem wichtigen Marktsegment zurück. Die Antriebsquellen in dieser neuen Fahrgestellgeneration für Linien- und Reisebusse war ein 60° geneigter 6-Zylinder DS8-Motor mit Turbo mit 180 PS und der große V8-Motor in Ansaugausführung (ohne Turbo) mit 260 PS mit 2.300/min (ein Motortyp, der im übrigen nur in den Lastwagen L140/LS140 in Exportversion vorkam). Beide Motortypen waren längseingebaut. Die Busse hatten ein mechanisches Fünfgang-Getriebe und meistens Blattfederung, konnten aber auch mit Luftfederung geliefert werden. Nach 1975 konnte der BR145 auch mit Vier-oder Fünfgang-Wilson-Getriebe geliefert werden.

Der BF111 mit finnischer Ajokki-Karosse im Ortsverkehr in Örebro.

Das Fahrgestell BR145 (das mit Hilfsrahmen geliefert wurde) hatte einen längseingebauten V8-Heckmotor von 260 PS in Ansaugversion.

Der BR85/86 hatte einen längseingebauten 6-Zylinder DS8-Motor mit 60° Neigung. Die eigenartige Karosse auf diesem BR86S war von der holländischen Firma Berkhof gebaut.

DIE FAHRZEUGE VON SCANIA

Die Eigenschaften des V8-Motors waren beinahe eine Sensation, als dieser in einen Omnibus gesetzt wurde. Dank dem großen Hubraum und dem hohen Drehmoment brauchte man den Motor selten zu forcieren, und er ging ruhig und kraftvoll durch den ganzen Drehzahlbereich. Das bedeutete, daß der Fahrer nicht so oft zu schalten brauchte, und das war ganz gut, denn die lange mechanische Übertragung zum Getriebe machten dem Schalthebel schlotterig. Es entstanden jedoch gewisse Probleme, da bei den Omnibussen mit dem V8-Heckmotor eine Anzahl von Bränden auftraten.

Trotz allem war dieser große und starke V8-Omnibusmotor eigentlich eine Notlösung, als man in der zweiten Hälfte der 60er Jahre versuchte, wettbewerbskräftige Linien- und Reisebusse zu konstruieren, die die Frontlenker ersetzen sollten, die außer auf einigen Exportmärkten schwer zu verkaufen waren.

Auch die Fahrgestellkonstruktion war neu. Das „Fahrgestell" wurde (ebenso wie das Heckmotor-

Das Fahrgestell BR116 war der sehr erfolgreiche Nachfolger von BR85/86 und BR145 mit einem längseingebauten D11/DS11-Motor von bis zu 305 PS. Es wurde in 5.624 Exemplaren verkauft, jedoch nie als ganzgebauter Omnibus. Die vier Omnibusse auf dem Bild haben Jonckheere-Karossen.

fahrgestell BR110M te) als separate Vorder- und Hinterwagen hergestellt, die mit einem Hilfsrahmen für den Transport zum Karossenbauer versehen waren. Dort wurden das Vorder- und das Hinterteil in eine selbsttragende Karosse eingebaut. Beide Typen wurden auch als ganzgebaute Version (CR85/CR145) mit in Katrineholm hergestellten Karossen verkauft. Dieser Karossentyp war nicht besonders originell, aber funktionell und geräumig. In der eigenen Fabrik beherrschte man außerdem die Technik und konnte die Herstellung rationalisieren. Nachdem bisher kein anderer Hersteller als Scania diese neue Fahrgestelltechnik benutzte, bedurfte es gewisser Einsätze, bis die Karossenhersteller die Technik beherrschten.

Als die Ansaugversion des V8-Motors 1976 aus der Produktion genommen wurde, hörte die Herstellung des Modells BR145 auf. Insgesamt hatte man da 894 Fahrgestelle und 148 komplette Busse hergestellt, in erster Linie für die nordischen Länder. Der BR85 war bereits 1975 durch den BR86 ersetzt worden. Der BR85 war ganzgebaut erhältlich (CR85), hingegen nicht der BR86.

1978 kam der Nachfolger des BR145, der neue BR116 (der nicht ganzgebaut verfügbar war) mit einem längsgstellten D11/DS11-Motor von 203 bis 305 PS. Dieser Motor war stärker als die Ansaugversion des V8-Motors und beträchtlich leichter (nur 225 kg).

Der BR116 war Scanias erstes Reisebusfahrgestell für eine selbsttragende Karosse (nach denselben Prinzipien wie der BR85/BR145), das sich als ein wirklicher Hit herausstellte. Der Bus war genau das, was der Markt brauchte. Die Karosse konnte mit Achsabstand von 4,9 bis 7,0 m gebaut werden.

Heckmotorfahrgestelle Omnibusse 1968–82

Serie	Motor	Achsabst.	Gesamtgewicht	Jahr	Anzahl	Vermerke
BR110M	D11	-	-	1968–73	320	
BR111M	D11	-	-	1974–78	362	
BR111DH	D11	-	-	1973–78	663	Für Doppeldecker
BR112	DN11/DS11	-	-	1978–82	264	
BR112A	DS11	5,1–7,2	-	1980–82	63	Für Gelenkbusse
BR112DH	DN11/DS11	4,95–5,6	-	1980–82	35	Für Doppeldecker
BR85/86	DS8	-	-	1971–81	840	
BR145	D14	-	-	1971–78	894	
BR116	DN11/DS11	-	-	1978–82	5.624	

BR112A und BR112DH mit Rahmen

1970–1979

Der BR110M wurde analog mit den Lastwagen in BR111M umbenannt; das Fahrgestell wurde mit Hilfsrahmen für den Transport zum Karossenbauer geliefert. Vorder- und Hinterpartien wurden dort mit einer selbsttragenden Karosse zusammengebaut.

Als Standard wurde der BR116 mit einem mechanischen Fünfgang-Getriebe geliefert und als Alternative war ein vollautomatisches Viergang-Getriebe (GA762) mit hydraulischem Momentwandler, zwei Planetengetrieben, fünf Lamellenkupplungen und Freirad erhältlich. Das Getriebe hatte ein eingebautes sog. Motorbremsprogramm, d.h. man erhielt eine Motorbremswirkung, wenn das Bremspedal eingedrückt und die Normallage für Vorwärtsfahren eingeschaltet war. Vier verschiedene Hinterachsübersetzungen konnten den gewünschten Leistungen angepaßt werden.

Die Fahrgestelle konnten mit Blattfedern oder mit Luftfederung ausgerüstet werden. Viele vitale Fahrgestellteile waren die gleichen wie bei den Lastwagen – ein großer Vorteil, nachdem Service und Ersatzteile in ganz Europa und in einem großen Teil der übrigen Welt verfügbar waren.

Der BR116 hatte ein leichtes aber robustes Fahrgestell mit ansprechenden Fahreigenschaften. Der Bustyp war das Ergebnis einer Zusammenarbeit zwischen Scania-Bussar und Scania do Brasil und wurden bereits 1977 in Brasilien hergestellt, ein Jahr bevor es in Europa eingeführt wurde.

Der BR116 wurde bis 1982 geliefert, wo er durch den weiterentwickelten K112 ersetzt wurde.

Für den schwedischen Markt gab es ab 1968 auch das Stadtbus-Fahrgestell BR110M mit quergestelltem D11-Motor. Das Fahrgestell bestand aus Vorder- und Hinterpartie, verbunden mit einem Hilfsrahmen, der nur bei Probefahrten und bei Transport zum Karossenbauer benutzt wurde. Diese Fahrgestelle hatten ein vollautomatisches Zweigang-Getriebe, direktwirkende Druckluftbremsen mit separaten Kreisen vorn und hinten und Handbremse von Federbremstyp. Lenkung und Kupplung waren servounterstützt.

Der BR110M erhielt 1974 die Bezeichnung BR111M (mit völlig schalldichtem Motorraum) und 1978 BR112 mit Unterbezeichnung BR112C als Stadtbusfahrgestell mit schalldichtem Motorraum und BR112DH, als Fahrgestell für Doppeldecker. Die Motortypen waren D11 oder DS11 und das Getriebe ein Zweigang-Automatikgetriebe. Diese Fahrgestelle für einstöckige und zweistöckige Omnibusse wurden auch exportiert, u.a. nach England.

Eine spezielle Entwicklung waren die rechtsgelenkten Busse Typ BR111MH und BR111DH (für Doppeldecker), die von 1971 bis 1978 hergestellt wurden. Sie waren das Ergebnis einer 1969 eingeleiteten Zusammenarbeit zwischen Scania-Bussar und dem englischen Karossenhersteller Metro-Cammel Weymann Ltd. in Birmingham. Sie wurden 1969 in Birmingham als Prototyp BR110 vorgestellt, und ein Bus wurde in der Commercial Motor Show in London 1970 vorgestellt. Die Konstrukteure von MCW fuhren nach Katrineholm, um die selbsttragenden Karossen und die Prototypen, die auf Scanias Rüttelbahn getestet wurden, zu studieren.

Im März 1971 wurden die ersten 18 Einstockbusse mit selbsttragender MCW-Karosse und mechanischen Komponenten von Scania geliefert und in Leicester in Verkehr gesetzt. Ihnen folgten weitere 17 Busse.

Der Einstockbus Metro-Scania war auf dem Fahrgestell BR111MH (H=rechtsgelenkt) aufgebaut und hatte eine Karosse von der englischen Firma Metro-Cammel Weymann Ltd.

An London Transport wurden 164 Doppeldecker auf Scania Fahrgestellen BR111DH geliefert.

Die Metro-Scania-Busse weckten Interesse in England, da sie auf manche Art sehr viel moderner als die derzeitigen englischen Busse waren, die z.B. weder selbsttragende Karosse, niedrigen Boden, starken Motor, automatisches Getriebe oder Luftfederung hatten. Die schwedischen Busse hatte außerdem ein funktionierendes Heizungssystem, womit die Engländer nicht verwöhnt waren, aber eigentlich auch nicht danach verlangten. Warum sollte es im Omnibus warm sein, wenn es im allgemeinen zu Hause nicht warm war?

Die Leitung von London Transport fand eine Servolenkung im Omnibus fast suspekt und forderte, daß diese träger gemacht werden sollte. Sonst bestände die Gefahr, daß die Fahrer der gewöhnlichen Busse sich einbildeten, daß Busse so sein sollten und forderten, daß man die gewöhnlichen Routemaster-Busse ebenso leicht fahrbar machte.

Weniger beliebt war, daß man schwedische Busfahrgestelle in einer Zeit importierte, wo die englische Omnibusindustrie vor einer ihrer wiederkehrenden Krisen stand. Die Presse hatte allerlei hierüber zu sagen, und obgleich man den Fahrkomfort der Busse lobte und man darauf hinwies, daß in der Tat ein großer Teil der Busse aus England kam, stieß man auf harten Widerstand.

Der große CR145 mit einem V8-Motor von 260 PS und einer Karosse von Scania-Bussar in Katrineholm, war nie besonders beliebt, obgleich er ein echter „Landstraßenkreuzer" war.

Von dem ebenfalls ganzgebauten CR85 wurden 21 Exemplare geliefert. Die Motorleistung war zu niedrig für anspruchsvolle Auslandsfahrten.

Der Fahrerplatz des CR85 und CR145 war komfortabel und alle Instrumente waren in bequemer Reichweite. Die lange Schalthebelübertragung zum Heckmotor konnte sich jedoch schlotterig anfühlen.

Nach einer Zeit legte sich der Sturm und es folgten weitere Bestellungen. Das Resultat der gut funktionierenden Busse war, daß Scania und MCW beschlossen, auch einen zweistöckigen Bus auf Basis des einstöckigen herzustellen. Das Fahrgestell hatte die Bezeichnung BR111DH und war zum größten Teil auf die gewöhnlichen Komponenten des BR111 gegründet. Der Bus wurde unter dem Namen Metropolitan verkauft.

Um einen wirklich niedrigen Mittelgang durch den ganzen Bus zu erhalten, versah man die Busse mit versenkten Vorderachsen, und die Hinterachse hatte eine seitlich verschobene Banjoachse.

Der Bus wurde auch diesmal auf der Rüttelbahn in Södertälje geprüft, bevor MCW das Zeichen zum Serienstart gab. Es zeigte sich jedoch bald, daß die Beanspruchung im englischen Stadtverkehr größer war als bei den Rüttelproben bei Scania. Nach einer Zeit mußte die Vorderachse und die hintere Luftfederung verstärkt werden, und Scanias Automatikgetriebe HR501 wurde durch das neuere GAV764 ersetzt, um eine bessere Lebensdauer zu erhalten. Als Krone des Werkes zeigte sich auch recht bald, daß die englische Karosse eine Neigung zum Rosten hatte.

Diese Probleme und eine massive „Buy British"-

1970–1979

Kampagne in England führten dazu, daß die Zusammenarbeit Scania-MCW 1978 aufhörte. Außerdem war man bereits verschiedener Ansicht, welche Marktsegmente man bearbeiten wollte. MCW entwickelte deshalb einen eigenen Doppeldecker, aber Scania setzte während der 80er Jahre fort, im Durchschnitt 25 Doppeldecker-Fahrgestelle pro Jahr der Typen BR112DH/N112DR mit Karossen von u.a. East Lancashire Coachbuilders in Blackburn nach England zu verkaufen.

Insgesamt wurden 133 BR11H Fahrgestelle für einstöckige Busse und 663 BR111DH für zweistöckige Busse während der Jahre 1971–78 an MCW geliefert, unter diesen 164 Doppeldecker für London Transport. Einige wurden exportiert, u.a. nach Hongkong.

1971 wurde eine neue Serie ganzgebaute Landstraßenbusse, basierend auf den Fahrgestellen BR85/BR145 vorgestellt. Der größte, CR145, hatte den V8-Motor und wurde eine Sensation dank seinem längsgestellten Motor, der in Ansaugversion 260 PS entwickelte, beträchtlich mehr als man in Omnibuskreisen gewohnt war.

Der kleinere Typ CR85/CR85S hatte einen D8- oder DS8-Motor, in der Längsrichtung des Busses montiert und 60° geneigt. Die Motoren hatten eine Leistung von 163 bzw. 205 PS.

Diese ganzgebauten Busse waren in drei Versionen erhältlich, als Linienbus, in der etwas luxuöseren Ausführung als Halb-Reisebus und als Vollreisebus. Sie wurden auch in zwei Gesamtlängen gebaut, 10,3 und 12,0 m, jedoch wurden keine kurzen CR145 geliefert. Sie hatten ein mechanisches Fünfgang-Getriebe und meistens Luftfederung, konnten jedoch auch mit Blattfederung geliefert werden.

Im Herbst 1975 wurde der CR145 modernisiert und erhielt u.a. eine neue Front mit dem neuen Scania-Firmenzeichen. Das Bremssystem war neukonstruiert, das Klimasystem modifiziert, und der Bus hatte einen gesenkten inneren Schallpegel. Zu den Verbesserungen gehörte auch ein neues Armaturenbrett. Die Herstellung des CR85 hörte 1974 auf und der CR145 wurde bis 1976 hergestellt.

Der einzige ganzgebaute Heckmotorbus, den Scania Anfang der 70er Jahre herstellte, war der CR110, der in mehreren Versionen gebaut wurde. Die Linienbusversion CR110L war nach und nach einer Verschönerung unterzogen worden und war 1970 mit dem D11-Motor von 190 PS, dem DS11-Motor von 260 PS oder 1971 mit einem Motor, dessen Leistung man im Hinblick auf die Rauchgasnormen auf 228 PS eingestellt hatte, lieferbar. Die

„Der leise Bus" CR111M, ein Meilenstein in Scanias Omnibusgeschichte und die Einleitung zu der Serie sehr leise ganzgebaute Omnibusse, die Scania dann liefern konnte.

Viele Maßnahmen hatten dazu geführt, den Omnibus so leise wie einen Personenwagen zu machen.

Busse waren mit neuen Sicherheitssitzen ausgerüstet und konnten mit ungeteilter Windschutzscheibe geliefert werden. Der CR110L wurde Ende 1972 aus der Produktion genommen.

1971 kam ein weiterer Meilenstein, der CR111M „Der leise Bus". Hier war es den Konstrukteuren zum ersten Mal gelungen, auf entscheidende Art das störende Geräusch eines Stadtbusses zu bemeistern. Das Modell wurde als so wichtig bezeichnet, daß es die neue Serien-Schlußzahl (1) erhielt, vier Jahre vor den Lastwagen.

Bereits als man 1966 begann, den Capitol-Nachfolger CR76 zu liefern, untersuchte man die Möglichkeiten, den äußeren Schallpegel zu senken.

Durch u.a. probeweises Zukleben der Motorraumklappe und Montieren schalldämpfender Hauben unter dem Motor konnte man das Geräusch bedeutend verringern.

Außer allen Dichtungsstücken war der Motorraum mit schallisolierendem Material plus einer Schicht Glasfaserwolle innerhalb der isolierenden Bodenbleche verkleidet. Außerdem hatte man Hauben eingebaut, die Schall von verschiedenen Frequenzen dämpften.

Ganzgebaute Omnibusse 1971–83

Serie	Motor	Axelavst.	Gesamtgewicht	Jahr	Lief.	Vermerk
CR111M	D11	5,9	16,5	1971–78	720	
CR111MF	D11	5,9	16,5	1975–76	86	
CR85	D8/DS8	4,9/6,5	17,5–15,5	1971–74	21	
CR145	D14	4,9/6,5	14–16,5	1971–76	148	
CR112	DN11/DS11	6,0/6,3	16,5	1978–83	993	

Als der größte Sünder erwies sich der Kühllufteinlaß, der einen freien und zeitweise sehr kräftigen Luftstrom zulassen mußte. Bei dem CR76 war der Kühler in der rechten Motorraumklappe plaziert und wurde mit dieser ausgeschwenkt. Jetzt teilte man das Kühlerpaket in zwei kleinere Einheiten, die aus dem Motorraum weggenommen wurden. Anstatt dessen plazierte man die Kühler beim CR111M hinter den Hinterrädern und rüstete sie mit elektrisch betriebenen thermostatgesteuerten Gebläsen aus.

Da der Motorraum so sorgfältig eingekapselt war, wurden Maßnahmen ergriffen, damit die Temperatur nicht zu hoch wurde. Das Abgaszweigrohr erhielt einen an das Kühlsystem angeschlossenen

Die zweite Generation leise ganzgebaute Stadtbusse war der CR112 mit modernerem Aussehen auf selbsttragendem, geschweißtem Gerippe mit loser Verkleidung. Die Herstellung begann 1978.

Beim CR112 hatte man den Motorraum durch Einkapseln noch leiser gemacht, und man hatte den Kühler an einen Platz links vor den Hinterrädern verlegt.

Wassermantel, und das Abgasrohr wurde im Motorraum isoliert und erhielt anstatt eines einzigen Schalldämpfers beim Motor zwei, die vor dem Motorraum zwischen den Seitenträgern montiert waren. Die beiden Schalldämpfer hatten verschiedene Aufgaben, der eine dämpfte hohe und der andere niedrige Frequenzen.

Außerdem wurde der Motorraum mit forcierter Ventilation ausgerüstet, d.h. ein Elektrogebläse saugte in Deckenhöhe Luft ein und führte sie zum Motor hinunter. Ein Teil der Luft wurde zum Generator und zur Elektrozentrale gelenkt, um diese temperaturempfindlichen Teile zu schützen.

Diese Maßnahmen führten zu einem Absinken des äußeren Schallpegels um 10 dB(A) auf 77 dB(A), niedriger als bei den meisten Personenwagen. Da eine Senkung um 3 Decibel eine Halbierung bedeutet, waren die Busse aufsehenerregend leise, vermutlich die leisesten in ihrer Größe in der ganzen Welt.

Auch die Fahrgäste konnten sich an dem gesenkten Schallpegel freuen, denn der eingekapselte Motor war nur wenig zu hören, insbesondere im Vergleich zu den vielen Omnibussen mit einem unter dem Boden montierten Mittelmotor.

Der Motor war ein quergestellter D11 von 190 PS, später 205 PS (manchmal für den Stadtverkehr auf 170 PS eingestellt) und das Getriebe in diesem ausgeprägten Stadtbus war fast immer vollautomatisch. 1973 kam eine Spezialversion für den Vorortverkehr, der CR111MF von 203 PS mit einem halbautomatischen Viergang-Wilson-Getriebe.

Mitte der 70er Jahre konstatierte man bei Scania, daß die Kosten für die Omnibustätigkeit gesenkt werden mußten, wenn man überhaupt fortsetzen wollte. Das hing u.a. damit zusammen, daß die ganzgebauten Busse CR111 und CR85/CR145 gemäß zwei verschiedenen Karossenmethoden gebaut waren, die Herstellung war deshalb nicht einträglich genug. Die Karossierung der Linien- und Reisebusse wurde deshalb 1976 eingestellt und die Mittel auf die modernen Stadtbusse der Baureihe CR112, der zweiten Generation von Scanias leisen Stadtbussen, konzentriert.

Die Fahrgestelltechnik mit separaten Vorder- und Hinterpartien für Einbau in selbsttragende Karossen war nicht bei allen außenstehenden Karossenherstellern beliebt. Auch wenn dies zum großen Teil auf Ungewohnheit zurückzuführen war und man nicht einsah, daß man hier eine gute Möglichkeit zu Profilierung hatte, war diese Konstruktionsweise eine Belastung für Scania.

Die Erfolge mit dem BR86 und dem BR116 waren jedoch ein Hinweis darauf, was der Markt haben wollte. 1978 wurde der CR111 durch den verbesserten CR112 ersetzt (die Serienbezeichnung 2 kam hier zwei Jahre früher als bei den Lastwagen). Bereits 1972 hatte man mit den Entwicklung des neuen Omnibusses begonnen, vor allen aus zwei Gründen: Karossenkonstruktion und Aussehen.

An und für sich sollte das Aussehen bei Omnibussen eine geringere Rolle spielen, aber der CR111 mit seinen abgerundeten Linien vorn und seinem kantigen Heck sah ziemlich altmodisch aus. Die meisten Omnibustypen der zweiten Hälfte der 60er Jahre waren durch kantige Linien gekennzeichnet. Einige Kunden, die den Bus im Innenstadtverkehr benutzten, wollten außerdem gern eine

Von den speziellen LK-Wagen mit vorgezogener Vorderachse in den Serien 111, 140 und 141 wurden in Brasilien 3.833 Exemplare (1975–81) und in Australien 686 Exemplare (1976–81) zusammengebaut.

Mit Hilfe von Luftfederung konnte der Fahrer selbst Wechselpritschen be- und entladen, indem er die Hinterpartie des Lastwagens anhob bzw. senkte.

dritte Tür hinter der Hinterachse haben, etwas was bei dem CR111 nicht möglich war.

Das zweite und größere Problem des CR111-Omnibusses war seine unzeitgemäße Karosse. Die eine Seite und die eine Dachhälfte waren als ein einzige Einheit hergestellt, die zusammen mit den aufgenieteten Leichtmetallverkleidungen selbsttragend war. Das bedeutete, daß eine kleinere Verbeulung einer Seitenverkleidung sofort repariert werden mußte, damit das Gerippe nicht zu Schaden kam.

Die Linien- und Reisebusse CR85 und CR145 hatten ihre Karossen bei Scania-Bussar nach anderen Prinzipien erhalten, nämlich ein selbsttragendes, geschweißtes Gerippe mit loser Verkleidung. Diese Bauart wählte man jetzt für den neuen Bustyp CR112. Die Karosse bestand aus einer großen Anzahl Verkleidungen, die leicht abgenommen werden konnten, um bei Werkstattarbeiten besseren Zugang zu den betreffenden Teilen zu haben.

Das Aussehen des CR112 war viel moderner und viereckiger, sogar in dem Maße, daß man ihn noch eckiger als seine Konkurrenten fand, obgleich er nach deutschem Vorbild eine große gewölbte Windschutzscheibe hatte. Er erhielt den Spitznamen „Schuhkarton".

Dieser Omnibustyp war noch leiser als sein Vorgänger. Der Motorraum war noch effektiver isoliert und das Druckluftsystem war mit einem besonderen Dämpfer versehen, der alle störenden Zischlaute verschluckte. Der CR112 tauchte völlig in den übrigen Verkehrsgeräuschen unter, und man empfand ihn kaum als einen Omnibus.

Der Kühler des Motors saß vor der Hinterachse auf der linken Seite, dem Verkehr zugewandt, und das Kühlgebläse wurde mit einem kräftigen Hydraulikmotor betrieben. Dieser Platz des Kühlers bedeutete auch, daß man den Bus mit einer Tür auf der rechten Seite hinter der Hinterachse ausrüsten konnte – ein wichtiges Verkaufsargument im Großstadtverkehr.

Zu Anfang waren die CR112-Wagen mit D11-Motoren ausgerüstet, entweder in Ansaugmotorversion D11 mit 203 PS oder in der neuen Turboversion DS11 mit 250 PS. Für die Omnibusse gab es eine Reihe von Getriebealternativen, u.a. Scanias neuentwickeltes Automatikgetriebe mit Lock-up für den Momentwandler, jedoch auch automatische Getriebe anderer Fabrikate.

Der CR112 hatte vollständige Luftfederung mit zwei Rollenbälgen an der Vorderachse und vier Rollenbälgen hinten in einem Rahmenwerk. Der Bus war in Normalausführung und in Cityausführung lieferbar, letztere etwas kürzer mit niedrigerem Boden im vorderen Teil des Busses. Von diesem Omnibus wurden 993 ganzgebaute Exemplare geliefert.

Die 70er Jahre bedeuteten für Scania im Hinblick auf Omnibusse einen schweren Anfang, dann einen guten Verkauf im Inland (CR111M) und in den nordischen Ländern (BR145). Die wirklich großen Erfolge kamen jedoch erst 1978, als der CR112 das Stadtbusprogramm erneuerte und der BR116 den Export richtig in Gang kommen ließ. Nun überschritt die Herstellung zum ersten Mal 2.000 Omnibusse pro Jahr.

Ende der 70er Jahre konstatierte man jedoch, daß die Kosten gesenkt werden mußten, wenn man die Omnibustätigkeit fortführen wollte. Zwar war die Produktion intensiv, aber die Rentabilität war unzufriedenstellend.

Der gute Ruf, den Scania Lastwagen auf dem südamerikanischen Markt hatten, färbte sich auf die Omnibusse ab. Besonders beliebt wurden sie auf den Fernverkehrslinien und auf den internationalen Routen, die man in den 70er Jahren eröffnete. Bis Ende der 70er Jahre benutzte man hauptsächlich Frontlenkerbusse, aber dann überwogen die Heckmotorbusse (in den 80er Jahren oft mit drei Achsen) fast ganz.

Die 70er Jahre waren das Jahrzehnt des großen Zuwachses – die Produktion wurde verdoppelt und der Export verdreifacht. 83% der Produktion wurde außerhalb von Schweden verkauft, und bereits 1970 überstieg der Export zum ersten Mal 10.000 Fahrzeuge, 1979 wurden 20.000 Fahrzeuge pro Jahr exportiert, und in demselben Jahr erreichte der Gewinn zum ersten Mal die Millionengrenze. Scania hatte da 20.000 Mitarbeiter.

1978 war ein Rekordjahr für den Auslands-

Der BR116 in eleganter Umgebung in Monaco.

Die hohe Leistung und das hohe Drehmoment des V8-Motors machten die 140/141-Modelle beliebt für Transporte auf langen Strecken, insbesondere über Alpenpässe und an steilen Hängen.

verkauf, und Scania wurde damit einer der größten Exporteure von Lastwagen über 15 t. Auch 1979 war wiederum ein Rekordjahr, und man mußte 800 Personen einstellen, um der Nachfrage gerecht werden zu können. Der Bereich Scania mußte auch die Herstellung von Benzinmotoren und Getrieben für Saabs Personenwagen übernehmen.

Nach der Fusion zwischen Saab und Scania-Vabis im Jahre 1968 hatte sich der Bereich Scania seiner eigenen Ansicht nach fast aus dem Konzern herausgebrochen und spielte großenteils seine eigene Rolle.

Am 6. Mai 1977 gab es wieder Schlagzeilen, diesmal galt es einer Fusion zwischen Saab-Scania und Volvo. Diese war aktualisiert worden, da sich die schwedische Maschinenbauindustrie im Schlepp der Ölkrise in einer Talsohle befand und an ungewöhnlich hohen Lohnkosten litt.

Der Grund zu der Planung eines Zusammengehens lag hauptsächlich bei den Personenwagen. Man rechnete damit, daß man Vorteile, insbesondere für die Zukunft gewinnen könnte, und durch Vereinung seiner Kräfte hoffte man, eine Zusammenarbeit mit ausländischen Konzernen vermeiden zu können.

Von Saab-Scanias vier Bereichen war Scania derjenige mit den wenigsten Problemen. Scania hatte seine Expansion fortsetzen können ohne an Rentabilität zu verlieren und hatte die ganze Zeit eine

Die Erfolge auf dem südamerikanischen Markt setzten sich während der 70er Jahre fort. Dieser L111 ist typisch für die Lastwagen, die lange, treue Dienste auf den argentinischen Landstraßen leisteten, oft über die Grenze des Zulässigen beladen.

Preispolitik führen können, die die Kostenerhöhungen kompensierte, und ein Wegfall auf einem Markt konnte durch schnellen Zuwachs auf einem anderen aufgehoben werden.

Die Leitung des Bereichs Scania hatte kein Interesse an einer Fusion mit Volvo, denn man rechnete damit, daß bei einem Zusammengehen Schwedens Anteil am Weltmarkt für schwere, dieselgetriebene Fahrzeuge insgesamt sinken würde. Außerdem war man der Ansicht, daß der Wettbewerb zwischen Volvo und Scania zu der Entwicklung der hohen Qualität der schwedischen Lastwagen und damit ihrem guten Ruf in der ganzen Welt beitrug.

Außerdem beabsichtigte Scania in Kürze ein neues, hochtechnologisches Produktsortiment auf den Markt zu bringen. Auch der Bereich Personenwagen war nicht an einem Zusammengehen interessiert.

Nach langwierigen Diskussionen beschloß die Leitung von Saab-Scania, den Vorschlag zurückzuweisen, nachdem er hauptsächlich Nachteile bedeutete. Scania konnte ausatmen.

Die großen Erfolge von Scania in den 70er Jahren, und seine Fähigkeit, auch in vorübergehenden Konjunkturtälern eine gute Erträglichkeit beizubehalten, hat den Grund für eine große Selbständigkeit gelegt. Der Überschuß beim Bereich Scania deckte Mitte der 70er Jahre gut und gern die Verluste bei den Computern und den Personenwagen.

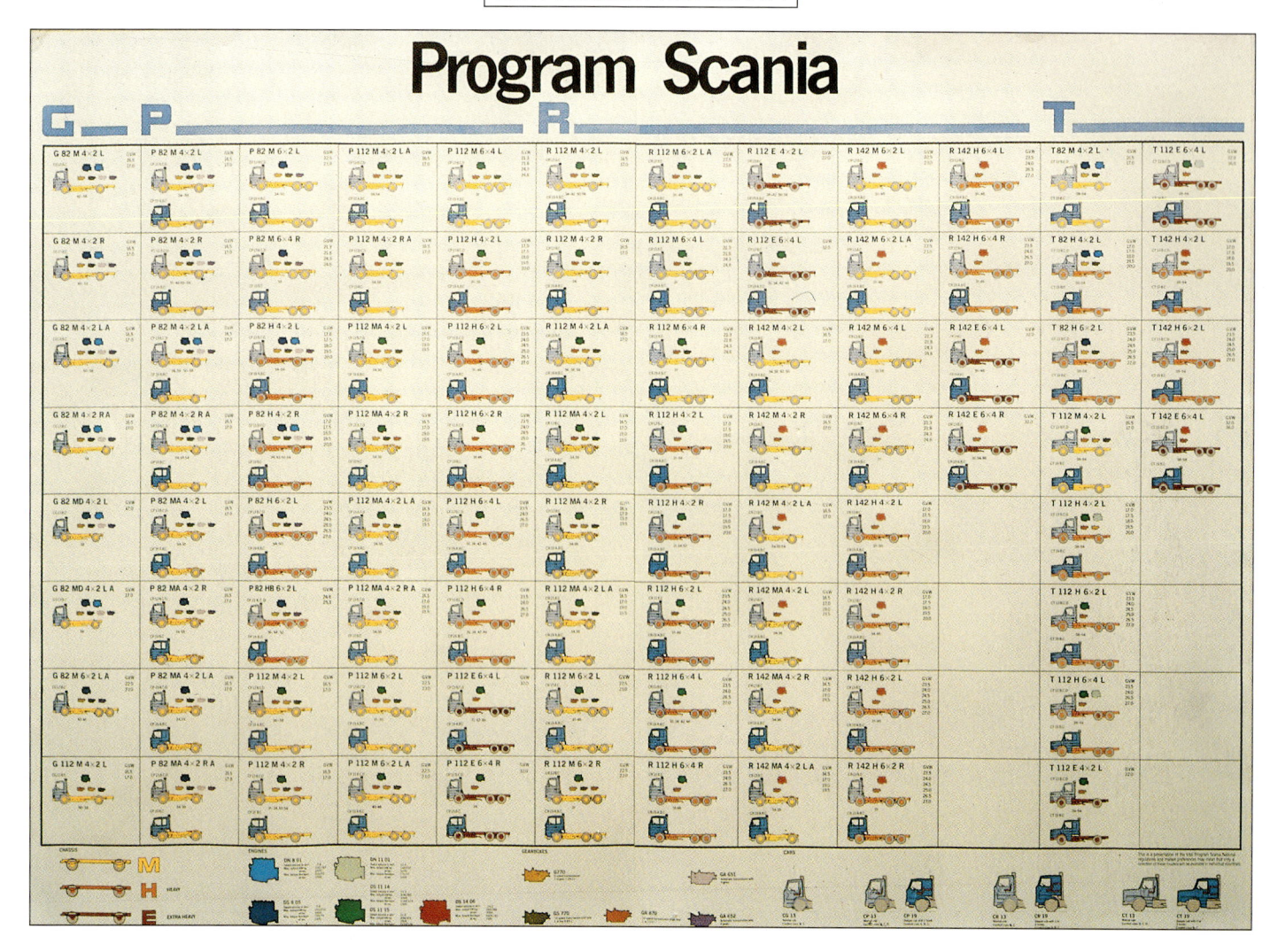

Scania

1980–1989

WÄHREND DER 80ER JAHRE konzentrierte Scania seine Tätigkeit auf Lastwagen mit über 16 t Gesamtgewicht für schwere Transporte und Omnibusse mit Platz für über 30 Fahrgäste.

Unter den technischen Errungenschaften lassen sich verschiedene elektronische Steuersysteme anführen. Ladeluftkühlung wurde immer gewöhnlicher, nicht nur um die Leistung zu erhöhen, sondern auch um eine reinere Verbrennung zu erhalten. Ende der 80er Jahre stieg das Umweltbewußtsein, und die Umwelteigenschaften der Motoren wurden verbessert, auch wenn die wirklichen Verbesserungen erst während der 90er Jahre erfolgten.

Zu Anfang der 80er Jahre hatte Scania den damals kräftigsten Lastwagenmotor in Europa, den V8-Motor DS14 von 375 PS, sowie ein breites Lastwagenprogramm mit drei Motorgrundtypen.

Seit Anfang der 70er Jahre hatten Scanias Konstrukteure an einem ganz neuen Lastwagenprogramm gearbeitet, das auf einer systematischen und weitreichenden Modularisierung von Fahrgestellen und Fahrerhäusern basierte, und das einer der wichtigsten Ecksteine in Scanias Unternehmensphilosophie war. Das neue Programm sollte einesteils die Forderungen des Marktes auf zweckmäßige Lösungen für die verschiedensten Transportbedürfnisse, und andererseits die herstellungsökonomischen Forderungen auf Serienherstellung, kleine Lager und geringe Kapitalbindung erfüllen. Es sollte auch leichter werden, das Produktprogramm später zu ergänzen, wodurch man bessere Voraussetzungen für eine Spreizung des Sortiments erhielt, um den Anforderungen der Zukunft gerecht zu werden. Dank dem Baukastensystem sollten die Lastwagen bei kosteneffektiver Herstellung von sehr hoher Qualität sein. Die Auswahl der Komponenten konnte dem betreffenden Markt angepaßt werden und deshalb brauchten nicht alle Varianten auf allen Märkten vorhanden zu sein. 1975 faßte man den Beschluß zur Entwicklung dieses neuen Programms.

Die ersten Modelle des neuen Programms mit der Schlußzahl 2 wurden im April 1980 vorgestellt und gingen im Januar 1981 in volle Produktion. Das Programm umfaßte Lastwagen im Gesamtgewichtsbereich 16–36 t mit drei Motortypen. Die Fahrgestelle waren in drei Hauptklassen einge-

In den 80er Jahren führte Scania das neue Programm GRPT ein, das als Modulsystem aufgebaut war. Die drei Frontlenker-Fahrerhäuser G, P und R und das Haubenfahrzeug T konnten mit verschiedenen Rahmenklassen (M, H und E), Motortypen, Getrieben, Vorderachsen, Hinterachsen usw. kombiniert werden. Auf diese Weise konnte Scania mehr oder weniger alle Fahrzeuge genau den Wünschen des Kunden anpassen.

teilt, M, H und E, abhängig von den tragenden Komponenten der Fahrgestelle.

Die ersten Lastwagen, die man vorstellen konnte, waren Haubenmodelle. Seit Scania 1968 mit den Modellen L50, L80, L85 und L110 sein neues Haubenwagen-Programm vorstellte, hatte man über 100.000 Scania Haubenlastwagen geliefert.

Viele Jahre lang hatten die Haubenmodelle eine einfachere Ausführung und waren deshalb billiger im Einkauf. Zu der Zeit waren viele der Ansicht, daß Haubenwagen bald völlig unverkaufbar sein würden, Scanias Ansicht war jedoch, daß der Markt auch weiterhin nach Haubenwagen von hoher Qualität und mit gutem Komfort fragen würde.

Ein wichtiger Grund war, daß sie unempfindlicher waren als Frontlenker-Lastwagen. Unter Verhältnissen, wo die Gefahr von Beschädigungen groß war, hatten die Haubenmodelle klare Vorteile. Viele Fahrer empfanden auch eine größere Sicherheit im Haubenmodell, und außerdem trug der ebene Boden dazu bei, leichter auf beiden Seiten aussteigen zu können, ein Vorteil für Fahrer, die oft ihren Wagen verlassen mußten. Auch der Service war einfacher bei modernen Haubenwagen, wo die gesamte Motorhaube einschließlich der Kotflügel nach vorn gekippt werden konnte. Der Fahrerplatz war mehr in der Mitte zwischen den Achsen, wodurch man einen besseren Fahrkomfort erzielte als bei einem Frontlenker, wo der Fahrer direkt über der Vorderachse saß.

Mit einer begrenzten Anzahl von Motoren, Getrieben, Achsen und Fahrerhäusern konnten die neuen Haubenmodelle nach dem jeweiligen Bedarf des Kunden in einer großen Anzahl Versionen maßgeschneidert werden, je nachdem wie man die verschiedenen Komponenten kombinierte. Aus der alten Generation waren nur noch einige Komponenten dabei, z.B. die letzte Motorversion vom Vorgänger der Haubenwagen. Die fast klassischen L-Wagen waren aus der Produktion verschwunden.

Die neuen Haubenwagen gab es in drei Grundtypen, T82, T112 und T142 mit den drei Motor-

Die G-Lastwagen waren u.a. für den Verteilerverkehr in Städten ausgearbeitet; die P-Modelle eigneten sich für den Nah- und Fernverkehr, während die R-Modelle ein besonders für den V8-Motor und den Fernverkehr angepaßtes höheres Fahrerhaus hatten. Die T-Modelle waren Haubenmodelle.

Das Programm GRPT war das Ergebnis einer langen Konstruktionsarbeit. Die gesamte Verantwortung für die Entwicklung oblag dem technischen Direktor Sverker Sjöström, der alle mit der Entwicklung dieses so erfolgreichen Konzepts beschäftigten Mitarbeiter hier vertritt. Auf dem Bild im Gespräch mit einem Testfahrer auf Scanias Erprobungsbahn, ein Teil der Milliardeninvestition, die Scanias 1987 eingeweihtes Technisches Zentrum war.

größen und in drei Fahrgestellklassen mit Gesamtgewichten von 16–36 t: M (Medium Duty), H (Heavy Duty) und E (Extra Heavy Duty). Die Klasse gab die Stärke der tragenden Teile der Fahrzeuge wie Rahmen, Federung und Achsen an. Die 8- und 11-l Motoren waren mit oder ohne Turbo erhältlich, der 14-l Motor nur mit Turbo. Rahmen kamen in Schweden in vier Varianten vor, zwei Vorderachsen, drei Hinterachsen, drei Getriebe, vier Kardanwellen, sowie zwei Fahrerhaustypen. Die Lastwagen konnten mit Trapez- oder Parabelfederung geliefert werden.

Die Rahmen waren gleich für alle Haubenmodelle, alle Rahmentypen waren in fünf Achsabständen von 3,8 bis 5,4 m erhältlich, und der Bedarf an kräftigeren Rahmen für z.B. 3-achsige Fahrzeuge oder Lastwagen für besonders schwere Transportaufgaben konnten durch alternative Blechdicke bzw. Komplettierung mit einem inneren Verstärkungsträger gelöst werden.

Die kaltgepreßten standardisierten Querträger hatten eine neue Befestigung mit ovalen Löchern für das Nieten an die gleich hohen Seitenträger erhalten, was bedeutete, daß die Kräfte gleichmäßiger verteilt wurden und der Verband eine längere Lebensdauer erhielt.

Die Post benutzt viele G82M als Verteilerwagen, meistens mit hydraulischer hinterer Hubanordnung.

Für die wirklich schweren Transporte sind die verstärkten E-Fahrgestelle vorgesehen (Extra Heavy Duty). Hier ein T112E 6x4 mit Kipp-Pritsche.

Das Standardgetriebe war das Füngang-G770 und das entsprechende Zehngang-Splitgetriebe GS770, sowie das Zehngang-Rangegetriebe GR870.

Da es nur zwei verschiedene Grundtypen von Fahrerhäusern gab, konnte man die Anzahl Artikel in den Fahrerhausprogrammen um ca. 70% verringern. Das Normalfahrerhaus war ein Fahrerhaus für drei Mann ohne Schlafteil in Standard- und Komfortausführung, während die Schlafkabine nur in der Komfortversion mit u.a. einer Liege von 200x70 cm mit Leselampe lieferbar war.

Die neuen T-Wagen hatten ein charakteristisches Aussehen und ein aggressiveres Gepräge als die früheren. Als die Arbeit mit der Standardisierung des Fahrerhausprogramms abgeschlossen war, war die Frage des Aussehens wieder in den Vordergrund getreten. Ende 1975 war man durch Karmann GmbH in Osnabrück mit dem bekannten Designer Giorgio Giugiaro und seiner Firma ItalDesign in Verbindung getreten, der den Auftrag erhielt, das neue Fahrerhausprogramm zu entwerfen.

Im Sommer 1976 war ein Modell fertig, und nach verschiedenen kleineren Änderungen konnte man mit der Konstruktion von Motorhaube und Fahrerhaus beginnen. Karmann und die Scania Fahrerhausabteilung in Oskarshamn arbeiteten gemeinsam Zeichnungen für die Herstellung von Werkzeugen und Fixturen aus. Die Fahrerhaustür ließ sich um 90° öffnen, das Armaturenbrett hatte ein ganz neues Aussehen, das Lenkrad war in Höhe und Winkelrichtung einstellbar und das Fahrerhaus war länger, breiter und höher. Der Motor nahm weniger des Fahrerhausraums in Anspruch als früher. Der Schalthebel war näher dem Fahrer angebracht, der Schaltmechanismus war verbessert und die Pedale hatten ein neues Aussehen mit der gleichen Höhe von Gas- und Bremspedal. Rechts vom Lenkrad befand sich eine Reglereinheit mit dem Handbremsenhebel, der Bremse für den Schlepper, Handgas und Stoppregler. Vor dem Fahrer befanden sich die Instrumente; auf jeder Seite des Drehzahlmessers Anzeigeinstrumente für z.B. Öldruck und Brennstoff, unter dem Drehzahlmesser saßen Kontrollampen, wo die wichtigsten Funktionen ein großes rotes Blinksignal hatten. Die Windschutzscheibe und die Seitenscheiben waren viel größer als früher. Das Fahrerhaus war mit einer neuen Klimaanlage mit Pollenfilter und der Möglichkeit zu einer Kühlanlage ausgerüstet.

Auch das elektrische System war neukonstruiert und sehr effektiv mit u.a. neuen Scheinwerfern, kräftigeren Relais, kräftigeren Batterien, einer gut entwickelten Elektrozentrale, Fiberoptik für die Instrumentenbeleuchtung, fertiggezogenen Leitungen für Radio und Lautsprecher usw.

Scania führte neue Typbezeichnungen ein, wobei die alten durch neue, internationale ersetzt wurden. L wurde zu 4x2, 2-achsig mit einem treibenden Radpaar, LS wurde 6x3, 3-achsig mit Nachlaufachse, LT wurde 6x4, 3-achsig mit zwei treibenden Doppelachsaggregaten.

Im Dezember 1980 konnte man auch die Frontlenkermodelle vorstellen, die die T-Modelle der

Baureihen 82, 112 und 142 komplettierten. Die Fahrerhäuser wurden mit denselben Grundelementen wie die Haubenfahrzeuge gebaut, wurden jedoch mit verschieden hohen Teilen von Rükken, Seite, Tür und Frontklappe komplettiert. Die frühere LB-Bezeichnung verschwand und wurde durch G, P und R ersetzt, die auch verschiedene Fahrgestellvarianten für die verschiedenen Fahrerhäuser bezeichneten.

Das Fahrgestell G hatte einen besonders niedrigen Einstieg und war z.B. für örtlichen Verteilerverkehr vorgesehen mit Niederprofilreifen und breitem Einstieg. Das P-Fahrgestell war für Nah- und Fernverkehr vorgesehen, während das R-Fahrgestell ein Fahrerhaus hatte, das höher auf dem Rahmen angebracht war, den Platzforderungen des V8-Motors angepaßt. Da der Fahrerhausboden auf der Seite der niedrigen Motorhaube flach war, gab es in der Schlafkabinenausführung Platz für doppelte Schlafliegen. Die Varianten G und P waren mit dem 8- oder 11-l Motor und die Variante R mit dem 11- oder 14-l Motor erhältlich.

Ebenso wie die haubengebauten T-Wagen erhielten die Fahrgestelle die Typenbezeichnungen G82, P82, G112, P112, R112 oder R142 je nach Motorgröße. T bezeichnete die Haubenwagen. Mit dem neuen GPRT-Programm war Scania nunmehr in der Standardisierung der Komponenten länger gekommen als irgendein anderer Hersteller. Mit Hilfe der drei Fahrgestellklassen M, H und E und den übrigen Wahlmöglichkeiten konnten die Wagen auch sehr extremen Transportaufgaben angepaßt werden. Im Bereich 16–36 t gab es die Möglichkeit, 250 Fahrgestellvarianten nach den Wünschen des Kunden zu bauen.

Das Frontlenkerprogramm war auf dieselben Komponenten wie das Haubenprogramm basiert und umfaßte 2-achsige (4x2) und 3-achsige Fahrgestelle (die letzteren mit Einachsantrieb 6x2 oder Doppelachsantrieb 6x4).

Außerdem gab es noch eine Variante des G-Modells mit besonderer Ausrichtung auf Transporte, wo der Fahrer oft aus- und einsteigen mußte, z.B. bei der Müllabfuhr. Dieses extrem niedrig gebaute Fahrgestell wurde G82MD genannt. Die Höhe des Fahrgestells hatte man durch spezielle Vorderfederung und asymmetische hintere Federn erzielen können.

Sämtliche Fahrerhäuser wurden in verschiedenen Komfortklassen hergestellt, de Luxe, die nur in den Schlafkabinenversionen der P- und R-Fahrerhäuser vorkam, am besten ausgerüstet.

Mit Scanias 2-Serie kamen auch die Ladeluftkühlung und die dritte Generation Dieselmotoren. Im Herbst 1980 wurde der DS8-Motor in der Variante DSI8 mit Ladeluftkühlung vorgestellt, was seine Leistung auf 231 PS bei 2.400/min erhöhte, verglichen mit 210 PS (Export 205 PS) bei dem DS8 ohne Ladeluftkühlung. Das Drehmoment hatte sich auf 83 kpm erhöht verglichen mit 74 kpm bei DS8. Der spezifische Kraftstoffverbrauch war verringert von 212 g/kWh auf 205 g/kWh und außerdem enthielten die Abgase weniger Stickoxid. Auch der DS14-Motor war in einer stärkeren Version von 388 PS bei 2000/min vorhanden, vorerst jedoch nur als 8 l Motor mit Ladeluftkühlung.

Der DSI8 Motor nutzte das befindliche Kühlflüssigkeitssystem für Abkühlung der warmen Ansaugluft nach dem Turbo aus, so daß der neue Motortyp in den G-, P- und T-Wagen ohne Umbau des Motorraums Platz fand.

Im Herbst 1981 kam Scania mit einem automatischen Momentverstärker in Kombination mit dem Fünfgang Getriebe heraus. Die Einheit erhielt die Bezeichnung GH774 und man erhielt eine stufenlose Verstärkung von bis zu 2,06 mal das Drehmoment des Motors. Bei Einschaltung des hydraulischen Betriebs wurde damit jeder Gang stufenlos bis zu zweimal seiner normalen Übersetzung übersetzt, wodurch man weniger zu schalten brauchte. Die Einschaltung des hydraulischen bzw. des Direktbetriebs erfolgte automatisch durch einen Impuls von einem Drehzahlabtaster auf der eingehenden Welle des Getriebes. Diese Einheit war besonders geeignet für schwere Transporte wie z.B. schwere Maschinen, Baustellen- und Forsttransporte auf losem Erdboden. Mit dem neuen Hinterachsgetriebe R770, das im Frühjahr 1982 herauskam, konnte man die hohe Leistung der Motoren voll ausnutzen; sein druckluftgetriebener Steuerteil war auf der Außenseite des Zentralgetriebegehäuses angebracht, was die Servicearbeiten erleichterte.

Scania Lastwagen konnte man in den 80er Jahren in rund 100 Ländern antreffen, wie hier in Tansania, ein P82H 4x2 und ein Omnibus S82, beide lokal zusammengebaut.

Das Motorprogramm bestand aus den Grundtypen, dem 6-Zylinder-Reihenmotor D8 (1984 durch D9 ersetzt) und D11, sowie dem V8-Motor D14. D8 und D11 gab es mit oder ohne Turbo, D14 ab 1976 nur mit Turbo (DS14).

Das neue Programm enthielt auch 4-achsige Lastwagen mit zwei lenkenden Vorderachsen, von der 82- bis zur 142-Serie. Ende 1986 kamen auch 3-achsige Modelle mit zwangsgelenkter Vorlaufachse hinzu. Für einige Länder, z.B. die Schweiz, wurden speziell schmale Varianten mit schmaleren Vorderachsen und schmaleren Kotflügeln hergestellt.

Um den speziellen Forderungen der Behörden und Kunden in Australien und den USA zu entsprechen, wurden insgesamt 24 Fahrzeugtypen für diese Märkte konstruiert und 1983 bzw. 1985 in Produktion gegeben.

Bevor die 2er Serie durch die 3er Serie ersetzt wurde, war die Anzahl Lastwagentypen auf 116 angestiegen (außerdem wurden viele Typen rechts- und linksgelenkt hergestellt). Aus diesem Grunde lassen sich nur die wichtigsten erwähnen.

Als die Produktion von den Haubenwagen 75-76-110-111 im Jahre 1981 aufhörte, hatte man einen Rekord erzielt, der sich nur schwerlich wird überbieten lassen. Insgesamt wurden in Scanias Fabriken in Schweden und Holland, Brasilien und Ar-

In Australien arbeitet hier ein R142H6x4 als Zugmaschine für einen 50 m langen "road train" und ein T112H 6x4 in schwerem Kiestransport.

Scania verkaufte bereits seit Mitte der 80er Jahre Lastwagen in den USA, wenn auch in bescheidenem Umfang, denn dieser Markt ist sehr speziell. Die Lastwagen erhalten u.a. andere Elektrosysteme, Kraftstoffbehälter, Scheinwerfer und Abgassysteme. Die Bilder zeigen einen T142H im Hafen und einen T112M vor einem typisch amerikanischen "Truck Stop"

gentinien 115.000 Lastwagen dieser Typen hergestellt, und allein auf den 2-achsigen L111 entfielen 30.510 Exemplare. Gut 23.000 der Lastwagen wurden in Schweden verkauft, wo die 3-achsige LS-Version mit einer Antriebsachse am beliebtesten war, während im Ausland die 2-achsigen L-Wagen sich am besten verkauften. Der 3-achsige LT mit Doppelachsaggregat war in Schweden sehr ungewöhnlich, und von den 15.000 Stück, die in 22 Jahren hergestellt wurden, entfielen nur 526 auf Schweden.

Im Herbst 1982 stellte Scania wiederum Europas stärksten Standardmotor für Lastwagen vor, den DSC14 von 420 PS, ausgerüstet mit Ladeluftkühlung. Rund hundert Testwagen waren seit 1981 weltweit in Betrieb. Der 11 l- und 14 l-Motor erhielt im Gegensatz zum 8 l-Motor einen extra Luftkühler vor dem gewöhnlichen Kühlerpaket, sowie das Prinzip Luft/Luft (da die Temperatur der Kühlluft fast immer niedriger ist als die der Kühlflüssigkeit erhält der Motor kühlere Ansaugluft und mehr Säure bei einem Luft/Luftsystem als bei einem Wasser/Luftsystem, das jedoch meistens in Einbau- und Schiffsmotoren zur Anwendung gelangt). Durch das System mit einem separaten Luft/Luftkühler wurde die Kühlung effektiver (bis zu 100° niedrigere Temperatur der Ansaugluft), jedoch nahm das System mehr Platz, und man mußte die R-Wagen der 2er Serie unter der Windschutzscheibe um einige Dezimeter ausbauen; viele fanden, daß die Lastwagen hierdurch noch kraftvoller aussahen. Die T-Wagen erhielten eine etwas längere Motorhaube.

Lastwagen Serie 2 1980–88						
Serie	Gesamtgewicht	Motor	Achse	Achsabst.	Jahr	Anzahl
82	16,5–31,3	DN8/DS8/DSI8	Variierend	3,8–5,9	1981–88	18.493
92	16,5–31,3	DS9/DSC9	Variierend	3,8–5,9	1985–88	16.354
112	16,5–38	DS11/DSC11	Variierend	3,1–5,9	1981–88	97.539
142	16,5–38	DS14/DSC14	Variierend	3,1–5,9	1981–88	37.772

Von der Serie 82 wurden 1986-88 einige Lastwagen mit dem DS9-Motor hergestellt.

1980–1989

176 kpm bei 1.250/min. Im Vergleich mit der Motorvariante von 388 PS, die 1981 herauskam, ist der spezifische Kraftstoffverbrauch von 201 g/kWh auf 197 g/kWh gesunken.

Als Resultat von 15-jähriger praktischer Entwicklungsarbeit wurden Anfang 1984 elektronisch gesteuerte blockierungsfreie Bremsen (ABS-Bremsen) eingeführt, die als Extraausrüstung für Lastwagen und Omnibusse mit Antrieb an einer Hinterachse geliefert werden konnten. Es handelte sich um ein Vierkanalsystem, was bedeutete, daß alle vier Räder eines 2-achsigen Fahrzeugs eine individuelle Bremsfunktion hatten, während bei 3-achsigen Fahrzeugen die Funktion gemeinsam für die Antriebs- und Nachlaufachse war.

Gleichzeitig verbesserte man die Fahrerhäuser. Luftgefederte Sitze wurden als Zubehör eingeführt, in der besten Schlafkabine CR19A waren sie Standard. Die Fahrerhäuser konnten jetzt in 10 Standardfarben geliefert werden und hatten zusätzlich in einer langen Reihe von Stripes-Kombinationen in neuen Farben.

Auch den Rostschutz hatte man beträchtlich verbessert, seit Schweden und Holland neue Anlagen für Rostschutz erhalten hatten. Neu war auch eine Vorderachse, die 8 t Achsdruck widerstehen konnte.

Seit 1979 hat Scania mit computerunterstützer Schaltung für mechanische Getriebe experimentiert, und 1984 konnte man als erster Lastwagenhersteller der Welt ein computerunterstütztes Getriebe CAG (Computer Aided Gearshifting) verkaufen. Es sollte lange dauern, bevor die Mitbewerber ähnliche Systeme herausbringen konnten.

Das CAG-Getriebe war ein mechanisches „Automatikgetriebe" zur Erleichterung der Fahrerarbeit in vor allem Verteilerlastwagen, Müllabfuhr- und Servicefahrzeugen. Das CAG machte das Schalten einfacher und erleichterte die Arbeit des Fahrers. Mit diesem elektronischen Schaltsystem brauchte man keine mechanische Verbindung zwischen Fahrerplatz und Getriebe mehr. Das Gehirn des Systems war ein 8-Bit Mikroprozessor mit ver-

Der Grund, daß Scania trotz seiner langen Erfahrung von ladeluftgekühlten Einbau- und Schiffsmotoren dieses System nicht früher bei Lastwagen eingeführt hatte, war, daß Scanias Turbomotoren eine höhere Leistung und besseren Kraftstoffverbrauch ohne Ladeluftkühler hatten als die der Konkurrenten mit einem solchen. Nunmehr verlangte jedoch der Wettbewerb, daß man diesen Schritt vornahm, der zu noch höherer Leistung und noch weiter gesenktem Kraftstoffverbrauch führte, ohne daß die thermische Beanspruchung der Motoren sich nennenswert erhöhte.

Der ladeluftgekühlte DSC11 gab 333 PS ab, eine Leistung, die bereits bei 2.000/min zur Geltung kam. Das Drehmoment war 142 kpm bei 1.250/min. Gleichzeitig kam eine weitere Version des D8-Motors mit Überladung.

Der DSC14 war Europas stärkster Lastwagendiesel, der mit Ladeluftkühlung 420 PS bei 1.900/min entwickelte, und er hatte ein Drehmoment von

1982 führte man bei den 11 und 14 l-Motoren den Intercooler (Ladeluftkühler) ein. Ein extra Luftkühler wurde vor dem Wasserkühler plaziert, wodurch die Wagen eine etwas längere Front erhielten.

R142E (8x4) mit doppelten Vorderachsen und Antrieb an beiden Hinterachsen. Die Front ist etwas ausgebaut, um Platz für den Ladeluftkühler zu erhalten.

T112H 6x4 als Lastwagen für Straßenarbeiten.

schiedenen Speicherfunktionen, der von Sensoren über, die Gaspedallage, Geschwindigkeit und Schaltlage informiert wurde. Nach der Bearbeitung der Daten sandte die Steuereinheit Informationssignale an den Fahrer und an die Druckluftzylinder des Getriebes. Hat der Fahrer automatische Schaltung gewählt, braucht er nur das Kupplungspedal zu betätigen, und die Schaltung erfolgte automatisch. 1985 war das System verfügbar für sämtliche Typen von mechanischen Getrieben in Lastwagen von 82/92- bis 142-Serien.

Auch Omnibusse wurden mit dem CAG-Getriebe ausgerüstet, und in den ersten 18 Monaten wurden 24% mit CAG geliefert.

Die Getriebe wurden 1983 modifiziert, wo das Splitgetriebe GS770 in GS771/GS772 weiterentwickelt wurde. In demselben Jahr wurde das Rangegetriebe GR870 in GR871 umbenannt und konnte gleichzeitig für gewisse Wagen der Baureihen 112 und 142 mit Ölkühlung geliefert werden. Ein neu entwickeltes Getriebe (GA762) kam 1983 und wurde 1985 an die Motoren mit niedriger Drehzahl mit der Bezeichnung GA770 angepaßt.

Im Herbst 1984 stellte Scania seinen D9-Motor vor, einen neuentwickelten Nachfolger des D8-Motors. Dieser neue Motor hatte einen größeren Hubraum, war jedoch nur 40 mm länger als der alte und paßte den standardisierten Motorbefestigungen der übrigen Motoren. Seine Leistung war 34 bzw. 64 PS höher bei 200/min niedriger Drehzahl als bei den früheren D8/DS8-Motoren. Die Leistung des überladenen DS9-Motors in Lastwagenausführung

Scania Lastwagen gab es weit weg von Schweden. Hier ein R142H 8x4 im Wolletransport auf Neuseeland.

1980–1989

Der frühere 8 l-Motor wurde 1984 durch einen neuen 9 l-Motor ersetzt, der mit oder ohne Turbo zu haben war. Hier ein DSC9 mit Ladeluftkühler von 275 PS.

In Scanias Motorlabor wurde 1984 ein Test mit einem DS14-Motor durchgeführt, der 1.070.000 km gefahren war; er zeigte volle Leistung und sehr geringen Verschleiß – ein Beweis, daß dieser Motortyp von Anfang an sehr zuverlässig und stark war.

war 245 PS bei 2.200/min, während der ladeluftgekühlte DSC9 bei der gleichen Drehzahl 275 PS hatte. Das Drehmoment war 100 bzw. 112 kpm bei 1.200/min. Der Brennstoffverbrauch war außerdem etwas gesunken und der Wirkungsgrad war 44%, eine damals außerordentlich hohe Leistung für einen Dieselmotor. 1986 kam eine Motorvariante ohne Turbo (DN9) von 165 PS, die auf verschiedenen Exportmärkten vor allem in den einfachen Frontlenkerbussen vorkam.

Zu den Neuheiten gehörte, daß der Motortyp ebenso wie der V8-Motor separate Zylinderköpfe für jeden Zylinder hatte. Die 7-gelagerte Nockenwelle war hoch angeordnet, wodurch man kurze und steife Ventilheber benutzen konnte. Die Einspritzpumpe war neu mit höherem Druck und kürzeren Einspritzzeiten. Sie saß mitten auf der linken Seite des Motors, so daß alle Verteilerrohre gleich kurz waren. Diese Komponenten waren auf der kalten linken Seite des Motors gesammelt, während Turbo und Zweigrohre auf der entgegengesetzten Seite saßen, wodurch die Einspritzpumpe und die Verteilerrohre eine kühlere Umgebung hatten.

Mit der Einführung dieses Motors hatte Scania 17 verschiedene Varianten von Lastwagen- und Omnibusmotoren von 165 PS bis 420 PS.

Im Januar 1985 kam auch die Baureihe 92 heraus, ein im Vergleich mit dem 82er unveränderter Lastwagen mit dem neuen Motortyp. Die Baureihe 92 wurde in den Fahrgestellklassen M und H, sowie in einer großen Anzahl von Versionen, einschließlich der mit extra hoher Bodenfreiheit (HK) hergestellt. Diese war mit allen Fahrerhausvarianten lieferbar, von der niedrigen G-Kabine bis zu der exklusiven R-Kabine mit zwei Schlafliegen, luftgefederten Sitzen u.a.m. Neue Hinterachsgetriebe wurden eingeführt, und die Wagen waren mit dem Zehngang Splitgetriebe, einem Fünfgang Getriebe oder einem Zehngang-Rangegetriebe mit oder ohne Scanias Schaltautomatik CAG erhältlich. Der G92/P92 erhielt Ende 1985 ein Automatikgetriebe (GA770), eine Weiterent-wicklung des GA762 der 82er Baureihe, angepaßt an die DS/DSC9-Motoren.

Nach einer Atempause von einigen Jahren begannen die Lastwagenhersteller in Europa Mitte der 80er Jahre wieder die Leistungsskala zu erklimmen und stellten einer nach dem anderen Motoren von fast 500 PS vor.

Die erhöhte Motorleistung war nicht nur für die schwersten Transportaufgaben mit hohem Gewicht in Forst- und Baustellentransporten erforderlich, sondern auch um den stetig steigenden Anforderungen an kurze Zeiten und hohe Durchschnittsgeschwindigkeiten im Fernverkehr zu entsprechen.

Der nächste Schritt in Scanias Motorentwicklung erfolgte 1985, als der V8-Motor in wieder einer neuen Version mit Ladeluftkühler erschien, dem DSC14 von 390 PS bei 1.900/min. Dieser Motor ersetzte die Version mit Turboladung ohne Ladeluftkühler, die nach 16 Jahren aus der Produktion genommen wurde. Jetzt gab es zwei Versionen mit Ladeluftkühler, einen Motor von 390 und einen von 420 PS.

Gleichzeitig begann man, alle Fahrerhäuser aus warmverzinktem Karossenblech herzustellen, und mit Rostschutz versehen.

Im September 1985 wurden die Versionen des P92HK und P112HK mit Allradantrieb vorgestellt, mit deren Herstellung man im folgenden Jahr beginnen wollte. Dank Scanias langjähriger Erfahrung von Militärfahrzeugen mit Allradantrieb erhielten diese Wagen außerordentlich gute Fahreigenschaften, Betriebsökonomie und Lastfähigkeit. Der 92er war in Ausführung 4x4 lieferbar, während der motorstärkere 112er in 4x4 und 6x6 erhältlich war. Beide Lastwagen basierten auf dem speziellen HK-Fahrgestell mit extra hoher Bodenfreiheit, das seit einigen Jahren besonders für Länder der dritten Welt gebaut wurde. Man hatte gewisse Anpassungen vornehmen müssen um Verteilergetriebe, Kardanwellen und der treibenden Vorderachse Platz zu bereiten.

Die Lastwagen mit Allradantrieb wurden mit einer Reihe von Motor- und Getriebealternativen hergestellt, sowie auch mit Radnabenübersetzung.

1984/85 begann Scania, in den USA Omnibusse zusammenzubauen und 1985 begann man auch offiziell, Lastwagen in den USA zu verkaufen. Die

Ein T112E 6x4 mit Pritschenauflieger im Sudan und ein T142E 6x4 als schwere Zugmaschine bei der schwedischen Landesverteidigung.

Als der 9 l-Motor eingeführt wurde, wurde die Bezeichnung von 82 in 92 geändert, ein Modell, das es nur einige Jahre gab, da 1988 die 3er Serie eingeführt wurde. Der Müllabfuhrwagen hatte ein extra niedriggebautes Fahrerhaus für leichtes Ein- und Aussteigen.

Ein G92M 4x2 mit Ladeluftkühler als Feuerwehrwagen mit Leiter und Rettungskorb, der in vielen schwedischen Städten zu sehen war.

Einführung erfolgte auf der New England Truck Show in Boston, und man richtete sich auf die schwerste amerikanische Lastwagenkategorie, Class 8, mit P-, R- und T112M mit Ladeluftkühler ein. Die Aktivität war koordiniert mit Saab-Scania of America, die Saabs Personenwagen vertrieben. Der USA-Markt war der größte einzelne Markt der Welt, und in dieser Klasse werden jährlich ca. 120.000 Lastwagen verkauft. Man hatte die Scania Lastwagen in verschiedener Hinsicht dem amerikanischen Markt angepaßt.

Scania hatte beschlossen, seine Anstrengungen auf ein Gebiet in den nordöstlichen USA zu konzentrieren. Im Hinblick auf Service und Ersatzteilversorgung auf einem so großen Gebiet begrenzte man sich auf die 112-Serie mit Motoren in zwei Leistungsklassen. Im Laufe der Jahre hatte Scania etwa 20.000 Motoren an verschiedene Unternehmen in den USA verkauft (hauptsächlich an Mack für Omnibusse und Lastwagen und an Case für Baustellenmaschinen). Der Verkauf von kompletten Lastwagen war verhältnismäßig bescheiden, setzte jedoch bis in die 90er Jahre fort.

Im Herbst 1986 kam die Luxuskabine Blue Cab in einer zweiten Version mit geänderten Farben und verschiedenen Verbesserungen.

Da es wichtig war, ein optimales Ladevolumen für Lastwagen im Stadtverkehr zu erhalten, u.a. indem man Aufbauten oder Ladepritschen so nahe dem Fahrerhaus wie möglich baute, wurden ab 1986 Fahrgestellvarianten der G- und P-Wagen mit ei-

1980–1989

nem kurzen Fahrerhaus gebaut, wo man den Turbo vorgezogen, die Übersetzungsübertragung geändert, den Lufteinlaß gesenkt und die hintere Fahrerhausaufhängung vorgezogen hatte. Alles um den Rahmen von störenden Teilen hinter dem Fahrerhaus zu bereinigen. Ein solches neues Modell war der Verteilerwagen Scania City auf dem 92er Fahrgestell, dessen Aufbau bis an die Fahrerhauswand reichte, um 1,5 m³ mehr Laderaum zu erhalten (man gewann 28 cm).

Scania hatte stolze Traditionen zu verteidigen und befand sich die ganze Zeit in der Frontlinie bei der Entwicklung stärkerer Motoren. Im August 1988 (auf den Exportmärkten ein Jahr später) war man wieder an der Spitze in Europa mit einer wichtigen Neuheit: einem seriengefertigten Lastwagen-Dieselmotor mit elektronisch gesteuerter Kraftstoffeinspritzung EDC (Electronic Diesel Control). Nach

Auch wenn T-Lastwagen als Forstwagen üblich waren, zogen viele Fahrer Frontlenker vor. Ein R142H an einem kalten Wintertag in Nordschweden.

den Dieselgenerationen mit Turbo und Ladeluftkühler leitete man jetzt das Motoren-Elektronikzeitalter ein. Das System wurde an dem 14-Liter-Motor eingeführt, der in drei neuen Varianten herauskam mit beibehaltenem niedrigen Kraftstoffverbrauch und verbesserter Lebensdauer. Mittels EDC wurde die Kraftstoffmenge so reguliert, daß sie genau dem Bedarf des Motors angepaßt war. Als Zugabe hatte man die Möglichkeit erhalten, Finessen zu integrieren wie einen Konstantgeschwindigkeitshalter, einstellbare Leerlaufdrehzahl für Fahren mit Nebenantrieb, z.B. Holzfuhren mit Kran, Rauchbegrenzer und „Elgas" (wo die mechanische Übertragung vom Gaspedal durch eine elektrische Leitung ersetzt wurde).

Die stärkste Version des V8-Motors (mit EDC) hatte jetzt eine Leistung von 470 PS bei 1.900/min und ein Drehmoment von 198 kpm bei 1.200/min.

Die Scania-Fabriken in Brasilien und Argentinien stellten 112- und 142-Lastwagen her, oft für lange schwere Transporte unter harten Bedingungen. Hier ein T142H.

211

Der spezifische Kraftstoffverbrauch war auf 191 g/kWh gesunken, ein sensationeller Wert im Vergleich mit vielen Konkurrenten. Die niedrigste Leistung des 14 l-Motors war 404 PS und bei der mittleren Version 450 PS. Der 6-Zylinder D11-Motor war in vier Versionen lieferbar, von 313 bis 363 PS (keiner mit EDC).

Scania hatte eine intensive Entwicklungsarbeit darauf verwandt, den Auspuff der Dieselmotoren zu reinigen und hatte während einer Periode von 10 Jahren die Stickoxidemissionen um 30% senken können. Sämtliche Motoren mit Überladung unterschritten die europäischen Regeln hinsichtlich Kraftfahrzeugabgase. Omnibusmotoren zu reinigen war einfacher und war u.a. bei der Introduktion in den USA erfolgt. Aber ein omnibusangepaßter Motor konnte nicht in einem Lastwagen benutzt werden, der unter ganz anderen Verhältnissen arbeitete.

Im Herbst 1987 stellte Scania seine neue 3er Serie vor, die mit den neuen Motortypen ausgerüstet war und die Modellbezeichnung der Lastwagen erhielt damit die Schlußzahl 3.

Um die erhöhten Motorleistungen und Drehmomente zu bemeistern, hatte Scania das neue 10-stufige vollsynchronisierte Rangegetriebe GR880 entwickelt, das breitere Zahnräder und eine neue Synchronisierung hatte, die ein schnelleres Schal-

Die 3er Serie wurde 1988 eingeführt. Das Bild zeigt einen 93M mit G-Fahrerhaus, einen 93H mit P-Fahrerhaus, einen 143M mit R Topline-Fahrerhaus, einen 113H mit normalem R-Fahrerhaus und einen 143E mit T-Fahrerhaus.

Geländegängige Lastwagen mit Allradantrieb gab es auch in der Serie 3. Hier P113HK 6x6 als Kabellegungsfahrzeug in Dänemark.

R143M mit extra hohem Fahrerhaus. Der Lastwagen hat das kurze Fahrerhaus, und die Schlafabteilung ist oberhalb der Kabine angebracht und erhielt daher den Namen Topsleeper.

ten zuließ und mit CAG ausgerüstet werden konnte. Man erhielt einen besseren Schaltkomfort, die Schaltbewegungen waren kurz und die Sprünge zwischen den höchsten Gängen kleiner. Als Alternative war dieses Getriebe mit Momentverstärker mit der Übersetzung 1:1,7, das GRH 880 benannt wurde, erhältlich. Auch eine kräftigere Kardanwelle wurde als Zuwahl angeboten.

Bei der 3er Serie wurden bei einer Reihe von Lastwagen auch modifizierte Vorderachsen, kräftigere Radnabenübersetzungen, neue luftgefederte zwangsgelenkte Vorlaufachsen, sowie weiterentwickelte Doppelachsaggregate eingeführt.

Die für das Auge deutlichsten Veränderungen lagen jedoch in den Fahrerhäusern der 3er-Serie, die ganz neu ausgestattet waren. Alle Fahrerhäuser hatten ein neues, gewölbtes Armaturenbrett, wo alle Regler leicht erreichbar waren. Außerdem hatten die Fahrerhäuser eine bessere Isolierung, neue Wandverkleidungen, Teppiche und Textilien erhalten und konnten mit Zentralsperre und elektrischen Fensterhebern ausgerüstet werden. Die Fahrerhäuser waren in zwei Klassen erhältlich, Normal Line und High Line.

Die Schlafkabine CR19 High Line, die in Kombination mit den DSC11- und DSC14-Motoren geliefert wurde, wurde unter dem Namen CR19 Topline auch mit einem 220 mm erhöhtem Dach (innere Höhe 170 cm) geliefert. Dieses Fahrerhaus hatte 4-Punktaufhängung, automatisch niveauregulierte Luftfederung und reichlich Platz zum Umziehen vor oder hinter dem Beifahrersitz, der auf Schienen ganz nach vorn oder nach hintengeschoben werden konnte. In diesem Fahrerhaus war der Schallpegel auf 66 db(A) bei 70 km/h gesenkt, niedriger als in einem modernen Personenwagen.

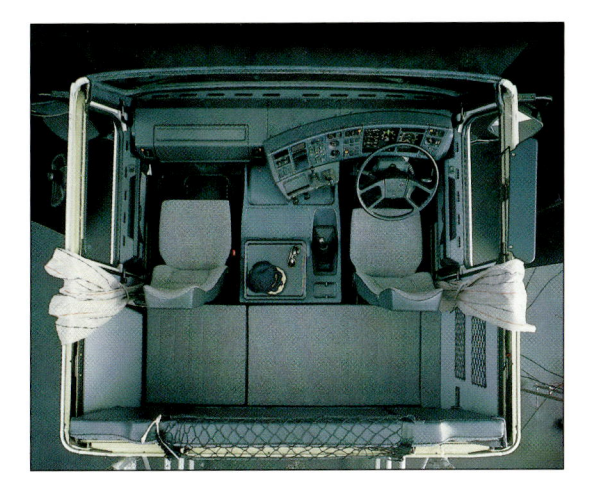

Der G92 wurde durch den G93 ersetzt, der mit einem Achsabstand von 5,8 m wie gemacht war für Aufbauten, Wechselladepritschen, Ladepritschen mit Kran u.dgl. Für die Müllabfuhr gab es eine besondere Federausrüstung, die einen extrem niedrigen Bau zuließ.

Die Flexibilität der G93-Wagen war groß, auch dank der Möglichkeit der Getriebewahl von einem manuellen Fünf- oder Zehngang-Getriebe bis zu einem vollautomatischen Getriebe oder die Zwischenalternative CAG. Für ein leichtes und bequemes Fahren konnte man den Wagen natürlich auch mit Luftfederung der Hinterachse versehen. Das Spitzenmodell hieß R143ML4x2 und hatte einen 14 l-Motor mit Turbo, Ladeluftkühler und EDC und 470 PS.

Auch in der 3er Serie gab es geländegängige 4x4 und 6x6 Lastwagen für besonders harte Transportaufgaben. Der Scania P113HK 6x6 war z.B. mit Leistungen von 310, 320 oder 363 PS erhältlich, alle mit dem turbogeladenen 6-Zylinder DS11-Motor. Die beiden stärksten Wagen in der Version DSC11 mit Ladeluftkühler.

Der Motor trieb die drei Achsen durch ein Hauptgetriebe und ein Verteilergetriebe, letzteres mit zwei Schaltstufen. Bei der niedrigeren erhöhte sich die Zugkraft bei jedem der 10 Gänge des Hauptgetriebes um 50%. Sämtliche Achsen hatten eine Differentialsperre, wodurch das Vorwärtskommen noch besser gewährleistet war.

In scharfer internationaler Konkurrenz erhielt Scania zwei wichtige Aufträge: die norwegische Landesverteidigung bestellte 1.600 Fahrzeuge der 3er-Serie mit Allradantrieb, und Bofors zeichnete für die indische Landesverteidigung einen Vertrag über 660 geländegängige Lastwagen SBAT111. Die norwegischen Wagen sollten 1994 fertig geliefert sein und ein Gewässer von 80 cm durchwaten können.

Die Fahrerhäuser der 3er Serie hatten eine neue Ausstattung des italienischen Formgebers Aldo Sessano. Das Armaturenbrett war gewölbt, und die Instrumente befanden sich in unmittelbarer Nähe des Fahrers. Das Bild zeigt ein rechtsgelenktes R-Fahrerhaus mit Schlafliege.

Ein R113M in Berlin.

Lastwagen aus dem großen Auftrag von der norwegischen Armee, hier unter feldmäßigen Verhältnissen in Bodafors in Norwegen.

Scanias 3er-Serie erhielt 1989 von einer europäischen Jury die Auszeichnung Truck of the Year 1989, im Wettbewerb mit sechs anderen renommierten Herstellern. Im Schlußentscheid stand die Wahl zwischen Mercedes-Benz SK-Serie und Scanias 3er-Serie, aber Scania gewann mit Abstand, 62 Stimmen gegen 50; Nummer 3, MAN M90 hatte 21 Stimmen erhalten. Als Motivierung wurde besonders genannt: allgemein hochentwickelte Lastwagentechnologie, sicherer und guter Fahrerkomfort, hochtechnologische Motoren mit niedrigem Kraftstoffverbrauch sowie hohe Betriebssicherheit.

1987 hatte Scania sein neues technisches Zentrum eingeweiht, eine Milliardeninvestition, wo über tausend Personen mit der Entwicklung von Scania-Produkten arbeiteten. Den Bau hatte man bereits in den 60er Jahren begonnen und das neue Zentrum enthielt u.a. ein Labor, einen Motorprüfstand und eine weiter verbesserte Testbahn.

In den 80er Jahren erreichte Scania die Position als das viertgrößte Lastwagenfabrikat der Welt. Die Umsatzerlöse erhöhten sich von 8,2 auf 24 Mil-

Lastwagen Serie 3, 1988–90						
Serie	Gesamtgewicht	Motor	Achse	Achsabst.	Jahr	Anzahl
93	16,5–31,8	DS9/DSC9	Variierend	3,1–5,8	1988–	18.526
113	16,5–44	DS11/DSC11/DTC11	Variierend	3,1–5,8	1988–	31.101
143	16,5–46	DSC14	Variierend	3,1–5,9	1988–	19.209
Die Anzahl hergestellte Fahrzeuge gilt Ende 1990.						

liarden Kronen und der Gewinn von 1,4 auf 3,8 Milliarden Kronen. Der Export überstieg 90%.

Das neue Baukastendenken in bezug auf die Lastwagen beeinflußte natürlich auch die Entwicklung der Omnibusse. Ebenso wie Ende der 40er Jahre diskutierten die Omnibuskonstrukteure wieder verschiedene Grundkonzepte. Sollte man dem Frontmotor, dem Mittelmotor, einem längs- oder quergestellten Heckmotor den Vorrang geben? Der neue ganzgebaute Stadtbus CR112 wurde in diesen Diskussionen nur vorübergehend berührt. Konstruktion und Produktion waren modern, und daß der Motor ein quergestellter Heckmotor war, war selbstverständlich. Auf diese Weise erhielt man einen niedrigen Boden und einen bequemen Einstieg in diesem Stadtbus.

Größere Unsicherheit bestand in bezug auf Linien- und Reisebusse. Erneut diskutierte man den Mittelmotor, u.a. weil Volvo mit dieser Konstruktion viel Erfolg hatte. Der längseingebaute Heckmotor ging jedoch mit dem Sieg ab, teilweise weil Motor, Getriebe und Hinterachse hier ziemlich unverändert aus dem Lastwagensortiment übernommen werden konnten.

Scanias Beschluß, auch fortsetzungsweise auf Frontlenkerfahrgestelle zu setzen, erwies sich als klug, denn zu Beginn der 90er Jahre gab es nur wenige solche Fahrgestelltypen auf dem Markt.

Die Lastwagen der 2er Serie kamen 1980 heraus und ab Herbst 1981 wurde auch die 2er Serie bei Omnibussen eingeführt (die Ausnahme war der

Die Lastwagenfabrik in Södertälje wurde in den 80er Jahren ausgebaut und modernisiert. Sie hatte nunmehr nur Weniges gemeinsam mit dem lärmenden und schmutzigen Arbeitsplatz früher.

Truckracing war Ende der 80er Jahre beliebt in Europa, und Scania war lange eines der erfolgreichsten Fabrikate mit u.a. einem EM-Sieg. Als die Spezialfahrzeuge überhandnahmen, zog sich Scania zurück.

Die einfachen Frontmotor-Fahrgestelle S und F gelangten nicht nur in Omnibussen zur Anwendung sondern auch in spezialgebauten Fahrzeugen wie Möbel- und Bibliotheksbussen. Dieser F112 ist spezialkarosiert als Transportbus.

CR112, der bereits 1978 die neue Schlußzahl erhalten hatte); zuerst kamen die Frontlenkertypen F und S.

Ebenso wie bei den Lastwagen führte man in den 80er Jahren für die Omnibusse Typenbezeichnungen ein, die genau angaben, wie ein Fahrzeug zusammengesetzt war. Die Fahrgestelle waren in Hauptgruppen unterteilt: F (bis 1986 auch S) war ein einfaches Fahrgestell für schlechte Wege mit einem längseingebauten Motor vor der Vorderachse, K war ein Fahrgestell für Linien- und Reiseverkehr und hatte einen quergestellten Motor hinter der letzten Achse, L, das erst 1989 herauskam, war besonders für den Linien- und Vorortsverkehr angepaßt und hatte einen längsgestellten Motor, 60° geneigt, hinter der letzten Achse sowie das N-Fahrgestell, das einen quergestellten Motor hinter der letzten Achse hatte, der berühmte leise Bus mit eingekapseltem Motorraum. Die K- und N-Fahrgestelle (gegen Ende des Jahrzehntes auch die L-Fahrgestelle) wurden auch fertigkarossiert verkauft und die Bezeichnung begann da genau wie früher mit C (Complete).

In Europa und der industrialisierten Welt hatte die Entwicklung die Frontlenker hinter sich gelassen. In den 70er Jahre hatten Mittel- und Heckmotorfahrgestelle den Markt gewonnen und auch Scania hätte fast die Frontlenkerbusse niedergelegt. In den USA hatte man diesen Bustyp vor allem in Schulbussen beibehalten, die oft auf modifizierte Lastwagenfahrgestelle gebaut wurden, und

| 1980–1989 |

fünf Gänge und waren immer vollsynchronisiert.

Die S-Variante hatte einen kurzen vorderen Überhang, während die F-Busse einen mehr normalen und einen vorgezogenen Motor hatten. S war außerdem in zwei Versionen erhältlich der S112C mit niedrigem, aufgebogenem Rahmen führte die Tradition der verfeinerten Frontmotorbusse weiter. F82C/F112C hatte den gleichen Rahmentyp; die einfachere Version wurde S82H/F112H (H=Heavy Duty) genannt und führte die Tradition des Lastwagenfahrgestells LB81 weiter. Der Rahmen war ein Bustyp, aber gerade und mit hohem Bodenfreigang. Dieser robuste Typ war bestens geeignet für fast weglose Verhältnisse.

Die Forderung auf bessere Ladefähigkeit – Überlast war eher die Regel als die Ausnahme – und noch einfachere Karossierung führte dazu, daß Scania beschloß, diese Typen weiterzuentwickeln. 1986 verschwand die S-Variante, und fortsetzungsweise wurden nur die frontgebauten F-Fahrgestelle mit dem DN9- oder DS9-Motor von 173 bzw. 220 PS, oder dem DN11 oder DS11 Motor von 189 bzw. 305 PS geliefert. Der F92H hatte einen hohen Bodenfreigang, während der F112C den mehr verfeinerten Rahmentyp hatte. Dieser verschwand jedoch bei der nächsten Modifizierung.

1988 wurden die Bezeichnungen in F93H und F113H geändert, als sämtliche Fahrgestelle mit größerem Bodenfreigang geliefert wurden. Bei dem F113H übergab man den Ansaugmotor, und die Leistung des DS11-Motors war 310 PS. Beide Varianten waren in Achsabständen von 5,7 und 6,3 m erhältlich. Die treibenden Komponenten wurden direkt von den Lastwagen geholt, ebenso wie die Instrumentierung und die Regler. Der gerade Lastwagenrahmen gab eine Bodenhöhe von etwa einem Meter, vereinfachte aber gleichzeitig die Karossierung des Fahrgestells. Das Gesamtgewicht für einen Omnibus konnte sich auf 20 t belaufen.

Die F-Busse wurden in erster Linie da verkauft, wo schlechte Wegverhältnisse herrschten, oder wo besondere Anforderungen an extrem hohes Lastvermögen gestellt wurden. In Südamerika wurden sie oft als Stadtbusse mit Zweimann-Bedienung und Einstiegsplattform hinter der Hinterachse benutzt. Beide Typen kamen auch als Bibliotheksbusse, Möbelbusse und Tiertransportwagen zur Anwendung. Sie wurden auch als Komponentensätze für Montage in u.a. Tansania verkauft, da sie von Personen montiert werden konnten, die für Lastwagenmontage ausgebildet waren.

in verschiedenen Entwicklungsländern wurde er als eine billigere Alternative gebaut.

Ende der 70er Jahre hatte man auf einer Reihe von Märkten begonnen, Busse auf Scanias kleinem Frontlenker-Lastwagenfahrgestell LB81 zu bauen. Mit einfachen Mitteln konnte dieses Fahrgestell vor Ort karossiert werden.

Zwei neue Frontlenker-Fahrgestelle, S82/S112 und F82/F112 (den früheren B und BF-Serien entsprechend) wurden mit Beginn 1982 geliefert. Sie waren eine logische Entwicklung der ursprünglichen Ideen aus der Kinderzeit der Busse, d.h. sie waren im Prinzip auf ein Lastwagenfahrgestell gebaut, jedoch mit einer Karosse für Personenbeförderung anstelle einer Ladepritsche. Mit der Zeit hatte man die Fahrgestelle der Busse Schritt um Schritt verfeinert, der Rahmen wurde immer niedriger und wurde über den Achsen aufgebogen, der Motor wurde vorgezogen, zuerst über der Vorderachse, dann vor derselben, um die Einmannsbedienung zu ermöglichen, Luftfederung wurde eingeführt usw. Das Resultat waren teurere Fahrgestelle, die allzu verfeinert waren, um auf den schlechten Straßen der dritten Welt fahren zu können. Jetzt war man einmal rund um die Uhr gekommen.

Die neuen Frontmotorbusse waren mit Scania DS8-, DN11- oder DS11-Motor von 210, 189 oder 305 PS ausgerüstet. Die Getriebe hatten jeweils

Ein S82 als „Dschungelbus" in Zambia.

Diese einfachen Omnibusfahrgestelle unterschieden sich nur wenig von den Lastwagenfahrgestellen, hatten jedoch oft eine größere Bodenfreiheit, um die schlechten Wege zu bemeistern. Hier ein S82H.

Frontmotorfahrgestelle Omnibusse 1981–90

Serie	Motor	Achsabst.	Gesamtgewicht	Jahr	Anzahl
S82	DS8	4,7–6	17	1981–86	170
F82	DS8	5,5–6	17,5	1981–86	107
S112	DN11/DS11	4,7–6	17	1981–90	1.289
F112	DN11/DS11	5,7–6,3	17,5	1981–90	558
F92H	DN9/DS9	5,7–6,3	18	1986–88	88
F93H	DN9/DS9	5,7–6,3	20	1988–	174
F113H	DS11	5,7–6,3	20	1988–	141
S113	DS11	4,7–6	17	1990–	82

DIE FAHRZEUGE VON SCANIA

Das 1978 eingeführte BR112 Stadtbus-Fahrgestell mit quergestelltem Heckmotor und schallgedichtetem Motorraum war in kurzer Zeit ein großer Erfolg geworden und wurde in vielen Exemplaren in Schweden und auf dem Exportmärkten, insbesondere in Südamerika verkauft. 1982 wurde die Fahrgestellbezeichnung in N112 geändert. Die Serie enthielt verschiedene Varianten für Ein- und Zweistockbusse, sowie ein Gelenkbus-Fahrgestell N112A. Sie konnten mit Hilfsrahmen geliefert und mit selbsttragenden Karossen zusammengebaut werden (Achsabstand 5,0–7,3 m), oder mit fertigem Rahmen mit Achsabstand 6,0 m. Die Fahrgestelle für Doppeldecker hatten den Achsabstand 4,95 oder 5,64 m. Die Omnibusse wurden mit dem DN11- oder DS11-Motor mit Leistung zwischen 203 und 333 PS hergestellt.

1988 kam die N113-Serie mit im großen und ganzen demselben Programm einschließlich dem Gelenkbus-Fahrgestell N113A.

Mehrere andere Omnibushersteller (insbesondere diejenigen, die die Mittelmotorkonstruktion benutzten) hatten Erfolge mit Gelenkbussen, aber Scania verhielt sich aus natürlichen Gründen abwartend. Einige Gelenkbusse wurden auf private Initiative in den 60er Jahren in Norwegen auf BF-Fahrgestelle gebaut. Es ist ziemlich einfach, einen Gelenkbus mit einem Front- oder Mittelmotor und Antrieb an den Hinterrädern des vorderen Teils zu bauen (der hintere Teil ist im Prinzip ein Anhänger mit Lenkung der Laufräder und mit einer speziellen Befestigung in der Mitte), aber einen Gelenkbus auf ein Fahrgestell mit Heckmotor im vorderen Teil zu bauen, war fast unmöglich, da der Motor für das Gelenk im Weg saß. Auch wenn die konventionelle Konstruktion leicht zu bauen war, war sie beim Rücksetzen und in engen Kurven schwer zu fahren, da das hinterste Radpaar leicht auswärts strebte. Eine Konstruktion mit einem Motor ganz hinten wäre deshalb vorzuziehen.

In der Bundesrepublik hatte man bereits Anfang der 70er Jahre Gelenkbusse mit Heckmotor gebaut, jedoch mit dem Motor ganz hinten im Anhänger. Die Bauweise wurde oft „Pusher", Schiebe-Gelenkbus, genannt.

In Schweden gelangten mehr und mehr Gelenkbusse zur Anwendung, insbesondere auf längeren Vorortlinien. Ende 1978 beschloß auch Scania, einen Schiebebus in Zusammenarbeit mit der deutschen Firma Robert Schenck GmbH, die Erfahrung von der Konstruktionsart hatten, sowie dem belgischen Karossenhersteller Jonckheere zu entwickeln. Als Basis wählte man BR112, das leise Stadt- und Vorort-Fahrgestell.

Die Vorder- und Hinterpartie wurden auseinandergezogen und mit einem gelenkversehenen Rahmenstück vereint (Achsabstand 5,05+7,18 m). Der Kontakt zwischen Fahrer und Motor wurde über ein neuentwickeltes Elektrogassystem etabliert. Das einzige Problem von Bedeutung war das Ge-

N112 war ein Heckmotorfahrgestell mit quereingebautem Motor, das nach lokaler Karossierung als Stadtbus in vielen Städten rund um die Welt verkehrte, hier in Madrid.

N112A (A=Articulated, mit Gelenk) in Dänemark.

Anläßlich der geplanten Einführung in den USA prüfte Scania mehrere Omnibusvarianten. Hier ein BR112 mit einer Van Hool-Karosse von 1982.

Das BR112A-Fahrgestell mit Heckmotor war eine kompliziertere Konstruktion als der entsprechende Bus mit "Pfannekuchenmotor" vorn, hatte aber viele Vorteile z.B. einen niedrigeren Schallpegel und bessere Rückfahreigenschaften.

lenk selbst, da bei Glätte eine gewisse Gefahr bestand, daß der Bus in der Mitte zusammenklappte, wenn das Hinterteil schob. Die Lösung war eine qualifizierte elektronische Gliedkontrolle, die dieses Risiko eliminierte, und ein Sicherheitssystem, das automatisch Nullgas gab, wenn sich die Antriebsräder schneller als die Mittelräder drehten.

Scanias erstes Gelenkbusfahrgestell wurde 1980 in Produktion gegeben und BR112A genannt (ab 1982 N112A). Im November 1984 kam auch der ganzgebaute Gelenkbus CN112A.

Anfang 1988 (beim N113A) änderte man das Gelenk, und ein geschlossenes Hydrauliksystem mit zwei doppeltwirkenden Zylindern ersetzte das frühere System mit Klappeffekthemmern und Gelenkbremse. Die von einem Mikroprozessor gesteuerten Hydraulikzylinder dämpften die Bewegung zwischen dem Vorder- und Hinterwagen.

Aus Südamerika hatte Scania während der zweiten Hälfte der 70er Jahre Anfragen auf ein neues Fahrgestell für den Fernlinienverkehr erhalten.

Nach und nach kamen ähnliche Wünsche von mehreren europäischen Märkten, jedoch galten diese vor allem dem Vorort- und Linienverkehr. Das

BR112DH-Fahrgestelle (H=Rechts, wurde später in R geändert) für Zweistockbusse in England und auf anderen Märkten. Viele befanden sich in Singapur, wo auch Einstockbusse auf Scania-Fahrgestellen zur Anwendung gelangten.

Nachdem der Schwerpunkt bei Zweistockbussen viel höher liegt, könnte man glauben, daß sie leicht umkippen. Diese Erprobung in England zeigt, daß dies keineswegs der Fall ist.

führte dazu, daß man eine Konstruktionsarbeit einleitete, um ein Fahrgestell zu konstruieren, das für verschiedene Zwecke anwendbar war und außerdem verschiedenen Karossierungsmethoden angepaßt werden konnte. Das Ergebnis dieser Arbeit war die zusammen mit Scania do Brasil entwickelte neue K-Serie.

Die K-Serie wurde Anfang 1982 vorgestellt und war ein völlig neues Heckmotorfahrgestell mit längs eingebautem Motor, wo man die streng durchgeführte Komponentenstandardisierung des neuen Lastwagenprogramms ausnutzte, um Service und Ersatzteilhaltung zu erleichtern.

BR86 und BR116, die jetzt verschwanden, waren Integralfahrgestelle, d.h. sie bestanden aus einem hinteren Modul mit längsgestelltem Motor, Getriebe und Hinterachse, sowie aus einem vorderen Modul mit Vorderachse, Lenkung, Fahrerplatz usw. ohne zusammenbindenden Rahmen, vorgesehen für den Zusammenbau mit einer selbsttragenden Omnibuskarosse.

Das neue Fahrgestell war in zwei Versionen vorhanden, mit einem Omnibusrahmen für denjenigen, der eine herkömmliche Omnibuskonstruktion mit leicht aufbaubarer Karosse wünschte, sowie ohne Rahmen, wo jedoch die beiden Teile mit einem kurzen Transportrahmen verbunden waren, für denjenigen, der einen Integralbus bauen wollte. Das gleiche Fahrgestell paßte auf diese Weise zwei sehr verschiedenen Kundengruppen. Für den Kunden bedeutete es außerdem, daß er seinen Omnibuspark auf ein und dasselbe Fahrgestell standardisieren konnte, auch wenn er sich an Karossenhersteller wandte, die verschiedene Technik benutzten oder vielleicht die Technik wechselten. Diese Wahlmöglichkeit gab es bei niemand anders als Scania.

Verglichen mit der BR-Serie war die Rahmenkonstruktion geschmeidig und leicht. Der ganze Rahmen war in zwei Achsabständen erhältlich, 6,0 und 6,9 m. Wenn man einen Integralbus bauen wollte, wurde die kürzere Rahmenversion gekappt

Serie	Motor	Achsabst.	Jahr	Anzahl	Vermerke
K82	D8/DS8/DSI8	6,0/6,9	1982–84	302	
K112	DN11/DS11/DSC11	6,0/6,9	1982–90	12.864	
K112T	DS11/DSC11	-	1984–90	968	
N112	DN11/DS11	6,0	1982–88	1.082	
N112A	DS11	5,1+7,2	1982–88	105	Für Gelenkbus
N112DR	DN11/DS11	4,95/5,6	1983–88	77	Für Zweistockbus
K92	DS9	6,0	1984–88	768	
K93	DS9	4,6/6,0	1988–	652	
K113	DS11/DSC11	6,0/6,9	1988–	3.039	
K113T	DS11/DSC11	-	1988–	454	
N113	DN11/DS11/DSC11	6,0	1988–	613	
N113A	DS11/DSC11	5,1+7,2	1988–	10	Für Gelenkbus
N113DR	DN11/DS11	4,95/5,6	1988–	225	Für Zweistockbus
L113	DS11/DSC11	-	1988–	94	

Heckmotorfahrgestelle Omnibusse 1982–90

DIE FAHRZEUGE VON SCANIA

und mit einer selbsttragenden Karosse zusammengebaut, wodurch man viel Stauraum ohne hindernde Träger erhielt. Der Achsabstand konnte zwischen 5,0 und 7,3 m variiert werden. Der Boden war niedrig und die Konstruktion ermöglichte eine oder zwei Türen vor der Vorderachse.

Die Stärke des Fahrstells lag in seiner Anwendbarkeit. Das Fahrgestell paßte Linien- und Reisebussen, aber auch Stadt- und Vorortbussen auf Märkten, wo die Forderung eines niedrigen Fußbodens nicht ausschlaggebend waren.

Die Komponentenstandardisierung bei den Lastwagen hatte man soweit getrieben wie es nur möglich war, mit dem Ziel, das K-Fahrstell zu einem Weltbus zu machen, d.h. einem Omnibus, der ohne Probleme parallel mit den Lastwagen auf weniger entwickelten Märkten verkauft werden konnte. Nachdem die K-Fahrgestelle über die ganze Welt verkauft werden und unter sehr verschiedenen Verkehrsverhältnissen vorkommen sollten, gab es zwei alternative Federungen, Blattfederung für den Provinzverkehr und für sehr fordernde Landstraßen, Luftfederung mit vier Rollenbälgen hinten und zwei vorn für den Stadt- und Reiseverkehr. Krängungshemmer waren Standard.

Die wichtigste Neuheit war, daß die Produktion in der ganzen Welt integriert wurde. Ausgehend von einem streng standardisierten Satz Grundkomponenten wurden Lastwagen und Omnibusse in einer großen Anzahl Varianten gebaut. Dieses System wurde bald in allen Scania Fabriken benutzt.

Das neue Fahrgestell war mit zwei Motorvarianten lieferbar, K82 für Nah- und Provinzverkehr, mit dem D8/DS8/DSI8-Motor und K112 für den Reise- und Fernlinienverkehr mit dem DN11/DS11-Motor. Die Standardausrüstung war ein vollsynchronisiertes Fünfgang-Getriebe, jedoch konnten die Busse auch mit einem Zehngang-Splitgetriebe oder einem Viergang-Automatikgetriebe geliefert werden.

Die Modelle wurden in kurzer Zeit bei Scanias Omnibusfabriken in Schweden, Brasilien un Argentinien eingeführt, und übernahmen einen großen Teil der Rolle, die die Frontmotorbusse spielten: als einfaches und robustes Allzweck-Fahrgestell. Scanias Fabrik in Brasilien nahm 1982 die Herstellung von K112 auf, der sich ausgezeichnet für die zahlreichen Fernverkehrslinien eignete.

Die Busse der 2er Serie waren ebenso wie die Lastwagen ein unübertroffener Erfolg in der Geschichte von Scania. Die Standardisierung erzielte die geplanten Gewinne, die Erträglichkeit entwickelte sich sehr günstig und die Produktionskapazität erhöhte sich von 2.500 auf gut 3.500 Einheiten pro Jahr. 1982 war Scania der weltweit zweitgrößte Exporteur von schweren Omnibussen mit gut 3.000 Omnibussen, wovon 90% an ausländische Kunden gingen. Nur Mercedes-Benz war größer. Die K-Serie war Scanias am meisten verkauftes Omnibus-Fahrgestell der 90er Jahre. U.a. bestellte die deutsche Firma Neoplan 150 Montagesätze, um 1986 weitere 150 K112-Fahrgestelle zu bestellen. Insgesamt hat Neoplan 1000 Montagesätze gekauft.

1974 wurde K82 durch K92 mit Scanias neuem DS9-Motor ersetzt. K112 hatte eine Motorleistung von 201–363 PS.

Zwar wurden die K-Modelle für Verkehr jeglicher Art verkauft, sie waren jedoch nicht ganz ideal für den Stadtverkehr. Die Fußbodenhöhe konnte nicht niedrig genug hergestellt werden, um einen Stadtbus mit hinterer Plattform zu bauen. Durch den allmählichen Übergang zu Einmannbedienung verschwand jedoch die Nachfrage nach einem derartigen Modell.

Während der 80er Jahre entwickelte man die K-Serie und Luftfederung wurde die gewöhnlichste Federungsalternative. Die Einstiegssenkung (Kneeling) erleichterte das Einsteigen für die Fahrgäste, während dank der Erhöhung der Bodenfreiheit der Omnibus leicht auf Fähren fahren konnte, ohne anzustoßen. Mit Einzelaufhängung der Vorderräder konnte der Mittelgang des Omnibusses

K112, hier mit einer Van Hool-Karosse, wurde sehr beliebt als Reise- und Fernverkehrbus und war einer von Scanias Glückstreffern auf dem internationalen Omnibusmarkt.

Die K-Fahrgestelle hatten einen längseingebauten Motor. Motor, Getriebe und Achsen hatten viel gemeinsam mit den Lastwagen. Das teure Winkelgetriebe, das beim quereingebauten Motor in Stadtbussen benötigt wurde, fehlt hier.

über der Vorderachse sehr niedrig gebaut werden. Das Bremssystem wurde entwickelt, und gegen Ende der 80er Jahre waren blockierungsfreie Bremsen fast eine Selbstverständlichkeit bei Fernverkehrsbussen.

1984 kam als Weiterentwicklung der K-Serie, Scanias erster Doppelachsbus K112T. Dieser wurde gebaut, da die Achsdruckbestimmungen Ende der 70er Jahre in vielen Ländern eine Grenze dafür setzten, wie groß die Omnibusse sein könnten. In Schweden lag z.B. die Grenze bei 10 t, während andere Länder bis zu 13 t zuließen.

Vollreisebusse wurden bereits zu der Zeit mehr und mehr in zwei Etagen gebaut, um eine so günstige Transportwirtschaftlichkeit wie möglich zu erhalten. Es wurde jedoch immer schwieriger, zweiachsige Omnibusse zu bauen, die die Achsdruckvorgaben einhielten. Eine zusätzliche Hinterachse wurde benötigt, genau wie bei den Lastwagen, wo diese Bauweise seit langem Brauch war.

Für Scania kamen diese Wünsche in erster Linie aus Schweden und aus Südamerika. Schweden behielt den niedrigen Achsdruck bei, um nicht alle Brücken umbauen zu müssen, und in Südamerika wollte man bei Fernlinien eine größere Last aufnehmen können. Wenn die Fahrstrecke Hunderttausende von Kilometern war, spielten einige Fahrgäste mehr eine große Rolle.

Der dreiachsige K112T hatte eine luftgefederte Nachlaufachse (der Bus hatte überall Luftfederung) wie im Lastwagenprogramm. Als Zusatzwahl konnte die Nachlaufachse auch mit Entlastung geliefert werden, um den Druck auf Antriebsachse zu übertragen, wenn die Griffigkeit schlecht war. Der hintere Überhang war verlängert und der Rahmen hinten herabgebogen.

Das Doppelachsfahrgestell wurde nur für selbsttragende Karossen verkauft und konnte in Achsabständen von 5,0 bis 7,3 m gebaut werden. Bei zweistöckigen Reisebussen hatte man außerdem

Die K-Omnibusse waren mit 8, 9 und 11 l-Motor erhältlich. Hier ein K92 mit finnischer Kutterkarosse im Verkehr in Island.

K112 in Spanien, Ende der 80er Jahre Scanias größter Omnibusmarkt in Europa.

K92 wurde 1988 zu K93. Der Bus befindet sich in Joensuu in Finnland, auch ein bedeutender Omnibusmarkt für Scania.

eine Variante mit einem niedrig plazierten Fahrerplatz; der K112T hatte einen DS11- oder einen DSC11-Motor von 305 oder 333 PS.

1988 kam die 3er Serie, wo der K92 zu K93 und der K112 zu K113 wurde. Der 11 l-Motor wurde in einer ladeluftgekühlten Variante mit niedrigen Emissionen hergestellt, einer der weltweit saubersten Stadtbusmotoren, der eigentlich für den USA-Markt entwickelt war, jedoch auch in Schweden großen Erfolg hatte. 1990 wurde der Ansaugmotor DN11 aus dem Programm genommen. Neu hinzu kam ein Zweigang-Automatikgetriebe und zwei Viergang-Automatikgetriebe, das eine speziell für den Umweltmotor angepaßt.

Das Fahrgestell K113T konnte mit Einzelradaufhängung der Vorderräder mit doppelten, in Rollenlagern im Vertikalgelenk gelagerten Dreiecksgelenken und Gummilagerung in der Rahmenbefestigung geliefert werden. Die Luftbälge befanden sich oberhalb des Vertikalgelenks, und

Krängungshemmer waren Standard. Mit dieser Bauweise erhielt man Zweistockbusse mit niedrigem Mittelgang bis zum Fahrerplatz.

Ende 1989 wurden die Stadt- und Vorortfahrgestelle Typ N und die Reisebusfahrgestelle Typ K mit der L113-Serie komplettiert, die hauptsächlich als Stadtbus-Fahrgestell in Südamerika und als einfaches Vororts- und Linienbusfahrgestell in Europa vorgesehen war.

L113 war im Prinzip ein kräftig modifiziertes K-Fahrgestell. Der 11 l-Motor war wie früher ein längseingebauter Heckmotor, hatte aber eine 60° Neigung nach links erhalten, um die innere Höhe so wenig wie möglich zu beeinträchtigen. Der Kühler war niedriger aber effektiver, wodurch man die Gesamthöhe verringern und den Fußboden im Hinterteil des Busses 150 mm niedriger bauen konnte als im entsprechenden K-Bus. Auch die Karossierung der Busse war leichter dank eines gesenkten Fahrgestellprofils, und dank des geneigten Motors konnte man ohne Problem eine Ausstiegstür rechts hinter der Hinterachse bauen. Um doppelte Einstiegstüren anordnen zu können, hatte man den vorderen Überhang verlängert. Der Achsabstand des Fahrgestells konnte zwischen 5,0 und 6,9 m variiert werden, womit man einen fertigen Omnibus von 11 bis 13 m erhielt.

Der L113 war mit drei Motorvarianten des 11 l-Motors erhältlich von 257 bis 310 PS, von denen eine ein „Umweltmotor" war.

1983 kamen eine Reihe von Neuheiten in Scanias ganzgebautem Nahverkehrsbus mit schallgedichtetem Motorrraum, der gleichzeitig die Bezeichnung von CR112 in CN112 wechselte. Man hatte die Karosse an mehreren Punkten modifiziert, die jetzt in zwei Breiten erhältlich war, das Fahrgestell hatte Einstiegssenkung erhalten (indem man Luft aus dem vorderen rechten Luftbalg ablassen konnte, so daß der Bus an den Haltestellen knickste) und der Fahrer hatte ein stellbares Lenkrad, sowie eine Reihe von anderen Verbesserungen erhalten.

Ende 1984 kam auch der ganzgebaute Gelenkbus CN112A, 18 m lang und für 120 Fahrgäste. Dieser Bus wurde 1988 durch den CN113 und den

Die härteste Omnibuslinie der Welt geht von Buenos Aires nach Santiago de Chile und weiter nach Lima. Fünf Tage lang muß dieser K112T durch brennend heißen Wüstensand und über die schneebedeckten Pässe der Anden bis in Höhen über 5000 Meter ü.M. fahren.

CN112 mit einer in Orange, USA hergestellten Karosse.

Auf Hawaii hatte Scania großen Erfolg. 1988 zog Scania sich nach dem Verkauf von 250 Omnibussen vom USA-Markt zurück.

CN113A ersetzt, der in Normal- und in Cityausführung erhältlich war.

1987 begann Scania sein bestverkaufendes Fahrgestell K112 zu karossieren. Seit 1953, als man in der Omnibuswerkstatt in Södertälje begann, den Metropolbus herzustellen, hatte man ganzgebaute Omnibusse im Programm, auch wenn die Einträglichkeit nie besonders günstig war. Außerdem war die Nachfrage auf dem einheimischen Markt sehr unterschiedlich. Die Busse, die Scania selbst mit Karossen versehen hatte, wurden im allgemeinen in Schweden verkauft.

Der neue, ganzgebaute Linienbus CK112 wurde 1987 in Produktion gegeben mit einer Karosse von Scania-Bussar, denn man wollte die Belegung in der Karossenwerkstatt in Katrineholm erhöhen und dadurch die Einträglichkeit verbessern. Das bedeutete auch, daß die Verkehrsunternehmen einen billigeren und einfacheren Linienbus von demselben Lieferanten erhalten konnten, der früher nur ganzgebaute Stadt- und Gelenkbusse (CN112 und CN112A) angeboten hatte. Der Motor war der DS11 von 113 PS, und man konnte zwischen drei Getrieben wählen, einem Fünfgang-Getriebe, einem Zehngang-Splitgetriebe (das mit CAG ausgerüstet werden konnte), sowie einem mikrocomputergesteuerten Viergang-Automatikgetriebe. Die Omnibusse hatten eine fortschrittliche Ausrüstung wie z.B. Luftfederung, Kneeling als Zusatzausrüstung, Differentialsperre, ABS-Bremsen, geleimte Seitenscheiben und eine computerberechnete Karosse.

Die Front des CK112-Modells erinnerte stark an die Front der CN-Busse, war jedoch auf dem K-Fahrgestell 150 mm höher. Der Motorraum war konventionell gebaut, d.h. nicht besonders gedichtet und schallisoliert für niedrigstmöglichen Geräuschpegel wie bei den Stadtbussen. Das wäre eine unnötige Komplikation bei einem Linienbus, wo die Forderungen bezüglich des Geräuschpegels nicht besonders hoch waren. Unter dem Karossenfußboden gab es reichlich Stauraum.

Dieses Omnibusmodell half Scania-Bussar die Belegung in der Karosseriewerkstatt zu erhöhen und auszugleichen. Man gewann auch wertvolle Erfahrungen bezüglich Karossieren von K-Fahrgestellen, was den Fahrgestellkunden zugute kam. Der CK112 war auch für Exportkunden vorgesehen, nachdem er im Hinblick auf Länge und Breite viel weniger "schwedisch" war als seine Kusinen, die Stadtbusse.

Der CK112 wurde in 42 Exemplaren hergestellt, bevor er 1988 durch den CK113 in der neuen Omnibus-Serie 3 ersetzt wurde. Die ganzgebauten Omnibusse CN113/113A und CK113 erhielten hierbei einen Fahrerplatz mit gewinkeltem Armaturenbrett.

Scania stellte auch ab 1990 ganzgebaute Omnibusse auf dem L113-Fahrgestell her, die die Bezeichnung CL113 erhielten.

1983 hatte Scania sich auf ein wirklich schwieriges Gebiet für Omnibushersteller begeben, den Stadtbusmarkt in den USA, der sich auf etwa 3.000 Busse pro Jahr belief. In Orange in Connecticut wurde eine Fabrik eröffnet für Herstellung von 250 Bussen pro Jahr. Die Fahrgestelle wurden in Katrineholm hergestellt während die Karossen in der USA-Fabrik gebaut werden sollten. Laut amerikanischer Gesetzgebung mußten mindestens 50% des Busverkaufswertes amerikanischen Ursprungs sein. Eine Probeserie sollte im Juni 1984 bei Eröffnung der Fabrik fertig sein.

Man wählte einen modifizierten N112 mit dem USA-angepaßten DS11-Motor von 250 PS und Scanias Viergang-Automatikgetriebe.

Die brasilianische Fabrik lieferte Gelenkbusse, basierend auf dem Fahrgestell S112. In Zusammenarbeit mit dem Karossenhersteller Caio erhielten die Frontmotorbusse einen "Anhänger". Dank ihrer Möglichkeit, viele Fahrgäste aufzunehmen und dennoch in engen Städten voranzukommen, waren sie ideal.

K-Fahrgestell waren die Basis für die ganzgebauten K-Busse CK112/113. Sie wurden mit Transportrahmen geliefert und dann in selbsttragende Karossen eingebaut. Die meisten hatten Luftfederung (links).

Scanias ganzgebauter CK112 (rechts).

DIE FAHRZEUGE VON SCANIA

R112H als Transportwagen für Trauben in Südamerika (links).

Das aus den USA kommende Interesse, die Lastwagen in modernen Mustern zu lackieren, machte sich während der 80er Jahre in Europa bemerkbar. Hier hat ein brasilianischer Besitzer viel Mühe darauf verwandt, seinen T112H und Anhänger zu dekorieren (unten links).

Der Reisebusmarkt wurde immer wichtiger für Scania, und überall in Europa konnte man Scania-Bussen begegnen, wie z.B. diesem K113 (unten Mitte).

Scania verkaufte auch weiterhin erfolgreich Zweistockbus-Fahrgestelle für lokale Karossierung. Her ein N112DR in Newport in Wales (unten rechts).

Scania hatte seit 1961 Omnibusse in den USA geprüft, sowohl mit eigenen Karossen als auch mit Van Hool-Karossen, u.a. bei dem Gelenkbus N112A, und hatte gute Resultate erzielt. Der Kraftstoffverbrauch der Omnibusse lag ca. 25% unter dem der USA-gebauten Busse. Es erwies sich jedoch schwierig, den Käufern dies glaubhaft zu machen.

Im Sommer 1984 wurden die ersten acht Busse nach Iowa City und Coralville in Iowa verkauft. 46 Busse gingen 1985 nach Hawaii, und 1987 verkauft man weitere 94 Busse dorthin. Sowohl die allzuwenigen Verkehrsunternehmen, die sich trauten, diese Busse zu kaufen, als auch die Fahrgäste waren zufrieden, in manchen Fällen sogar sehr zufrieden. Trotzdem zog sich Scania laut einem 1988 gefaßten Beschluß aus der Omnibusherstellung in den USA zurück. Der hauptsächliche Grund hierfür waren die Einkaufsbestimmungen der amerikanischen Behörden, die Preis vor Qualität und Leistung stellten, was für Scania ungünstig war und zu mangelnder Einträglichkeit führte.

Als Scania sich vom amerikanischen Markt zurückzog, hatte man 250 Omnibusse geliefert, und der Nachbereitungsbedarf wurde von Saab-Scania of Amerika betreut. Die Fabrik in Orange wurde Anfang der 90er Jahre als Zentrum für die Lastwagentätigkeit benutzt, die – wenn auch in bescheidenem Umfang – fortsetzte.

1986 hatte Scania 50% des schweren Lastwagenmarktes und 32% des Omnibusmarktes in Schweden. 1986 übertraf Scania seinen eigenen Produktionsrekord und stellte in seinen Fabriken insgesamt 29.500 Fahrzeuge her, davon 3.300 Omnibusse. Eine Erhöhung um 6% im Vergleich zu dem früheren Rekordjahr 1980.

90% von Scanias Herstellung wurde Ende der 80er Jahre außerhalb von Schwedens verkauft, und hiermit nahm Scania den dritten Platz unter den Lastwagenexporteuren der Welt ein. In Europa hatte Scania 13,5% des Marktes und war der drittgrößte Lastwagenhersteller. Als Omnibushersteller lag Scania an sechster bis achter Stelle.

Ein großer Teil der Erhöhung von Scanias gesamter Omnibusproduktion war in den 80er Jahren nach Brasilien verlegt, wo man Ende der 80er Jahre für etwa 40% zeichnete. Die Omnibusse waren damit ein wichtiger Teil der brasilianischen Tätigkeit, fast 30% gegenüber nur 7% in Europa.

Ende der 80er Jahre lag das Fabrikat Scania in Brasilien und Argentinien bei schweren Lastwagen zwischen 35% und 45% und bei Linienbussen auf ca. 35%.

Ganzgebaute Omnibusse 1984–90						
Serie	Motor	Achsabst.	Gesamtgewicht	Jahr	Lief.	Verm.
CN112	DN11/DS11	6,0/6,3	-	1983–88	628	
CN112A	DS11	5,0+7,2	-	1984–88	27	
CN113	DS11/DSC11	6,0/6,3	-	1988–	241	
CN113A	DS11/DSC11	5,1+7,5	-	1988–	41	
CK112	DS11/DSC11	6,9	-	1987–88	42	
CK113	DS11/DSC11	6,9	-	1988–90	38	
CL113	DS11/DSC11	6,9	-	1990–	-	

Scania
Die 90er Jahre

Während der letzten Jahre vor 1990 hatte Scania die höchsten Herstellungszahlen seit je erreicht. 1989 stellte man 32.339 Lastwagen und 3.910 Omnibusse her, insgesamt 36.249 Fahrzeuge. Von diesen wurden 46% von Scania in Schweden produziert, davon 6% Omnibusse, 34% von Scania Nederland (Zwolle, eröffnet 1954), 18% von Saab-Scania do Brasil (eröffnet 1959), und 2% von Saab-Scania Argentinien (eröffnet 1974).

Viele Fahrzeuge wurden aus Montagesätzen von einer dieser Fabriken zusammengebaut, u.a. in Australien, Peru, Angola, Kenia, Mosambik, Neuseeland, Irak, Ägypten (Omnibusse), Südkorea, Tansania, Botswana und Zimbabwe.

Brasilien war der größte einzelne Markt für sowohl Lastwagen als Omnibusse. Der Ferne Osten und Australien wurden immer wichtigere Märkte, und etwa 10% der gesamten Herstellung ging dorthin. In Malaysia eröffnete Scania 1990 eine Montagefabrik.

Wichtiger als diese Zahlen war jedoch, daß Scania weltweit die einträglichste Lastwagenherstellung hatte. Während der Jahre 1983–89 hatten sich die Umsatzerlöse des Bereichs Scania ständig erhöht (von 9,5 auf 23,6 Milliarden Kronen) und auch der Ertrag hatte sich von 1,3 auf 3,8 Milliarden Kronen erhöht. Ende der 80er Jahre war Scania der fünftgrößte Produzent weltweit von schweren Nutzfahrzeugen mit mehr als 90% außerhalb Schwedens. Die Anzahl Mitarbeiter betrug 22.000.

Seit 1972 war Ingvar Eriksson Chef des Bereichs Scania, 1988 übernahm jedoch Leif Östling, der u.a. seit 1983 Chef von Scania Nederland war, die Leitung des Bereichs.

1990 erfuhr der gesamte Markt von schweren Lastwagen und Omnibussen einen kräftigen Rückgang. Auch Scania bekam dies zu spüren, kam jedoch besser durch als viele Konkurrenten. Die Verkaufszahlen von schweren Lastwagen in Europa fielen von 190.000 im Jahre 1989 auf 175.000 und in der ganzen Welt von 500.000 auf 452.000. Scanias Produktion von Lastwagen sank von 32.339 auf 28.618 und von Bussen von 3.910 auf 3.150. 1991 erhöhte Scania seine Gesamtproduktion von 31.768 auf 31.902 Fahrzeuge. Die Busse erhöhten sich um 25,3% (3.947) während die Lastwagen um 2,3% zurückgingen (27.955).

Anfang der 90er Jahre bestand Scanias Lastwagenserie 3 aus 11 Grundmodellen und 137 Lastwagentypen; außerdem konnte man bei Bedarf eine weitere Anzahl Typen herstellen.

Die Omnibusfahrgestelle der Serien F und S, die stark an die Lastwagen erinnerten, waren für Zusammenbau vor Ort konstruiert. Hier in der Fabrik in Tansania.

DIE 90ER JAHRE

Das steigende Umweltinteresse Ende der 80er Jahre richtete sich insbesondere auf die Emissionen der Dieselmotoren, und verschiedene Experten stellten die Frage, ob Dieselmotoren überhaupt eine Weiterentwicklungsmöglichkeit hätten. Die Abgase eines Dieselmotors können nicht so leicht wie die eines Benzinmotors gereinigt werden, d.h. mit Hilfe von elektronischer Einspritzung, bleifreiem Benzin und Katalysator.

Dieselmotoren haben dagegen einen bedeutend höheren Wirkungsgrad als Benzinmotoren und geben sehr viel mehr aus im Verhältnis zu der zugeführten Energie. Reinerer Dieselkraftstoff mit niedrigerem Schwefelgehalt wäre also eine Art, das Problem anzugreifen, und Anfang der 90er Jahre wurden auch verschiedene Varianten herausgebracht, wie „Citydiesel" und „Umweltdiesel". Auch Paraffin prüfte man als alternativen Kraftstoff. Versuche mit Äthanol und Methanol wurden in mehreren Ländern durchgeführt.

Stickoxide und Partikel sind die größten Probleme. Stickoxide (NO_x) können bei einem Benzinmotor im Katalysator reduziert werden, ein Dieselmotor jedoch arbeitet mit ständigem Überschuß an Luft. Deshalb müssen sie durch Maßnahmen im Motor reduziert werden. Der Kohlenwasserstoffgehalt kann auch durch verbesserte Verbrennung und durch einen oxidierenden Katalysator wie bei Benzinfahrzeugen gesenkt werden. Die Kohlendioxidemissionen stehen in direktem Verhältnis zu Kraftstoffverbrauch, und hier hat der Dieselmotor einen seiner entscheidenden Vorteile: ein benzingetriebener Lastwagen mit entsprechender Leistung würde bis zu 50% größere Kohlendioxidemissionen haben. Die Partikel lassen sich durch bessere Verbrennung, reineren Kraftstoff und mechanische Filterung beeinflussen.

Eine Reihe von Detailverbesserungen haben es ermöglicht, einen Standardmotor für Omnibusse herzustellen, wo der Gehalt von Kohlenwasserstoff, Stickoxid und Partikel der Abgase um gut 50% verringert wurde im Vergleich mit einem Stadtbusmotor von vor zehn Jahren. Einen Lastwagenmotor zu reinigen ist bedeutend schwieriger, nachdem er unter ganz anderen Verhältnissen arbeitet.

Die Maßnahmen, die Scania bereits getroffen hat, haben dazu geführt, daß die Dieselmotoren bedeutend verbessert werden konnten. Direkteinspritzung (1949), Turboladung (1961 in Fahrzeugen), die Philosophie der niedrigen Drehzahl (1977), Ladeluftkühlung (1982 in Fahrzeugen), elektronisch gesteuerte Kraftstoffeinspritzung, EDC (1987). 1990 kamen zwei weitere wichtige Meilensteine: der Äthanolmotor und der Turbocompound-Motor.

Der Äthanolmotor war eine Art, die Emissionen schädlicher Stoffe zu minimieren. Der Stockholmer Ortsverkehr (SL) leitete 1990 eine große Feldprüfung mit 32 Äthanolbussen des Typs CN113 ein, die im täglichen Verkehr eingesetzt wurden. Diese Busse hatten einen ladeluftgekühlten 11 l-Motor, für Äthanolbetrieb umgebaut, der bedeutend reinere Abgase und bedeutend geringere Emissionen von Stickoxid und Partikeln zeigte, auch im Vergleich mit den letzten und saubersten Dieselmotoren.

Es gab jedoch andere Nachteile, u.a. hatte das Äthanol einen niedrigeren Energiegehalt als Dieselkraftstoff, wodurch man einen bedeutend erhöhten Kraftstoffverbrauch erhielt.

P93M als Tankwagen für Abholen von Milch in der Schweiz. Aufgrund der schweizerischen Sonderbestimmungen etwas schmaler.

Das Topline-Fahrerhaus in den R-Frontlenkern hatte ein extra hohes Dach, einen Beifahrersitz der bis ans Armaturenbrett bzw. bis an die hochgeklappte Schlafliege geschoben werden konnte, und ein perfektes Armaturenbrett.

Einer der 32 CN113-busse, die versuchsweise in Stockholm gefahren wurden. Motor DSI11E (I=wassergekühlter Ladeluftkühler, E=Äthanol). Leistung 260 PS.

Testbusse wurden auch in anderen Städten gefahren, wo die neuen Typen von Dieselkraftstoff mit geringerem Gehalt von Aromat und Schwefel geprüft wurden. Der DSC11-Motor war mit oxidierendem Katalysator versehen und war diesen Brennstoffen angepaßt.

Diese Dieselbusse, die in Langzeittests gefahren wurden, hatten Motoren mit höherer Kompression, kräftig modifiziertem Verbrennungssystem und u.a. einen Verteiler mit spezieller Ausformung und höherem Einspritzdruck. Die Motoren waren außerdem mit EDC ausgerüstet.

Die Äthanolmotoren wurden mit u.a. flüssigkeitsgekühltem Ladeluftkühler modifiziert, der als Wärmeaustauscher benutzt wurde, um eine höhere Temperatur zu erhalten und damit die Zündwilligkeit bei niedrigerer Belastung verbesserte. Bei hoher Belastung funktionierte er wie ein konventioneller Ladeluftkühler. Außerdem hatte man den Brennraum in den Kolbenköpfen modifiziert und eine neue Einspritzpumpe montiert.

In verschiedenen Ländern, u.a. Schweden, sind

Ein R143E 6x4 als Holzfuhrenwagen im Ardennerwald.

Ein R113M 4x2 fährt Frachtgut in Österreich. Wie viele der Lastwagen hat er einen Dachspoiler, der den Luftwiderstand verringert und außerdem ein guter Platz für das Firmenzeichen ist.

Nicht alle SBA- und SBAT-Lastwagen werden für militärische Zwecke benutzt. Einer wurde zu einem Omnibus in Island, und dieser wurde zu einem geländegängigen Bergungsfahrzeug, phantasievoll dekoriert.

oder waren die Steuern höher bei Äthanol als bei Dieselkraftstoff, was einen Übergang zu äthanolgetriebenen Bussen erschwerte. Der Übergang von Diesel und Benzin zu Äthanol ist technisch möglich, sowohl bei Personenwagen, Lastwagen als Omnibussen. Ein interessanter Markt ist z.B. Brasilien, wo Äthanol (produziert aus Zuckerrohr) bereits seit vielen Jahren benutzt wird. Die Motortechniker in Södertälje sind sicher, zukünftigen Umweltforderungen durch weitere Entwicklung des Dieselmotors gerecht werden zu können. Einesteils werden die Emissionsebenen weiter gesenkt werden können und andererseits kann man die Abgase in Filtern und Katalysatoren nachbehandeln, um deren Umwelteinwirkungen weiterhin zu reduzieren.

Die vierte Generation Scania-Dieselmotoren kam 1991, als der 6-Zylinder 11 l-Motor mit Turbocompound ausgerüstet wurde. Die Leistung für diesen neuen DTC11-Motor war 401 PS bei 1.900/min und das Drehmoment 178 kpm im Drehzahlbereich 1.200 bis 1.425/min.

Die Turbocompound-Technik setzte da fort, wo die gewöhnliche Turbotechnik aufhörte und baute darauf, daß die heißen Abgase, nachdem sie den Turbinenteil des gewöhnlichen Turboaggregats passiert hatten, noch so viel Energie enthielten, daß sie eine weitere Turbine treiben konnten. Die Bewegungsenergie von dieser Turbine wurde hydraulisch/mechanisch auf die Kurbelwelle des Motors übertragen. Das war eine weitere Art, einen Teil der Kraftstoffenergie auszunutzen, die sonst verlorengegangen wäre.

Der Wirkungsgrad des Motors erhöhte sich auf 46%, eine erstaunliche hohe Zahl, nachdem jede auch noch so kleine Erhöhung sehr schwer zu erreichen ist. Während der letzten 35 bis 40 Jahre hatte der Wirkungsgrad der Dieselmotoren (d.h. die Ausnutzung des Kraftstoff-Energiegehalts) sich für die technisch am höchsten entwickelten ladeluftgekühlten Varianten von 30 auf 44% verbessert. Der Wirkungsgrad eines Benzinmotors liegt nur bei 34–35%.

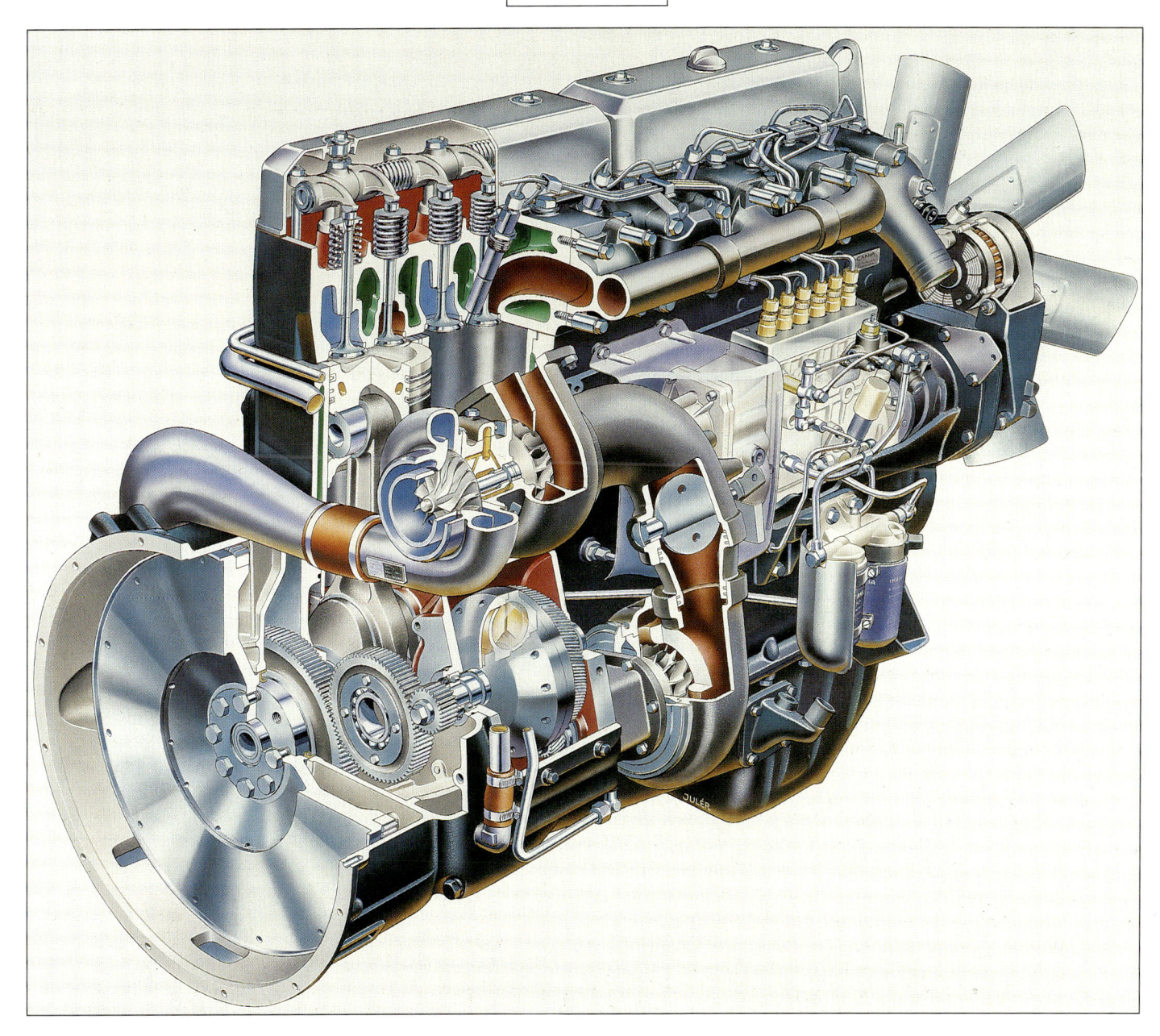

Gleichzeitig war der Kraftstoffverbrauch gesunken. 1961 forderte der turbogeladene DS10-Motor von 205 PS 216 g/kWh, während der neue Compoundmotor von 401 PS sich mit 180 g/kWh begnügt. Die Stickoxidemissionen hatten sich von 16 g/kWh 1961 auf 8g/kWh verringert und die Kohlendioxidemissionen von 686 g/kWh auf 591 g/kWh.

Bei der maximalen Drehzahl des Motors von 1.900/min drehte sich die Compoundturbine mit 55.000/min, und durch die Turbinenwelle wurden bis zu 75 PS transportiert. Umgerechnet in Motorleistung erhielt der Motor eine 20 PS höhere Maximalleistung als der nächste ladeluftgekühlte und EDC-versehene 11 l-Motor von 380 PS.

Ein Maß der Effizienz der Turbinen war der Temperaturfall der Abgase, nachdem sie die Zylinder verlassen hatten. Bei voller Leistung war die Temperatur 650°, aber wenn sie die Turboturbine passiert hatten, war die Temperatur auf etwa 550° gesunken, und nach der Turbocompound-Turbine

Im Turbocompoundmotor DTC11 wurden die Abgase zunächst zu dem gewöhnlichen Turboaggregat geleitet (vor den hinteren Zylindern) und dann zur nächsten Turbine (schräg darunter rechts), wo die Kraft durch mechanisches Herabschalten, Hydraulikschaltung und Zahnradüberführung zu einem Zahnradkranz auf dem hinteren Teil der Kurbelwelle geleitet wurde. Hierdurch erhielt man ca. 20 PS mehr Leistung als ohne Turbocompound.

war die Temperatur nur noch 440°.

In der Zukunft kann die Technik eine noch größere Bedeutung erhalten. Wenn es gelungen ist, Motoren mit noch niedrigeren Energieverlusten an das Kühlsystem zu bauen werden die Abgase wärmer. Das setzt allerdings neues Keramikmaterial im Motor voraus.

Der Turbocompound war an und für sich keine Neuheit und wurde bereits Mitte der 50er Jahre für Flugmotoren, z.B. im Boeing B-29 und im Douglas DC-7 benutzt. Auch Schiffsmotoren waren schon früher mit dieser Technik ausgerüstet. Das Wichtige war, das es Scania gelungen war, das schwierige Problem zu lösen, eine zuverlässige Übertragung zwischen Turbine und Kurbelwelle in einem Lastwagen zu erhalten.

Der Motor war in erster Linie für Fernlaster mit den höchsten Lastzuggewichten vorgesehen. Ein Fahrgestell mit einem 11 l-Compoundmotor war gut 200 kg leichter als ein entsprechendes Gestell mit einem V8-Motor von 14 l mit ungefähr der glei-

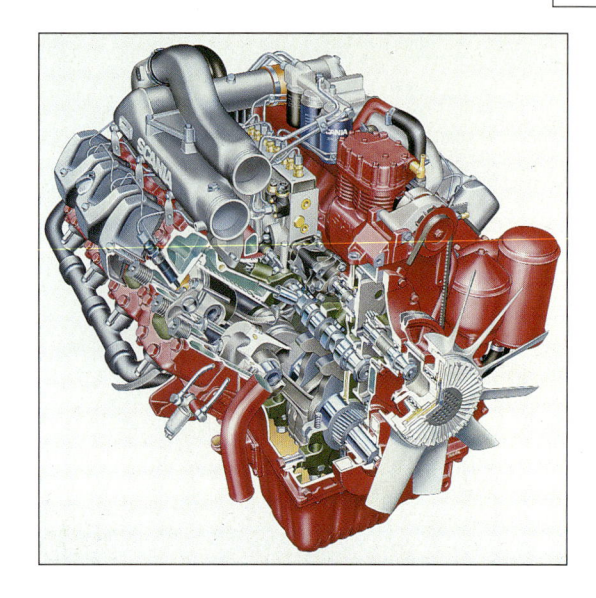

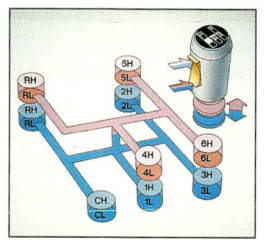

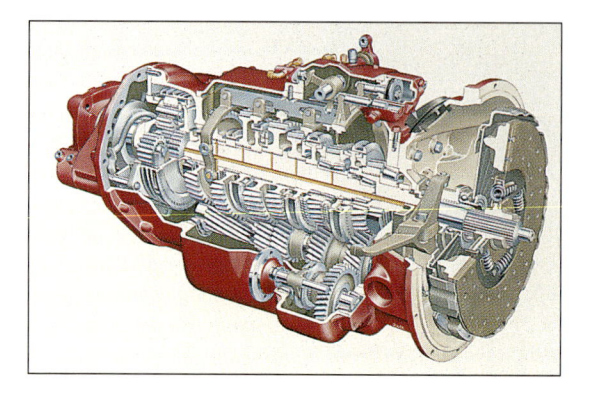

Die stärkste Version des DSC14 hatte 500 PS.

Das GRS900 ist ein kombiniertes Split- und Rangegetriebe. Der Fahrer fährt im 1.Gang an, Splitschalter in Lage Niedrig, und schaltet dann in den 1.Gang Lage Hoch. Dann zum 2.Gang, Kippschalter auf Niedrig, auskuppeln, Schalthebel in den 2.Gang führen. Auf dieselbe Art schaltet er sich durch den 2. und 3.Gang. Dann wählt er den Hoch-Range-Bereich mit dem Ringschalter unter dem Schalthebelkopf. Split Niedrig, auskuppeln und den Schalthebel in den 1./4.Gang führen (= 4.Gang niedrig). Usw. bis zum 12.Gang Hoch. Bei leichter Ladung braucht man nicht jeden Gang aufzusplitten. Mit Schalthebel und Ringschalter kann man „6-gängig" fahren.

chen Leistung. Das niedrigere Gewicht des Fahrgestells gab Raum für größere Nutzlast.

Der Turbocompoundmotor wurde im April 1991 in Produktion gegeben, und gleichzeitig wurde eine weitere Variante des 11 l-Motors, eine EDC-Version mit 380 PS, eingeführt. Ebenso wie beim Compoundmotor waren die Zylinderköpfe, der Brennraum der Kolben, das Einspritzsystem und das Turboaggregat modifiziert. Das Drehmoment war 169 kpm im Drehzahlbereich 1.000–1.500/min.

Die dritte Motorneuheit des Jahres 1991 war eine neue Version des 14 l V8-Motors mit EDC, diesmal mit 500 PS. Er war auf dieselbe Art wie die 11 l-Motoren modifiziert, hatte aber das Übersetzungsverhältnis auf 17:1 erhöht. Der Motor entwickelte seine 500 PS bei 1.900/min. Das Drehmoment war 217 kpm im Drehzahlbereich 1.000–1.500/min und der niedrigste spezifische Kraftstoffverbrauch war 191 g/kWh.

Ebenso wie die neuen 11 l-Motoren erfüllte auch dieser Motor von Anfang an mit Abstand die strengen Abgasvorgaben (EURO1), die in Europa ab 1993 gelten sollen.

Auch die Geräuschpegelvorgaben werden immer strenger. Schon lange waren die Stadtbusse sehr leise, und jetzt begann man auch, Schalldämpfung für Lastwagen einzuführen. Mit Beginn bei den Modellen 1991 erfüllten alle Scania Fahrzeuge, die an den schwedischen Markt geliefert wurden, die Norm von 85 db(A). An Österreich (das Anfang 1990 neue Geräuschpegelvorgaben von max. 80 db(A) bei Fahrzeugen im Nachtverkehr eingeführt hatte) konnte Scania bereits im Frühjahr 1990 spezielle Lastwagen der Serien 93 und 113 liefern, die diese schwierige Grenze unterschritten. Das hat man durch motortechnische Maßnahmen, Schalldichtung von Motor und Übertragung, Schutzbleche um die Antriebsaggregate, extra effiziente Schalldämpfer und eine spezielle Schalldämpfung des Druckluftsystems erzielen können.

Zehn Jahre früher lag ein normaler Schallpegel von einem derartigen Lastwagen auf 92 db(A). Da die db(A)-Skala nicht gerade verläuft, bedeutet diese Senkung in der Praxis, daß sechs moderne Lastwagen gemeinsam weniger Geräusch erzeugen als ein einziger alter.

Gleichzeitig stellte Scania ein 14-gängiges Range- und Splitgetriebe vor mit 12 Vorwärtsgängen und zwei Kriechgängen, das die hohe Leistung des 14 l-Motors mit Glanz erfüllte.

Dieses neue Getriebe GRS900 hatte ein breites Schaltregister von 16,4:1 beim niedrigsten Kriechgang bis 1:1 beim höchsten Direktgang.

Das Getriebe bestand aus einem Dreigang-Hauptgetriebe kombiniert mit einem Split- und einem Rangegetriebe. Der niedrigste Gang war ein reiner gesplitteter Kriechgang, der nur in der niedrigen Rangelage benutzt werden sollte. Die übrigen drei Gänge können in sowohl Split- als Rangelage arbeiten und der Drehzahlunterschied zwischen den Stufen, von dem niedrigen ersten bis zum hohen zwölften Gang, war jeweils ca. 300/min. Die Kriechgänge waren für Rangieren bei niedriger Geschwindigkeit und hohem Gesamtgewicht vorgesehen.

Die Kapazität des Getriebes ließ bei Lastzuggewichten bis zu 60 t ein Anfahren im ersten Vorwärtsgang zu, und es konnte mit drei weiteren Nebengetrieben und mit Scanias computerunterstützter CAG-Schaltung versehen werden.

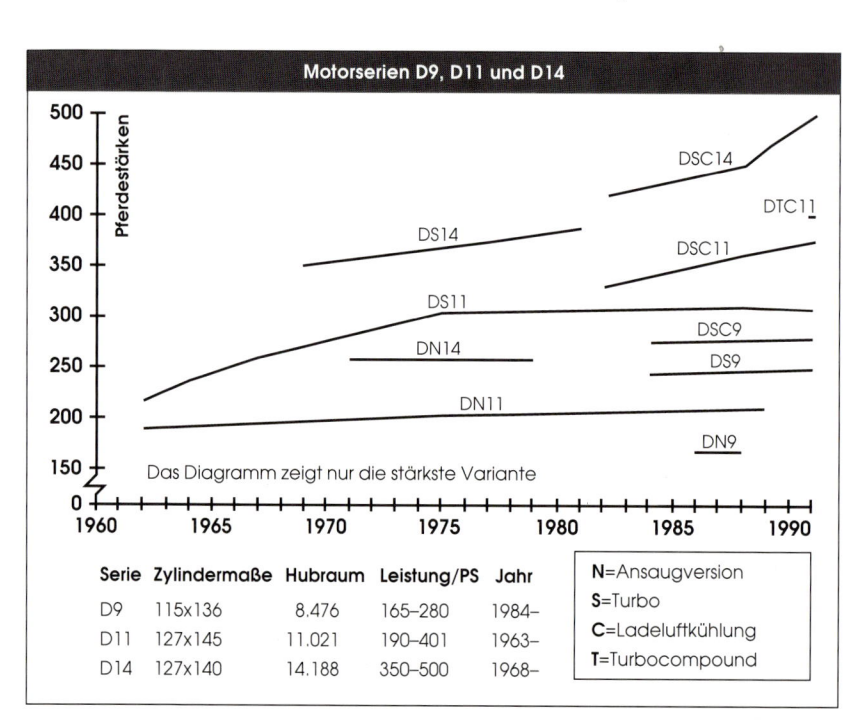

Serie	Zylindermaße	Hubraum	Leistung/PS	Jahr
D9	115x136	8.476	165–280	1984–
D11	127x145	11.021	190–401	1963–
D14	127x140	14.188	350–500	1968–

N=Ansaugversion
S=Turbo
C=Ladeluftkühlung
T=Turbocompound

Motorserien D9, D11 und D14 — Das Diagramm zeigt nur die stärkste Variante

Das Getriebe GRS900 war sehr leicht zu schalten. Das Splitgetriebe schaltete man mit einem Kippschalter am Schalthebel und das Rangegetriebe mit Hilfe eines Ringschalters unter dem Schalthebelkopf. Die vier höchsten Gänge hatten die dichtesten Schaltstufen, und das Schalten zwischen den Spitzengängen erfolgte mit dem Splitschalter. Obgleich das Getriebe so kräftig war, hatte es ein niedriges Gewicht, nur 330 kg.

1991 kam auch das Getriebe GR900, ein Neungang-Rangegetriebe, das aus einem Viergang Hauptgetriebe kombiniert mit einem Rangegetriebe bestand und 8 Vorwärtsgänge und einen Kriechgang hatte. Die Version GRH900 hatte einen hydraulischen Momentverstärker, der das Drehmoment im ersten Vorwärtsgang 1,7 mal erhöhte.

Die übrigen Getriebe waren das Fünfgang G770, die Zehngang-Splitgetriebe GS771/772, und die Zehngang-Rangegetriebe GR871 und GR880. Für die Serien G93 und P93 gab es außerdem die Automatikgetriebe GA770/774. Mehrere Getriebe konnten mit einem Momentverstärker und mit CAG kombiniert werden, das jetzt in seiner zweiten Generation vorlag. Für die Omnibusse gab es auch besondere Getriebe, z.B. das Siebengang-GR801 mit CAG oder CS (Comfort Shift).

Eine weitere Innovation war ASR (Antrieb-Schlupf-Regelung), die automatisch ein Blockieren der Räder verhindert und immer ein Bremsen mit der richtigen Haftreibung einstellt. Die Ausrüstung konnte auf 4x2-, 6x2- und 6x2/4-Lastwagen montiert werden, die mit ABS-Bremsen und EDC-Motor ausgerüstet waren. Die drei Systeme haben nämlich gemeinsame Komponenten, z.B. Sensoren

R143M mit Topline-Fahrerhaus und V8-Motor DSC14 mit EDC und 500 PS. Die PS-Zahl (abgerundet auf den nächsten Zehner) ist auf einer Platte vorne unten angegeben. Wie alle R-Fahrerhäuser hat es 4-Punkt Luftfederung.

In Holland fährt dieser große T143H 6x4 mit imposantem Auflieger mit u.a. zwangsgelenkten Rädern an der letzten Achse.

und Regelventile, und die EDC-Einheit wurde zur Regelung der Gaszufuhr ausgenutzt. Das System war so konstruiert, daß es oft schon in Funktion trat, bevor der Fahrer die Gefahr entdeckt hatte und ihn entsprechend informierte.

Im Hinblick auf das Aussehen der Lastwagen war die Innovation von 1991 das Frontlenker-Streamline-Fahrerhaus, das für die 113- und 143-Lastwagen mit 4-Punkt-gefederten kurzen oder langen Fahrerhäusern geliefert werden konnte. Der Fahrerhaustyp hatte einen außerordentlich niedrigen Luftwiderstand (Cd-Wert) von ca. 0,5%, eine Senkung um 12–15% im Vergleich zur früheren Ausformung. Im Fernverkehr mit ziemlich hoher und gleichmäßiger Geschwindigkeit konnte dies eine Senkung des Kraftstoffverbrauchs von 4–5%, d.h. 2–3 Liter weniger pro 100 Kilometer bedeuten. Bei einer jährlichen Fahrstrecke von 120.000 Kilometer sind das 2.400–3.600 Liter.

Das Streamline-Fahrerhaus hatte man bereits zu entwickeln begonnen, bevor die 3-Serie 1988 introduziert wurde, und es hatte mit allen Detaillösungen mehr als 40.000 Entwicklungsstunden gekostet. Mehrmalige Windtunnelprüfungen mit dem gesamten Lastzug gehörte zum Entwicklungsprogramm.

Außer der Geschwindigkeit beeinflussen viele andere Faktoren den bremsenden Effekt der Luft. Außer durch die äußere Form des Fahrzeugs wird der Luftwiderstand auch durch die Querschnittsfläche und durch den Luftzwischenraum zwischen Zugmaschine und Anhänger beeinflußt. Erhöht sich die Geschwindigkeit auf das Doppelte, vervierfacht sich der Luftwiderstand. Bei dem von Scania angegebenen Cd-Wert war eine durchschnittliche Einwirkung von Windstärke und Windrichtung berücksichtigt. Außerdem wirkt die Densität der Luft, eine Funktion der Lufttemperatur ein.

Ab Sommer 1991 gab es Lastwagen mit dem neuen Streamline-Fahrerhaus auf den schwedischen Landstraßen. Hier ein R143M 6x4 mit Auflieger für Papiertransport. Der Lastwagen hat einen Dachspoiler, aber keine „Schürzen" auf den Seiten.

Die weich gerundeten Ecken des Streamline-Fahrerhauses, die spezielle Ausformung der Scheinwerfer, Dachspoiler und Seitenverkleidung verringerten den Kraftstoffverbrauch bei gleichmäßiger, hoher Geschwindigkeit auf langen Strecken. Scania Designer Bernardo Valiera Mascarenhas erhielt 1991 die Auszeichnung „Industriedesigner des Jahres" für seine Arbeit mit Scania Lastwagen.

Streamline-Fahrgestell mit DTC11-Motor und Seitenverkleidung.

Den niedrigen Cd-Wert hatte man in erster Linie dadurch erhalten, daß der untere Teil des Fahrerhauses eine besonders günstige Ausformung erhalten hatte. Die Kabinenecken hatten Radien größer als 250 mm, die Türen hatte man bis über die Einstiegsstufen herabgezogen, und bei den Scheinwerfern halfen Luftleiter, die Luft um die Fahrerhausecken zu leiten. Der Stoßfänger war wie ein weicher Körper in demselben Radius wie die Kabinenecken ausgeformt. Die Blinkerleuchten waren in die Front versenkt. Durch diese Maßnahmen hatte man den Luftstrom so geändert, daß das Gespritz von den Vorderrädern nach hinten geführt wurde, wodurch die Beschmutzung der Türseiten auf ein Minimum verringert wurde.

Das beste Resultat erzielte man mit einer Zugmaschine mit den Luftrichtern, die Scania als Alternativausrüstung lieferte, d.h. Dach- und Seitenrichter, sowie Seitenverkleidung aus formgepreßten Kompositmaterial, die glatte Seiten von den Vorderrädern bis zu den Antriebsrädern gaben.

DIE 90ER JAHRE

Die Frontklappe konnte zwecks täglicher Kontrolle sehr hoch geöffnet werden, der Stoßdämpfer hatte zwei herausklappbare Stufen, damit der Fahrer die Windschutzscheibe leicht waschen konnte, und die Pumpe zum Kippen des Fahrerhauses war im Stoßdämpfer auf der Beifahrerseite, d.h. dem Verkehr abgewandt, angebracht.

Die Formgebung war nicht um ihrer selbst willen erfolgt – jede Einzelheit hatte einen praktischen Wert für die gesamte Transportwirtschaftlichkeit.

In den Jahren 1988–90 hatte man die 3er-Serie um weitere 30 Modelle erweitert, von denen einige für den USA-Markt angepaßt waren. Während derselben Zeit verschwanden fünf Modelle, und bei Jahreswechsel 1990/91 hatte man 11 Grundmodelle und 137 Lastwagentypen.

Unter den Neuheiten befanden sich u.a. voll luftgefederte Lastwagen, die man im Januar 1990 herzustellen begann. Ein luftgefedertes Doppelachsaggregat mit Tandemantrieb und drei Differentialsperren konnte in den EG-Ländern aufgrund von Schonung der Straße mit 19 t belastet werden, während ein Doppelachsaggregat mit Blattfederung auf 18 t begrenzt war.

Einige Monate später introduzierte man besonders niedrig gebaute Lastwagen, die mit Niedrigprofilreifen eine 200 mm niedrigere Rahmenoberkante hatten, als bei gewöhnlichen Lastwagen und aus diesem Grunde z.B. höhere Auflieger innerhalb der vorgeschriebenen Gesamthöhe zuließen.

Mehrere Fahrgestellvarianten waren besonders konstruiert für Aufbauten, die bis an die Rückwand des Fahrerhauses reichten.

Auch die 11 und 14 l-Motoren konnten in Fahrgestellen mit Voll-Luftfederung geliefert werden. Die Vorder- und Hinterpartien des Lastwagens ließen sich einzeln anheben und senken.

R143H 8x2/4 mit Trippelachsaggregat, speziell für das schwedische Regelsystem.

Die besonders niedriggebauten MW-Fahrgestelle hatten Niedrigprofilreifen, auch Rahmenoberkante und Sattelkupplung waren niedriger. Hierdurch konnte man die neuen USA-Container von 2,90 m laden und dennoch die maximal zulässige Höhe von 4 m einhalten.

Es gab auch Wagen mit einem niedrigen Fahrgestell, die besonders für solche Aufbauten angepaßt waren, die bis an die Hinterseite des Fahrerhauses reichten.

2- und 3-achsige Zugmaschinen konnten fertig von der Fabrik geliefert werden. Ein Hilfsrahmen für die Montage der Sattelkupplung, Gangbrett, Griff und Arbeitslampe gehörten zur Fabriksausrüstung, jedoch nicht die Sattelkupplung selbst und die Kupplungsanordnung, die man den Kunden wählen ließ. Zugmaschinen waren auch in 3-achsiger Ausführung mit zwangsgelenkter Vorlaufachse mit einzelmontierten Rädern erhältlich, die für erhöhten Antriebsachsdruck und geringeren Reifenverschleiß geregelt werden konnten. Zwangslenkung war viel effizienter als die Friktionslenkung, die oft bei anderen Fabrikaten vorkam.

Wie früher gab es auch Fahrgestelle mit extra hohem Bodenfreiraum, solche mit Doppelachsantrieb (6x4, 8x4) und solche mit Allradantrieb (4x4, 6x6). Es gab auch Lastwagen mit doppelten lenkbaren Vorderachsen und ein Trippelachsaggregat-Fahrgestell (8x2/4) das speziell der schwedischen Straßenverkehrsverordnung angepaßt war.

Asbestfreie Bremsen hat man bereits ab August 1988 an vier europäische Märkte, u.a. Schweden, geliefert, und ab 1990 hatten weitere vier europäische Märkte diese Art umweltfreundlichen Bremsbeläge.

Zu Beginn der 90er Jahre waren die einfachsten

Omnibusfahrgestelle die Frontlenker F93 und F113, die für die schlechten Straßen der dritten Welt, sowie für Spezialfahrzeuge, z.B. Möbelbusse und Bibliotheksbusse, vorgesehen waren. In Brasilien wurden Fahrgestelle S112/113 hergestellt. Die Heckmotorfahrgestelle mit quereingebautem Motor für Stadtverkehr gab es in der Serie N113 mit dem Gelenkbusfahrgestell N113A und dem Zweistockfahrgestell N113DR. Die Heckmotorfahrgestelle in den Serien K93 und K113 mit dem Doppelachsfahrgestell K113T hatten einen längseingebauten Motor und wurden hauptsächlich für Reise- und Fernlinienverkehr benutzt, während das neuere Heckmotorfahrgestell L113 mit dem längseingebauten geneigten Motor oft als Stadt- oder Vorortbus benutzt wurde. Der stärkste Omnibusmotor hatte 380 PS.

Ganzgebaute Omnibusse von Scania-Bussar in Katrineholm waren CN113 und Gelenkbus CN113A, in Normal- und Cityversion, CK113 für Linien- und Vorortverkehr (bis 1990), sowie CL113 in erster Linie für Vorortverkehr (ab 1990).

Ein Bergungswagen auf R143H-Fahrgestell (10x4/6). Unter dem Fahrerhaus ein bewegliches Gegengewicht von 6 t, entlang dem Rahmen verschiebbar für besseren Achsdruck. Höchstlast 21 t, Gesamtgewicht 40 t.

Der F112H-Omnibus konnte leicht durch die Gewässer auf den Dschungelwegen im Amazonasgebiet waten.

R143E 10x4/6 mit hydraulischem Arm mit eingebautem Rohr für Betonlieferungen bis zu 52 m Höhe. Die letzte Achse ist elektrohydraulisch gesteuert.

Scanias Omnibusverkauf befand sich in einer offensiven Phase, und zu den großen Erfolgen gehörte z.B. ein Vertrag mit Kässbohrer in Ulm über Lieferung der neuen Omnibusserie Setra S300.

Die Leitung von Scania beschloß 1989 in zwei Schritten auf eine neue Fabrik in Angers im westlichen Fankreich zu setzen, die Gesamtkosten von 2 Millionen Kronen bedingte. 1992 begann man mit der Montage von Lastwagen (Komponenten aus Schweden und Holland), und man plant, später eine Motoren- und Fahrerhausfabrik zu bauen. Die Absicht ist, den Zusammenbau der drei Motorgrundtypen nach Angers zu verlegen (vermutlich 1994).

Zu diesem Plan gehört ein Investitionsprogramm, das die Engpässe der Produktion eliminieren und die europäischen Produktionskapazität um 50% auf ca. 40.000 Produkteinheiten pro Jahr erhöhen soll. Dies würde bedeuten, daß die drei Fabriken in Södertälje, Zwolle (die 1989 zum ersten Mal mehr Fahrgestelle als Södertälje montierte) und Angers je 12.000–14.000 Fahrgestelle pro Jahr produzie-

DIE 90ER JAHRE

ren könnten. Bevor die Leitung von Scania beschloß auf Angers zu setzen, hatte man auch andere Standorte gründlich untersucht, u.a. in Großbritannien und in Spanien.

Scania führte also in den schweren Jahren um 1990 seine erfolgreiche Strategie mit kraftvollen Einsätzen auch in Zeiten einer Konjunkturflaute durch. Die Nachfrage nach schweren Lastwagen ist zyklisch, und der Verkauf erreicht gewöhnlich seine Spitze jedes achte oder neunte Jahr. Es ist möglich, daß die Länge und Stärke des 1990 eingeleiteten Rückgangs durch die umstürzenden politischen Geschehnisse in Osteuropa beeinflußt wird, so daß eine Erhöhung des Lastwagenverkaufs schneller erfolgt. Ein Zeichen hierfür könnte sein, daß Scania 1990/91 mehrere hundert Lastwagen an die Sowjetunion, Polen und die Tschechoslowakei geliefert hat.

1990 festigte Scania seine Stellung als größtes europäisches Fabrikat im Fernen Osten, indem man 1.300 Lastwagen dorthin lieferte, ein Anstieg von 14%. Am größten war der Anstieg in Südkorea, Malaysia und Thailand. Außerdem wurden etwa 200 Omnibusse an diesen Markt geliefert. Einen großen Erfolg hatte man auch 1991 auf dem nordafrikanischen Markt, wo Scania einen Auftrag auf 2.000 Lastwagen nach Tunesien hereinholte.

Scania hat sich außerhalb des Streites auf dem nordamerikanischen Markt halten können, in den mehrere andere europäische Lastwagenhersteller verwickelt waren. Scania hielt jedoch seine Stellung dort, um die Entwicklung zu bewachen und verkaufte 1990 in den USA 103 schwere Lastwagen. Andererseits hat Scania fast 25.000 Motoren an amerikanische Lastwagen- und Baustellenmaschinenhersteller wie Mack, Waukesha und Case International geliefert.

Ein Grund, daß Scania die Konjunkturflaute besser als andere Lastwagen- und Omnibushersteller hat bewältigen können ist, daß Scanias Kunden im allgemeinen der Gruppe von Käufern angehören, die eine gute Wirtschaftlichkeit haben, und die aus diesem Grunde nicht so schwer unter harten Zeiten leiden. Scania hat auch auf den Heimatmärkten

Scanias neues Heckmotor-Fahrgestell L113 mit geneigtem, längseingebautem Motor im Linienverkehr in Finnland.

Thailand wurde, ebenso wie viele andere Märkte in Hinterasien, ein immer wichtigerer Markt. Zwei K113-Omnibusse in Bangkok mit vor Ort gebauten Karossen.

Das größte Omnibusverkehrsunternehmen der Welt, Cometa in Brasilien, benutzt nur Scania-Omnibusse. Bislang hat man ca 1.300 Fahrgestelle gekauft, und jeden Monat kauft man ein weiteres Dutzend, die von der firmeneigenen Werkstatt karossiert werden. Die Gesellschaft hat 48 Fernlinien und transportiert jährlich 18 Millionen Fahrgäste.

233

DIE FAHRZEUGE VON SCANIA

Der K113 ist Scanias am meisten geliefertes Fahrgestell und hat Karossen von allen bedeutenden Herstellern. Diese italienische Desimon-Karosse ist von Pininfarina konstruiert.

Der K113T im Hafen von Sydney. Mehrere australische Omnibusunternehmen haben für ihre anspruchsvollen Fernstrecken Scania Fahrgestelle gewählt.

seiner größten Konkurrenten gute Erfolge gehabt und ist das drittgrößte Importfabrikat auf dem starken deutschen Lastwagenmarkt, dem einzigen bedeutenden europäischen Markt, der 1991 gestiegen ist. 1991 war Scania am größten in Schweden bei schweren Lastwagen mit einem Marktanteil von 49,9% (Volvo 44,7%, Mercedes-Benz 2,7%).

Scanias Erfolge sind ein Produkt vieler Faktoren. Einige der wichtigsten sind der vielbesprochene Scania-Geist, ein Vermögen, die besten Techniker auf dem Gebiet Motor- und Fahrgestellkonstruktion zu finden und zu behalten, eine Unternehmensleitung, die Mut und Klugheit verbindet und systematisch und weitsichtig zusieht, daß die Scania Produkte genau auf den richtigen Märkten vorhanden sind. Über 1000 Unternehmen weltweit verkaufen und warten Scania-Fahrzeuge, die in über 100 Ländern rollen.

Die Komponentenphilosophie – oder das Baukastenprinzip, wie sie auch genannt wird – ist Scanias äußerst erfolgreiches Grundkonzept. Ein Lastwagen besteht aus etwa 8.000 Teilen, die dank dem systematischen Modulsystem eine mehr oder weniger kontinuierliche Entwicklung durchlaufen. Jedes Jahr werden etwa 2.000 Teile verbessert, und bei Modellwechsel werden etwa 3.000 Teile ausgewechselt.

Mit Ausgangspunkt von einer begrenzten Anzahl von Rahmen, Motoren, Getrieben, Hinterachsen, Vorderachsen und Fahrerhäusern baut Scania schwere Lastwagen und Busse der verschiedensten Art. Das System ergibt lange Serien aus einem begrenzten Sortiment von Komponenten. Das bedeutet, daß die Kosten pro Komponente niedrig gehalten werden können, und daß die Qualität immer sehr hoch ist. Auch die Einträglichkeit ist gut, da Scania für das fertige Produkt einen berechtigt hohen Preis fordern kann.

Ein Scania-Käufer weiß, daß nicht der Einkaufspreis die Einträglichkeit seiner Investition ist, sondern die Lebensdauer und die Zuverlässigkeit des Fahrzeugs. Heute einen Scania zu besitzen ist ebenso wie zu Beginn des Jahrhunderts gleichbedeutend mit Qualität.

Das Fahrgestell K113T wird von vielen Karossenbauern als Grund für bequeme und luxuöse Fernfahrten-Omnibusse gewählt.

Das Fahrgestell L113 hatte ebenso wie die K-Fahrgestelle einen längseingebauten Motor mit 60° Neigung nach links.

1991 begann Scania-Bussar in Katrineholm den L113 ganzgebaut, CL113, zu liefern.

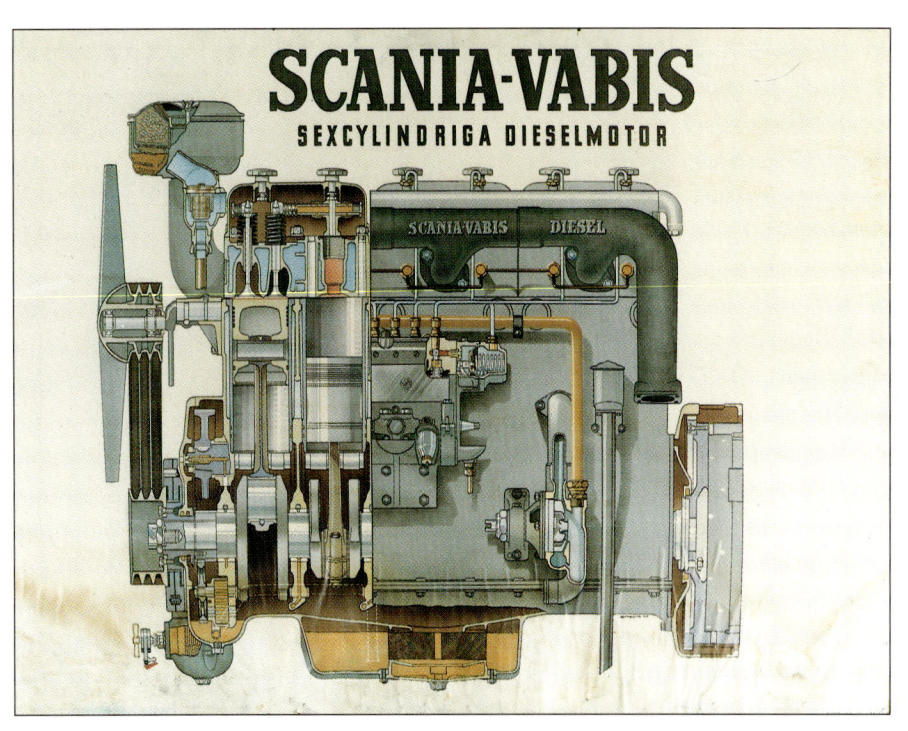

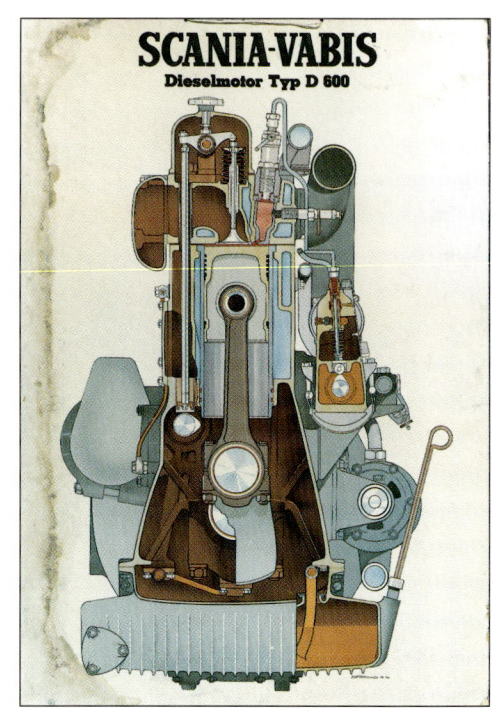

Statistik

Scanias Produktion in Tabellen und Diagrammen

Scanias beste Lastwagenmärkte				
		Land	1991	1990
1.	(2)	Deutschland	4.011	2.923
2.	(1)	Brasilien	3.417	3.730
3.	(3)	Frankreich	2.574	2.568
4.	(-)	Iran	2.300	0
5.	(7)	Holland	2.058	1.772
6.	(14)	Südkorea	1.798	537
7.	(4)	Italien	1.731	2.448
8.	(8)	Belgien	1.329	1.336
9.	(6)	Großbritannien	1.263	2.006
10.	(5)	Schweden	1.104	2.284

Scanias beste Omnibusmärkte				
		Land	1991	1990
1.	(1)	Brasilien	1.969	1.372
2.	(2)	Spanien	279	244
3.	(6)	Argentinien	252	109
4.	(3)	Schweden	186	256
5.	(10)	Ägypten	129	91
6.	(5)	Deutschland	126	121
7.	(-)	Zimbabwe	120	0
8.	(11)	Chile	100	67
9.	(12)	Norwegen	99	65
10.	(4)	Großbritannien	83	146

Die meistverkauften Lastwagen 1944–90			
	Typ	Jahr	Anzahl
1.	T112HL 4X2	1980–88	32.936
2.	L111	1974–80	30.510
3.	LB111	1974–81	20.961
4.	L110	1968–74	18.365
5.	R112MA 4X2	1981–88	15.010
6.	L76	1963–68	14.384
7.	LB110	1968–74	14.338
8.	LB81	1975–81	12.749
9.	R113MA 4X2	1988–	11.504
10.	L75	1958–63	10.610
11.	LT111	1974–80	10.519
12.	P82ML 4X2	1981–85	9.694
13.	LB141	1976–81	9.227
14.	L51	1953–59	9.067
15.	R142MA 4X2	1981–88	9.010
16.	R143MA 4X2	1988–	8.763
17.	LS110	1968–74	8.763
18.	R142HL 6X2	1981–88	8.687
19.	LB80	1969–75	8.552
20.	LS76	1963–68	8.408

Die meistverkauften Busfahrgestelle/Busse 1944–90			
	Typ	Jahr	Anzahl
1.	K112/K112T	1982–90	13.832
2.	BF110/111	1968–81	6.971
3.	BR115/116	1978–82	5.624
4.	B110/111	1968–81	5.379
5.	K113/K113T	1988–	3.493
6.	B76	1964–68	2.003
7.	B71	1954–58	1.838
8.	B75	1959–64	1.762
9.	BF76	1964–68	1.728
10.	BR110/111/112	1968–82	1.707
11.	B60	1950–54	1.362
12.	B20	1946–49	1.332
13.	S112	1981–86	1.289
14.	N112	1982–88	1.264
15.	B80/86	1968–81	1.152
16.	B56	1962–68	1.132
17.	CR112	1976–83	993
18.	BF80/86	1971–75	906
19.	BR145	1971–78	894
20.	N113	1988–	848

Diese beiden Tafeln von Mitte der 40er Jahre zeigen Scanias 6-Zylinder Vorkammerdiesel. Scania wandte sich 1949 von dem Vorkammerdiesel ab und ging zu Direkteinspritzung über (oben).

Viele der hübsch bemalten Scania-Lastzüge waren von Simo Riikonen in Björneborg in Finnland ausgeführt (nächste Seite oben).

STATISTIK

Weltmarkt, Lastwagen 1990

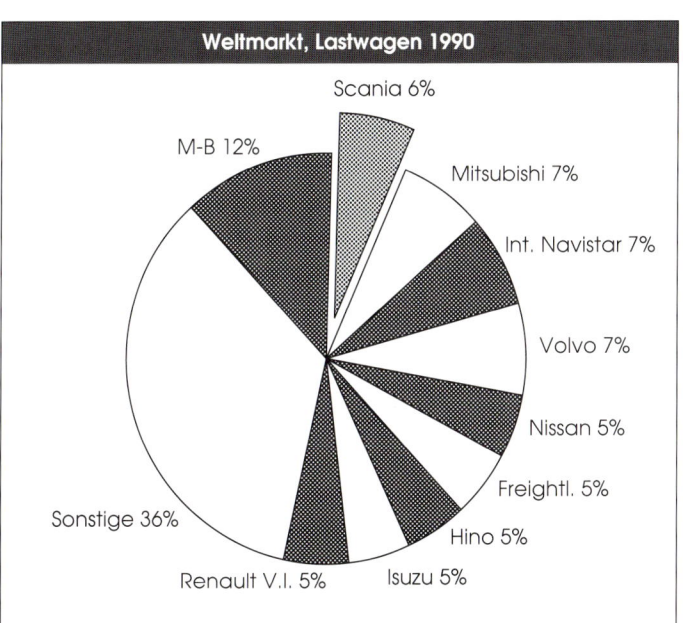

- Scania 6%
- Mitsubishi 7%
- Int. Navistar 7%
- Volvo 7%
- Nissan 5%
- Freightl. 5%
- Hino 5%
- Isuzu 5%
- Renault V.I. 5%
- Sonstige 36%
- M-B 12%

Weltmarkt, Omnibusse 1990

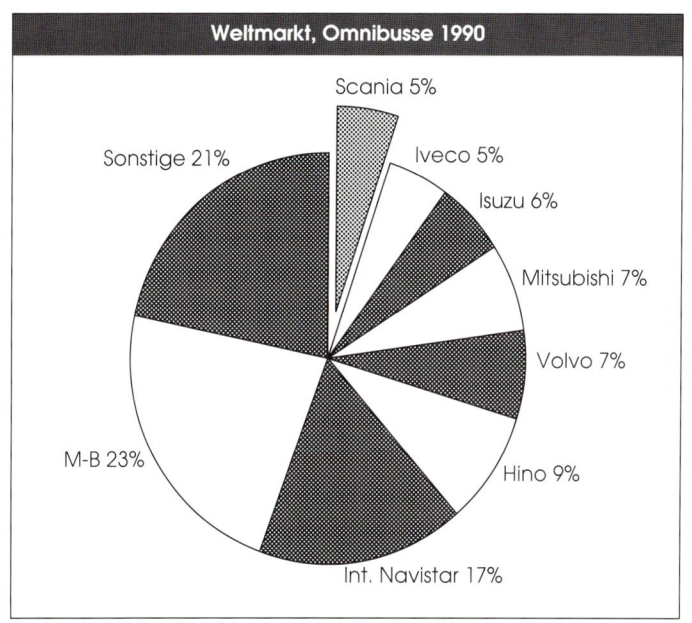

- Scania 5%
- Iveco 5%
- Isuzu 6%
- Mitsubishi 7%
- Volvo 7%
- Hino 9%
- Int. Navistar 17%
- M-B 23%
- Sonstige 21%

Lieferungen, Lastwagen 1990

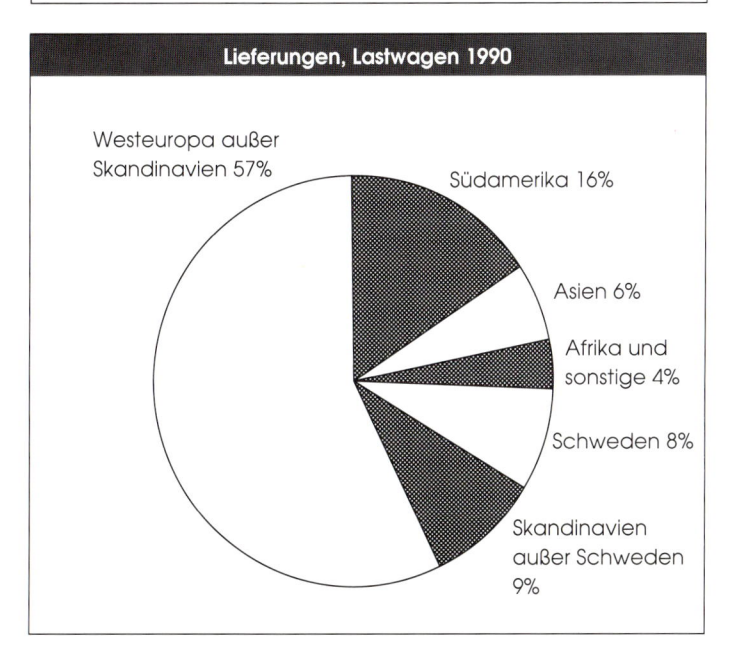

- Westeuropa außer Skandinavien 57%
- Südamerika 16%
- Asien 6%
- Afrika und sonstige 4%
- Schweden 8%
- Skandinavien außer Schweden 9%

Lieferungen, Omnibusse 1990

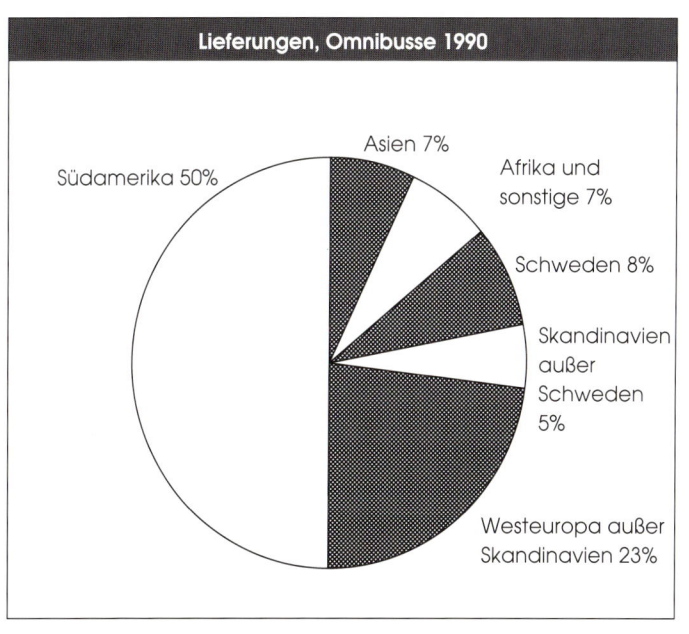

- Asien 7%
- Afrika und sonstige 7%
- Schweden 8%
- Skandinavien außer Schweden 5%
- Westeuropa außer Skandinavien 23%
- Südamerika 50%

DIE FAHRZEUGE VON SCANIA

Gesamter Verkauf von Lastwagen und Omnibussen 1945–1990

	Land	Start Jahr	Insgesamt
1.	Schweden	1945	118.136
2.	Brasilien	1948	78.104
3.	Großbritannien	1961	38.511
4.	Holland	1945	36.720
5.	Frankreich	1960	32.624
6.	Finnland	1948	31.430
7.	Irak	1968	29.954
8.	Dänemark	1945	29.396
9.	Deutschland	1961	25.827
10.	Norwegen	1945	23.879
11.	Belgien	1946	23.642
12.	Italien	1974	23.263
13.	Argentinien	1956	13.388
14.	Schweiz	1955	10.739
15.	Spanien	1948	10.598
16.	Portugal	1950	6.990
17.	Österreich	1960	6.944
18.	Australien	1970	6.663
19.	Angola	1951	6.421
20.	Ägypten	1950	4.595
21.	Tansania	1971	3.512
22.	Griechenland	1952	3.234
23.	Syrien	1945	2.925
24.	Türkei	1958	2.872
25.	Israel	1945	2.806
	Sonstige	1945	41.327

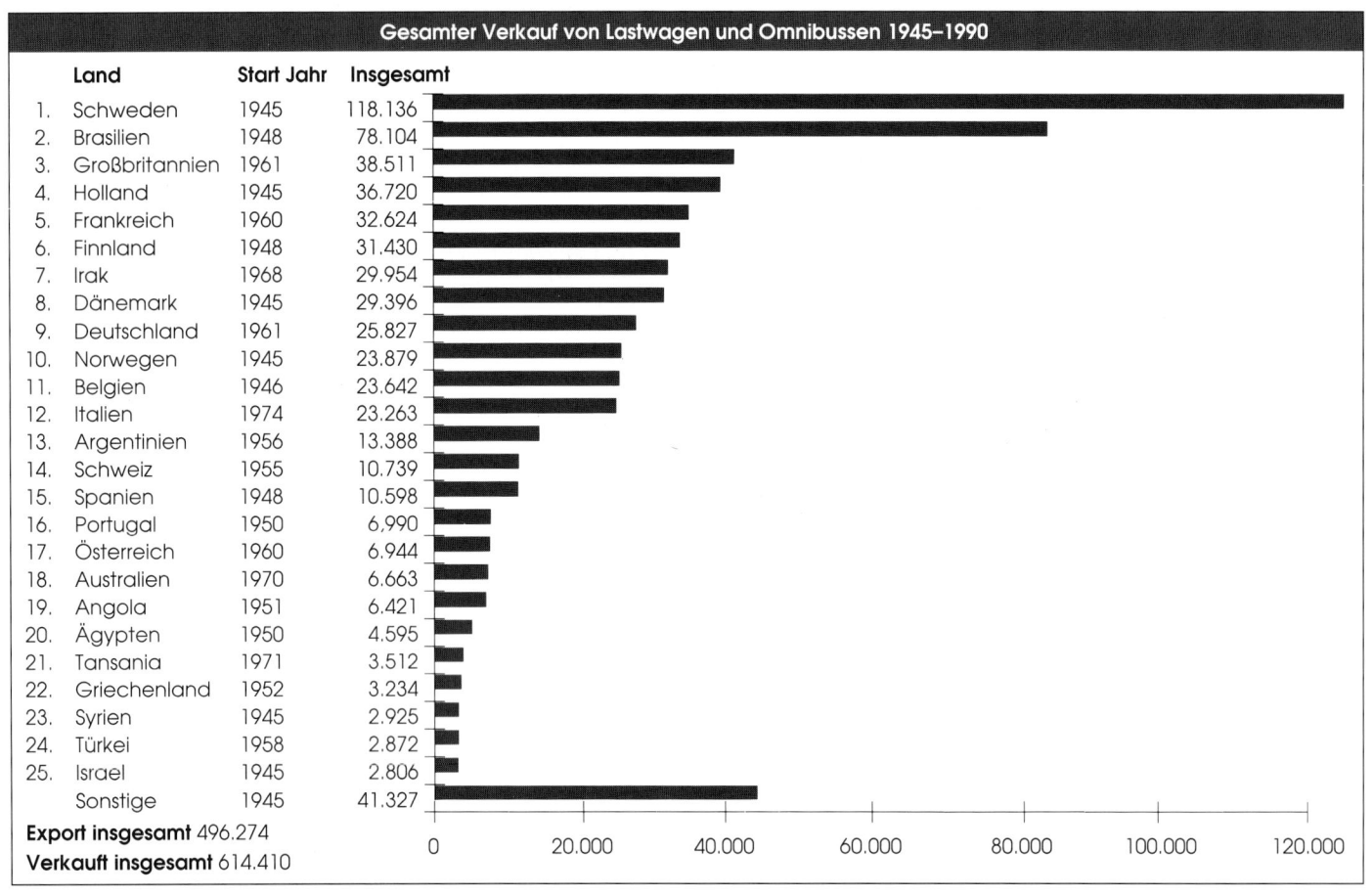

Export insgesamt 496.274
Verkauft insgesamt 614.410

Produktion von Omnibussen und Lastwagen 1946–90

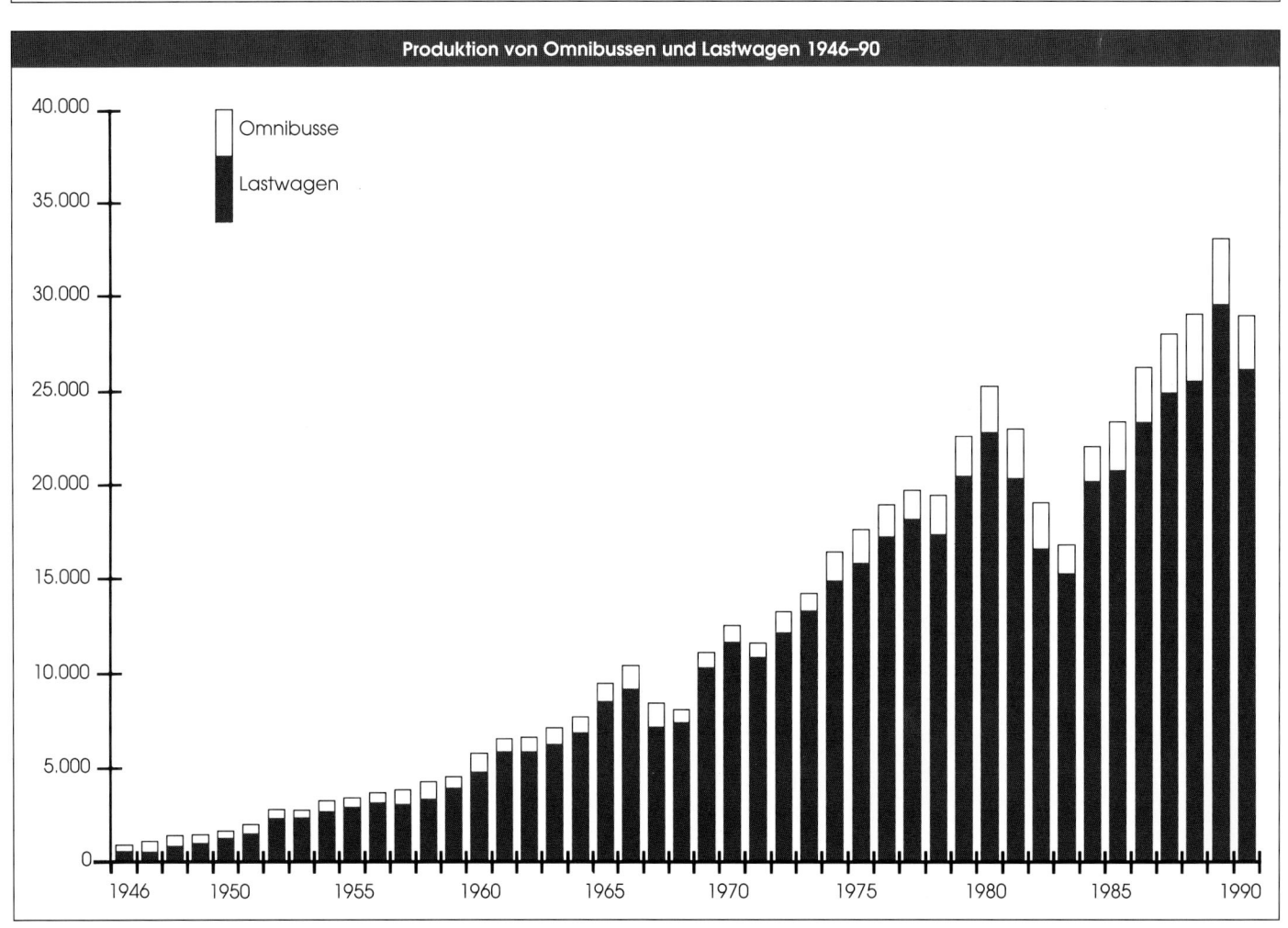

□ Omnibusse
■ Lastwagen

238

Register

A
Albatros(s) 88, **89**
Alexandersson, Carl 7, 8
Angers 232
Argus Motoren-Gesellschaft 60
Aster **52**
Ausstellungen
    Berlin 1898 30
    Berlin 1899 30
    Boston 1985 210
    Frankfurt 1969 184
    Göteborg 1891 19
    Göteborg 1923 98, 101
    Kopenhagen 1902 52
    London Commercial Motor Show 1970 195
    London RAC 1898 **23**
    Paris 1898 30
    Paris 1903 **37**
    Stockholm „Sexpo" 1944 **132**
    Stockholm 1897 20
    Stockholm 1903 **12**, **17**, 37, 56
    Stockholm 1905 60
    Stockholm 1907 41, 62
    Sydney 1911 **74**

B
Be-Ge Karosserifabrik 147, 161
Benz 19, 31, 57, 110
Bergström, Robert 26, 28
Brasilien, Montagefabrik 159
Bremsen
    4-Rad **111**
    ABS 207
    Asbestfreie 231
    ASR **229**
    Druckluft 134, 146
    Feder 165, 189

C
Carlqvist, Carl Gustaf 11, 23
Cederholm, Die Gebrüder 19
Claesson, Axel 90
Clément 58

D
Daimler (D) 19, 23, 31
Daimler (GB) 23
Dansk A/S Scania-Vabis **82**
    CLa 1,5 t **83**
    CLa 750 kg **83**
    S.V.3 **83**
    V8-Motor **83**
de Dion Bouton 19, 23, **36**, 51
Der Dessauer Typ E324 8/24 PS **83**
Draisine 11, 36

E
Erikson, Gustaf 11, **19**, **27**, 88, **90**
    A-Modell 23, **24**, **27**
    B-Modell **29**, 30
    C/D-Modell **32**, 34
    D-Motor 34
    Reißbrett-Auto **20**, **21**
Erikson, John 22
Eriksson, Ingvar 181, 224

F
Fageol, Frank R. 108, 110
Fahrräder, Scania **16**, 57
Federung
    Luft **192**
    Progressiv **102**, 113
    Vollluftfederung **231**
Forslund, Ruben 127

G
Giugiaro, Giorgio 204
Gladiator **52**

H
Hammelvognen 19
Hanomag 117
Hedlund, Erik 18, 61, 85, 92
Hesselman, Jonas 109
Hesselmanmotor 109, **110**, 119
Hessler, Hilding 16, 48, 60
Hildebrand & Wolfmüller 48
Hubendick, Edvard 28, 34
Huldt, S. 72
Hult, Hugo 92
Humber & Co, Svenska AB 15
Humboldt-Deutz-Motoren AG 118

I
ItalDesign 204

J
J.A. Svenssons Automobilfabrik 32
Joss, Harry 127

K
Kardanantrieb 100, **101**
Karmann GmbH 204
Kjellberg, Gunnar 74, 80
KämperMotorenfabrik 53

L
Lanchester 23, 31
Lastwagen
    1,5 t/F2v **44**
    2er Serie 214
    2F10 132, 144
    2L10 132, 144
    3 t/F4 **42**, **44**
    3141, „Schnell-Lastwagen" **104**
    3,5 t **105**
    3,5 t 104
    3,5 t, 3-achsiger **103**
    3651 118
    3er Serie **212**
    ALa 79
    B/Wentzel 62
    BL 64
    City 211
    CLa 79
    CLb 78, 79, **100**, 104
    CLc **78**, 79, **84**
    CLc/sp 79
    DL 64
    DLa 79, **85**
    DLa/sp 79, **82**
    DLT75 **149**
    E 62
    EL 62, **65**, **66**, **67**
    ELa **78**, 79, **84**, **97**
    Erster Lastwagen 1902, Vabis **36**
    Erster Lastwagen 1902–03, Scania **51**
    F10 **132**
    F11 **131**
    F40 **145**
    FLa 79
    G82M **204**
    G92M **210**
    G93 213
    G93M **212**
    GLa **78**, 79, **85**
    HK-Wagen 209
    HL **67**
    IL **66**, **67**, **69**, **70**
    L10 **132**
    L110 **169**
    L111 **201**
    L140 **186**
    L141 190
    L20 132, **134**
    L36 166, 167
    L40 144, 145
    L50 **168**
    L51 Drabant 146, **147**, **159**
    L55 149, **150**
    L60 144, 145
    L66 **166**
    L71 **158**
    L71 Regent **146**, 147, **159**
    L75 147, **165**
    L76 **163**, **166**
    L80 **168**
    L85 **168**, 169
    L86 **189**
    LA82 **161**
    LB110 **160**, 169, **170**, **183**
    LB110 Super **170**
    LB111 **187**, **192**
    LB140 **184**
    LB141 **190**, **192**
    LB76 **160**, **163**, **164**, **165**
    LB80 **171**
    LB81 **189**, **192**
    LB85 **171**
    LB86 **189**
    LBFS111 **192**
    LBS110 **183**
    LBS111 **192**
    LBS141 **190**, **192**
    LBS85 **186**
    LBS86 **189**
    LBSF111 **192**
    LBT110 **184**
    LBT140 **184**, **185**
    LBT141 **190**
    LBT86 **189**
    LK-Wagen **192**, **199**
    LS140 **186**
    LS140 S **186**
    LS141 **190**
    LS20 **135**, 144
    LS55 **150**
    LS60 **141**, 144
    LS65 142, **158**
    LS71 Regent **146**, **147**
    LS75 **148**
    LS76 **163**
    LS85 **145**, **168**
    LS86 **189**
    LT110 Super **169**
    LT145 **189**, **190**
    LT146 **189**, **190**
    LT56 **162**
    LT75 **149**
    LT75S **162**
    MW-Fahrgestelle **231**
    P112HK 210
    P113HK **212**, **213**
    P92HK 210
    P93H **212**
    P93M **225**
    R112HK **223**
    R113H **212**
    R113M **213**, **226**
    R142H **206**, **208**, **211**
    R143E **226**, **232**
    R143H **231**, **232**
    R143M **212**, **229**, **230**
    SBA/SBAT **191**, **213**
    Serie 111 **188**
    Serie 140 **184**, **186**
    Serie 141 **190**
    Serie 324 **104**, **111**, **118**
    Serie 325 **105**
    Serie 335 **123**, **126**
    Serie 345 **114**, **117**, **120**, **123**
    Serie 355 **115**, **119**
    Serie F10 **130**
    Serie F20 **132**, **133**
    Serie L10 **133**
    Serie L40 **143**
    Serie L60 **141**
    Serie LS20 **132**
    T-1 90, **93**
    T-3 90, **92**
    T112 **203**
    T112E **204**, **210**
    T112H **206**
    T112M **206**
    T142 **203**
    T142E **210**
    T142H **206**, **211**
    T143E **212**
    T143H **229**
    T82 **203**
    Zweiter Lastwagen 1904, Vabis **38**
Leissner, Harry 119
Leon-Bollée 20
Leyland Motors Ltd 136
Lind, Gusten 61
Lindmark, Gunnar 92, 94, 108, 123
Lionell, John 94
Ljungströms Ångturbin, AB 116
Lundqvist, Emil 92, 94
Lysholm, Alf 116
Lysholm-Smith 116, 134

M
M.A.N. 110
Mack **82**, 152, **155**
Magirus AG 118
Mascarenhas, Bernardo Valiera **230**
Metro-Cammel Weymann Ltd. 195
Metropolitan 196
Mileikowsky, Kurt 181
Mors 23
Motorboots **14**
Motoren
    1444 **98**
    1461 106
    1544 **98**, 99
    1561 **107**
    15622 114
    1565 114
    1566 **110**, 114
    1568 114
    1661 **89**
    16621 117
    16624 118
    16625 117
    1664 118, **121**
    16641 118, **121**
    1665 117
    3752 **103**
    400.000-Kilometermotor 136, **140**, 144
    801 127
    D 35, **36**
    D10 147, **149**
    D11 163, 188, **205**
    D14 186, **205**
    D420 144
    D440 145
    D5 167
    D610/620 144
    D630 145
    D640 145
    D7 149
    D8 162, 187, **205**
    D810/820 145
    D847 145
    D9 208
    Direkteinspritzung 136, 143
    DN9 209
    DS10 147, **162**
    DS11 163, 166, 167
    DS14 171, **182**, **209**
    DS5 167
    DS8 169, 187
    DS9 208
    DSC11 **207**
    DSC14 206, **228**
    DSC9 **209**
    DSI8 205
    DTC11 226, **227**, 230
    E1 **41**
    E2 38, 39, **40**
    E2(b) 36, **37**, 38
    E2v **40**
    E4 40, **42**
    EDC 211
    F1 **40**
    F2 **40**
    F2v **40**, **44**
    F4 **40**
    F42 **77**
    F4A **77**
    G4 **41**

G42 77
G4A 41, 77
Hesselmanmotor 109, **110**
Ma 87, **89**
Mc (1661) 87, **89**
Royal-Motor 120, 126
T-Kopf 64, **65**
Turbocompound 226, **227**
V8-Motor **83**, 87, **89**, **182**
Vorkammertyp 117, 136
Wentzel 56, 59
Motorräder 58, **75**

N

Nathhorst, Carl-Bertel 123, **124**, 140, 142, 153
Nerén, John 23, 29, 51
Neues Programm Scania 167, 187
Nilsson, August 80, 92, 94, 98, 108, 117, 120, 123, **124**, 131, 140
Nilsson, Gösta 143
Nordeman, Per Alfred 17, 60, 72, 91
Nordmarksbus **79**
Norra Södermanlands Jernvegs AB 7
Norsk Automobilfabrik Scania-Vabis 90
Nyberg, Ernst 97
Nyrop, Hjalmar **75**

O

Oberleitungsbusse **125**, 133
Omnibusse
  3241 97
  3741 **102**
  3751 102
  3752 **102**
  3753 **102**
  3754 **106**
  3756 **107**
  3er Serie 219
  8406 **112**
  8416 **116**
  8423 **120**
  8524 **126**
  8601 **121**
  B10 133, **136**
  B110 **174**, 193
  B111 193
  B20 133, **137**
  B31 134, **138**, 179
  B32 134, **138**
  B40 150
  B51 150, **153**
  B55 172, 173
  B56 **173**
  B60 150, **151**, **152**
  B65 172, 173
  B66 **173**
  B71 151, **153**, **154**, **158**
  B75 172, 173
  B76 **173**
  B80 150, 174
  B83 150, **153**
  B86 193
  BF110 174, **177**, 193
  BF40 150
  BF41 **159**
  BF55 172
  BF56 **173**
  BF60 150
  BF65 172
  BF71 151
  BF73 151, **154**
  BF75 172, 173
  BF75V **173**, 176
  BF76 **173**
  BF76L **173**
  BF80 174, 193
  BF86 **193**
  BR110 **175**
  BR110M **195**
  BR111DH 195, 196
  BR111M **195**
  BR111MH **195**
  BR112 195, 216

BR112A **216**, 217
BR112DH **217**
BR116 194, **200**
BR145 193
BR85 193
BR86 193
C50 Metropol 153, **155**, **156**
C70 Capitol 155, **157**
C70/3 156
C71 157
C75 Capitol 156, 176
C76 **173**, 177
CBF75 175
CF65 **175**
CF65L 175
CF66 175
CF75 **175**
CF76 **173**, **176**, 193
CF76L **173**
CK112 **221**
CK113 221, 232
CL113 221, 232, **235**
CN112 220
CN112A 217, 220
CN113 220, 221, **225**, 232
CN113A 221, 232
CR110L **178**, 179
CR110M **179**
CR110T **179**
CR111 197
CR111M **197**
CR112 **198**, 199, 214, 220
CR145 194, **196**, 197
CR76 **177**, 178
CR85 194, **196**, 197
F112 **214**, 215
F112H 215, **232**
F93 232
F93H 215
G112 205
G82 205
G82MD 205
IC75 **176**, 177
IC75/2V 157, 177
IC76 **176**, 177
IC76/2V 177
IL **80**
K112 195, **218**, **219**
K112T 219, **220**
K113 219, **223**, 232, **233**, **234**
K113T 219, 232, **234**, **235**
K82 218
K92 218, **219**
K93 219, 232
L113 220, 232, **233**, **235**
N112 **216**
N112A **216**, 217
N112DR **223**
N113A 216, 232
N113DR 232
P112 205
P27/29 137
P27/P29 **139**
P82 205
P82H **205**
R112 205
R142 205
S112/113 215, **221**
S82 **205**, 215
Serie 811 **122**, **129**
Serie 830 **107**, 113, **114**
Serie 840 113
Serie 851 **125**
Serie B40 **151**
Serie BF60 **152**
SX1/SX2 138, **139**
T112H **223**
T31 134
Osterman, Hans 92, 93, **99**

P

Panhard & Levassor 19, 23
Panzer m/41 S1 127
Personenwagen
  I/2121 82, 84, **86**, **88**, 91

IIa/2135 **87**, **93**, **95**, 99
II/2134 82, 84, **87**, **88**, 91
II/3131 86, **88**
III/2134 91
III/2154 82, 89, **90**, 95
2122 100, **108**
2S **76**, 77
3S **75**, **76**, 77
A **16**, 48, 49
Ab 49, **50**, **51**
Ac 51
Ad **12**, 17, **52**, **53**, **54**, **55**, **56**, 58
Ae (B) 54, **58**
Af 56, **57**
Ag/Argus **60**
AP **74**, 76, 77
BH **70**
BP **72**, **73**, **74**, 76
C 58, **61**, **62**, **63**, **64**
CP 76, 77
CP/DP **73**
D **62**, **64**
DP 76
Droschke/F2v 42, **44**, **46**, **47**
Droschke/G4 **47**
EP **73**, **75**, 76
Erster Personenwagen 1903, Vabis **37**
FP **74**, 76
G **70**
Krankenwagen 1910 **46**
Letzter Personenwagen 99
Paketwagen/F2v **47**
Personenwagen 1906, Vabis 41
Serienherstellung 1909, Vabis 45
Petersen, Fredrik 15, 48, 51
Petersson, Peter 6, **7**, 8, **27**
Peugeot 23
Porsche 131
Programm GPRT **212**
Programm GRPT **202**, **203**

R

Rabenius, Lars 93, 94
Rechtsverkehr, überwechseln zum 1967 172
Ribbing, A. 78
Ruuth, Fredrik 29

S

Saab Scania AB
  Fusion 1968 181
Salmson, Emil 48, 50
Sav m/43 **128**
Scania
  Technisches Zentrum 213
  Warenzeichenname 1968 167
Scania Fabrik, Malmö **15**
Scania Hytter AB 161
Scania, Maskinfabriksaktiebolaget 14
Scania-Bussar AB 172
Scania-Vabis 14, 71
Scania-Vabis AB
  Fusion mit Volvo 201
  Konkurs 93
Scania-Vabis Motores 159
Scaniafabrik, Malmö
  Stillegung 1927 106
Servolenkung, Erste 147
Sessano, Saldo 213
Sherrow, Lionel 171
Silumin 106
Sjöström, Sverker **203**
Skogsberg, Oskar 90, 103, 106
SKP-Wagen **128**
Smith, Jan G. 116
Streamline 229, **230**
Surahammars Bruks AB 6, 21
Svenska Järnvägsverkstäderna, AB 120
Svenska Karosseri Verkstäderna (SKV) 172
Svenska Maskinverken, AB 120, 128
Svensson, Anton 16, 48, 50, 51, **64**, **72**, **75**, 78

Söderbloms Verkstäder 20, 72
Södertelge Verkstäder 11, 72

T

Thorssin, Reinhold 17, 48, 50, 51
Throne-Holst, Henning 142
Thulinverken, AB 91
Tidaholms Bruk 37, 116
Torgersen Vestby, Hans 19
Truck of the Year 213
Truckracing **214**
Turboaufladung **162**
Twin-Coach Corp. 108, 110, **114**

V

Vagnfabriks-Aktiebolaget i Södertelge 8, **9**
Vemag 159
Volkswagen 131, 141
Vulcan, AB Mekaniska Verkstaden 20, 22
Värdsholmen, AB 93, 94

W

Wagenring 9
Wallenberg Jr, Marcus 123
Wallenberg, Marcus 92
Wersén, Philip 7
Westerberg, Gunnar **99**
Wettkämpfe
  KAK Lastwagenwettkampf 1909 45, 67
  KAK Winterwettkampf 1906 61
  KAKs Automobilwettkampf 1924 99
  KAKs Winterwettkampf 1911 77
  KAKs Winterwettkampf 1925 99
  Paris 1898 30
  Paris–Amsterdam–Paris, 1898 30
  Paris–Bordeaux–Paris, 1895 29
  Paris–Rouen, 1894 29
  SAK Sommerwettkampf 1905 38, 61
  Stockholm–Uppsala–Stockholm 1904 38, 60
  Stockholm–Uppsala–Stockholm 1905 60
  Winterwettkampf 1907 62, **64**
  Winterwettkampf 1909 69
  Winterwettkampf 1910 45
  Winterwettkampf 1912 78
  Winterwettkampf 1913 **75**
Willys-Overland 131, 141
Wingqvist, Sven 69
Wolseley 23

Z

Zahnradfabrik Friedrichshafen ZF 144
Zethelius, W. 78
Zwolle 166, 232

Ö

Öhman, Karl Erik 13, 72
Öhrn, Fridolf 98
Österberg, Gotthard 116
Östling, Leif 224